智慧財產權法專論
——智財法與財經科技的交錯

曾勝珍 | 著

五南圖書出版公司 印行

自序

　　本書出版之際，正好成為我任教於嶺東科技大學滿28年的紀念，加上婚前於經建會和神達電腦公司一年的經歷，碩士畢業至今工作也滿29年，歲月如梭，一路走來，研究與家人始終相伴左右。

　　感謝五南副總編靜芬與眾執編的協助，本人的第21本專書著作即將出版，與五南多年的合作經驗愉悅且充實，期許自我成長能繼續與五南合作，與世人共享本人拙著。

　　本書收錄數篇與研究生的共同著作，當時為鼓勵同學完成論文，我協助共同發表，後續專書校稿修改由我獨自完成，一為紀念師生情誼，再者期待研究成果與普羅大眾分享。

　　2017年我產生新的法律身分，丈母娘與婆婆，感謝五十嵐新一與Olivia Gilbey成為我們家的孩子們；亦期待新成員Rae Scarfone盡快成為我法律上的二媳婦。我的小狗Duke與Bobo一樣健康可愛，他們會陪伴我，繼續從事教學與研究。

曾勝珍 謹誌
2018年3月

目錄

|第一章|
網際網路實務爭端議題之探討

曾勝珍[*]、李文裕[**]

[*]　嶺東科技大學財經法律研究所教授。

[**]　嶺東科技大學財經法律研究所研究生。

第一節　前言

　　科技文明的進步帶動網路功能的快速發展，不斷創造出許多人們以前無法輕易完成的目標和奇蹟，然而也相對地帶來了一些不良的衝擊和後遺症；例如經由網路活動而產生的詐騙或其他的犯罪事件，如雨後春筍般的接踵而至，帶給了社會不少的糾紛或迫害事件。在電腦資訊科技蒸蒸日上，兼以網路的迅速進步及普及下，使本來虛擬的網際網路在現實生活中的空間上產生了許多法律問題。在網路訊息技術正極速發展與時代並進中。雖然目前網路上的行為大都尚無具體的法律規範，但是世界各國的法學界都極重視網路法的研究和完善。

　　因為網際網路有著不透明性、去中心化（decentralized）、去中介化（de-intermediary）等等特質，由網際網路所衍生出來的規範議題，往往具有很高的爭議性。法律體系如何在資訊社會裡自我調適，成了相當值得探討的問題。過去多年來，臺灣在網際網路使用的普及率和硬體建設方面的擴充，均有顯著的成長，但是我們卻發現政府在面對絕大多數的爭議時，立法部門似乎多半憑藉直覺來立法。這種直覺式立法的結果，不僅暴露出網際網路規範未能建立完整哲學思考的弊病，也導致規範網際網路活動法律細瑣化的結果之外，甚至出現了在立法上有意無意地忽略了既有憲法價值或是受法律原則拘束的遺憾，而使執法者取得不少可以擴張執法對象範圍的空間，讓司法部門不時面臨左右為難的判斷窘境。

　　臺灣在網際網路使用的普及率和硬體建設的擴充上，過去一直都有相當顯著的成長，因為網際網路的擴散率極高，一些被貼上「網路犯罪」標籤的網路活動和相關的爭議便源源不斷而來，我們也會發現臺灣網際網路法律的發展過度著重於細部法律的訂定和執行，未能全面思考如何為資訊社會建立起有利於科技創新和資訊生活的平坦平台。雖然政府近年來均將法制建設當做網際網路基礎建設的一環，但其卻似乎忽略了網際網路基本建設的任務，乃在於提供一個通訊服務

便捷、資訊選擇多元以及網路活動安全，有利於人人學習，並滿足資訊社會公民基本需求的知識技能和鼓勵科技創新的根本環境，過於急切或者不當的管制策略則無助於鼓勵科技創新的平台出現，也無法達到增進資訊社會公民福祉的目標。

目前我國在網路規範下的處罰，尚無獨立立法規範，而是藉由其他現成的法律之相關法條來執行。相關法規有臺灣學術網路使用規範、BBS站管理使用公約、電腦處理個人資料保護法、臺灣學術網路管理原則、臺灣學術網路連線單位配合防治網路犯罪處理要點、教育部校園網路使用規範……等。網際網路之網路空間雖為「虛擬世界」，但作為人際溝通的媒介，具有媒體性質；對取得網際網路資訊、散布管道等方式產生重大變革，造成人們「生活型態」的巨大衝擊及「價值觀」大受影響。

前述之相關法律規範，主要是約束在網路世界中的行為，同時網路行為也受刑法、著作權法等規範約束，如在網路上辱罵他人，則會觸犯刑法的妨害名譽罪；如果在網路上張貼分手女友的裸照，會觸犯妨害風化罪[1]；或用不正當方法侵入他人的電腦系統，於虛擬世界進行犯罪行為，例如竊取玩家的遊戲帳號、虛擬貨幣或武器，仍會觸犯刑法的毀損或竊盜罪；惡意破壞或竊取他人的電腦檔案或系統，而造成他人的損害，便可能會獨犯妨害電腦使用罪。每一個網路使用者皆應遵守網路禮節[2]的規範，任意違反，便可能違法，例如誹謗他人、散播電腦病毒等。

---

[1] 於網路上提供色情文字、即時網交轉播或設置網站販賣色情光碟片，仍會觸犯刑法上的妨害風化罪。雖沒有提供色情圖片，卻提供成人網站名單到BBS站供網友連結，仍會被依妨害風化罪移送法辦。

[2] 乃指網路上約定俗成的行為規範，其只是一種自律性規範，不具法律效力及強制性。Mark Chen，網路禮節，https://tw.knowledge.yahoo.com/question/question?qid=1005021300337（最後瀏覽日期：2014年4月21日）；Josephine，網路法與它的定義，https://tw.knowledge.yahoo.com/question/question?qid=1607122310037（最後瀏覽日期：2014年4月21日）。

網路上流通的文字、圖片、音樂、電腦程式等，仍然受到著作權法的保護。未經著作權人同意，而任意將他人的著作張貼到網站上供別人閱讀或下載，則違反著作權法，侵害他人的著作權（其屬於人民基本人權的自由權）。而在網路上的電子佈告欄系統（BBS）發表言論或意見，雖然憲法保障人民的自由權，也算是法律上的公開言論。在BBS站台上侮辱別人，即便沒有指名道姓，然而只要能判斷出影射的人是誰，仍然可能構成公然侮辱罪。

第二節　網際網路法律爭議實務

網際網路在法律上時有爭辯，其概略可從下列方向探討：

壹、網路犯罪行為

凡犯恐嚇罪，則依刑法第305條，施以加害生命、身體、自由、名譽、財產之事，恐嚇他人致生危害於安全者，則處2年以下有期徒刑、拘役或300元以下罰金。

凡意圖為自己或第三人不法之所有，以恐嚇使人將本人或第三人之物交付者，則依刑法第346條，處6月以上5年以下有期徒刑，並得併科1,000元以下罰金。其獲得財產上不法之利益，或使第三人得之者，亦同。未遂犯亦處罰之。

公然侮辱人者，侮辱罪依刑法第309條，處拘役或300元以下罰金。以強暴公然侮辱人者，處1年以下有期徒刑、拘役或500元以下罰金。

而誹謗罪依刑法第310條，意圖散布於眾，而指摘或傳述足以毀損他人名譽之事者，為誹謗罪，處1年以下有期徒刑、拘役或500元以下罰金。散布文字、圖畫犯前項之罪者，處2年以下有期徒刑、拘役

或1,000元以下罰金。對於所誹謗之事，能證明其爲眞實者，不罰。但涉於私德而與公共利益無關者，則不在此限。

在民事侵權方面：一般侵權行爲依民法184條第1項，故意或過失，不法侵害他人之權利者，負損害賠償責任。故意以背於善良風俗之方法，加損害於他人者亦同。

侵害人格權之非財產上損害賠償依民法195條第1項，不法侵害他人之身體、健康、名譽、自由、信用、隱私、貞操，或不法侵害其他人格法益而情節重大者，被害人雖非財產上之損害，亦得請求賠償相當之金額。其名譽被侵害者，並得請求回復名譽之適當處分。

在網路上如利用文字教唆[3]、幫助[4]、恐嚇[5]、煽惑[6]、公然猥褻[7]或散布、播送或販賣猥褻之文字、圖畫、聲音、影像或其他物品，或公然陳列，或以他法供人觀覽、聽聞者[8]，或其他從事業務競爭行爲

3　刑法第29條「教唆他人使之實行犯罪行爲者，爲教唆犯（第1項）。」「教唆犯之處罰，依其所教唆之罪處罰之（第2項）。」

4　刑法第30條「幫助他人實行犯罪行爲者，爲幫助犯。雖他人不知幫助之情者，亦同（第1項）。」「幫助犯之處罰，得按正犯之刑減輕之（第2項）。」

5　刑法第151條「以加害生命、身體、財產之事恐嚇公眾，致生危害於公安者，處二年以下有期徒刑。」

6　刑法第153條「以文字、圖畫、演說或他法，公然爲左列行爲之一者，處二年以下有期徒刑、拘役或一千元以下罰金：一、煽惑他人犯罪者。二、煽惑他人違背命令，或抗拒合法之命令者。」

7　刑法第234條「意圖供人觀覽，公然爲猥褻之行爲者，處一年以下有期徒刑、拘役或三千元以下罰金（第1項）。」「意圖營利犯前項之罪者，處二年以下有期徒刑、拘役或科或併科一萬元以下罰金（第2項）。」

8　刑法第235條第1項規定「散布、播送或販賣猥褻之文字、圖畫、聲音、影像或其他物品，或公然陳列，或以他法供人觀覽、聽聞者」處二年以下有期徒刑、拘役或科或併科三萬元以下罰金（第1項）。」「意圖散布、播送、販賣而製造、持有前項文字、圖畫、聲音、影像及其附著物或其他物品者，亦同（第2項）。」「前二項之文字、圖畫、聲音或影像之附著物及物品，不問屬於犯人與否，沒收之（第3項）。」

時，一方意圖散布於眾，而指摘或傳述足以毀損他人名譽之事者[9]，散布流言或以詐術損害他人之信用者[10]，包括對於已死之人公然侮辱者，犯侮辱誹謗死者罪[11]。

意圖為自己或第三人不法之所有，以詐術使人將本人或第三人之物交付者[12]，意圖為自己或第三人不法之所有，以不正方法將虛偽資料或不正指令輸入電腦或其相關設備，製作財產權之得喪、變更紀錄，而取得他人財產者[13]，其他如背信罪，為他人處理事務，意圖為自己或第三人不法之利益，或損害本人之利益，而為違背其任務之行為[14]。

在電子商務活動中為達商業促銷或營利行為時，若無故利用工具或設備窺視、竊聽他人非公開之活動、言論、談話或身體隱私部位者或無故以錄音、照相、錄影或電磁紀錄竊錄他人非公開之活動、言論、談話或身體隱私部位者[15]，又如醫師、藥師、藥商、助產士、心理師、宗教師、律師、辯護人、公證人、會計師或其業務上佐理人，

---

[9] 刑法第310條為誹謗罪，處1年以下有期徒刑、拘役或500元以下罰金或以散布文字、圖畫犯前項之罪者，處2年以下有期徒刑、拘役或1,000元以下罰金。

[10] 刑法第313條妨害信用罪，處2年以下有期徒刑、拘役或科或併科1,000元以下罰金。

[11] 刑法第312條「對於已死之人公然侮辱者，處拘役或三百元以下罰金（第1項）。」「對於已死之人犯誹謗罪者，處一年以下有期徒刑、拘役或一千元以下罰金（第2項）。」

[12] 刑法第339條普通詐欺罪「處五年以下有期徒刑、拘役或科或併科一千元以下罰金（第1項）。」「以前項方法得財產上不法之利益或使第三人得之者，亦同（第2項）。」「前二項之未遂犯罰之（第3項）。」

[13] 刑法第339之3條「處七年以下有期徒刑（第1項）。」「以前項方法得財產上不法之利益或使第三人得之者，亦同（第2項）。」

[14] 刑法第342條規定「致生損害於本人之財產或其他利益者，處五年以下有期徒刑、拘役或科或併科一千元以下罰金（第1項）。」「前項之未遂犯罰之（第2項）。」

[15] 刑法第315之1條規定「處三年以下有期徒刑、拘役或三萬元以下罰金。」

或曾任此等職務之人，無故洩漏因業務知悉或持有之他人秘密者[16]。

　　洩漏業務上知悉之工商秘密[17]、職務上工商秘密[18]或無故洩漏因利用電腦或其他相關設備知悉或持有他人之工商秘密者[19]，而利用電腦或其相關設備犯加重其刑[20]。無故開拆或隱匿他人之封緘信函、文書或圖畫者，為妨害書信秘密[21]。

　　以下為因應電腦之廣泛使用而相關之刑責規定，特別是2003年刑法新增第36章，增訂第358條至第363條，將線上虛擬物品定義為「電磁紀錄」並非「動產」，將「偷竊虛擬物品」行為定義為「對電腦使用者的妨害」而非「竊盜」。以下列舉說明：

（一）刑法第358條「無故輸入他人帳號密碼、破解使用電腦之保護措施或利用電腦系統之漏洞，而入侵他人之電腦或其相關設備者，處三年以下有期徒刑、拘役或科或併科十萬元以下罰金。」（入侵電腦或其相關設備罪）

（二）刑法第359條「無故取得、刪除或變更他人電腦或其相關設備之電磁紀錄，致生損害於公眾或他人者，處五年以下有期徒刑、拘役或科或併科二十萬元以下罰金。」（破壞電磁紀錄罪）

（三）刑法第360條「無故以電腦程式或其他電磁方式干擾他人電腦

16　刑法第316條「洩漏業務上知悉他人秘密罪，處一年以下有期徒刑、拘役或五萬元以下罰金。」

17　刑法第317條「依法令或契約有守因業務知悉或持有工商秘密之義務，而下無故洩漏之者，處一年以下有期徒刑、拘役或一千元以下罰金。」

18　刑法第318條「公務員或曾任公務員之人，無故洩漏因職務知悉或持有他人商之工商秘密者，處二年以下有期徒刑、拘役或二千元以下罰金。」

19　刑法第318條之1洩密之處罰為「處二年以下有期徒刑、拘役或五千元以下罰金。」

20　刑法第318條之2「有關第三百十六條至第三百十八條之罪者，加重其刑至二分之一。」

21　刑法第315條「處拘役或三千元以下罰金，無故以開拆以外之方法，窺視其內容者，亦同。」

或其相關設備，致生損害於公眾或他人者，處三年以下有期徒刑、拘役或科或併科十萬元以下罰金。」（干擾電腦或其相關設備罪）

（四）刑法第361條「對於公務機關之電腦或其相關設備犯前三條之罪者，加重其刑至二分之一。」（加重其刑）

（五）刑法第362條「製作專供犯本章之罪之電腦程式，而供自己或他人犯本章之罪，致生損害於公眾或他人者，處五年以下有期徒刑、拘役或科或併科二十萬元以下罰金。」（製作犯罪電腦程式罪）

貳、網路仿冒品銷售

網際網路的及時性以及無遠弗屆的特性，可以使數位化的資訊與文化快速的傳遞至全世界，因而我們的生活與網際網路緊緊相連；人們可以不需出門即可藉由網路的購物網，買到需要的商品，因而帶動了網路電子商務之盛行；由於網路之發達，促使傳統的行銷與交易模式轉移到網路上進行，然而網際網路創造了商機但也帶來了危機。透過網際網路除了可以讓人們買到想要的商品亦可能買到仿冒品；由於網際網路的便捷性，仿冒品可以經由網路上的拍賣市場快速的傳播，造成商標權人以及消費者的損害；或是於網際網路上使用他人的商標為關鍵字，用以搜索自己的商品造成消費者的混淆誤認，並侵害商標權人的商標權。

臺灣商標法中並未規定ISP（網際網路服務提供者）業者對於其網路服務使用者的責任，故臺灣虛擬或電子購物平台如經查獲提供仿冒品銷售，該平台提供者是否負有民事侵權責任，在臺灣則係依據「民法」第185條共同侵權行為責任規定予以判斷[22]。因此ISP業者是

---

22 詳見行政院經濟建設委員會網路資料，http://search.cepd.gov.tw/cgi-bin/search/query.cgi（最後瀏覽日期：2011年10月27日）。

否對於受害者，成為共同侵權行為的主體，本節將依民法共同侵權行為之規定分析討論商標共同侵權行為[23]。

依民法第185條規定，數人共同不法侵害他人之權利者，連帶負損害賠償責任。不能知其中孰為加害人者，亦同。造意人及幫助人，視為共同行為人。共同侵權行為，數人共同成立侵權行為，因而應負連帶損害賠償責任。

共同侵權行為分述如下[24]：

一、共同加害行為

數人共同不法侵害他人致生損害之情形，其成立要件：1.須行為人為數人，但行為人不以親自加害為必要；2.須多數人均具備侵權行為之要件；3.多數人造成同一損害，即損害共同關聯性。而行為人間是否有意思聯絡與行為分擔，依臺灣目前實務見解，共同行為人間不以意思聯絡為必要，數人因過失不法侵害他人之權利，苟各行為人之過失均為其所生損害之共同原因，即所謂行為關聯共同，亦足成立共同侵權[25]。

網際網路的使用者發生侵權行為時，網路拍賣服務提供者若要負擔共同侵權行為，則須證明其有故意或過失且該行為與使用者之侵權行為造成同一損害。拍賣網站服務提供者提供服務之行為，若依據刑法第14條規定，行為人雖非故意，但按情節應注意，並能注意，而不注意者，為過失。行為人對於構成犯罪之事實，雖預見其能發生而確

[23] 陳人傑、陸義琳、戴豪君、郭佳玟、許華偉、周慧蓮、楊婉艷、黃菁甯、邱皇錡，網際網路服務提供者法律責任與相關法制之研究，行政院經濟建設委員會，2003年12月，頁106-107。

[24] 邱聰智，新訂民法債編通則（上），輔仁大學法學叢書，2003年1月，頁193-198。

[25] 最高法院66年例變字第1號，民事上之共同侵權行為，與刑事上之共同正犯，其構成要件並不完全相同，共同侵權行為間不以意思聯絡為必要，數人因過失不法侵害他人之權利，苟各行為人之過失行為均為其所生損害之共同原因，即所謂行為關聯共同，亦足成立共同侵權行為。

信其不發生者，以過失論。故可能解釋成拍賣網站服務提供者對直接侵害商標權之行為應注意，能注意而不注意，認為其未積極預防直接侵權行為之發生有過失，因而成立共同侵權行為[26]。

二、共同危險行為

參與侵害的人有數人，但致生損害結果的加害行為只有一人或一部分的人，亦即僅有一人或部分之人為加害行為，而不能知誰為加害人者，是為共同危險行為。於網路拍賣服務中，商標權人可以判斷使用者即為損害結果的加害人，因而此種共同侵權型態亦較難以成立。

三、造意人

造意，意義與刑法上之教唆相同，係指本無加害他人意思之人，勸誘加害行為，致使加害他人之行為。因其為加害行為之起因，對於加害行為之完成及損害的造成，於法律上認為亦有行為之參與，故法律明定造意人視為共同行為人。

四、幫助人

於他人為侵權行為之際，予以助力，使他人容易為侵權行為的人。民法第185條第2項規定之造意人或幫助人，因為網路服務提供者教唆使用者，使生為侵權行為決意之人，並予他人以助力，使他人易於為侵權行為者，將其視為共同行為人。因此給予他人精神上以及實質上的助力將構成共同侵權行為[27]。

---

[26] 蘇月星，網路拍賣服務提供者商標侵權責任之比較研究，東吳大學法律學系比較法律組碩士論文，2011年7月，頁67。

[27] 蔣克齊，網路服務提供者商標侵權責任研究，世新大學法學院智慧財產權研究所碩士論文，2011年7月，頁180-182。

參、商標侵權責任實務見解

　　臺灣實務見解目前亦僅論及網路服務使用者，例如使用關鍵字廣告行銷服務之廣告主是否成立商標侵權，尚無ISP業者是否應負商標侵權責任之實務見解。網路服務使用者於拍賣網站刊登販賣侵害商標權之仿冒品之廣告，網路平台服務提供者是否應盡相當之注意義務？又其若未對於侵權之內容爲通知廣告主取下，其是否亦應負共同侵權連帶責任？因此，臺灣商標法如何規範網路服務提供者商標侵權責任其成立要件爲何？

　　本節以京華城案爲例，從商場經營者是否應與承租攤販、承租人或供應商負商標連帶侵權責任之見解，進而分析網路服務提供者是否就商標直接侵權人之行爲負商標共同侵權責任。

　　本案原告爲義大利商維卡里奧圖馬羅亞伯特（VICARIOTTO MAURO ALBERTO），被告爲京華城股份有限公司（以下簡稱京華城）。本案爭點爲購物商場承租專櫃之廠商晴健公司販賣仿冒品之商標侵權行爲，購物商場是否就其侵害商標權之行爲負擔民法第185條第1項共同侵權責任[28]？

一、第一審法院判決

　　第一審[29]時臺北地方法院判斷被告之行爲是否具有故意、過失不法侵害他人之商標權之情事？是否應負民法第185條共同侵權行爲之

28　被告於其經營京華城購物中心四樓L區提供場地予訴外人簡岑朵及盧啓志，設立專櫃，標示相同之MV商標圖樣，公然販售仿冒商品；原告主張被告雖非直接參與製造侵權商品，惟其出租場地給侵權行爲人，以及在販售侵權商品過程中開具發票，按數抽成，至少應構成幫助人之行爲，被告應視爲共同侵權行爲人，依法被告應與盧啓志及簡岑朵負1,000萬之連帶責任，惟念及被告所爲尚非直接侵權行爲，爰依共同侵權行爲之法律關係，請求被告賠償原告200萬元。參見97年度民訴字第3464號判決主文。

29　97年度民訴字第3464號判決。

責任？乃參照最高法院93年台上字第851號判決：「所謂過失，乃應注意能注意而不注意即欠缺注意義務之謂。構成侵權行為之過失，係指抽象輕過失，即欠缺善良管理人之注意義務而言。行為人已否盡善良管理人之注意義務，應依事件之特性，分別加以考量，因行為人之職業、危害之嚴重性、被害法益之輕重、防範避免危害之代價，而有所不同。」據以判斷京華城購物中心應為之注意義務，以及其是否應為侵權人的行為負擔共同侵權行為責任。

　　本案被告京華城抗辯未曾受原告通知，不知道原告何時取得商標權，自無故意、過失可言，法院判決如下：

（一）法院認為本案被告所經營之購物商場，甚或百貨業、網路經營者以及一般各式商店在招商之時，需要審慎的考量進駐廠商販售物品有無商標權，避免導致其商場專櫃販賣仿冒品之情事更為嚴重；若被告無法確切肯定，並取得廠商出具的合法授權文件，如事後造成消費者或商標權人損害，即應認為其違反注意義務，始符衡平。避免因未受通知，皆可販售可能無商標權的物品，事後再以廠商保證具有合法權利為由予以免責，使商標權人的權利保護不周。

（二）法院從風險理論分析，誰能控制風險，自應由該人來控制風險，如果他對於控制風險有過失，自應認為其違反注意義務有過失。拒絕無商標權之廠商進駐，本就是身為百貨業者得以控制之風險，其判斷國外商標有無注意能力亦較一般人為高，認定其應負善良管理人之注意義務。因此難認為「原告未通知被告，被告即得以出租給可能侵害商標權」之人為有理由。

　　因此本案於第一審時法院認為被告提供場地，並從商標侵權行為中獲取利益，應認為同為共同侵權行為人。

二、智慧財產法院判決

　　被告提出上訴而智慧財產法院則認定[30]本案之爭點為：1.在於上訴人（京華城）是否明知系爭商標為被上訴人所有？2.訴外人搶註之系爭商標遭撤銷後，上訴人（京華城）是否明知而仍繼續同意訴外人為侵權行為？

（一）被告與晴健公司簽訂專櫃廠商租賃契約時，國內外並無系爭商標已註冊登記之事實，故認定晴健公司係搶註商標則有疑義；而且系爭商標經晴健公司申請註冊後，京華城所認知系爭商標之商標權人即為晴健公司所有；因此法院判斷商標權人與晴健公司間商標權歸屬之爭議，則認定京華城不具有侵害商標權人之商標之故意或過失。

　　被上訴人亦主張京華城於晴健公司承租專櫃前時，告知晴健公司應申請商標註冊，其目的是否為搶註商標因而認定京華城與晴健公司有侵害商標權之共同故意；法院則認為，是否與晴健公司構成共同侵權行為，不能端以被上訴人之授權人（藝騰公司）是否有申請商標註冊之意願為斷；即對於京華城而言，以藝騰公司嗣後是否申請註冊此種事後知情事演變結果作為判斷京華城是否有責任之依據，對京華城而言過於嚴苛，且不符常理。

（二）本案的商標侵害人，於被告京華城內設立專櫃，販售仿冒品，原告控告京華城出租場地於侵權行為人販售仿冒物品，應負民法第185條第1項之共同侵權責任。法院認為原告無法主張被告京華城就侵害系爭商標之行為具有故意過失，因此原告無法主張被告京華城與侵權人之商標侵權行為應負民法第185條第1項之共同侵權責任。

30　張國仁，智慧財產法院97年度民商上字第5號民事判決　京華城專櫃侵權案智財法院平反，工商時報，2009年6月10日。

肆、垃圾郵件

亞洲近鄰諸如日、韓、星、港、中國大陸等亦於近年紛紛採行立法管制。鑑於臺灣網路通訊發達、資訊科技先進，自電子商務興盛以來，即已飽受商業電子郵件氾濫之苦；然國內立法仍停滯不前，非但影響廣大網路使用者權益，對臺灣網路環境健全發展之公益需求亦有所戕害，本節依臺灣現況及目前研擬之「濫發商業電子郵件管理條例」草案內容提出以下建議，希冀對解決未來草案實施的障礙有所貢獻。

臺灣立法院於2000年5月曾提出第一份草案版本，名爲「電子廣告郵件管理條例」。惟當時立法時機未臻成熟，法案旋即擱置。而後，臺灣經建會法協中心委託太穎國際法律事務所研究，並在2003年年底將研究成果提交行政院NICI[31]小組。其後由NCC籌備處主導，並得交通部電信總局之協助，召開多次工作會，邀請各方代表與專家學者等共同討論，研擬政策內容並形成草案初稿。2004年6月NCC籌備處正式將「濫發商業電子郵件管理條例」草案函請交通部轉行政院審議，其間，交通部並陸續召開三次專案會議進行審查，NCC籌備處復邀請學者專家及各界人士召開三次會議進行討論。隨即於2004年10月交通部將「濫發商業電子郵件管理條例」草案函請行政院審議。目前研擬之「濫發商業電子郵件管理條例」草案，已經臺灣行政院審查完畢，將於立法院新會期開議時，函送立法院審議；尚待臺灣立法院

---

31 過去臺灣政府在資訊通信推動上有「行政院國家資訊通信基本建設專案推動小組」（簡稱NII小組）、「行政院資訊發展推動小組」（簡稱院資推小組）及「行政院產業自動化及電子化推動小組」（簡稱iAeB小組）等三小組。爲提升整體性推動相關業務效率，奉院長核定三小組合併，並經行政院於2001年4月4日第2728次院會通過，將合併後之名稱改爲「行政院國家資訊通信發展推動小組」，英文名稱爲National Information and Communications Initiative Committee（簡稱NICI小組）。

三讀通過後，本條例才會生效施行[32]。

　　本節由商業電子郵件之發送流程，依續介紹發送前階行為、行為規範、商業電子郵件至達後三階段所適用之草案內容，並提出立法建議。

一、賦予主管機關可實施調查之具體依據

　　臺灣草案採民事特別法之立法理念，希冀透過民事損害賠償制度填補收信人之損害，且為撙節行政人力與公務資源，對此種私權爭執儘量不以行政手段介入，以避免拖垮行政效能之故，因此，草案並未賦予主管機關調查權限。臺灣「行政程序法」第36條以下雖規定行政機關得調查事實證據，然僅適用於行政機關作成行政處分或其他行政行為之情形，若依目前草案「民事特別法」之設計，並無適用餘地，此種立法考量與美國法賦予主管機關廣泛多樣之具體權限，大相逕庭。

　　與美國法相較，在建構NCC此一通訊傳播獨立監理機關之根本大法──「通訊傳播基本法」中，亦未如同「TCACT」般賦予調查權或其他權限，故該法並無主管機關可實施調查之具體依據，即便以2007年4月4日下達之「國家通訊傳播委員會實施違反電信法事件行政檢查作業要點」為例，性質上仍屬實施「電信法」第55條所賦予主管機關權限之第一類行政規則，該要點所規定「行政調查」之發動，係以「電信法」為作用法之依據。

　　草案中明定主管機關得採行之行政行為形式，但臺灣「行政程序法」僅為重要原則性規定，當行政機關欲取得所需資訊，仍須仰賴相關人民之自願配合，若人民不願配合，則須有其實體作用法之規定為依據，即主管機關處理具體個案時，由於並無制裁效果之規定（無罰則擔保其實現），仍無法有效取得作成行政行為所需資訊，就濫發商

32　立院退回「濫發商業電子郵件條例」，http://www.ithome.com.tw/itadm/article.php?c=54515（最後瀏覽日期：2012年2月2日）。

業電子郵件事件而言，結論並無不同，因此，筆者建議主管機關應積極規範作用法上之依據。

二、應規範發送電郵之前階行為

臺灣草案就發送電郵之前階行為並無任何規範，筆者以為，由於目前「電腦處理個人資料保護法」正進行修法，或許草案欲將電子郵件地址蒐集行為由該法規範之故，然現今蒐集、買賣電子郵件地址現象嚴重，各種工具程式、軟體不斷推陳出新，濫發技術亦不斷演進，且基於管制商業電子郵件之「立法整體性」，允宜將其訂入條文，以利適用，美國「垃圾郵件管制法」相關規定可資參照，此與臺灣法案內容亦不致產生衝突，筆者以為至少應將字典式攻擊、電子郵件蒐集等行為納入管制。

參考美國相關立法「垃圾郵件管制法」（CAN-Spam ACT）將濫發電郵之前階行為，包括字典攻擊（dictionary attacks）、蒐集電子郵件地址（address harvesting）、自動註冊取得大量電子郵件地址、未獲授權入侵他人電腦、冒用身分註冊電郵地址、網路帳號或網域名稱大量發信、冒用IP位址大量發信等行為一併納入規範，除可強化執法效果，亦符合管制商業電子郵件立法之整體性。

筆者建議臺灣宜參考美國法「字典式攻擊」定義與構成要件之規定，再酌予調整，至於加重賠償之法律效果，為求管制成效，且與臺灣民事法律制度亦不衝突，亦可考慮繼受。其次，美國法亦嚴禁電子郵件地址蒐集行為，明定若「電子郵件位址係以自動化方式從網站或私營之線上服務取得，且該網站或私營線上服務之管理者已聲明其所維護之任何電子郵件地址絕不供他人發送電子郵件之用」[33]者，其構

---

[33] 參閱《CAN-Spam ACT》Sec.5(b)1(ii)「the electronic mail address of the recipient was obtained using an automated means from an Internet website or proprietary online service operated by another person, and such website or online service included, at the time the address was obtained, a notice stating that the operator of

成要件包括「自動化方式」、「違反他人同意」、「從網際網路上取得」等三項，並明定法院得加重該濫行蒐集電子郵件地址者之賠償額度，鑑於電子郵件地址為郵件發送之必備前提，透過自動化方式蒐集電子郵件地址更予以濫發行為極大助力，建議臺灣應繼受此一禁止規定，至於法律效果則應配合其他條文內容酌情調整。

伍、法規制度爭議

2011年SOPA[34]及PIPA[35]二提案，在廣大使用者的杯葛下，引起軒然大波的示威活動，其後這兩提案皆未獲美國國會通過。深受國際社會爭議的「停止網路盜版法」（Stop Online Piracy Act）與「保護知識產權法案」（Preventing Real Online Threats to Economic Creativity and Theft of Intellectual Property Act）兩法案是美國針對網路智慧財產權盜版與仿冒品議題的法案；贊成者認為此法可以保護智慧財產權市場及相關產業就業市場，尤其是針對外國網站的侵權行為，此法一通過將使某些搜尋引擎形成違法狀況，並且立即面臨關站的危機，條文中包含可請求法院發出禁制命令，限制廣告商及付款機構的營業行為涉及侵權網頁，或者是與這些網頁有關的搜尋引擎，法院可以要求ISP業者立即封鎖入口途徑，因其觸犯的罰則亦為驚人，例：5年的刑期；反對者則認為此法一出，勢必影響所有網域生態，凡只要放置在網頁或部落格上的某張圖片有侵權態樣，整個網站便面臨被關閉的結

---

such website or online service will not give, sell, or otherwise transfer addresses maintained by such website or online service to any other party for the purposes of initiating, or enabling others to initiate, electronic mail messages.」

[34] the Stop Online Piracy Act, H.R. 3261, 112th Cong. (2011).

[35] the Protect IP Act, or The Preventing Real Online Threats to Economic Creativity and Theft of Intellectual Property Act of 2011, S. 968, 112th Cong. (2011).

果[36]。

繼而被提出討論[37]的是針對規範智慧財產權的國際協議──「反假冒貿易協定」（the Anti-Counterfeiting Trade Agreement，簡稱ACTA）造成更大的反對聲浪。ACTA最早由日本及美國在2006年提出，乃由電影與音樂產業為主而推動的條約，此協定乃因應全球仿冒品及盜版品日益增加而訂定，在法令上完全符合著作權規範，如要求ISP「通知／取下」機制、命ISP提供侵權人資訊、不得規避科技保護措施等；直到2008年維基解密（WikiLeaks）發表相關訊息，將嘗試用國際性條約，ACTA鼓勵服務供應商對使用者的監控，約束使用人的行動曝光，引發全球社會關注，意即這項協定可能對公民權利、言論自由，與隱私權產生的影響表示擔憂。已簽署通過ACTA的波蘭，民眾更為此在街頭示威抗議[38]；除擔心ACTA造成網路審查、專利壟斷外，另一爭議重點是ACTA制定並未經過民主程序，由大型商業公司自組委員會修訂，即要求人民遵守的法律。

世界各國表達自由度排行榜（Press Freedom Index），排名順序和各國的網路及媒體管制息息相關，2012年1月26日第十年度的報告顯示[39]，美國因為先前占領華爾街活動（Occupy Wall Street）中逮捕多名記者，導致排名由20名下降至47名。2013年春天「網路智識分享與保障法」（Cyber Intelligence Sharing and Protection Act，簡稱

---

[36] Stop Online Piracy Act, Wikipedia, http://en.wikipedia.org/wiki/Stop_Online_Piracy_Act (last visited: 01/22/2012).

[37] Dan Mitchell, *Meet SOPA's evil twin,* ACTA, January 26, 2012,http://tech.fortune.cnn.com/2012/01/26/meet-sopas-evil-twin-acta/ (last visit: 01/27/2012).

[38] *Id.*

[39] 芬蘭及挪威是全世界最自由的國家，紐西蘭第13名，日本是22名，澳大利亞是30名，中國大陸為174名，伊朗為175名，北韓是排名倒數第二為178名，最後一名是厄立特里亞（Eritrea，為非洲的一個國家）。Jason Miks, *The Press Freedom Index*, January 26, 2012, http://the-diplomat.com/the-editor/2012/01/26/the-press-freedom-index/ (last visited: 04/21/2012).

CISPA）又在美國國會展開立法辯論[40]，擁護此法案者如IBM與Intel等公司，認為對駭客入侵所造成的智慧財產等損失，由此等立法加強保障再好不過；反對者如網際網路組織（the Electronic Frontier Foundation）則以為此法十足摧毀與破壞網路隱私[41]，即使4月下旬未能通過，相信未來一定仍有繼續提出法案的可能。

第三節　結論

　　網際網路是一種自由言論媒介及研發靈感的來源，更是最後心血結晶呈現的舞台，然而不健全的環境會鼓勵及帶動盜印、盜錄行為的盛行，雖然免費甚或收費低廉的複製價格對使用者形成誘因，卻大大危害創作者的創作動機。著作權人根據著作權法第二順位侵權責任，以保障因網際網路與電腦盛行發達後，控告軟體設計者及網路服務提供者（ISP）的主要依據。

　　網路消費者最關切的議題向來是涉及個人資料及安全之隱私保護，企業經營者應遵守下列消費者隱私權保護原則，政府亦應有適當的管制措施或機制：1.企業經營者在蒐集消費者資料前，應明白告知其隱私權保護政策，包括資料蒐集之內容、使用目的及使用限制；2.資料之蒐集應經合法及公平之方法，並應取得消費者之同意，除消費者同意或法令另有規定外，使用上不得逾原先所告知消費者之使用目的；3.消費者得查詢及閱覽其個人資料，並得增刪及修正，且對消

---

[40] CISPA: What You Need To Know, SOURCE FED.com, http://sourcefednews.com/cispa-what-you-need-to-know/ (last visited: 04/22/2013).

[41] From SOPA to CISPA, A controversial cyber-bill sparks a heated debate about online privacy, Cyber-security, The Economist, http://www.economist.com/news/united-states/21576425-controversial-cyber-bill-sparks-heated-debate-about-online-privacy-sopa-cispa (last visited: 04/22/2013).

費者之資料應為妥當之保護，避免遺失或未經授權之使用、銷毀、修改、再處理或公開，若個人資料已無保存必要時，應確實銷毀。企業經營者如未能遵守上述原則或未能遵守在隱私權保護政策中所承諾之措施時，應自負其法令上之責任。

　　企業經營者建立免費的內部申訴處理機制，以處理與消費者間之糾紛問題。如消費爭議無法用此方式解決時，採用外部爭議處理機制，讓公正之第三人解決雙方爭端[42]。使消費者能採取公平、有效、及時、經濟且易於取得的機制，解決交易所產生的爭議[43]。政府、企業經營者、教育機構、消費者保護團體及消費者應共同致力於安全交易的提升，唯有交易安全意識之提升才能降低風險主要因素，安全交易意識應包括如何減低自己在電子交易過程中之風險；消費者自身在電子交易中所具有的權利與義務；如何進行安全的電子交易，以及在發現經營者有不當或不法行為時，證據之蒐集與應採取的救濟方式等。

　　法網恢恢疏而不漏，毋庸置疑，資訊帶給人們更多的便利，然而卻因使用者的無知、好奇或是受有心人士的利用而衍生出一連串的問題，其實這些問題本來都是可以避免的，所以在享受網路的同時，也請別忘了為我們的下一代著想，善用網際網路的正當功能，避免並遠離網路犯罪的發生，共創和諧與美麗的社會。

參考文獻

一、中文部分

1. 邱聰智，新訂民法債編通則（上），輔仁大學法學叢書，2003年1月。

---

[42] 陳櫻琴等編著，資訊法律，華立圖書股份有限公司，2004年增修版，頁173。
[43] 尹章華、林芳齡，電子商務與消費者權益，文笙書局，2004年初版，頁21。

2. 陳櫻琴等編著，資訊法律，華立圖書股份有限公司，2004年增修版。

3. 尹章華、林芳齡，電子商務與消費者權益，文笙書局，2004年初版。

4. 陳人傑、陸義琳、戴豪君、郭佳玫、許華偉、周慧蓮、楊婉艷、黃菁甯、邱皇錡，網際網路服務提供者法律責任與相關法制之研究，行政院經濟建設委員會，2003年12月。

5. 蘇月星，網路拍賣服務提供者商標侵權責任之比較研究，東吳大學法律學系比較法律組碩士論文，2011年7月。

6. 蔣克齊，網路服務提供者商標侵權責任研究，世新大學法學院智慧財產權研究所碩士論文，2011年7月。

7. Mark Chen，網路禮節，https://tw.knowledge.yahoo.com/question/question?qid=1005021300337（最後瀏覽日：2014年4月21日）。

8. Josephine，網路法與它的定義，https://tw.knowledge.yahoo.com/question/question?qid=1607122310037（最後瀏覽日：2014年4月21日）。

9. 行政院經濟建設委員會網路資料，http://search.cepd.gov.tw/cgi-bin/search/query.cgi（最後瀏覽日：2011年10年27日）。

10.張國仁，智慧財產法院97年度民商上字第5號民事判決　京華城專櫃侵權案智財法院平反，工商時報，2009年6月10日。

11.立院退回「濫發商業電子郵件條例」，http://www.ithome.com.tw/itadm/article.php?c=54515（最後瀏覽日：2012年2月2日）。

二、英文部分

1. the Stop Online Piracy Act, H.R. 3261, 112th Cong. (2011).

2. the Protect IP Act, or The Preventing Real Online Threats to Economic Creativity and Theft of Intellectual Property Act of 2011, S. 968, 112th Cong. (2011).

3. Stop Online Piracy Act, Wikipedia, http://en.wikipedia.org/wiki/Stop_

Online_Piracy_Act (last visited: 01/22/2012).

4. Dan Mitchell, *Meet SOPA's evil twin, ACTA*, January 26, 2012, http://tech.fortune.cnn.com/2012/01/26/meet-sopas-evil-twin-acta/ (last visited: 01/27/2012).

5. Jason Miks, *The Press Freedom Index*, January 26, 2012, http://thediplomat.com/the-editor/2012/01/26/the-press-freedom-index/ (last visited: 04/21/2012).

6. CISPA: What You Need To Know, SOURCE FED.com, http://sourcefednews.com/cispa-what-you-need-to-know/ (last visited: 04/22/2013).

7. From SOPA to CISPA, A controversial cyber-bill sparks a heated debate about online privacy, Cyber-security, The Economist, http://www.economist.com/news/united-states/21576425-controversial-cyber-bill-sparks-heated-debate-about-online-privacy-sopa-cispa (last visited: 04/22/2013).

|第二章|
不請自來的垃圾郵件 ——

臺灣濫發商業電子郵件管理條例草案之探討

曾勝珍、李文裕

第一節　前言

　　基於科技的一日千里，資訊技術的使用已經逐漸融入人們日常生活中，而使用電子郵件就是一個很好的例子，然而垃圾郵件亦隨之侵入個人的電子信箱，造成使用者的困擾及網路資源的浪費。

　　根據資料統計，垃圾電子郵件於2001年約占全球電子郵件總量的7%，但至2011年已占全球電子郵件總數比例之71%，儘管有垃圾郵件過濾機制，仍有將近五分之一的垃圾郵件送進企業的電子郵件信箱裡[1]。全台的垃圾郵件量驚人，NCC統計，一個月總量97億封的電子信中，就有超過80億封垃圾信，還不包括沒被網路業者過濾的色情郵件，如果加計進去，即超過90億封，其中九成五來自國外[2]。

　　每100萬封的廣告信中，只有不到10萬封的廣告是合法的商業廣告，而在這10萬封的廣告有多少掉進了垃圾信，都成了無效廣告[3]。

　　垃圾郵件，通常會隱藏寄件人，甚至偽造寄件人、並對發信日期、IP、原始發信記錄等等加以變造，讓收件人不知道原兇是誰，甚而錯怪了沒有發送垃圾郵件的業者。而這一類的垃圾郵件，又以色情或是發財夢等一類的廣告較多。且因為垃圾郵件通常是大量寄發，不但對收件人造成困擾，也會對ISP或公司郵件主機造成負擔與經濟上的損失。所以，使用各種過濾郵件的方法便成為維護網路安全的重要課題。

　　在全球網路化之影響下，人們享受了電子郵件的方便性，也省下

---

[1] T客邦，2011年網際網路有什麼驚人發展，58個簡單數字告訴你，http://www.techbang.com.tw/posts/8190-2011-development-from-the-internet-73-simple-number-tells-you（最後瀏覽日期：2012年8月20日）。

[2] 聯合新聞網，濫發垃圾信每封擬罰2,000元，http://mag.udn.com/mag/digital/storypage.jsp?f_ART_ID=101830（最後瀏覽日期：2014年4月25日）。

[3] mail廣告行銷，http://visdacom.com/edm/rewrite.php/read-22.html（最後瀏覽日期：2014年4月26日）。

了遞送信件所需耗費數量龐大的紙張和繁複的人力，而且他可以在短時間內傳送大量的資訊給人們，所以他在廣告行銷上所產生的效果亦是其他的傳播媒介無法比上的，而寄送廣告電子郵件，亦成為電子商務上極重要的行銷通路之一。

網路垃圾電子郵件濫發之問題會造成社會密切關注，其主要原因是因為垃圾郵件大量占據網路傳輸空間、耗費網路資源以及令人厭惡之不請自來的寄送方式，為網路使用者、網路服務提供者（Internet Service Providers，簡稱ISP）及電子商務發展帶來許多問題和糾紛。目前歐美各國都極重視垃圾電子郵件濫發這個非常嚴重的網路問題[4]，並研擬制定許多因應之道及管制法案。

第二節　郵件

現代社會裡，在日常生活中到處充斥著垃圾郵件問題，儘管目前已發展出各種垃圾郵件反制方法，但在垃圾郵件傳送路徑的分析與探討則很少。

壹、郵件功能與類別

郵件搭起了人與人之間意見和資訊溝通的橋樑，常見的郵件種類包括書信、郵件、明信片、單據（如月結單、電費單、水費單等）等檔案類物品，以及體積較大的包裹，廣義上可再加上報紙、雜誌、印刷品、盲人檔。原則上，只要能符合郵政要求的格式，任何檔皆能成為一個郵件。而在十九世紀電信技術在開始發展後，郵件的概念便擴

---

[4] 黃偉陵，網路垃圾電子郵件濫發之法律問題研究，中正大學犯罪防治研究所碩士論文，2002年。

展至電子通信領域，例如電報、傳眞、電子郵件、手機簡訊等皆是郵件。

因爲郵政系統具有維持爲公眾傳遞訊息的重要功能，常被視爲公用事業的一環，所以世界各地的郵政系統大多爲公營事業。於各郵政系統基本上均有快遞業務，因位快遞與物流的性質類似，一些較具規模的郵政機構甚至會跨足經營物流事業[5]。

貳、垃圾郵件

一、垃圾郵件緣起與定義

垃圾郵件（英語：Spam），指的就是「不請自來，未經用戶的許可強行塞入信箱的電子郵件」。SPAM，最初是一個罐裝肉的牌子。對於這個牌子名字的來源有很多解釋，官方版本說，是「Specially Processed Assorted Meat」意即指特殊加工過的混和肉。這種SPAM肉有段時間非常普及，到了無處不在，令人討厭的程度。1970年Monty Python劇團有個很流行的Sketch Comedy（一種短小的系列喜劇）叫Spam，劇中兩位顧客試圖點一份沒有SPAM的早餐，但不能得逞。後來，Spam被用來稱呼互聯網上到處散布的垃圾郵件。

在垃圾電子郵件出現之前，美國一位名爲桑福德‧華萊士（或稱Spamford或「垃圾福」）的人，成立了一間公司，專門爲其他公司客戶提供收費廣告傳眞服務，由於引起接收者的反感，以及浪費紙張，於是美國立法禁止未經同意的傳眞廣告[6]。後來垃圾福把廣告轉到電子郵件，垃圾郵件便順理成章地出現。

最早出現的濫發電子資訊源自垃圾傳眞（Spam Fax），至今

---

5 郵件，http://zh.wikipedia.org/zh-tw/%E9%83%B5%E6%94%BF（最後瀏覽日期：2014年4月21日）。

6 垃圾郵件，http://zh.wikipedia.org/zh-tw/%E5%9E%83%E5%9C%BE%E9%83%B5%E4%BB%B6（最後瀏覽日期：2014年5月1日）。

許多商業機構每天仍然會收到大量廣告傳眞。此外，近年垃圾電郵（Spam Email）的問題也相當嚴重，有調查報告指出，於用戶收到的電郵之中，平均有60%至90%均是垃圾郵件。這些垃圾郵件除了廣告以外，部分更包含詐騙內容，甚至包含了間諜軟體、木馬程式等，以盜取用戶的私人資料[7]。

　　垃圾郵件一般都具有批量發送的特徵。內容包括賺錢資訊、成人廣告、商業或個人網站廣告、電子雜誌、連環信等。垃圾郵件可以分爲良性和惡性的。良性垃圾郵件是指各種宣傳廣告等對收件人影響不大的資訊郵件。而惡性垃圾郵件則是指那些具有破壞性的電子郵件。

　　一些有心人會從網上各項管道收集網民的電腦地址，再售予廣告商，並發送垃圾郵件到該些地址。而在這些郵件，往往可找到「從收信人的清單移除」的連結。但是當使用者依照連結指示去做時，廣告商反而便知道該位址有效，因此使用者便會收到更多垃圾郵件。

　　在垃圾郵件的問題日趨嚴重的今日，多家軟體商也相繼推出反垃圾郵件的軟體。但「道高一尺，魔高一丈」，日新月異的垃圾郵件格式，也能避過此類軟體的偵測。因此，許多國家已立法，希望設法杜絕垃圾郵件。網絡服務供應商做出包含反垃圾郵件的服務政策，並提供投訴的電郵地址。亦有團體提供郵件分析及代客送往相關的ISP作出投訴的服務。

　　電子郵件行銷（Email Marketing）是一種利用電子郵件爲其傳遞商業或者募款訊息到其聽眾的直銷形式。就廣義來說，每封電子郵件傳送到潛在或現行客戶都可視爲電子郵件行銷。然而，該術語通常指：遞送目的在強化商家與其現行或者舊有顧客，以及鼓勵客戶忠誠與連續光顧的電子郵件。

　　遞送目的在吸引新顧客或者說服老顧客立即購買某項商品的電子郵件。於其他公司對他們顧客的電子信函中夾帶廣告透過網際網路

---

[7]　垃圾，http://zh.wikipedia.org/zh-hant/%E5%9E%83%E5%9C%BE%E9%82%AE%E4%BB%B6（最後瀏覽日期：2014年4月26日）。

遞送的電子郵件（電子郵件過去與現在都存在網際網路、網路電郵、FIDO網之外）。

所謂不請自來的垃圾郵件，就是指未經收信者同意而大量寄發的電子郵件，也就是Spam。上述的垃圾郵件應當與另外一種大量寄送的廣告郵件有所區別。一般正派的行銷業者在寄發廣告郵件（即所謂的會員訊息或會員好康報）時，只發送給因在網站上參與活動或購物而自願註冊留下連絡信箱的會員。收件者可以明顯觀察到，這一類的會員訊息或者會員好康報，一定會清楚註明寄件者來源，提供取消訂閱的方法，並聲明版權所有。垃圾郵件氾濫成災不僅惱人，還成為詐欺的途徑。

電子郵件行銷常常被評為僅次於搜尋行銷的最有效線上營銷策略[8]。

二、垃圾郵件的管道

那一些奇奇怪怪的垃圾郵件為什麼會寄到我的信箱呢？

現在很多有心人士刻意收集email名單來販售或散發垃圾郵件，而其收集的方法包括以下：

（一）網站／聊天室／留言版

利用email帳號收集軟體自動到各大小網站、網路聊天室或討論區蒐集。如果您的email帳號有在任何網站曝光過，便很可能被蒐集下來。

（二）轉寄郵件

擷取email信件上面顯示的所有email地址，因此建議您和朋友平常轉寄信件時，請使用副本密送的方式填寫收件人email位址，以便保護您及您朋友的信箱帳號，避免外流。

---

[8] Brownlow, M：為什麼要做電子行銷？電子郵件行銷報導，2007年7月。

（三）入侵資料庫

透過網路入侵的方式，偷取其他資料庫中的Email資料。

（四）數字英文組合法

先選擇某些特定網功能變數名稱，再以隨機的亂數法則組合產生數以百萬計可能的email帳號。例如：使用常見英文名字、簡短或有意義的單字、數字來做排列組合，再將不同的網功能變數名稱加上去。之後利用發信程式大量寄發垃圾郵件，並且偽造信件中的寄件者與收件者，您就可能就會看到自己寄給自己的垃圾郵件，或是收到亂碼所排列出來的寄件人與收件人。

三、避免垃圾郵件的建議

以這種方式寄發的垃圾郵件裡也可能會藏有蒐集名單的陷阱，例如告訴收件者去取消訂閱、回覆信件、開啟附檔、點選連結或簽收回條等，其實都是藉此確認並收集有效的email。

該如何預防垃圾郵件的打擾呢？下列方法可供參考；

（一）自訂過濾規則

例如可以讓使用者針對特定的信件欄位，像寄件人、標題、信件大小等等，再選擇符合條件郵件的處理方式。例如：如果「標題」包含「廣告」，則將此信件「刪除」；如果「寄件人」包含「@open-find.com.tw」，則將此信件「放入收信匣」，Outlook或Outlook Express也提供使用者類似的過濾功能。

（二）自訂過濾名單

讓使用者自行決定信件來源是否為垃圾郵件。例如使用者自行建立「合法收、寄件人」以及排外名單的功能，再配合廣告信件匣搭配使用，就可以排除某些程度的垃圾郵件騷擾，而微軟的Outlook也有類似的功能。

（三）慎用自動回覆功能

許多電子郵件服務提供了很方便的「自動回覆」的功能，但基於垃圾郵件問題日益嚴重，在使用「自動回覆」上應該更加謹慎小心。因為許多垃圾郵件程式都利用此一功能，在測試寄送過程中，有目的地搜索收集自動回覆郵件的有效email地址，然後建立email名單，以便進一步以垃圾郵件入侵騷擾使用者。

（四）不隨意回應垃圾郵件

不要回應任何來歷不明的垃圾郵件，即使是修改或取消訂閱也絕對不可回覆，對這些郵件也不要簽收回條，否則等同於在提示垃圾郵件發送者，您的信箱位址有效。

（五）對於在網路上的個人資料更謹慎

不要隨便在公開的網路上留下自己的email地址，在填寫一些網站註冊的資料時也要特別注意，要勾選不要洩漏email地址給別家廠商的選項，避免收到一些不熟悉的網站電子報。

（六）使用多重email帳號

在不熟悉的網站註冊時，最好使用對自己無關緊要的email帳號。

（七）申請email帳號時，不要定常見、簡短或有意義的英文單字組合

現在有許多有心人士會為了收集email名單，而選擇某些特定網功能變數名稱，再以隨機的亂數法則組合產生數以百萬計可能的email帳號。例如：使用常見英文名字、簡短或有意義的單字然後再將不同的網功能變數名稱加上去。再利用發信程式大量寄發垃圾郵件。所以建議個人的email帳號避免設定過於容易被猜測到的內容或組合。

以這種方式寄發的垃圾郵件裡可能會藏有收集名單的陷阱，其實

是藉此確認並收集有效的email[9]。

　　此外除了希望「濫發商業電子郵件管理條例」盡快立法通過外，網路使用者要如何防治垃圾郵件，提供大家三個小技巧：

　　1. 避免留下郵件帳號於BBS、聊天室或任何網站。

　　2. 不幸成為垃圾郵件的寄送對象時，可使用市面上的攔阻垃圾郵件軟體協助過濾。

　　3. 對於來路不明的信件，包括號稱eBay、花旗銀行或其他網路銀行的郵件，只要該郵件要求收件者輸入帳號密碼，提醒會員更正密碼或再次認證，即有可能是網路釣魚（Phishing）之假冒郵件，大家千萬不要輕易輸入帳號密碼，以免受「駭」。

　　如果想更深入瞭解關於假冒郵件，可以參閱：http://pages. tw.ebay.com/education/spooftutorial/index.html。如果您本身已經是eBay會員，更建議您到下列網址下載eBay工具列，可有效防止釣魚網站：http://pages.tw.ebay.com/ebay_toolbar/[10]。

第三節　臺灣濫發商業電子郵件管理條例草案

壹、草案緣起與現況

　　垃圾郵件氾濫的今日，讓網路使用者每日的例行工作之一就是刪除垃圾郵件，而其擾人的程度，讓各國紛紛立法來防治，以嚇阻垃圾

9　垃圾處理常見問答，http://doc.mail2000.com.tw/edm/o_act/security/faq. htm#faq1-1（最後瀏覽日期：2014年4月21日）。

10　中小學網路素養與認知，垃圾郵件擾人信箱，https://eteacher.edu.tw/ReadENet. aspx?PostID=244（最後瀏覽日期：2014年4月21日）。

郵件。國內目前並無相關的法律來規範垃圾郵件，只有行政院通訊傳播委員會（NCC）所草擬的「濫發商業電子郵件管理條例」來管制垃圾郵件的問題，根據條例，濫發垃圾郵件雖無刑事責任，但仍須承擔民事責任。

立法院曾於民國89年5月間，由馮定國立法委員等四十人曾提出第一份草案版本，名爲「電子廣告郵件管理條例」。惟當時立法時機未臻成熟，法案旋即擱置。經建會法協中心委託太穎國際法律事務所研究，並在92年年底將研究成果提交行政院NICI小組。

民國93年初，由NCC籌備處主導，並得交通部電信總局之協助，召開多次工作會，邀請各方代表與專家學者等共同討論，以研擬政策內容並形成草案初稿。行政院NICI小組第11次委員會議決議，由NCC擔任主管機關；NCC未正式成立前，由交通部電信總局研究考量暫代主政單位。93年6月，NCC籌備處正式將「濫發商業電子郵件管理條例草案」函請交通部轉行政院審議，其間，交通部並陸續召開三次專案會議進行審查，NCC籌備處再邀請學者專家及各界人士召開三次會議進行討論。

民國93年10月交通部將「濫發商業電子郵件管理條例」草案函請行政院審議。經行政院林政務委員逢慶召開三次審查會後，於94年1月19日提報行政院院會完成最後審議。

目前由NCC籌備處所研擬之「濫發商業電子郵件管理條例」草案，已經行政院審查完畢，將於立法院新會期開議時，函送立法院審議；尚待立法院三讀通過後，本條例才會生效施行。

雖然「濫發商業電子郵件管理條例」尚於立法院中等待立法通過，目前尚無專法規範垃圾郵件，但不代表濫發郵件就不受法律的規範。臺北地檢署就曾偵查起訴一樁濫發垃圾郵件案件，使用者因瞬間發送大量的商業郵件，影響郵件伺服器之效能，檢察官認爲已有觸犯刑法第360條干擾電腦系統罪之嫌疑，而予以起訴。

控制濫發電郵的最有效方法是採用稱爲過濾裝置的保護軟件。雖然你不能以對付濫發電郵的過濾裝置阻止別人傳送濫發電郵，但卻可

阻止那些資訊在電子信箱出現，並將資訊自動刪除。過濾裝置使你輕易阻截任何具指定位址、功能變數名稱、題目或正文的電郵資訊儲存在你的信箱裡。目前，市面上有多種過濾軟件工具販售。

你可向發出濫發電郵的電郵伺服器的互聯網服務供應商投訴。你可查看電郵資訊的標頭，從而找出有關的互聯網服務供應商。有關人士可按標頭找出電郵資訊的始發地和目的地。如不能確定發出有關電郵的伺服器的名稱，你可將整個電郵連同完整的標頭傳送給你的互聯網服務供應商的郵政總管。你的互聯網服務供應商將能確定該伺服器主機的身分，並要求該電郵伺服器所屬的互聯網服務供應商對濫發電郵者採取適當行動[11]。

每當濫發電郵者發出濫發電郵，整個互聯網社區，尤其是收件人和接收一方的互聯網服務供應商，均需付出代價。由於互聯網用戶需按分鐘繳付互聯網接駁費，為下載無用的濫發電郵，他們被迫耗用額外的上網時間和金錢。此外，濫發電郵亦會占用分布在互聯網上的電腦和路由器的帶寬和資源。

每個無用的電郵訊息都會增加組成互聯網的電腦網絡的操作成本。濫發電郵會破壞電郵伺服器和占用硬碟空間，從而擾亂網路，並侵犯互聯網用戶的聯機私隱。

假設一個人在每星期收到12封垃圾郵件（Spam），個人使用者的損失並非立即顯現，但若企業體內每個人都收到此類信件時，他對企業網路環境的傷害可不僅僅是一件麻煩事而已，沒有一家企業歡迎垃圾郵件。但是SMTP伺服器卻得負荷傳送的流程。CPU、伺服器硬碟空間、終端機用戶硬碟空間都得因它而影響速度和空間。垃圾郵件除了將使網路陷入動彈不得的境地外，更令人憂心的是其附件檔案可能夾帶的病毒，將同時大量危害企業網路；附件網址可能附贈Java或ActiveX等惡性程式，許多特洛依木馬病毒（Trojan Horses）就是藉

---

[11] Jessica，濫發電郵，https://hk.knowledge.yahoo.com/question/question?qid=7006061900175（最後瀏覽日期：2014年4月21日）。

此大量擴散。您可以想像如果讓這些未經許可的垃圾郵件繼續爲所欲爲，將造成企業多大的損失[12]。

貳、反垃圾電郵法

香港政府最終就反垃圾電郵法展開立法程式，在2006年7月7日提出「非應邀電子訊息條例」草案並經過約一年時間的討論和公眾諮詢。「非應邀電子訊息條例」最後在2007年5月23日通過，法案以規管由香港發出或發送到香港的電子訊息（包括電郵、簡訊、傳眞、通過電話發送的預錄訊息）爲目的，有關條例在2007年12月22日正式全面生效。違反有關法例者首次定罪最高罰款達到10萬港元，再被定罪可判之最高罰款爲50萬元。

可是，法案對於垃圾電郵的防治依然沒有辦法完全杜絕，因當中有不少是來自海外的，但香港仍需要有自己的法規，這對於避免香港成爲濫發垃圾電郵的「天堂」有相當助益。中國香港政府最近通過新的法律，旨在對發送垃圾營銷電子郵件者施以重罰，違反者面臨最高100萬港幣的罰款和5年監禁。

新法律禁止發送的各種電子行銷資訊包括傳眞、電子郵件、手機短信以及自動錄音。新法律禁止發送的各種電子營銷資訊包括傳眞、電子郵件、手機簡訊以及自動錄音。如果屬於違法發送垃圾行銷資訊，違法者可以被罰款最高100萬港幣，面臨5年監禁。如果屬於違法發送垃圾營銷資訊，違法者可以被罰款最高100萬港幣，面臨5年監禁。

按照新法律，任何人不得使用「字典式」或者「暴力攻擊」的方式發送垃圾電子郵件，即自動採用軟體產生發送物件的電子郵箱，

---

[12] cherryman05，濫發電郵有什麼害，什麼是濫發電郵？https://hk.knowledge.yahoo.com/question/question?qid=7006061900175（最後瀏覽日期：2014年4月20日）。

也不能用軟體在互聯網上收集電子郵箱。另外，如果駭客控制他人電腦，並且利用其電腦發送垃圾郵件，此舉將面臨最高10年的監禁。新法律也禁止在隱藏主叫號碼的情況下向手機使用者播放錄製好的行銷廣告音訊。新法律也禁止在隱藏主叫號碼的情況下向手機用戶播放錄製好的營銷廣告音頻[13]。

濫發電郵被界定為在互聯網上充斥某電子資訊的大量複本，而該資訊是未經收件人許可而發出的，即收件人沒有要求索取這資訊。濫發電郵資訊會要求用戶做某些事情，例如前往某網站或購買某服務。這資訊可以是電子郵件，但也同樣可以是另一種形式的電子資訊，例如Usenet的文章。

根據《06第二季消費者電郵推廣問卷調查》，每日香港市民接收的電郵當中就有46%是垃圾郵件，更發現超過一成的受訪者曾在一星期內收到超過350封垃圾郵件，另外有六成四人指每星期接收大約140封垃圾郵件，每日平均花費9分鐘處理，顯示香港有嚴重的濫發電郵問題。

1998年美國制定電子千禧著作權法（the Digital Millennium Copyright Act, DMCA）[14]，內容有關反規避條文之定義及罰則，如規避DRM系統以取得著作物[15]，追蹤裝置以獲得使用途徑進行規避[16]及追蹤破解DRM在複製及分配檔限制[17]，DMCA規範使著作權人增加對

---

[13] LuckyLucky，用電郵寄廣告信，有沒有觸犯法例呢？https://hk.knowledge.yahoo.com/question/question?qid=7010121300094（最後瀏覽日期：2014年4月20日）。

[14] Pub. L. No. 105-304, 112 Stat. 2860 (1998).

[15] § 1201 (a)(1)(A).

[16] § 1201 (2).

[17] § 1201 (b)(2)(B).

著作保障之權利[18]，DMCA[19]第512(a)款至(d)款規範網路服務提供者（ISP）的免責型態，和前述通訊端正法不同乃在於，網路環境中賦予ISP業者「避風港」[20]，使著作權人得通知網路服務提供者移除網路流通之侵權數據，而網路服務提供者若遵循法律所定之程式，亦得就使用者侵害著作權及製版權之行為，主張不負損害賠償責任。ISP業者則需要舉證證明已盡力維護其防範措施，才能主張上述之免責規定。

基於電子商務及網際網路之蓬勃發展及使用之普及，以電子郵件作為商務往來之聯繫方式，已日漸普遍及成為行銷商品或服務之要式。電子郵件較於傳統行銷工具擁有便利、廉價、易於大量散播及無國界傳送快速之優勢。然而此行銷工具已逐漸遭到濫用，收信人必須付出相當時間處理大量之（垃圾）商業電子郵件，除了濫發，亦造成網路容量壅塞及系統服務資源浪費，電子郵件服務提供者須運用龐大人力、物力處理，其妨礙正常之通信服務，亦嚴重影響社會大眾網路使用環境。網際網路具可匿名之特性，發信人未據實表明身分，收信人不僅難以表示其反對收件之意，因無法拒絕此類郵件之持續發送，如有損害，亦難以求償。鑑於濫發商業電子郵件行為，已對收信人及網際網路服務提供者之網路設施與服務造成損害，為保障網際網路使用之便利及提升網路環境安全及效率，目前已有美國、澳洲、日本、韓國、新加坡、香港、中國大陸等國家或地區制定專法規範此類行為，歐盟則透過相關辦法，要求會員國必須將隱私及電子通訊相關規定，納入商業電子郵件之相關規範，而德國、法國、義大利等多國已

---

[18] DMCA內容有對於侵害行為刑罰規定，增加著作權人求償管道及可能性。

[19] 17 U.S.C. § 512 (2000).

[20] 通稱為避風港（safe habor）條款（DMCA §512 (a)-(d)），如a.暫時性的電子網通訊，使用人單純分享資訊的情形；b.儲存系統，使用人居間或短暫的儲存系統資料及工作；c.由使用者控制的系統或網路儲存的資訊，當使用人作業系統，ISPs為善意第三人，完全不知情使用人從事侵害著作權。

透過相關法令管制，此即顯示出立法管制商業電子郵件濫發亂象已成為國際立法要項。

　　為了促進我國資訊通信基礎建設的發展，維護網際網路使用之便利，及避免濫發商業電子郵件之干擾，提升網路環境之安全及效率，我國參考美國、日本、歐盟各國等先進立法例，針對濫發商業電子郵件行為之特性，分就五大規範要素進行立法規範，具體涵蓋發送前階行為、合法發送要件、法律效果選擇、業者權利義務、配套機制設計等項，並在衡酌電子商務發展需求，及通盤考量整體法規範架構後，擬具「濫發商業電子郵件管理條例」草案，其要點如次：

（一）明定發送商業電子郵件應載明收信人未回傳視為拒絕繼續接收、提供免費回傳機制、加註信件主旨及提供正確信首資訊等強制規定（草案第4條）。其重點在強調收信人未回傳視為拒絕繼續接收，以免民眾被持續騷擾。

（二）明文禁止發送未經收信人明示同意、已經收信人拒絕接收、信件主旨或信首資訊虛偽不實或引人錯誤之商業電子郵件，及字典式濫發或其他經主管機關公告禁止之發送行為（草案第5條）。其重點在保障收信人自主權利。

（三）主管機關得命電子郵件服務提供者及網際網路接取服務提供者（以下簡稱服務提供者）採行必要措施防止濫發商業電子郵件，同時亦賦予服務提供者於特定條件下，得對發信人為中斷服務之措施，並應提供申訴管道，以處理爭議案件（草案第6條）。其重點在保護郵件接收品質。

（四）收信人對於違反第4條或第5條規定，而發送商業電子郵件之發信人，得請求民事損害賠償，並鑑於此類損害證明不易，爰擬制其賠償金額以每人每封新臺幣500元以上2,000元以下計算，但能證明所受損害高於該金額者，不在此限（草案第7條）。其重點在規範業者之罰則（現改為100元以上5元以下計算）。

（五）明定知有濫發情事之廣告主或廣告代理商、未經同意蒐集電子

郵件位址或出售者及濫發電腦程式供應者，均應與發信人負連帶損害賠償責任（草案第8條）。其重點在規範相關業者之連帶損害罰則。

（六）團體訴訟機構經二十人以上受有損害之收信人，授與訴訟實施權，並經主管機關同意者，得為收信人提起損害賠償訴訟，並得向服務提供者、廣告主或廣告代理商請求提供發信人資料（草案第9條）。其重點在受有損害之收信人之求償方法。

（七）明定得為本條例團體訴訟機構之財團法人之要件及提起團體訴訟程式等相關事項（草案第9條至第15條）。其重點在受有損害之收信人之團體訴訟程式。

（八）服務提供者未採行必要措施防止濫發行為，或拒絕提供、提供不實之發信人資料，主管機關得裁處罰鍰，廣告主或廣告代理商拒絕提供或提供不實之發信人資料者，亦同（草案第16條及第17條）。其重點在防止濫發行為。

（九）團體訴訟機構違法使用發信人資料，主管機關得裁處罰鍰，情節重大者，並得廢止其提起訴訟之資格（草案第18條）。其重點在防止團體訴訟機構違法使用發信人資料。

第四節　結論與建議

　　網路的世界十分寬廣與自由，然而他並非是全然沒有節制的空間。站在人類互敬互愛的基本層面上，自發性的遵守網路紀律，是一定要被要求的原則。如何達到祥和的網路互動與經營，提出以下對相關立法之評析與建議。

壹、「垃圾郵件」之定義

　　一般而言，對「垃圾郵件」之定義分為二類。其一，定義垃圾郵件為：在未受請求或未經同意下寄送商業廣告郵件，簡稱為「未經許可的商業電子郵件」或「不請自來的商業電子郵件」（Unsolicited Commercial Email, UCE）。此定義認為，垃圾郵件的特點是企業者將廣告成本移轉到網路服務業者與個人，強調當涉及商業目的時，無須證明所寄送的郵件是否已達一定數量。此外，標明「商業」性質即可與政治或宗教訊息相區別。

　　其二，在未受請求或未經同意下，以高頻率方式，在短時間內，向數量龐大之人寄送電子郵件，簡稱為「未經許可的大宗郵件」或「不請自來的大宗郵件」（Unsolicited Bulk Email, UBE）。此種定義認為，電子郵件內容（不管是否是商業性）與他所造成的損害無關，關鍵非成本由寄送者轉嫁到接收者，而是接收者、傳遞訊息的網路服務業者，在不自願下承擔損失。因而寄送者的動機在法律上並不重要。

　　第一種定義強調電子郵件與商業交易、社會結構的關聯性，第二種則以強調電腦安全為主。

　　筆者建議定義為「限於商業電子郵件之濫發電子郵件」，要件包括：

（一）以行銷商品或服務為主要目的之電子郵件。
（二）規範物件限於email，不包括行動、簡訊。
（三）非既存交易相關資訊，也就是不包含：
　　　1. 締結經發信人、收信人雙方同意之契約所需聯繫者。
　　　2. 提供收信人所需商品或服務之保證、召回、回收或安全資訊者。
　　　3. 通知收信人交易期限、權利義務變更或繼續性契約關係之進行狀況等重要交易資訊者。

4. 依據發信人、收信人雙方同意之交易條件，提供商品或服務，及其後續之更新者。

貳、垃圾郵件規制的基本模式選擇

目前各國管制「商業電子郵件」之立法例可概分爲「OPT-OUT」（選擇退出）及「OPT-IN」（選擇進入）兩種制度，除歐盟所屬國及澳洲等實行OPT-IN制外，美國等多個國家則採OPT-OUT機制，鑑於「OPT-OUT」立法例係允許發信人在收信人同意前得寄送商業電子郵件，待收信人明確表示拒絕接收後續來信時，始不得再行發送，此制度較不利於收信人，爲保障收信人權益及兼顧發信人商業言論自由，以利電子商務發展，臺灣援用折衷歐陸OPT-IN及美國OPT-OUT機制，將商業電子郵件發信機制定爲「默示拒絕」機制，賦予發信人得進行「一次」合法商業電子郵件行銷行爲，經實施首次商業電子郵件發送行爲後，若收信人未明示願意繼續接收者，發信人不得再行發送商業電子郵件，並應於商業電子郵件中載明「默示拒絕」機制意旨，便於強調收信人對後續來信得採「默示拒絕」，除可確保收信人權益外，尚得敦促發信人注重行銷品質及商業形象。草案主要所要保護的法益爲：

一、不受干擾與遭受經濟或非經濟損害的危險

（一）由於垃圾郵件並非收信人所要求或願意收受，收信人應該有選擇是否收取或選擇收取何種資訊之權利。

（二）因此本條例將個人此種資訊自主選擇與不受他人干擾之權利具體化，而賦予個別收信人有權決定是否收取商業電子郵件，將決定權全權交由個別消費者自主決定（OPT-OUT政策）。

（三）此外這種信件之大量干擾，造成個人使用電子郵件上之不便，且進一步造成機會成本的損失（時間的浪費等）。

二、相關業者財產權的侵害

此一問題的根源主要來自於網際網路電子郵件發送上，私人成本不等與社會成本，導致有經濟學上所謂的「外部性」問題發生。大量垃圾郵件的發送，將此外部性成本，不當地轉嫁相關業者（少部分則轉嫁給個別收件人），如過濾機制將損耗ISP業者額外資源，及電腦運算能力、資料儲存空間等，間接也增加業者購買設備、頻寬之壓力等。

三、整體社會資源的無益損耗

根據統計多數垃圾郵件內容為收信人所不欲收取之資訊，而此類資訊大量的傳輸，無疑是造成網路資源的消耗，與廣大公眾無益成本的花費。除了占用網路空間，影響傳輸速率外（特別是在中小型的ISP業者或電子郵件服務提供者，更為顯著），更進一步地花費在防堵、過濾、追蹤Spammer上的成本耗費更是難以估計。

從保障消費者財產權和隱私權的角度，採取用OPT-IN的方式為行銷，以迴避標示主旨欄的規定更為有利，惟此涉及立法者在衡量消費者和ISP業者以及主管機關等各方利益後所做出之決定立法方向。故整體而言，強制足以辨識其為商業電子郵件之標示雖其主要目的乃賦予消費者一個方便的工具，然對於打擊詐欺性的垃圾郵件亦具有補強作用，不能輕易忽視其功用。行銷業者與ISP業者宣稱強制標示主旨欄之規定，會造成合法行銷業者因為郵件被隔離而蒙受鉅額損失。筆者以為消費者目前已有諸多過濾郵件之工具，則在「主旨欄強制標示」亦屬某種過濾標準，以「商業」、「廣告」字樣為準，刪除這些消費者不想看之郵件，如此而言行銷業者同樣面臨相同的損失。然而若無「主旨欄強制標示」，則消費者將缺少了一樣防範合法行銷業者之防火牆，蓋不論是合法或非法之行銷郵件，消費者均有拒看之權利，只要是消費者不想看到的，其應有選擇刪除之權利。

權衡消費權利與商業需求二者之間的取捨，避免因過度限制而抑

制了網路世界的發展，但不能因此而剝奪了消費者之權利。

參考文獻

1. Brownlow, M：為什麼要做電子行銷？電子郵件行銷報導，2007年7月。
2. 黃偉陵，網路垃圾電子郵件濫發之法律問題研究，國立中正大學犯防治研究所碩士論文，2002年。
3. 謝瑜珊，垃圾郵件及一般郵件傳送路徑的比較分析，國立臺灣海洋大學碩士論文，2013年。
4. 曾勝珍，垃圾郵件防止法之探討，2012年。
5. T客邦，2011年網際網路有什麼驚人發展，58個簡單數字告訴你，http://www.techbang.com.tw/posts/8190-2011-development-from-the-internet-73-simple-number-tells-you（最後瀏覽日期：2012年8月20日）。
6. 聯合新聞網，濫發垃圾信每封擬罰2,000元，http://mag.udn.com/mag/digital/storypage.jsp?f_ART_ID=101830（最後瀏覽日期：2014年4月25日）。
7. mail廣告行銷，http://visdacom.com/edm/rewrite.php/read-22.html（最後瀏覽日期：2014年4月26日）。
8. 郵件，http://zh.wikipedia.org/zh-tw/%E9%83%B5%E6%94%BF（最後瀏覽日期：2014年5月1日）。
9. 垃圾郵件，http://zh.wikipedia.org/zh-hant/%E5%9E%83%E5%9C%BE%E9%82%AE%E4%BB%B6（最後瀏覽日期：2014年4月26日）。
10. DMA：「直銷力在美國：投資報酬率、銷售額、支出、與工作概況，2006-2007版」，Direct Marketing Association, October 2006 http://mag.udn.com/mag/digital/storypage.jsp?f_ART_ID=10183019

（最後瀏覽日期：2014年4月21日）。

11. 垃圾處理常見問答，http://doc.mail2000.com.tw/edm/o_act/security/faq.htm#faq1-1（最後瀏覽日期：2014年4月21日）。

12. 中小學網路素養與認知垃圾郵件擾人信箱，https://eteacher.edu.tw/ReadENet.aspx?PostID=244（最後瀏覽日期：2014年4月21日）。

13. 立院退回「濫發商業電子郵件條例」，http://www.ithome.com.tw/itadm/article.php?c=54515（最後瀏覽日期：2012年2月2日）。

14. Jessica，濫發電郵，https://hk.knowledge.yahoo.com/question/question?qid=7006061900175（最後瀏覽日期：2014年4月29日）。

15. cherryman05，濫發電郵有什麼害處什麼是濫發電郵？ https://hk.knowledge.yahoo.com/question/question?qid=7006061900175（最後瀏覽日期：2014年4月20日）。

16. LuckyLucky，用電郵寄廣告信，有沒有觸犯法例呢？ https://hk.knowledge.yahoo.com/question/question?qid=7010121300094（最後瀏覽日期：2014年4月25日）。

17. 自由時報，收垃圾郵件每封可求償100〜500元；濫發商業電郵最高賠2,000萬，http://news.ltn.com.tw/news/life/paper/568488（最後瀏覽日期：2014年4月21日）。

第三章
商標法耗盡原則之探討——
以美國法理論與案例為主

曾勝珍

第一節　前言

　　商標具有辨別、品質擔保以及廣告促銷等功能；商標可由文字、圖形、記號、聲音、顏色、立體形狀或其聯合式所組成，具有識別性使商標成為表彰商品或服務來源，並可藉此與他人之商品或服務相區別；或未符合前述規定，經申請人使用且在交易上已成為申請商品或服務之識別標識時，即成為第二意義而受商標法之保護。商標權具有獨占性以及排他性，故依法取得商標權者，即有法律加以保護，故商標權受侵害時，應予以救濟。

　　保護著名商標或標章，有世界貿易組織（World Trade Organization，簡稱WTO）[1]與貿易有關之智慧財產權協定（Trade-Related Aspects of Intellectual Property Rights，簡稱TRIPS協定）[2]，與巴黎公約

---

[1] 世界貿易組織於1995年1月1日正式誕生，成為接替關稅暨貿易總協定的國際貿易機構，他的任務是監督國際商務活動，並負責清除世界貿易的障礙，總部設在日內瓦，關貿總協的一百多個會員國，經過長達7年的烏拉圭回合貿易談判，於1993年12月15日始達成世界貿易協定，並於1994年4月15日簽訂最終協議，奠定成立世界貿易組織的法源。我國於1990年1月1日依據GATT第33條規定，以在對外貿易關係上具自主權地位的「臺灣、澎湖、金門及馬祖個別關稅領域」向GATT秘書處提出入會申請，歷經多年努力，終於在2001年完成各項雙邊與多邊入會經貿諮商。我入會工作小組於2001年9月18日舉行第11次會議，採認我入會議定書及工作小組報告，WTO第四屆部長會議於同年11月11日通過採認我國入會案，我國由經濟部林前部長信義於11月12日代表我國簽署入會議定書。我入會條約案於11月16日經立法院審議通過，陳總統水扁於11月20日簽署我國加入WTO批准書，自批准日起3日生效（即90年11月22日），我國乃於12月2日致函WTO秘書長確認接受我國入會議定書。經過30天之等待期後，我國於2002年1月1日成為WTO第144個會員。我國申請加入GATT／WTO之歷史紀要，經濟部國際貿易局，2005年4月11日，http://www.trade.gov.tw/cwto/Pages/Detail.aspx?nodeID=354&pid=312950&dl_DateRange=all&txt_SD=&txt_ED=&txt_Keyword=&Pageid=0（最後瀏覽日期：2014年10月12日）。

[2] TRIPS第15條第1項規定：「任何足以區別不同企業之商品或服務之任何標識或任何標識之組合，應足以構成商標。此類標識，以特定文字、包括個人

（Paris Convention for the Protection of Industrial Property，1967年修訂於斯德哥爾摩）[3]所揭示之原則且爲世界各國趨勢。臺灣於2002年1月1日成爲WTO正式會員，因此也受到上述協定及公約之限制。我國在1990年1月1日依據關稅及貿易總協定（The General Agreement on Tariffs and Trade, GATT，創立於1948年，爲WTO的前身）章程第33條規定，以在對外貿易關係上具自主權地位的「我國、澎湖、金門及馬祖個別關稅領域」向GATT秘書處提出入會申請，歷經多年努力，終於在2001年完成各項雙邊與多邊入會經貿諮商。於2002年1月1日成爲WTO正式會員，因此我國也受到上述協定及公約之限制。

　　商標法自1930年5月6日制定公布，並自1931年1月1日施行，歷經十五次修正，最後修正日期爲2016年11月15日。而因近年來工商企業發展快速，商業交易型態活潑多元，且因商標流通具有國際性，而統合及協調各國商標申請程序之商標法新加坡條約（The Singapore Treaty on the Law of Trademarks, STLT）已於2006年3月在新加坡舉行之外交會議通過，並於2009年3月正式生效，爲了使臺灣與國際規範能相互調和，商標法爲了納入該條約相關規定，使商標權保護更加周延，在2016年11月15日又進行最近一次的修法，2016年12月15日施行。

姓名、字母、數字、圖形和顏色之組合，及此類標識之任何聯合式，應得註冊爲商標。當標識本身不足以區別相關之商品或服務時，會員得基於其使用而產生之顯著性而准其註冊。會員得規定，以視覺上可認知者作爲註冊要件。」TRIPS協定於1996年1月1日正式生效，爲目前國際間提供智慧財產權保護態樣最爲廣泛之單一多邊協定，本協定除訂定相關權利之最低保護標準外，包含各項實質權利的內容、行政層面的執行保護程序，與司法層面的救濟管道等，強制要求會員國間遵守並履行該條約上之義務，堪稱最具約束性的國際性協定。

3　請參見我國商標法2003年5月7日修正草案總說明，經濟部智慧財產局網址：http://www.moeaipo.gov.tw/（最後瀏覽日期：2007年11月9日）。

第二節　權利耗盡原則

　　商標乃為區別與表彰所標示的商品或服務其成分或來源[4]，法律上著重的保護標的分為兩類，首先是保障消費者的利益，消費者往往會因為信任商標，也就是商標所代表的商品品質，進而購買該商品。商標權法為避免詐欺，亦即避免造成消費者的混淆誤認，讓其在確定商品時不與其他的商品或服務混淆[5]。商標法的立法目的乃保障社會大眾，在買受商品時的信任程度，也就是對商品的預期信賴跟得到商品時的滿足，直接能得到平衡跟愉悅的心理[6]。其次是商標法也保護出售人不必擔心競爭者仿造其商品，在市場上造成消費者混淆誤認的情形，商標法同時也鼓勵維持商品一定的品質，並且使消費者能夠得到必要的信譽保證[7]。當商標擁有人投注精力、時間及金錢呈現其商標在大眾面前，表彰其商品品質時，避免被其他人不當使用其商標，藉以損害其商譽[8]。

　　「第一次銷售理論」（又稱耗盡理論，Exhaustion Doctrine）乃從商標法規範而來，當A購買某項商品後可以在未經該商品商標權人的授權後轉售，著作權法和專利法也有此理論的適用，真品所有人可以依據原商標做再販售行為[9]，第一次銷售有些法律上的限制，

---

[4] 15 U.S.C. §1127 (2006).

[5] Michael Grynberg, *More Than IP: Trademark among the Consumer Information Laws*, 55 Wm. & Mary L. Rev. 1434 (2014).

[6] 藍姆法（the Lanham Act）的立法說明中已經敘述得很明白。See S. Rep. No. 79-1333, at 3 (1946), as reprinted in 1946 U.S.C.C.A.N. 1274, 1274.

[7] S. Rep. No. 79-1333, at 4.

[8] *Id.* at 3.

[9] Raymond T. Nimmer, First Sale, Online Resales, and the Like, LCOMTECH §5:25,1 (2013), https://web2.westlaw.com/find/default.wl?cite=LCOMTECH+%C2%A7+5%3a25&rs=WLW13.10&vr=2.0&rp=%2ffind%2fdefault.wl&utid=2&fn=_top&mt=LawSchool&sv=Split (last visited: 12/20/2013).

　　首先，必須是經過授權的買賣，其次，容易有爭議是在廣告行銷的部分，出賣人必須表彰商標的商標，但不代表出賣人是該商品經銷商，如二手車商可以出售賓士車，但不能說明有賓士車的代理或經銷權[10]。

　　商標權利耗盡，指凡商品由製造商、販賣商、零售商致消費者之垂直轉售中，已存在商標默示之授權使用，於轉售時，商標權已耗盡，後手之使用該商標並無受到專用權之拘束而阻卻違法事由。附有註冊商標之商品，由商標權人或經其同意之人於國內外市場上交易流通，商標權人不得就該商品主張商標權；即商標權已於第一次銷售時耗盡，二次行銷或消費者之使用或轉售，不受商標權之拘束。為防止商品流通於市場後，發生變質、受損，或有其他正當事由者，商標權人為免商標信譽受損或削價不公平競爭等情事，商標權人亦可主張商標權，惟應限於商品流通於市場後，發生變質、受損等之情形，商標權人始得就該商品主張商標權。分有國內商標權耗盡及國際商標權耗盡不同理論，所謂國內耗盡，乃商標權人其製造、或經其同意製造之商品，在「本國」或「外國」第一次進入市場後，僅在該本國或外國市場之物品使用、銷售等權利被耗盡。

　　權利耗盡原則也形成在國際貿易市場上常見的灰色市場（gray market）或平行輸入（parallel import）商品，這些都是合法製造的產品，通常灰色市場商品指同樣商品但分為美國版與非美國版，灰色市場，或稱盜版貨（piracy）或黑色市場（black market），不同在於，前者是合法製造的商品但未經過合法授權買賣，後者是未經授權製造的違法商品[11]。是否能利用商標法做為排除「灰色市場」商品存在的利器，值得深思，然而，「灰色市場」商品並非仿冒品是既定的事實。

---

[10]　*Id.*

[11]　William Richelieu, *Gray Days Ahead?: The Impact of Quality King Distributors, Inc. v. L'Anza Research International, Inc.*, 27 Pepp. L. Rev. 827, 828 (2000).

壹、權利耗盡原則的例外

　　商標權利耗盡原則亦存在例外情況，即當產品自由流通與商標權利保護衝突時，在若干情況下會認定商標權利未耗盡。為免商標信譽受損及維護消費者權益，商標權人為避免商品變質、受損或有其他正當事由者，仍得於商品流通於市場後，主張其商標權，特別是當商標產品進入市場後狀態被改變或損害。此外留意商標權人與被授權人之間是否有特殊約定，至於附有註冊商標之商品，是否由商標權人或經其同意之人於國內外市場上交易流通者，在實務判斷上，可能涉及商標權人與被授權人之間是否有市場地域限制約定之爭議；或經銷商是否受到商標權人的契約限制，另如商品為「展示用」或有「不得販售」之贈品聲明時，即不應被視為係商標權人已經同意投放到市場流通之商品。

　　倘所販賣之商品，係屬俗稱水貨之外來產製正牌商品，此種真品之平行輸入，其品質與我國商標使用權人行銷之同一商品相若，且無引起消費者混淆、誤認、受騙之虞者，對我國商標使用權人之營業信譽及消費者之利益均無損害，並可防止我國商標使用權人獨占國內市場、控制商品價格，反可促進價格之競爭，使消費者購買同一商品有選擇之餘地，享受自由競爭之利益，於商標法之目的並不違背，在此範圍內，應認為不構成侵害商標使用權，即無以該罪責相繩之餘地。

　　「真正商品平行輸入」之進口商，對其輸入之商標專用權人所產銷附有商標圖樣之真正商品，苟未為任何加工、改造或變更，逕以原裝銷售時，因其商品來源正當，不致使商標專用權人或其授權使用者之信譽發生損害，復因可防止市場之獨占、壟斷，促使同一商品價格之自由競爭，消費者亦可蒙受以合理價格選購之利益，在未違背商標法之立法目的範圍內，應認已得商標專用權人之同意為之，並可為單純商品之說明，適當附加同一商標圖樣於該商品之廣告等同類文書上；倘非原裝銷售，擅予加工、改造或變更，而仍表彰同一商標圖樣於該商品，或附加該商標圖樣於商品之廣告等同類文書加以陳列或散

布之結果，足以使消費者發生混淆、誤認其爲商標專用權人或其授權之使用者、指定之代理商、經銷商時，自屬惡意使用他人商標之行爲，顯有侵害他人商標專用權之犯意，應依其情節，適用商標法之刑罰規定論處。

下述之損害賠償請求權，自請求權人知有損害及賠償義務人時起，二年間不行使而消滅；自有侵權行爲時起，逾十年者亦同：1.商標權人對於侵害其商標權者，得請求除去之；有侵害之虞者，得請求防止之；2.商標權人依前項規定爲請求時，得請求銷毀侵害商標權之物品及從事侵害行爲之原料或器具。但法院審酌侵害之程度及第三人利益後，得爲其他必要之處置；3.商標權人對於因故意或過失侵害其商標權者，得請求損害賠償。

在未經商標權人同意，爲行銷目的而有下列情形之一，爲侵害商標權：1.於同一商品或服務，使用相同於註冊商標之商標者；2.於類似之商品或服務，使用相同於註冊商標之商標，有致相關消費者混淆誤認之虞者；3.於同一或類似之商品或服務，使用近似於註冊商標之商標，有致相關消費者混淆誤認之虞者。未得商標權人同意，有下列情形之一，視爲侵害商標權：1.明知爲他人著名之註冊商標，而使用相同或近似之商標，有致減損該商標之識別性或信譽之虞者；2.明知爲他人著名之註冊商標，而以該著名商標中之文字做爲自己公司、商號、團體、網域或其他表彰營業主體之名稱，有致相關消費者混淆誤認之虞或減損該商標之識別性或信譽之虞者；3.明知有第68條侵害商標權之虞，而製造、持有、陳列、販賣、輸出或輸入尚未與商品或服務結合之標籤、吊牌、包裝容器或與服務有關之物品。

貳、灰色市場產品

商標權人對「灰色市場」的商品造成對其商譽損害，也打擊商標權人爲維護市場所付出的努力，然而，「灰色市場」的商品並非仿

冒品，商標權人要以商標權受損提出請求有其困難，如*Parfums Stern, Inc. v. United States Customs Serv.*案[12]中，說明「灰色市場」有三種，但商品上的標示都是製造商同意的使用原商標或新設計的分公司商標。對製造商不公平的是再進口的經銷商利用不同地域的價差，而不需承擔該產品的廣告宣傳費用，自然利潤加倍，利用的是製造商辛苦經營的環境與成本。

第一種，美國公司購買及註冊外國商標，當販售該商標商品於美國境內時，當該商標進口美國或第三方經銷該商標商品於美國境內時，「灰色市場」的競爭就會產生；第二種，美國國內母公司將美國商標用在外國分支機構的產品上，這裡又再分為以下情形[13]：1.外國公司在美國國內申請分支機構，另外申請註冊一個美國商標，有別於原來國家母公司使用的商標，當第三人在美國境外購買該等商品再進口到美國時，「灰色市場」就會形成；2.美國公司在國外設製造分支機構或分廠，產品一樣使用原廠的商標，在國外售出後再被進口到美國販售，成為「灰色市場」的商品；第三種，美國商標權人同意國外製造商使用其商標生產商品，但約定該類產品不能進口到美國，但後來製造商未遵照契約約定，將該產品進口到美國，產生「灰色市場」。

對「灰色市場」持有正面評價的人士認為，讓消費者有另一種選擇與管道購買更便宜的商品是其優點，「灰色市場」既不影響商標權人、著作權人、消費者，美國法原本就不反對消費者購買在外國製造但未經過商標權人、著作權人同意下進口到美國的合法商品[14]，這也是前述案例中所有當事人最開始提起訴訟的緣由，灰色市場最大

---

[12] *Parfums Stern, Inc. v. United States Customs Serv.*, 575 F.Supp. 416, 418 (S.D.Fla.1983).

[13] *K Mart Corp. v. Cartier, Inc.*, 486 U.S. 281, 286-287 (1988)

[14] Donna K. Hintz, *Battling Gray Market Goods With Copyright Law*, 57 ALB. L. REV. 1189 (1994).

的問題是著作權人的利潤，因爲消費者會選擇相同產品但低售價的版本[15]，對「第一次銷售理論」的限縮解讀是不必要的，因爲可以用其他實務上的做法增進商標權人的保障，並增強「灰色市場」的效率化。

第三節　美國法理論與案例

西元1946年美國國會制定通過蘭姆法（the Lanham Act）[16]，內容規範商標侵害與不實廣告的預防；1995年通過聯邦商標淡化法（the Federal Trademark Dilution Act，簡稱FTDA）[17]、國際商標協會（the International Trademark Association）[18]，有各式規範各國相關行爲態樣。「灰色市場」指在美國販售的合法商品，但製造或授權的目的都不是爲了在美國販售，如廠商當時是以出口爲目的，未料商品又被再賣回美國境內，或當時美國製造商授權國外經銷商製造，但經銷商擅自輸入美國未經美國製造商（著作權人）同意，此舉亦爲平行輸入；而無論哪種情形，結果都是造成與製造商本身產品在美國市場的競爭[19]。製造商通常侷限其產品銷售範圍，尤其是約束經銷商的販售區域，特別在化妝品與美髮產品等行業，因爲價格的高度落差，更使想節省差價的經銷商有機可趁，將原本被排除進口的商品輸入美國[20]，

---

[15] Richelieu, *supra note* 11, at 832.

[16] U.S.C. §§1051-1052 (2006).

[17] 15 U.S.C. §1125 (c).

[18] The International Trademark Association, INTA, http://www.inta.org/ (last visited: 06/22/2014).

[19] Lawrence Friedman, *Business and Legal Strategies For Combating Grey Market Imports*, 32 INT'L LAW. 27 (1998).

[20] Friedman, *supra note* 20, at 28.

使美國國內的消費者有另一種選擇，經銷商反而幫助消費者取得價格的優惠，並且取得更多的消費選擇機會。

壹、美國法理論

如同美國聯邦詐欺廣告法的規範和未註冊商標造成的侵害行為，皆在蘭姆法的範疇內[21]。聯邦貿易委員會（the Federal Trade Commission，簡稱FTC）[22]，此法給予FTC權力，為避免任何人使用不當方法進行不當競爭行為或使用不公平、詐欺方法從事貿易經營或影響交易，FTC做考量時，乃根據多方面平行的權衡，不實的廣告行為或是誤導式的宣傳策略，都需要被禁止或糾正[23]。

第一次銷售原則跟著作權法之間的關係，雖然在美國著作權法第109條(a)項[24]裡已經有規定，亦即著作權人對其著作有專屬權，然而對於第一次銷售的取得著作人，並不受到著作權人此獨占權的限制。最明顯的例子，譬如在書籍的買賣當中，A購買一本書後，他不用經過著作權人的同意，就可以把這本書販售給其他任何人，並且絕對不會侵害到原著作權人的任何權益。如此可以保障著作的流通，維護買受人的權益，更可以達到推廣著作的功能。第一次銷售理論受到最大的挑戰在於當今科技環境的改變，網路傳播資訊無遠弗屆加上瞬息萬變的速度，令人咋舌！「數位化第一次銷售」的理論[25]，在其後的美國國會立法[26]也產生影響。近年來對於數位化著作採取授權金的做法，原著作人一樣可以保留對該著作的實質擁有，卻可以透過授權收

---

[21] 15 U.S.C. §1125 (a) (2006).

[22] See Federal Trade Commission Act, 15 U.S.C. §45 (a) (2006).

[23] Grynberg, *supra note* 11, at 1432.

[24] 17 U.S.C. §109 (a).

[25] Digital Era Copyright Enhancement Act, H.R. 3048, 105th Cong. (1997).

[26] Digital Choice and Freedom Act of 2002, H.R. 5522, 107th Cong. (2002).

取大量的利潤，在判決當中形成對第一次銷售理論的擴充適用，這也是由於網路變遷產生的變化[27]。

　　有關商標混淆誤認的判斷，目前不限於對於產品成分和來源的爭議，涉及商品廠商和分支產地的探討[28]。其次，目前對商標的保護效力更加強烈，主要判斷銷售當時，是否對消費者會造成混淆誤認，只要是有相關活動，可能減損和消耗該知名商標的辨識度，即便沒有造成消費者混淆誤認的可能性也構成侵害，該知名商標仍可以受到保護[29]。新通過的「美國聯邦反網路霸占法」（The Anticybersquatting Consumer Protection Act，簡稱ACPA）[30]中規定，當有人嘗試用和知名商標相同或類似的網域名稱註冊，藉搭知名商標便車之實，即便未造成消費者混淆誤認的事實，也構成違法。

　　蘭姆法中對構成消費者混淆誤認的要件，形成實務案例對消費者問卷調查的仰賴，判斷標準來自消費大眾的共識，即證明造成消費者混淆主要證據來自「問卷」，確認是否造成消費者混淆誤認的爭議中，關鍵在於多少數量的消費者被誤導，比例及人數會形成判決結果，*US Consumers Union*一案[31]提供數項判斷因素給消費者混淆相關案件，首先必須找出足以代表消費者族群的作答對象，及代表樣本；提問方式必須清楚明確不能預設任何立場，若由電話提問方式，則詢問人不能事先知曉電話問卷的答案與訴訟之關聯性；最後蒐集到的資訊必須被正確的報導，循環正確統計計量的方式，維持自始至終的客

---

[27] 前面這些論述參考自Simon J. Frankel,Brett I. Miller&Katherine C. Spelman, *Introduction to Museum Intellectual Property: Copyright and Trademark*, ST024 ALI-ABA 1-18 (2012).

[28] 15 U.S.C. §1125 (a) (2006).

[29] 15 U.S.C. §1125 (c).

[30] See 15 U.S.C. §1125 (d).本法令提供對網域名稱所有人相同的保護。

[31] Consumers Union of United States, Inc. v. New Regina Corp.,664 F. Supp. 753, 768, 4.U.S.P.Q. 2d 1257 (S.D.N.Y. 1987).

觀性[32]。

　　若製造商可以販售上面有商標的產品給經銷商時，沒有任何限制卻又告知經銷商無論是付費取得授權或移除商品上的商標，皆不能再販售此商品，如此會形成十分矛盾的現象，對經銷商而言，若移除商標，但在未經商標權人的允許時，必定構成侵權。有判決指出若商標所有權人在販售商品時，獲悉商品將被轉售到消費者時，在買賣流通中需要接觸商品的經銷商而言，判決認為商標權人默示其有權轉售[33]。

貳、案例

　　商標法中耗盡原則或第一次銷售原則，維持美國聯邦最高法院對經銷商再次販售有品牌的商品並未構成侵害，且不需要取得原所有權人的授權之見解[34]，如 *Trail Chevrolet, Inc. v. General Motors Corp.* 案[35]，1967年本案有關雪佛蘭（Chevrolets）二手車販賣商，判決認為上訴人可以在廣告中使用Chevrolets招牌；1969年*Eastman Kodak Co. v. Fotomat Corp.* 案[36]，有關Kodak影片的出賣人，有權使用Kodak影片做廣告；*Dow Jones & Company, Inc. v. International Securities Ex-*

---

[32] *Id.* at n.19.

[33] *Chanel, Inc. v. Casa Flora Co.,* 100 N.J. Super. 19, 241 A.2d 24, 159 U.S.P.Q. 189 (1968), cert. denied, 51 N.J. 577, 242 A.2d 381 (1968).

[34] J. Thomas *McCarthy, The first sale or exhaustion rule: resale of branded goods without change,* 4 McCarthy on Trademarks and Unfair Competition §25: 41, 4th ed.

[35] *Trail Chevrolet, Inc. v. General Motors Corp.,* 381 F.2d 353, 155 U.S.P.Q. 51 (5th Cir. 1967).

[36] *Eastman Kodak Co. v. Fotomat Corp.,* 317 F. Supp. 304, 165 U.S.P.Q. 444 (N.D. Ga. 1969).

*change, Inc.*案[37]，說明商標功能乃區別表徵商品，避免與他人產品造成混淆。

美國聯邦第二巡迴法院也維持相同見解，如果是眞品買賣不會有商標侵權的問題，即使銷售過程未經商標權人許可，經銷商只要在轉售時沒有對商標做任何變動，自然不會有商標侵權責任，如2007年*Dan-Foam A/S v. Brand Named Beds*案[38]，認爲當再販售不會造成消費者混淆或誤認時，即使再販售的行爲沒有經過授權，也不認爲會構成對商標的侵權；2012年*Brain Pharma, LLC v. Scalini*案[39]，被告如果販賣的是原告的眞品，第一次銷售原則則應適用在此案例中；2013年*Swarovski Aktiengesellschaft v. Building No. 19, Inc.*案[40]，上訴審法院駁回原審法院禁止被告在廣告中，使用大型施華洛世奇（SWAROVS-KI）水晶雕像的禁制令。

網路行銷部分則有所區分：1.零售商可以在其網站銷售時，在待售商品上直接放上品牌商標，即使該商品未經過授權，零售商的廣告行爲是合法的；[41]2.該商品未經過授權的情形，但是經銷商則不同，經銷商不能將品牌商標放上其經銷商本身網站，因爲這樣會造成消費者混淆，以爲該經銷商是合法的被授權人[42]，蘭姆法規定眞品的再次

[37] *Dow Jones & Company, Inc. v. International Securities Exchange, Inc.,* 451 F.3d 295, 308, 79 U.S.P.Q. 2d 1225, 1234, Comm. Fut. L. Rep. (CCH) P 30257 (2d Cir. 2006).

[38] *Dan-Foam A/S v. Brand Named Beds, LLC,* 500 F. Supp. 2d 296, 318 (S.D.N.Y. 2007).

[39] *Brain Pharma, LLC v. Scalini*, 858 F. Supp. 2d 1349, 1353 (S.D. Fla. 2012).

[40] *Swarovski Aktiengesellschaft v. Building No. 19, Inc.*, 704 F.3d 44, 105 U.S.P.Q.2d 1563 (1st Cir. 2013).

[41] *Patmont Motor Werks, Inc. v. Gateway Marine, Inc.*, 1997 WL 811770 (N.D. Cal. 1997).

[42] *Bernina of America, Inc. v. Fashion Fabrics Intern., Inc.*, 57 U.S.P.Q.2d 1881, 2001 WL 128164 (N.D. Ill. 2001).

販售不會構成侵權，耗盡原則或第一次銷售原則正是適用在此，只有在非眞品的買賣時才有侵權的問題，2001年*Davidoff & CIE, S.A. v. PLD Intern. Corp.*案[43]乃眞品銷售的例外，被告將只能販售在免稅商店中整瓶的香水瓶外序號去掉，交由折扣商店販賣構成商標侵害；同年*Softman Products Co., LLC v. Adobe Systems, Inc.*案[44]不適用第一次銷售原則，因爲系爭商品並非眞品。除非是「灰色商品」，即商標權人爲了迎合不同市場與地域的需求，商標權人可能在商品的質材上做不同的選擇或增加變化，因而，也會影響到商品的售價[45]。

在製造商和獨立經銷商間通常不存在商標授權的關係，製造商並沒有受到正常授權關係中的商品品質要求；1985年*Star-Kist Foods, Inc. v. P.J. Rhodes & Co.*案[46]，判決認爲單純的經銷商並不需要商標授權與商品品質掌控；但是製造商有權可以掌控經銷關係中的品質和方法，才好避免商品的損壞或惡化[47]；1987年*Original Appalachian Artworks, Inc. v. Granada Electronics, Inc.*案[48]，耗盡原則允許經銷商在不改變商品原貌的情況下，販售有商標的商品，眾所周知，耗盡原則不適用於眞品內容有改變的情形；1996年*Denbicare U.S.A. v. Toys "R" Us, Inc.*案[49]，亦確認商標法中的耗盡原則。所謂耗盡原則乃商標權人

[43] *Davidoff & CIE, S.A. v. PLD Intern. Corp.*, 263 F.3d 1297, 60 U.S.P.Q.2d 1046 (11th Cir. 2001).

[44] *Softman Products Co., LLC v. Adobe Systems, Inc.*, 171 F. Supp. 2d 1075, 1092, 45 U.C.C. Rep. Serv. 2d 945 (C.D. Cal. 2001).

[45] McCarthy, *supra note* 35.

[46] *Star-Kist Foods, Inc. v. P.J. Rhodes & Co.*, 769 F.2d 1393, 227 U.S.P.Q. 44 (9th Cir. 1985).

[47] McCarthy, *supra note* 35.

[48] *Original Appalachian Artworks, Inc. v. Granada Electronics, Inc.*, 816 F.2d 68, 2 U.S.P.Q.2d 1343, 1349 (2d Cir. 1987), cert. denied, 484 U.S. 847, 98 L. Ed. 2d 99, 108 S. Ct. 143 (1987).

[49] *Denbicare U.S.A. v. Toys "R" Us, Inc.*, 21 U.S.P.Q.2d 1711 (N.D. Cal. 1991), subse-

不能掌控或避免商品，當離開商標權人進入貿易流後的流向，商標權人僅能授權第一次的銷售，當第一次的銷售結束，商標權人的權利已經耗盡，對於之後的授權或買賣行為，已經沒有權利干涉[50]。

　　零售商展示與廣告商品時可以自由使用商品陳列，而二手交易商也可以直接用商品做廣告宣傳銷售，但是重點在於不能使他人誤導其為取得授權的代理商[51]，2009年*Mary Kay, Inc. v. Weber*案[52]，被告販賣原告Mary Kay的產品，法院在原告提供的問卷調查中，45%的消費者因為被告的網站而混淆，誤以為是屬於原告的官方相關網站，然而本案法院並未完全採信問卷結果；其後陪審團仍做成被告侵權的決定[53]。

　　判斷的關鍵，主要因素是對重新販售的商品不能做改變，耗盡原則的第一個重點，是商品不能有任何改變，耗盡原則乃針對商標所有人的權利，因此在沒有經過授權或對商品重新包裝的情形[54]，2001年*Softman Products Co., LLC v. Adobe Systems, Inc.*[55]案判決結果不適用第一次銷售原則，因為被告販售商品時，商品的內容質材已經與商標權人當時販售的完全不同，系爭軟體被重新包裝並且缺少產品最重要的顧客支持及系統服務部分，這兩點是這個產品最吸引消費者的部分，也就是這個產品的販售關鍵所在。未經授權的灰色商品買賣，無法以

---

quent appeal, 84 F.3d 1143, 38 U.S.P.Q.2d 1865 (9th Cir. 1996).

[50] *See* Restatement Third, Unfair Competition §24, comment b (1995).

[51] *Osawa & Co. v. B&H Photo,* 589 F. Supp. 1163, 1173, 223 U.S.P.Q. 124, 132 (S.D.N.Y. 1984).

[52] *Mary Kay, Inc. v. Weber,* 601 F. Supp. 2d 839, 849 (N.D. Tex. 2009).

[53] *Mary Kay, Inc. v. Weber*, 2009 WL 3147888 (N.D. Tex. 2009).

[54] 如 Enesco Corp. v. Price/Costco Inc., 146 F.3d 1083, 47 U.S.P.Q.2d 1144 (9th Cir. 1998); Adobe Systems Inc. v. One Stop Micro, Inc., 84 F. Supp. 2d 1086, 53 U.S.P.Q.2d 2003 (N.D. Cal. 2000).

[55] *Softman Products Co., LLC v. Adobe Systems, Inc.*, 171 F. Supp. 2d 1075, 1092, 45 U.C.C. Rep. Serv. 2d 945 (C.D. Cal. 2001).

耗盡原則抗辯商標權的侵害，除非進口美國的商品品質和正常授權進口的相同；亦即雖為同品牌，但是可能因為產地與使用的材料不同，導致口味或品質不同，這種情況就不能主張耗盡原則的保障[56]。盜竊物不適用耗盡原則，因為沒有合法依據[57]。

被告買真品標籤，然而上面有商標，如果把此標籤貼在商品上面後再販售，一定會侵害他人的商標權，而且不受耗盡原則的保障。如美國聯邦第九巡迴法院認為，被告從交易商處買數台VW車後，架設上牌照人名義後，仍然逃脫不了侵權的嫌疑，對買受人而言，被告買的並不只是商標的複製品，如果買的是附有標籤的物品，被告當然可以將該商品再轉賣，但買的若是標籤本身，得到應有權益只有標籤本身而已，並沒有將標籤直接用在其他產品上的權利，因為他並沒有擁有標籤上所屬的商標的權利[58]。

同樣在GE的案件中，在承包商將非GE的零件放到標記GE的箱子，再寄給使用人時，無異和仿冒品的情況相同，因此認定會構成侵害[59]；1996年*Denbicare U.S.A. v. Toys "R" Us*案[60]，第九巡迴法院認為當商標權人在加諸於買方，對於商品的附帶條件，並不隨商品移轉，也就是通常買賣中的附帶條件，並不會隨著買賣行為或貿易流，在沒有明示通知下，隨同移轉給下游買方；1998年第十一巡迴法院在

---

[56] *Societe Des Produits Nestle, S.A. v. Casa Helvetia, Inc.*, 982 F.2d 633, 25 U.S.P.Q.2d 1256, 1260 (1st Cir. 1992) ;Martin's Herend Imports, Inc. v. Diamond & Gem Trading USA Co., 112 F.3d 1296, 42 U.S.P.Q.2d 1801, 1806 (5th Cir. 1997).

[57] *Klein-Becker usa LLC v. Englert*, 83 U.S.P.Q.2d 1112, 2007 WL 1933147 (D. Utah 2007).

[58] *Au-Tomotive Gold Inc. v. Volkswagen of America, Inc.*, 603 F.3d 1133, 94 U.S.P.Q.2d 1873 (9th Cir. 2010).

[59] *General Elec. Co. v. Speicher*, 877 F.2d 531, 534, 11 U.S.P.Q.2d 1125 (7th Cir. 1989).

[60] *Denbicare U.S.A. v. Toys "R" Us*, 84 F.3d 1143, 38 U.S.P.Q.2d 1865 (9th Cir. 1996).

*Allison v. Vintage Sports Plaques*案中[61]，有關運動明星對於運動交換卡
（sports trading cards）再販售授權金與第一次銷售原則的抗辯，判決
認為依據阿拉巴馬州州法，運動明星已經收取在首次銷售時能獲得的
收益，因此根據權利耗盡原則，不能要求再銷售的權利金。

　　其他如商品重新組合，或對商品有任何增修等行為，如2001年
*Montblanc-Simplo GmbH v. Staples, Inc.*案[62]，經銷商的義務是在平行
輸入商品時，要保持商品（萬寶龍筆）商標MONTBLANC及商品序
號，才能讓製造商能有所依據進行品質掌控，本案判決原告勝訴。
如果在買賣過程中該貨品已發生實質上的損害，意即脫離製造商的品
質控管，這種情況之下，當商品已有瑕疵的情形，就不再是所謂的真
品，也不適用耗盡原則；1996年*Denbicare U.S.A. v. Toys "R" Us*案[63]，
關於第一次銷售原則與商品瑕疵的判斷原則，商品在運送中若有瑕疵
發生就不能主張第一次銷售原則，商標所有權人怠於舉證商品是否在
運送過程遭遇瑕疵或者是商品本身的問題；2012年*Christian Loubou-
tin S.A. v. Yves Saint Laurent Am. Holding, Inc.*案[64]有關法國的鞋子設計
商對美國競爭者提起訴訟，主張被告違反蘭姆法與紐約法，損害原告
商標關於高跟鞋顏色的設計。

　　1923年*A. Bourjois & Company, Inc. v. Katzel*案[65]，對灰色市場的運
作設定一定的準則依據，原告是一家法國化妝品公司在美國的商標受

---

[61] *Allison v. Vintage Sports Plaques*, 136 F.3d 1443, 1446, 46 U.S.P.Q.2d 1138 (11th Cir. 1998).

[62] *Montblanc-Simplo GmbH v. Staples, Inc.*, 172 F. Supp. 2d 231 (D. Mass. 2001), vacated pursuant to settlement agreement, 175 F. Supp. 2d 95 (D. Mass. 2001).

[63] *Denbicare U.S.A. v. Toys "R" Us*, 84 F.3d 1143, 38 U.S.P.Q.2d 1865 (9th Cir. 1996).

[64] Christian Louboutin S.A. v. Yves Saint Laurent Am. Holding, Inc., 696 F.3d 206, 211-12 (2d Cir. 2012).

[65] *A. Bourjois & Co., Inc. v. Katzel*, 260 U.S. 689 (1923).

讓人，法國的公司仍然在營運並販售相似產品[66]，包括賣給美國原告的產品，被告（Katzel）利用匯差從法國進口眞品到美國，涉嫌利用原告商標進行販售行爲。美國聯邦最高法院判決本案，灰色市場產品對於合法付出授權金與專讓費用的美國受讓人，不但打擊其產品價格，也造成市場不公平競爭，本案判決認爲即使對商品擁有所有權，不代表可以在特定地域任意販售[67]；被告抗辯使用法國製造商的商標既爲合法，並不會造成消費者混淆誤認，法院則判決說明──法國原廠商標既爲標示產地，本案判決則是維護美國原告權益，保護原告在美國販售商品的商譽[68]。此案禁止眞品平行輸入，但沒多久美國聯邦最高法院便改變見解。

1924年*Prestonettes, Inc. v. Coty*案[69]，Prestonettes購買Coty的臉部粉餅後，再使用自家生產的粉餅末，混合後再裝入Coty名稱的包裝盒中，以Coty製造商的名義出售，然而迥然有別於Coty原廠出品的商品，最高法院判決本案中被告的行爲並未構成侵害，如果被告使用的成分比原告的差，等於破壞了原告的商譽，但是本案中原告並未指稱此部分。但是前述判決書都是在1946年美國國會制定通過蘭姆法前，眞品平行輸入前依據商標可以標示出產品的來源，只是不能據此讓消費者認爲美國的商標所有人就是賣方，意即眞品進口商並非商標權人。

*Katzel*案前商標被認爲有全球效力，通常當事人認爲在美國境外購買商標商品，當然可以進口到美國且任意出售，完全不用有侵害美國商標權持有人的疑慮[70]，1989年*Lever Bros. Co. v. United States*案[71]，

---

[66] Friedman, *supra note* 20, at 29.

[67] *A. Bourjois & Co., Inc. v. Katzel*, at 691-692.

[68] *Id.*

[69] *Prestonettes, Inc. v. Coty*, 264 U.S. 359 (1924).

[70] *Osawa & Co. v. B. & H. Photo*, 589 F. Supp. 1163, 1172-1174 (S.D.N.Y. 1984).

[71] *Lever Bros. Co. v. United States*, 877 F.2d 101 (D.C. Cir. 1989).

美國海關（U.S. Customs Service）拒絕從英國進口的商標商品，在未經授權人同意下的情形進入美國販賣，本案與製造防臭皂和洗潔劑的英國Lever廠商有關，當其他第三人購買原告產品後想進口到美國販售，原告尋求美國海關協助扣押該批貨品[72]，*Lever Bros.*案引註多件案例支持灰色市場產品，支撐點在於進口的是真品商品，並不會造成消費者混淆[73]，然而該批商品乃針對英國消費者喜好而設計[74]，如果該批貨品進入美國販售，反而會使美國消費者大感失望，最終破壞該產品經由美國商標權人日積月累所投注努力下的商譽；1992年美國第一巡迴法院在*Societe Des Produits Nestle, S.A. v. Casa Helvetia, Inc.*案[75]，有關未經授權的被告私自進口義大利品牌在委內瑞拉製造的巧克力，原告是位於波多黎各的該義大利品牌巧克力獨家經銷商，本案判決原告勝訴，因為不同產地產品涉及原料成分不同，但在同樣品牌下會造成消費者混淆，影響當地商標權人的商譽[76]。

　　1997年*Martin's Herend Imports v. Diamond & Gem Trading*案[77]，美國聯邦第五巡迴上訴法院，認為被告擅自進口在特定地區銷售所生生產的小雕像，這些為特定地區而製造的生產線，產品規格與內容並不符合美國區域的市場需求，因而，這些未經授權的擅自進口被認定和

---

[72] 系爭香皂配方乃針對英國地區硬性水質而設計，相較美國產產品，這種防臭皂包含少量香精，為配合英國泡澡習慣而較少選擇沖澡的原因，香皂泡沫量也必較少。*Id.* at 104.

[73] *Lever Bros. Co., 877 F.2d at 108. See, e.g., Olympus Corp. v. United States*, 792 F.2d 315, 321 (2d Cir. 1986); *Weil Ceramics & Glass, Inc. v. Dash*, 878 F.2d 659, 11 U.S.P.Q.2d 1001 (3d Cir. 1989).

[74] *Lever Bros. Co.*, 877 F.2d at 103.

[75] *Societe Des Produits Nestle, S.A. v. Casa Helvetia, Inc.*, 982 F.2d 633 (1st Cir. 1992).

[76] 15 U.S.C. § 1114 (1994).

[77] *Martin's Herend Imports v. Diamond & Gem Trading*, 112 F.3d 1296 (5th Cir. 1997).

*Nestle*案[78]一樣，判決確定被告進口行為違法，美國市場並未允許其他顏色、形狀的雕像進口，亦即此案中美國市場銷售有其規格與特定顏色的雕像，為其他市場設計的顏色是區隔市場的必要之點，最後判決被告敗訴[79]。

當平行輸入的商品幾乎相同或類似，會使耗盡原則的判斷標準更加複雜，製造商和取得授權的代理商等，不能以消費者無法辨識產品內容或質材做為抗辯，1986年*NEC Electronics v. CAL Circuit Abco*案[80]，NEC-Japan公司將美國商標權轉讓美國分公司，美國分公司以美國NEC商標名稱出售日本製的電腦晶片，被告Abco從外國進口與原告產品類似的晶片，與原告在美國市場展開競爭，原告因而控告其侵害原告商標[81]。NEC-U.S.是NEC-Japan獨資擁有的美國分公司，日本總公司掌控美國市場產品與銷售的所有策略、方向，所有在NEC品牌商標下售出的產品，皆經由日本公司的決策，1986年*Olympus Corp. v. United States*案[82]，第二巡迴上訴法院也是採取相同見解。

如果NEC-Japan選擇販賣到其他國家的商品是以較低的價格被售出，為了和其他類似產品競爭，這是其本身企業經營的考量，NEC-U.S.和NEC-Japan其間經營權或價差調整的問題，都和美國商標法規定無關[83]；*Osawa & Company v. B & H Photo*案[84]，原告*B & H Photo*為一家美國公司，對其擁有的商標權在美國有絕對的權利，被告Osawa

---

[78] *Societe Des Produits Nestle, S.A. v. Casa Helvetia, Inc.*, 982 F.2d 633 (1st Cir. 1992).

[79] *Martin's Herend Imports v. Diamond & Gem Trading*, 112 F.3d 1302 (5th Cir. 1997).

[80] *NEC Electronics v. CAL Circuit Abco*, 810 F.2d 1506 (9th Cir. 1986).

[81] Friedman, *supra note* 20, at 33-34.

[82] *Olympus Corp. v. United States*, 792 F.2d 315 (2d Cir. 1986), cert. denied, 486 U.S. 1042 (1988).

[83] *NEC Elecs.*, 810 F.2d at 1511.

[84] OO*sawa & Co. v. B &H Photo*, 589 F. Supp. 1163 (S.D.N.Y. 1984).

從日本進口Mamiya相機，在美國得到授權的分銷商必須預先囤積周邊零件，除此之外，原告還要指導給顧客教育訓練，並提供分銷商對顧客更高規格的服務品質[85]。

第四節　結論與建議

　　商標權人還須提供廣告促進商品商譽，增加促銷機會及產品保固維護等服務，這些開銷和支出都是被告不需付出的，支出增加收益自然減少，也影響企業商譽，這些都是灰色市場進口商品對原廠正品，造成的無法抹滅的傷害；因為銷售量降低，原告只好裁員，裁員的結果導致維修時間增長，加上又削減廣告預算，最終銷售量更加低落[86]。耗盡原則涉及商標權及地域界定的問題，每個地區的商標權人為維護其商品與品牌商譽，無不竭盡心力避免他人濫用或造成消費者混淆誤認的情形[87]，本案原告在美國賣力推廣該產品品牌，無論在大量的廣告文宣促銷文案支出或提供高品質的產品與維修服務，因此，在美國的原告應該獲得不同於日本製造商的商標保護。

　　美國商標權持有人若與外國商標權持有人及製造商，三者之間的關係，此案中區別美國境內與境外市場，並維護美國商標權持有人，為維護商譽在廣告宣傳、市場間推廣的努力[88]。紐約南區上訴法院據此對被告做出禁止進口灰色產品的禁制令，全然為保障美國國內商標權持有人的權益，被告不服認為價格懸殊造成灰色產品企業，有機會產生商機或獲利全然來自日本製造商的定價差異，美國第三巡迴法院

---

[85] *Id.* at 1165-1166.

[86] *Id.* at 1168-1170.

[87] *Id.* at 1172.

[88] *Id.* at 1174.

在*Premier Dental Prods. Co. v. Darby Dental Supply Co.*案[89]，也做出類似的結論，當一個在美國境內的商標權人且為獨家經銷商時，此時和在美國境外的製造商形成不同的商譽關係，且即使有其他人從同一個製造商取得相同商品，也有權利阻止其他眞品的進口[90]。

筆者以為，灰色商品的價差是提供給消費者更多選擇的機會，全球市場會發生平行輸入的現象，主因還是在於價格差異，但同意者認為這是給消費者更佳的選擇機會，同時也是增加市場價格競爭的優勢，商標法是否為排除「灰色市場」商品存在的利器？然而，「灰色市場」商品並非仿冒品，反對平行輸入者提出理由：

（一）授權的經銷商必須受到製造商授權契約的約束，平行輸入的經銷商完全是不當得利的「搭便車」（free-riding）者，沒有投注在廣告宣傳、經銷契約、市場行銷等的費用支出；

（二）製造商還需投資在產品研發、銷售業務人員培訓、建置維修部門及後勤單位等花費，然而，私自進口的經銷商都不需承擔這些費用；

（三）消費者購買時可能並不知道產品是來自授權的經銷商，或平行輸入的進口商，因為進口商沒有提供正常授權管道下的種種服務，不熟知內情的消費者留下的可能只是不滿意的印象，還有對該品牌產品的認知及次級的售後服務，而這是對製造商當時苦心經營的品牌形象最不利的地方。雖然消費者會認為產品瑕疵可以另外付費維修，平行輸入商品的價格差異還是利多於弊，只要需要維修時額外付費一樣可以解決這個問題。

智慧財產權之間互相關聯，而且常常有交集，商標法、專利法、

---

[89] *Premier Dental Prods. Co. v. Darby Dental Supply Co.*, 794 F.2d 850 (3d Cir. 1986).
[90] *Id.* at 858.

著作權法皆是保護無形資產，著作權法保護表達和專利法增加發明誘因[91]，和商標法的角色和功能全然不同，商標法相較於其他著作權法和專利法，更貼近掌握消費者資料，偏重私法領域行爲，近幾十年來的商標法不僅在範圍和力道上有顯著的成長，傳統商標法一直以來，很關切賣受者是否會引導顧客在對商品造成混淆誤認部分，傳統商標法對於包裝是否會造成消費者的誤導有許多關注，然而現今的理論限制乃針對非傳統性的標示，如建築物[92]、商店裝潢[93]、影片螢幕[94]或者是內容的表達等方面[95]，和傳統商標法所含括的單位不同。其次，商標法目前在對於造成顧客混淆誤認部分或者是損害賠償責任上，比原來預想的範圍更大，特別是現在有預售服務[96]或是售後服務[97]的要求，強化商標法可以請求的範疇。

---

[91] U.S. Const. art. I, § 8, cl. 8.

[92] *Rock & Roll Hall of Fame & Museum, Inc. v. Gentile Prods.*, 134 F.3d 749, 755 (6th Cir. 1998).

[93] *Best Cellars, Inc. v. Wine Made Simple, Inc.*, 320 F. Supp. 2d 60, 71 (S.D.N.Y. 2003).

[94] *Comedy III Prods., Inc. v. New Line Cinema*, 200 F.3d 593, 594-595 (9th Cir. 2000).

[95] McCarthy, *supra note 35* § 8: 4. 50.

[96] *Grotrian, Helfferich, Schulz, Th. Steinweg Nachf. v. Steinway & Sons*, 523 F.2d 1331, 1342 (2d Cir. 1975).

[97] *Herm s Int'l v. Lederer de Paris Fifth Ave., Inc.*, 219 F.3d 104, 108-109 (2d Cir. 2000).

參考文獻

一、中文部分

1. 我國申請加入GATT／WTO之歷史紀要，經濟部國際貿易局，2005年4月1日，http://www.trade.gov.tw/cwto/Pages/Detail. aspx?nodeID=354&pid=312950&dl_DateRange=all&txt_SD=&txt_ED=&txt_Keyword=&Pageid=0（最後瀏覽日期：2014年10月12日）。

二、英文部分

1. J. Thomas McCarthy, McCarthy on Trademarks and Unfair Competition, 4th ed.

2. Donna K. Hintz, *Battling Gray Market Goods With Copyright Law*, 57 ALB. L. REV. 1188-1213 (1994).

3. Lawrence Friedman, *Business and Legal Strategies For Combating Grey Market Imports*, 32 INT'L LAW. 27-50 (1998).

4. Michael Grynberg, *More Than IP: Trademark among the Consumer Information Laws*, 55 Wm. & Mary L. Rev. 1429-1499 (2014).

5. Simon J. Frankel,Brett I. Miller&Katherine C. Spelman, *Introduction to Museum Intellectual Property: Copyright and Trademark*, ST024 ALI-ABA 1-18 (2012).

6. William Richelieu, *Gray Days Ahead?: The Impact of Quality King Distributors, Inc. v. L'Anza Research International, Inc.*, 27 Pepp. L. Rev. 827-859 (2000).

7. Raymond T. Nimmer, First Sale, Online Resales, and the Like, LCOMTECH §25,1 (2013), https://web2.westlaw.com/find/default.wl?cite=LCOMTECH+%C2%A7+5%3a25&rs=WLW13.10&vr=2.0&rp=%2ffind%2fdefault.wl&utid=2&fn=_top&mt=LawSchool&sv=Split (last

visited: 12/20/2013)。

8. A. *Bourjois & Co., Inc. v. Katzel*, 260 U.S. 689 (1923).

9. *Adobe Systems Inc. v. One Stop Micro, Inc.*, 84 F. Supp. 2d 1086, 53 U.S.P.Q.2d 2003 (N.D. Cal. 2000).

10. *Allison v. Vintage Sports Plaques*, 136 F.3d 1443, 1446, 46 U.S.P.Q.2d 1138 (11th Cir. 1998).

11. *Au-Tomotive Gold Inc. v. Volkswagen of America, Inc.*, 603 F.3d 1133, 94 U.S.P.Q.2d 1873 (9th Cir. 2010).

12. *Brain Pharma, LLC v. Scalini*, 858 F. Supp. 2d 1349, 1353 (S.D. Fla. 2012).

13. *Bernina of America, Inc. v. Fashion Fabrics Intern., Inc.*, 57 U.S.P.Q.2d 1881, 2001 WL 128164 (N.D. Ill. 2001).

14. *Chanel, Inc. v. Casa Flora Co.*, 100 N.J. Super. 19, 241 A.2d 24, 159 U.S.P.Q. 189 (1968), cert. denied, 51 N.J. 577, 242 A.2d 381 (1968).

15. *Christian Louboutin S.A. v. Yves Saint Laurent Am. Holding, Inc.*, 696 F.3d 206, 211-12 (2d Cir. 2012).

16. *Consumers Union of United States, Inc. v. New Regina Corp.*, 664 F. Supp.753,768, 4.U.S.P.Q. 2d 1257 (S.D.N.Y. 1987).

17. *Davidoff & CIE, S.A. v. PLD Intern. Corp.*, 263 F.3d 1297, 60 U.S.P.Q.2d 1046 (11th Cir. 2001).

18. *Denbicare U.S.A. v. Toys "R" Us, Inc.*, 21 U.S.P.Q.2d 1711 (N.D. Cal. 1991), subsequent appeal, 84 F.3d 1143, 38 U.S.P.Q.2d 1865 (9th Cir. 1996).

19. *Dow Jones & Company, Inc. v. International Securities Exchange, Inc.*, 451 F.3d 295, 308, 79 U.S.P.Q.2d 1225, 1234, Comm. Fut. L. Rep. (CCH) P 30257 (2d Cir. 2006).

20. *Dan-Foam A/S v. Brand Named Beds, LLC*, 500 F. Supp. 2d 296, 318 (S.D.N.Y. 2007).

21. *Eastman Kodak Co. v. Fotomat Corp.*, 317 F. Supp. 304, 165 U.S.P.Q.

444 (N.D. Ga. 1969).

22. *Enesco Corp. v. Price/Costco Inc.*, 146 F.3d 1083, 47 U.S.P.Q.2d 1144 (9th Cir. 1998).

23. *General Elec. Co. v. Speicher*, 877 F.2d 531, 534, 11 U.S.P.Q.2d 1125 (7th Cir. 1989).

24. *K Mart Corp. v. Cartier, Inc.*, 486 U.S. 281, 286-87 (1988).

25. *Klein-Becker usa LLC v. Englert*, 83 U.S.P.Q.2d 1112, 2007 WL 1933147 (D. Utah 2007).

26. *Lever Bros. Co. v. United States*, 877 F.2d 101 (D.C. Cir. 1989).

27. *Martin's Herend Imports, Inc. v. Diamond & Gem Trading USA Co.*, 112 F.3d 1296, 42 U.S.P.Q.2d 1801, 1806 (5th Cir. 1997).

28. *Mary Kay, Inc. v. Weber*, 601 F. Supp. 2d 839, 849 (N.D. Tex. 2009).

29. *Mary Kay, Inc. v. Weber*, 2009 WL 3147888 (N.D. Tex. 2009).

30. *Montblanc-Simplo GmbH v. Staples, Inc.*, 172 F. Supp. 2d 231 (D. Mass. 2001), vacated pursuant to settlement agreement, 175 F. Supp. 2d 95 (D. Mass. 2001).

31. *NEC Electronics v. CAL Circuit Abco*, 810 F.2d 1506 (9th Cir. 1986).

32. *Original Appalachian Artworks, Inc. v. Granada Electronics, Inc.*, 816 F.2d 68, 2 25.U.S.P.Q.2d 1343, 1349 (2d Cir. 1987), cert. denied, 484 U.S. 847, 98 L. Ed. 2d 99, 108 S. Ct. 143 (1987).

33. *Osawa & Co. v. B&H Photo*, 589 F. Supp. 1163, 1173, 223 U.S.P.Q. 124, 132 (S.D.N.Y. 1984).

34. *Olympus Corp. v. United States*, 792 F.2d 315 (2d Cir. 1986), cert. denied, 486 U.S. 1042 (1988).

35. *Osawa & Co. v. B&H Photo*, 589 F. Supp. 1163 (S.D.N.Y. 1984).

36. *Premier Dental Prods. Co. v. Darby Dental Supply Co.*, 794 F.2d 850 (3d Cir. 1986).

37. *Parfums Stern, Inc. v. United States Customs Serv.*, 575 F.Supp. 416, 418 (S.D.Fla.1983).

38. *Patmont Motor Werks, Inc. v. Gateway Marine, Inc.*, 1997 WL 811770 (N.D. Cal. 1997).

39. *Prestonettes, Inc. v. Coty*, 264 U.S. 359 (1924).

40. *Rock & Roll Hall of Fame & Museum, Inc. v. Gentile Prods.*, 134 F.3d 749, 755 (6th Cir. 1998).

41. *Softman Products Co., LLC v. Adobe Systems, Inc.*, 171 F. Supp. 2d 1075, 1092, 45 U.C.C. Rep. Serv. 2d 945 (C.D. Cal. 2001).

42. *Star-Kist Foods, Inc. v. P.J. Rhodes & Co.*, 769 F.2d 1393, 227 U.S.P.Q. 44 (9th Cir. 1985).

43. *Societe Des Produits Nestle, S.A. v. Casa Helvetia, Inc.*, 982 F.2d 633, 25 U.S.P.Q.2d 1256, 1260 (1st Cir. 1992).

44. *Swarovski Aktiengesellschaft v. Building No. 19, Inc.*, 704 F.3d 44, 105 U.S.P.Q.2d 1563 (1st Cir. 2013).

45. *Trail Chevrolet, Inc. v. General Motors Corp.*, 381 F.2d 353, 155 U.S.P.Q. 51 (5th Cir. 1967).

46. *Weil Ceramics & Glass, Inc. v. Dash*, 878 F.2d 659, 11 U.S.P.Q.2d 1001 (3d Cir. 1989).

47. *Olympus Corp. v. United States*, 792 F.2d 315 (2d Cir. 1986), cert. denied, 486 U.S. 1042 (1988).

48. *Osawa & Co. v. B&H Photo*, 589 F. Supp. 1163 (S.D.N.Y. 1984).

49. *Premier Dental Prods. Co. v. Darby Dental Supply Co.*, 794 F.2d 850 (3d Cir. 1986).

|第四章|
我國有關真品平行輸入的
消費流程與法律探討

曾勝珍、魏君儒[*]

* 嶺東科技大學財經法律研究所研究生。

第一節　前言

　　現今網路資源發達，常常在部落格[1]或是FACEBOOK上，可以看到部落客[2]、朋友甚至是朋友的朋友出國購買了一些商品，這些商品的價格當然都比臺灣便宜，甚至會有部落客專門寫教學文[3]，教導要前往旅遊的觀光客如何購買商品，或是如何在網路上比價[4]以及出發之前先在網路上訂購，將商品直接寄到旅館[5]，方便旅客將購買商品直接帶回臺灣等等。最近網路上有一篇hsinye寫的文章迴響最大，hsinyeh一日來回臺灣跟東京，在一天之內逛完東京新宿，將水波爐、擴大機、電子鍋等等的產品[6]帶回臺灣。

　　所謂「真品」（Originalware），係指與本國商標專用權人同一或雖非同一人，彼此間有法律上或經濟上關係之外國商標權人或其

---

[1] 部落格（英語：Blog，為Web Log的混成詞），意指log on the web意即在網路上紀錄，是一種由個人管理、張貼新的文章、圖片或影片的網站或線上日記，用來紀錄、抒發情感或分享資訊。網路資料來源：http://zh.wikipedia.org/wiki/%E7%B6%B2%E8%AA%8C（最後瀏覽日期：2015年3月27日）。

[2] 部落客亦稱部落格作者，即英文的blogger（亦可稱weblogger），一般指的是寫部落格（blog）的人。網路資料來源：http://zh.wikipedia.org/wiki/%E7%B6%B2%E8%AA%8C%E4%BD%9C%E8%80%85（最後瀏覽日期：2015年3月27日）。

[3] 東京買便宜電器心得三：如何從日本把HEALSIO SHARP AX-PX3水波爐搬回來教學（附上旅館是否願意收件範本）。網路資料來源：http://linshibi.com/?p=1660（最後瀏覽日期：2015年3月27日）。

[4] 東京買便宜電器心得之一：善用價格網和樂天比價，到秋葉原實體店面取貨（介紹あきばおAkibaoo：秋葉王）。網路資料來源：http://linshibi.com/?p=1658（最後瀏覽日期：2015年3月27日）。

[5] 東京買便宜電器心得三：如何從日本把HEALSIO SHARP AX-PX3水波爐搬回來教學（附上旅館是否願意收件範本）。網路資料來源：http://linshibi.com/?p=1660（最後瀏覽日期：2015年3月27日）。

[6] 網路資料來源：https://www.ptt.cc/bbs/Japan_Travel/M.1427436384.A.A16.html（最後瀏覽日期：2015年3月27日）。

被授權人，所製造並合法貼附同一商標之商品[7]，因此平行輸入之商品並非仿冒品。真品平行輸入（The parallel importation of genuine goods）指同一商標之真正商品，在未經輸入國之商標權所有人同意下，逕行自外國輸入之行為。真品平行輸入之所以存在，主要的原因是商品價格的差異，例如：從價格較低的市場購入，帶回境內市場販售或自己使用，以賺取價差。或是境外及境內市場價格相同，但由於貿易商平行輸入，毋須負擔境內市場品質保證或售後服務費用，兩者之間產生相同商品為有利之競爭關係。分析導致灰色市場之經濟因素，包括：價格歧視、匯率波動、搭便車、品質差異及效益差異等[8]。換言之，如果因為真品平行輸入，反映在商品價格上出現之盈餘較大，而市場上就會出現競爭行為，因此就會成為真品平行輸之的商業動機所在。

　　由公平交易法第1條[9]規定可知，公平交易法之目的在於維護交易秩序與消費者利益，並確保自由與公平競爭，促進經濟之安定與繁榮。故應不宜對真品平行輸入做任何限制，如果有經銷商自認權益受到損害，例如：利用他人已投入廣告行銷之努力或成本，而推展自己商品之銷售行為，而造成消費者對於該商品之內容、來源、進口廠商名稱等等產生混淆、誤認為代理商所進口銷售之商品時，應依循到公平交易委員會及詢求司法管道解決即可。

---

[7]　邱志平，真品平行輸入之解析，三民書局，1996年，頁3。

[8]　陳櫻琴，真品平行輸教之廣告——評行政法院八十六年判字第二七四五號判決，月旦法學雜誌，第58期，2000年2月，頁167。

[9]　公平交易法第1條：為維護交易秩序與消費者利益，確保自由與公平競爭，促進經濟之安定與繁榮，特制定本法。

第二節　平行輸入之定義

　　真品平行輸入的商品，係指合法受外國智慧財產權法所規範保護之商品，並非仿冒商品，範圍包括貿易商進口、旅客出國隨身攜帶回來臺灣、使用郵寄方式等等的皆屬之。亦即，本地已有商品之商標權人，但第三人卻未經該商標權人之同意，由外國進口至本國而販售相同註冊商標之真品而言。亦有謂，第三人未經商標專用權人或是商標專用權人有法律上或經濟上關聯的人所不同意之情況下，而購自外國合法製造之商品，此商品為貼附於同一商標於相同或類似的商品，輸入於國內，而與國內貼附同一商品競爭[10]。

壹、平行輸入定義分類

　　目前國內對於平行輸入的定義大致上可分為狹義平行輸入及廣義平行輸入二類，又狹義平行輸入又可分為最狹義平行輸入及狹義平行輸入二類[11]：

一、最狹義的平行輸入

　　歸類為最狹義的平行輸入文獻特點[12]，大多將平行輸入與真品平行輸入之間劃上等號。這些學者們主張平行輸入是指真正的商品在未經輸入國之智慧財產權人同意進口販賣，一般稱平行輸入商品為「水

---

[10] 許雅雯，真品平行輸入之商標權侵害研析，法律評論，第69卷第7期，2003年9月，頁39。

[11] 何金龍，資訊產品商標授權與平行入問題之研究，國立政治大學科技管理研究所碩士論文，2000年，頁16。

[12] 例如黃文慧，兩國間真品平行輸入的策略分析，中央大學產業經濟研究所、歐錫峰，商標法關於真品輸入合法性之理論與案例，國立成功大學、劉承愚律師賴文智律師，技術授權入門。

貨」；在美國則稱爲「灰色市場」。這些都是合法製造的商品，只不過是未經過輸入國之智慧財權人（商標權、專利權、著作權人）之同意而輸入販售，此種行爲既非完全合法，亦非完全非法，該行爲既不是黑色（非未經權利人同意所生產、製造之產品），亦不是白色（授權時有銷售區域之限制，可能會有侵害進口權之餘），乃介於二者之間，故稱之爲灰色市場。若輸入之商品爲未經授權製造的違法商品，則稱爲盜版貨或黑色市場[13]。因此，可以將水貨歸類之特質爲：1.係由合法授權生產之製造商品；2.商品有合法商標權之標示使用，均爲其合法授權；3.該商品未經製造者之合法授權，而在輸入國銷售。

　　依照學者之見解，平行輸入之定義爲：將專利、商標、著作權等智慧財產權人所生產、製造之商品，或各該權利人所授權生產、製造之商品，未經同意而輸入國內，由於平行輸入之物品必須爲眞品，故亦稱爲眞正商品平行輸入。

二、狹義平行輸入[14]

　　該定義主張可能是因爲國內外商標權人的不同，而會有非眞品平行輸入的存在。邱志平先生所著的《眞品平行輸入之解析》一書中，對平行輸入的定義爲：所謂「平行輸入」係指其他人未獲得國內商標權人之同意，逕行輸入商品之行爲。該行爲恰和國內商標權人之正常輸入相對，亦即平行，所以會有兩個平行的輸入行爲，故之爲平行輸入。該國內商標權人通常稱爲代理商；至於平行輸入之其他人通常即爲貿易商，惟亦有前述提到旅客至國外觀光旅遊，將眞正商品帶回國內者。

13　曾勝珍，商標法耗盡原則之探討──以美國法理論與案例爲主，嶺東財經法學期刊，第7期，2014年12月，頁5。

14　邱志平，眞品平行輸入之解析，三民書局，1996年。

三、廣義平行輸入

廣義的平行輸入泛指同一商品在同一個國家,卻有兩個不同的商品來源管道,稱之為廣義的平行輸入。廣義的平行輸入約可分為下列幾種類型[15]:

(一)國內外商標權人為同一人。例如:國內外商標皆為A註冊,然B未經A同意,由外國進口同一商標商品。

(二)國內外的註冊商標分屬不同之人,惟彼此間有契約(例如授權契約)或經濟上之關係(例如關係企業)使授權國之商標權人仍享有相對國註冊商標之使用權(仍屬於真正商品平行輸入的範圍)。

例如:國內商標權人A乃經由外國商標權人B之子公司而經其授權註冊商品,且B仍保有於國內使用商標之權,又第三人C未經A之同意,進口自外國購得B製造之同一商標商品。

(三)國內外的註冊商標權分屬不同之人,彼此間雖有契約(例如授權契約)關係,但是在契約中對於相對商標權人,卻加以約束,使其並沒有享有相對國家註冊商標的使用權。

例如:國內商標權人A乃經由國外商標權人B授權而註冊商標,且約定專屬授權,亦即B亦喪失於國內使用該商標之權,然第三人C未經A同意,自外國購得B製造之同一商標商品而進口。

(四)以相對國註冊商標權移轉契約的型態移轉相對國的註冊商標所有權,使國內外的註冊商標權人分屬不同之人。而限制國外商標權人,使其並不享有國內註冊商標的使用權。

例如:原本國內外商標權人皆為B,A經與B簽立商標移轉契約而取得國內商標所有權,且B不得在於國內使用係爭商標,為第三人C未得A同意,自外國進口B之商品。

---

[15] 何金龍,資訊產品商標授權與平行入問題之研究,國立政治大學科技管理研究所碩士論文,2000年,頁17-26。

（五）國內外的商標權分屬不同廠商，或是僅有一造擁有合法的商標
　　　權，而且對於商標的使用，國內外商標權人並沒有任何契約關
　　　係。
　　　例如：未經國內商標權人A同意，進口國外之仿冒品，或是進
　　　口B於他國註冊同一商標之商品。

　　雖然學者將平行輸入分為廣義平行輸入及狹義平行輸入兩類，無
論為哪一種的平行輸入，都只針對「真正」商品平行輸入的範圍來進
行討論。對於非真正商品平行輸入並不列入平行輸入之討論範圍內。
開放真品平行輸入是為了避免合法經銷商獨占、壟斷市場牟取價格暴
利，因而促進市場上銷售價格競爭，讓消費者購買產品有選擇餘地，
享有自由競爭之利益。
　　關於真品平行輸入是否構成侵害商標法權利，學者界的見解分
歧。採肯定說者認為，商標權人投資鉅額廣告及行銷成本費用在該商
品，並建立在該國之知名度與市場占有率，進口商若不必花費任何的
成本，就可攀附其成果，有「搭便車」之行為，顯然不足以保障本地
商標權人之權利，所以應該禁止真品平行輸入。但採真品平行輸入是
合法的學者認為，商標權的範圍並未包含「進口」的權利，而且基於
鼓勵公平競爭，讓消費者有多餘的選擇並獲得競爭上之利益，得以選
擇物美價廉之商品，真品平行輸入是可以允許的。
　　真品平行輸入之所以存在，主要原因是商品價格的差異，例如從
價格較低的境外市場輸入同一商品，在境內銷售，以賺取價差；或是二
地價格相同，但因由貿易商平行輸入，毋須負擔境內市場品質保證或售
後服務費用，在市場上可與境內相同產品競爭。分析導致灰色市場之經
濟因素，包括：供貨商歧視性價格策略、國際間匯率波動、搭便車[16]、

---

[16] 搭便車問題（free rider problem）由經濟學家和社會學家曼柯・奧爾遜（Man-
　　cur Olson）於1965年提出。其基本含義是不付成本而坐享他人之利。是一種
　　發生在公共財上的問題。指一些人需要某種公共財，但事先宣稱自己並無需

品質差異及效益差等等[17]。換言之,因販售同一商品之成本不同,出現盈餘較大,反映在商品競爭上有價差存在,這就是眞品平行輸入之商業動機所在。

第三節　眞品平行輸入的消費流程

　　眞品平行輸入的商品,並非仿冒商品,均爲外國合法授權販賣之商品,其購入境內市場之方式包括貿易商、代理商進口、旅客出國隨身攜帶回來本國、使用空運或海運郵寄回方式等等的皆屬之。過去購買眞品平行輸入商品方式較少,能夠選擇的商品也不多,除了到貿易行購買舶來品,或是委託親朋好友從國外幫忙購買帶回臺灣或是寄回臺灣之外,似乎別無選擇。但現在隨著網路交易的發達,電子商務崛起,網路上也不乏賣家看準國內外商品的價差,在網路上販售平行輸入之商品,亦有許多欲購買外國商品的消費者,也開始上網尋求網路代購,商品購買之後,代購者會幫忙寄回臺灣,讓消費者不用出國,也能夠快速購買到自己欲購買之商品。

壹、代買

　　一般的代買模式即是在網路上搜尋代買者之後,給予代買者欲購買之商品,例如:網址、圖片,代買者向當地銷售者詢價之後,會回信告知欲購買者全部代買之金額(包括商品本身售價、商品寄到代

　　要,在別人付出代價去取得後,他們就可不勞而獲的享受成果。網路資料來源:http://zh.wikipedia.org/wiki/%E6%90%AD%E4%BE%BF%E8%BD%A6%E9%97%AE%E9%A2%98(最後瀏覽日期:2015年3月23日)。

[17] 陳櫻琴,眞品平行輸入之廣告──評行政法院八十六年判字第二七四五號判決,月旦法學雜誌,第58期,2000年2月,頁167。

買者收貨地之郵資、商品從代買國家寄送至收貨國家之郵資及代買者手續費……等等之費用），欲購買者如果覺得代買金額合理，欲購買者再將欲購買商品之金額匯款至代買者，即代表代買完成。在網路上代買的商品琳瑯滿目，小至飾品大至家電用品，代買者除了在網站上購買之外，亦包括到實體商店購買商品。目前有一個網站為「跑客幫」，欲購買者可以自行出價，以最接近原價的方式購買國外商品，而代買者則是以邊玩邊賺佣金之方式，幫忙買家代買商品，以貼補出國旅費[18]（見圖4-1）。

　　為何這麼多人會想要購買真品平行輸入商品？以日本來說，近年來到日本必定會購買的電器不外乎：Dyson吸塵器、HITACHI水波爐、Panasonic吹風機、麵包機、電子鍋……等等商品。會想要購買真品平行輸入商品的主要動機有三：1.價錢比國內至少便宜一半；2.有些特殊功能國內買不到；3.在製造國購買的家電用品都是最新商品。

圖4-1　跑客邦國際代購

---

[18] 網路資料來源：https://bring4u.tw/（最後瀏覽日期：2015年3月28日）。

貳、代標

　　代標的概念跟在臺灣的拍賣網上競標的概念相類似，相較於代買的不同，代標者在代標的過程裡需要花費更多的心力，否則一個不注意，競標時間提早結束或是有更多的競標競爭者出了更高的價錢，而讓商品被標走。在此情形之下，代標將會收費略高之代標費用。以樂淘網（Letao）[19]為例子，該網站標榜「先得標再付款、免預付額」，樂淘網提供日本YAHOO[20]及美國eBay[21]網站代標，該網站會協助消費者參與日本或美國拍賣競標商品，將拍賣網站上的日文或英文翻譯成中文，減少消費者因為語言不通，對購物細節理解能力不夠，容易導致購物糾紛，讓不懂語言不通的消費者，也能夠在網站上瀏覽購物，在臺灣就可輕鬆買到網站上競爭拍賣商品，因此消費者透過代標模式，可降低購物不便。並提供每個會員個人專屬帳號做為付款使用，在未付款之前，該帳號的金額都是屬於個人所有，類似銀行提供的服務，包括銀行信用卡繳款的機制也是如此。消費者請代標者下標後，在網站上可以查詢商品的進度，包括賣家出貨到樂淘當地國收貨處、當地國寄送商品到臺灣的進度等等。

　　為什麼在臺灣的消費者不能自己在日本YAHOO拍賣網站競標商品？日本YAHOO跟臺灣YAHOO平台不相同，無法使用臺灣YAHOO帳號登入日本YAHOO網站，並且在日本YAHOO網站註冊使用帳號及密碼時，必須要用日本銀行帳號來申請註冊及付款，進而才能使用拍賣之功能。另外，日本賣家大部分都不願意將得標物寄送至海外地區，即使在臺灣的消費者申請註冊日本YAHOO網站之後，後續與賣家的匯款及運送仍是一大問題，因此才會有許多臺灣消費者尋求代標

---

[19] 網路資料來源：http://www.letao.com.tw/（最後瀏覽日期：2015年4月16日）。

[20] 網路資料來源：http://shopping.yahoo.co.jp/?sc_e=ytc（最後瀏覽日期：2015年4月16日）。

[21] 網路資料來源：http://www.ebay.com/（最後瀏覽日期：2015年4月16日）。

網站協助幫忙做代標手續。

參、連線出國代購

連線是近幾年來盛行的銷售模式，該銷售模式類似以前我們說的「跑單幫」，賣家會自行出國選購商品上傳至拍賣賣場或FACE-BOOK粉絲專頁，讓在臺灣有意願購買的消費者能夠即時看到商品，即時購買，一來賣家能夠省去囤貨壓力，二來讓賣家跟消費者能夠即時溝通問答，讓消費者能夠立即瞭解商品狀況。目前最常見的連線區域，就屬日本、香港及韓國了。連線代購商品是以國外商圈現場銷售的商品為主，連線代購者親自前往國外，充滿臨場感的在街頭拍攝商品照片，即時刊登在拍賣賣場或FACEBOOK粉絲專頁，使消費者有身處現場購物的感受，消費者則需在連線期間內訂購，也能透過跟代購者的連線溝通，更瞭解購買的商品內容、規格等資訊，亦能夠購買到當地最流行，或是最新款式的商品。以韓國為例，韓國東大門[22]目前是世界各國主要的批發市場之一，東大門成為各國批發商及零售商購買商品的重要地點，外加近年來「韓流來襲」，臺灣人亦興起哈韓風潮，因此服飾、食品、彩妝、保養品等等，均成為臺灣國民經常代購之商品。

許多在臺灣買不到的商品，代買、代標及連線代購是一門很好的生意，優勢除了在購買地購買直送臺灣以及省去關稅、通路必要的成本之外，許多商品委託代購者在當地購買的價格，往往比商品由代理商進口到臺灣後的價格便宜許多，即便代購者加上代購服務費，

---

[22] 1905年「誕生」的東大門市場，至今仍然是首爾最具代表性的市場之一。被指定為服裝批發特別商街之後，發展速度更加驚人。東大門的物品應有盡有，從各種小的流行裝飾品到男裝、女裝、鞋類，而且價格比其他地方都要便宜，因此這裡總是簇擁著來自地方城市的零售商和外國的商人以及觀光遊客們。網路資料來源：http://big5chinese.visitkorea.or.kr/cht/SH/SH_CH_7_3_6_1.jsp（最後瀏覽日期：2015年3月28日）。

在價格上還是占有較便宜之優勢。過去代買代購多半存在親朋好友之間，但因應數位化時代，藉由網路發達，代購者不但可以多元化的開拓客源、降低成本，也讓代購的服務品質再進化。依據資策會產業情報研究所（MIC）調查臺灣網友跨境網購情形[23]，發現2013年有43.5%網友在過去一年曾利用網路購買過海外商品，較2012年增加5.3%，進一步調查商品購買管道，前三名依序為國外網站直接訂購（39%）；國內個人代標、代購等賣家（33%）；國內代標、代購網站（26%），其中「國外網站直接訂購」與「國內代標、代購網站」均較2012年增加3%。資策會MIC產業分析師陳映竹表示，追求海外商品獨特性是消費者選擇跨境網購的主因，由於國外網購業者看好亞洲新興市場積極布局，預估未來跨境網購熱潮將得以持續。

第四節　真品平行輸入之合法性與否

　　商標之主要功能在於表彰商品來源以及保證商品品質，當消費者看到特定商標時，對於商品的來源及品質均會產生一定程度的聯想與期待，故綜觀各國商標立法，其目的皆在避免商標功能受到損害，以保護消費者對於商標的信賴。因此，對於真品平行輸入之規範，同樣亦應建立在此一目的之上[24]。

　　真品平行輸入對進口商而言，可以觀察每個市場販售同一種商品之間之差異性，因而賺取差價，也能促進市場之競爭。對於商標權人而言，將真品平行輸入市場，會影響市場之布局，造成市占率被瓜分或是商譽受到影響，但亦可能會促使提高售後服務之價值。對消費者

---

[23] 網路資料來源：http://mic.iii.org.tw/aisp/pressroom/press01_pop.asp?sno=355&cred=2014/4/1&type1=2（最後瀏覽日期：2015年4月19日）。

[24] 何愛文、林威融，真品平行輸入是否構成商標侵害？──從中國大陸米其林輪胎商標侵權案談起，專利師，第6期，2011年7月，頁3。

而言，亦有可能混淆內外國商品，而導致沒有售後服務或是品質不同之不利，既有不同面向之優缺點，關於其合法性與否亦有多種學說討論[25]。

壹、商標功能說[26]

商標係業者用來區分，以識別自己和他人商品之標誌，此為商標最主要之功能，除此之外，商標尚有下列四項附屬功能：

一、商品來源功能

商標來源功能有二作用：一為藉以此與他人之商品做區別；另一則是對於消費者保障商品之來源，商標權人於商品上貼附商標，以顯示該商品之來源。此一功能著重於消費者權益之保護，目的在於使消費者能夠憑藉著商標，而找到自己所想要購買之商品。

二、商品識別功能

我國商標法第18條規定：「商標，指任何具有識別性之標識，得以文字、圖形、記號、顏色、立體形狀、動態、全像圖、聲音等，或其聯合式所組成。前項所稱識別性，指足以使商品或服務之相關消費者認識為指示商品或服務來源，並得與他人之商品或服務相區別者。」因此，識別功能乃商標最基本之功能。

三、品質保證功能

商標權人對於商品上貼附商標，一般都會要求一定水準以上之性能及品質，因為對消費者而言，購買某一特定商標之商品，將能保

---

[25] 林恆志，真品平行輸入及其銷售相關法律問題之研究，立法院院聞，第29期第3卷，2001年3月，頁85-86。

[26] 陳昭華，我國商標權之保護與真品平行輸入，植根雜誌，第13卷第11期，1997年11月，頁473。

證某一程度之品質水準，故特定之商標具有影響消費者購買行為之功效。我國商標法第36條第2項規定：「附有註冊商標之商品，由商標權人或經其同意之人於國內外市場上交易流通，商標權人不得就該商品主張商標權，但為防止商品流通於市場後，發生變質、受損，或有其他正當事由者，不在此限。」但書之規定即在肯定商標品質保證功能。

四、廣告促銷功能

凡屬高知名度且深植人心的商標，均代表著該廣告促銷成功與否。對於消費者而言，某些熟悉之商標存有特別偏好及購買慾望，因此廣告促銷功能，對其消費者而言，為無形商譽之表徵，具有極高之經濟效益。我國商標法第5條規定：「商標之使用，指為行銷之目的，而有下列情形之一，並足以使相關消費者認識其為商標：……四、將商標用於與商品或服務之關之商業文書或廣告。」

真品之平行輸入，並不侵犯商標顯示商品來源、識別、品質保證及廣告促銷功能，並未損害商標之經濟價值或是消費者之權利，因此贊成真品平行輸入。

貳、耗盡理論

針對真品平行輸入是否適用耗盡理論，我國學者則謂：「係指第三人未得國內商標權人之同意而自國外輸入之行為。而其所輸入之真品，在國內市場上銷售，與國內商標權人或獨家經銷商之正常輸入行為併行，且在國內市場上競銷。[27]」

依據我國商標法第36條第2項本文之規範，「附有註冊商標之商品，由商標權人或經其同意之人於國內外市場上交易流通，商標權人

---

27 曾陳明汝，蔡明誠續，商標法原理（修訂三版），新學林，2007年，104頁。

不得就該商品主張商標權。但為防止商品流通於市場後，發生變質、受損，或有其他正當事由者，不在此限。」依該條規定，附有註冊商標之商品，由商標權人或經其同意之人銷售於國內及國外市場上交易流通後，商標權人不得主張該商品之商標權；但若是流通到市場上的商品有變質、受損或有其他正當事由者，商標權人得就該商品主張商標權。

我國商標法並不禁止真品平行輸入，係採國際耗盡原則，而真正商品之平行輸入，其品質與我國商標權人行銷之同一商品相若，且無引起消費者混同、誤認或欺矇之虞者，對我國商標權人之營業信譽及消費者之利益均無損害，並可防止我國商標權人獨占國內市場，控制商品價格，足以保進價格之競爭，使相關消費者購買同一商品有選擇之機會，享受自由競爭之利益，就商標法之目的並不違背，在此範圍內應為不構成侵害商標[28]。

商標之功能首在於使消費者識別產品，只要附有商標之商品在市場上第一次交易流通時，可讓消費者辨認該商品確係出自於商標專用權人時，商標之功能即已受到保護，而其權利已耗盡，至於之後該商品如何在市場上銷售、流通，並不是商標專用權人能控制的。因此，所謂耗盡理論，係指商品由商標權人或被授權人貼附至該特定商標而銷售流通時，該項商標權即因此而耗盡，若有第三者販售該特定商標之商品，其行為並不構成商標權之侵害。我國現行商標法第36條第2項即採用此一學說，而准許真品之平行輸入。

一、商標屬地主義

此學說主張商標權為屬地主義，反對真品行平輸入。所以商標權屬地主義，係指商標之登記、移轉、保護均必須依照賦予其權利之個

---

[28] 參閱林洲富，商標侵權與損害賠償研究，智慧財產法院102年度研究發展報告，2013年，頁100。最高法院81年度台上字第87號、81年度台上字第2444號民事判決；最高行政法院91年度判字第361號判決。

別國家法律規定，任何國家不適用外國法律來規範本國已取得之商標權，且在本國領域內，並不承認外國法律所創設之商標權。例如：在A國登記之商標，僅在A國受法律之保護，若欲其在B國受到保護，則必須在B國依法規定申請登記。

主張此一學說者，認為輸入之商品是否侵害輸入國規定之商標權，其關鍵不在於是否為貼附商標之真品與否，而是在於是否違反了輸入國之商標法[29]。美國蘭姆法案（Lanham Act）即採本主義。

二、個別獨立之商標政策

商標權人為因應各個國家不同的消費模式及需求，而採行個別的獨立商標政策，例如允許真品平行輸入，則可能輸入不同品質商品，影響商標權人在各國實行個別獨立商標政策之目的，造成消費者混淆，故不應准許。

三、商標專用權人之信譽保護

認為平行輸入商品並不具有品質保證及完整之售後服務，將使該商標權人建立之商譽受到損害，基於保護消費者之權利，故不應准許。

四、消費者混淆說[30]

在貿易自由及專業分工的行銷前提下，貼附同一商標的商品可能因為行銷市場的不同，會有品質上的些許差異，這是為了要迎合銷售市場上消費者的需求或其本身習慣之文化。基於品質上的些許差異而使消費者產生混淆、誤認之情況，應予禁止。

---

[29] 劉博文，真品平行輸入與商標權保護，智慧財產權，2000年7月，頁26。

[30] 許雅雯，真品平行輸入之商標權侵害研析，法律評論，第69卷第7期，2003年9月，頁43-44。

第五節　結論

　　將商品從國外帶回國內銷售，會產生平行輸入的問題。目前我國智慧財產權相關法規對附有商標權及專利權的平行輸入真品原則上是沒有限制的，允許真品的平行輸入。真品平行輸入合法化，僅限於銷售真品在原裝的情況下平行輸入，倘若是真品加工改造或是商品變質受損後再予以平行輸入，會侵害商標權利人的權利。

　　公司貨一般是由產品本身的臺灣分公司或是臺灣總代理進口，經過海關完稅後，再由一般通路商販賣，售後服務及保固維修直接由臺灣分公司或是臺灣總代理管理負責，品質及服務比較穩定可靠，並有商品保證書及中文說明書，而水貨是沒有通過正常的通關手續，也無總代理商的保固維修及無附中文說明書，在維修服務上會有困難性發生，承擔風險也較高，臺灣代理公司大部分都不承擔提供售後服務的義務，請顧客購買前要三思而後行。故購買真品平行輸入商品的風險除了保固之外，另一個風險是該商品也許並不適合在臺灣使用，一般來說，商品製造或是代理進口之商品，都會以臺灣本國環境及最適合使用原則情況下，做一些調整，例如：電壓、材質、語言面版上的調整，或是購買較大的家電用品，會有安裝上的問題，因此會有消費者在購買真品平行輸入商品時，有較大的考量。

　　在不同國家所製造、生產的商品，會隨著不同國家生產，而反應在成本上，因此會有價格上的差異。允許真品平行輸入，對消費者而言，可以以較低廉的價格購買商品，然而對於商品的保固、維修或售後服務等，則不易藉由當地之經銷商或代理商得到相對保障。對於代理商而言，當市面上有較多的水貨與有授權商標之商品競爭時，商品需支出當地行銷廣告成本，水貨無需另行支付廣告成本之情形下，容易產生代理商利潤下降的情形。真品平行輸入在不同的國家所採的權利耗盡原則並無一致，我國商標法明確採行國際耗盡原則，對於權利人與社會大眾之利益衡平，仍值得觀察。

參考文獻

1. 邱志平，真品平行輸入之解析，三民書局，1996年。

2. 曾陳明汝，蔡明誠續，商標法原理（修訂三版），新學林，2007年。

3. 劉承愚律師、賴文智律師，技術授權契約入門（再版），智勝文化事業有限公司，2005年。

4. 何愛文、林威融，真品平行輸入是否構成商標侵害？——從中國大陸米其林輪胎商標侵權案談起，專利師，第6期，2011年7月。

5. 林恆志，真品平行輸入及其銷售相關法律問題之研究，立法院院聞，第29期第3卷，2001年3月。

6. 林洲富，商標侵權與損害賠償研究，智慧財產法院102年度研究發展報告，2013年。

7. 許雅雯，真品平行輸入之商標權侵害研析，法律評論，第69卷7期，2003年9月。

8. 陳昭華，我國商標權之保護與真品平行輸入，植根雜誌，第13卷第11期，1997年11月。

9. 陳櫻琴，真品平行輸教之廣告——評行政法院八十六年判字第二七四五號判決，月旦法學雜誌，第58期，2000年2月。

10. 曾勝珍，商標法耗盡原則之探討——以美國法理論與案例為主，嶺東財經法學期刊，第7期，2014年12月。

11. 劉博文，真品平行輸入與商標權保護，智慧財產權，第19期，2000年7月。

12. 何金龍，資訊產品商標授權與平行入問題之研究，國立政治大學科技管理研究所碩士論文，2000年。

13. 黃文慧，兩國間真品平行輸入的策略分析，國立中央大學產業經濟研究所，1994年。

14. 歐錫峰，商標法關於真品平行輸入合法性之理論與案例，國立成功大學企業管理研究所，1996年。

第五章
如何消滅網路蟑螂？——
有關美國網域名稱搶註的
法規與案例探討

曾勝珍

第一節　前言

　　美國統轄網域名稱註冊與管理是指定名稱與數字的網路公司，簡稱ICANN（The Internet Corporation for Assigned Names and Numbers）[1]，申請人付費指定名稱和帳戶申請註冊，申請人必須提供給ICANN足夠的註冊相關資訊，以便啓動與登記網域名稱的使用[2]，ICANN管理的準則是先申請先登記者且先取得使用權，並有排除其他所有人使用同一名稱的權利，若有人想使用相同或類似的名稱，但已經被搶先登記的情況時，即網域名稱搶註，指有專門搶先將企業或名人的名字註冊成爲自己所有的網域名稱，再高價賣給該企業或名人以賺取暴利的人（cybersquatting），俗稱網路蟑螂[3]，另外，誤植域名（Typosquatting）是網路蟑螂的一種常見形式，依靠網路使用者的打字錯誤所做的域名搶先註冊。

　　現實生活上不同的商家可以使用同一商標出售商品，然而，網域名稱則不同，只能有一個使用人[4]，若必須使用已經被搶註的名稱，此時向網路蟑螂購買是經常被使用的方法。一般來說，網路蟑螂註冊一個和知名網站位址似是而非的錯誤網址，以接收網路使用者在網頁瀏覽器打錯網址時的流量，故意引領錯誤進入一個網頁，或納入其原數據，還可以招攬在搜尋引擎輸入這些錯字的不知情訪客[5]。

---

[1] ICANN Whois Services，https://archive.icann.org/en/topics/whois-services/ (last visited: 01/08/2016).

[2] Ian J. Block, *Hidden Whois And Infringing Domain Names: Making The Case For Registrar Liability*, U. Chi. Legal F. 434 (2008).

[3] 維基百科，https://zh.m.wikipedia.org/zh-tw/%E5%9F%9F%E5%90%8D%E6%90%B6%E6%B3%A8 （最後瀏覽日期：2016年1月8日）。

[4] Ian J. Block, *Hidden Whois And Infringing Domain Names: Making The Case For Registrar Liability*, U. Chi. Legal F. 434 (2008).

[5] 維基百科，https://zh.m.wikipedia.org/zh-tw/%E8%AA%A4%E6%A4%8D （最後

　　網路蟑螂便以此為生，搶註網域名稱後，致使原名稱所有人無法使用，而信任商品名稱從而進行購買行為的消費者，可能發現買受的物並非期待的品質，網域名稱搶註行為不僅侵害了消費者對原商標的信任，也破壞原商標的商譽，影響電子商務交易平台的順暢度，導致消費者無法信任原商標所代表的品質，更對整體經濟造成損害[6]。本章以下探討美國法規與案例如何禁止搶註網域名稱的網路蟑螂行為，也禁止故意以相同或類似名稱使用和他人一樣的網域名稱，造成一般大眾對網域名稱的混淆誤認者；此外，協助申請人隱匿真實身分的網站，是否須承擔和註冊人相同的侵害責任，網域名稱註冊若侵害他人商標權時，侵害責任如何認定，皆是美國實務上值得探討的地方。

第二節　相關法規

　　西元1946年美國國會制定通過蘭姆法（the Lanham Act），該法經過修正與補充後[7]，也增加防止網路搶註法規[8]，對於故意搶註與他人相同或類似的網域名稱，而且蓄意盈利的規範[9]，主要法規是「反網域搶註名稱消費者保護法」（Anticybersquatting Consumer Protection Act, ACPA）[10]，以下分別說明蘭姆法，反網路搶註消費者保護法與其他有關網路註冊商的責任規範。

瀏覽日期：2016年1月9日）。

[6] The Anticybersquatting Consumer Protection Act, S Rep No 106-140, 106th Cong, 1st Sess 5 (1999).

[7] U.S.C. §§ 1051-1141n (2006). (the Lanham Act sec.1-74)

[8] 15 U.S.C. § 1125 (d).

[9] *Id.*

[10] The Anticybersquatting Consumer Protection Act, S Rep No 106-140, 106th Cong, 1st Sess 4-5 (1999).

壹、現行法制

　　首先說明美國實務運作程序，再敘述法規。目前當事人可以依據統一網域名稱爭議處理準則（the Uniform Domain Name Dispute Resolution Policy, UDRP），向美國專利商標局（the U.S. Patent and Trademark Office）提出申訴[11]，被申訴人可以選擇自動移轉爭議的網域名稱註冊的權利給申訴人或置之不理，當被申訴人置之不理時，主管機關會根據申訴人提出的訴求內容做出裁決；申訴人在提出申訴前應先行通知該商標註冊單位，有關網域名稱註冊或移轉與網域名稱使用的情形，若是公司行號的使用，並應將網頁使用狀況印成書面，說明網頁上販售與表徵的皆是該公司的商品或服務，之後寄給美國專利商標局存檔備查。此外，現行法制還有以下規範可供參考。

一、蘭姆法

　　蘭姆法規定網路註冊者，或管理系統供應商，或其他提供註冊權限者，不應在缺乏故意或非營利目的的單純提供服務業務流程下，需要承擔因網域註冊後而產生的任何侵害責任[12]，法令亦針對惡意與營利目的的網域註冊人所造成的損失規範[13]，而網路註冊商因提供註冊人隱匿身分的協助，對因而造成的侵害案件有責任。

　　1995年通過聯邦商標淡化法（the Federal Trademark Dilution Act, FTDA）[14]，針對著名商標的保障，避免影響其識別性及減損著名商

---

[11] Douglas W. Schelling, *Synergism: Domain Name Registrations and Trademark Registrations*, 57-OCT Fed. Law. 14-15 (2010).統一網域名稱爭議處理準則（the Uniform Domain Name Dispute Resolution Policy, UDRP）於1999年10月24日生效，https://www.icann.org/resources/pages/policy-2012-02-25-en（最後瀏覽日期：2016年9月9日）。

[12] 15 U.S.C. § 1114 (2)(D)(iii).

[13] 15 U.S.C. § 1125 (d)(1)(B).

[14] 15 U.S.C. § 1125 (c).

標之商譽，並未要求必須有造成消費者混淆的要件，其後至2006年
商標淡化更新法（the Trademark Dilution Revision Act of 2006）制定
前[15]，實務界對商標淡化與反網域名稱搶註的解決與見解，皆由1999
年（the Anticybersquatting Consumer Protection Act, ACPA）規範。
2004年12月後，美國國會增修第1117條條文，原條文(a)(b)項內容變
更，蘭姆法第1117條條文(a)項對於商標侵害案件，原告可以請求賠
償所有花費及所遭受的損失與所失利益外，還包括增加的條文內容，
即特定情況下（包含仿冒行為）[16]，被害人除請求實際損害、所失利
益與所有花費外，還可以請求律師費用；(b)項則規範法定可預期損
失為損害的三倍，至於律師費用則必須符合國際性仿冒案件及前項特
定狀況等條件[17]；(c)規範商標仿冒案件；(d)規範有關網路搶註域名案
件[18]。(b)項則制定缺乏減刑條件下，針對侵害人的商標仿冒行為，被
害人可以要求三倍的損害賠償金額與律師費用[19]。前述提及的特定狀
況包含哪些情形，以下將再做探討。

　　美國聯邦蘭姆法第32條[20]，規定侵害行為之民事責任，任何人如
未經註冊人同意而有下列行為，應於民事訴訟中依本法規定對註冊人

---

[15] Trademark Dilution Revision Act of 2006, Pub L No 109-312, 120 Stat 1730, codified at 15 USC § 1051 et seq.

[16] 15 U.S.C. § 1117 (a) (2008).

[17] See 130 Cong. Rec. H12,076 (daily ed. Oct. 10, 1984) (Joint Statement on Trademark Counterfeiting Legislation).

[18] 15 U.S.C. § 1117 (c)(d).

[19] Joshua Counts Cumby, *White Blackbirds: Defining The Exceptional Cybersquatter,* 54 Santa Clara L. Rev. 299 (2014).

[20] The Lanham Act Sec.32(a)內容規範：於商業行為中，將註冊標章加以重製、仿冒、仿製或偽造，並使用於商品或服務上而為販賣，或為販賣而陳列，散布或廣告，足使購買人可能發生混淆誤認，或為欺罔者。(b)將註冊標章加以重製、仿冒、仿製或偽造並使用於標貼、標誌、印刷物、包裝、包紙容器或廣告上，而其係供商業上之使用，或意圖供商業上使用而使用於商品或服務上而販賣或為販賣而陳列、散布或廣告，足生混淆、誤認，或為欺罔者。

負損害賠償責任。但於本條(b)項之情形，除非行為人明知並故意引起混淆誤認或欺罔而為該仿冒行為，註冊人不得請求賠償所失利益或所受賠償。

　　第1117條(a)項的金錢上損害賠償的計算根據：1.被告所得的利益；2.原告的實際損失；3.原告請求及提出損害賠償請求的花費[21]。法院在判斷時根據每個案例事實的不同，計算原告的實際損失，但是做出的最多賠償金額不能超過實際損害的三倍，無論請求的基準與實際估算金額之間的差距有多少，法院將考量衡平原則做出判決，以維公允，然而損害賠償金額是作為對原告的賠償，並非是處罰被告的罰金[22]。先前1984年美國增修蘭姆法，在1117條加入(b)項特定情況下可以請求三倍的賠償金[23]或所失利益，依據何種請求金額較高而決定，並在有關被告故意以仿冒品侵害商標權人，且無任何可以減輕罪刑的條件時，還可以請求律師費用的規定[24]，在修正草案通過前，原條文的規範內容較狹窄，修正後的現行條文(a)項與(b)項間，使得對特定狀況的解釋更加明確[25]。

　　經過第1117條加入(b)項十多年後，1996年國會再做增修[26]，增加被害人求償的選擇權，使求償範圍更為周延。(c)項和(d)項大致相同，但區別在於(c)項乃呼應(a)項的內容，(d)項則是選擇法定損害賠償額，並未特別提到律師費用，ACPA的立法意旨並未特別提及律師

---

[21] 15 U.S.C. § 1117 (a).

[22] 15 U.S.C. § 1117 (a).

[23] Trademark Counterfeiting Act of 1984, Pub. L. No. 98-473, 98 Stat. 2178; 15 U.S.C. § 1117 (b).

[24] 15 U.S.C. § 1117 (b).

[25] Richard J. Leighton, *Awarding Attorneys' Fees in "Exceptional" Lanham Act Cases: A "Jumble" of "Murky" Law*, 102 Trademark Rep. 865 (2012).

[26] Anticounterfeiting Consumer Protection Act of 1996, Pub. L. No. 104-153, § 7, 110 Stat. 1386 (1996); 15 U.S.C. § 1117 (c).

費用的部分，2004年再增修第1117條(e)項「故意侵害行爲之推定」（Rebuttable Presumption of Willful Violation），規範被告故意以虛僞資料或不實陳述申請網站註冊，然而本意是要侵害他人商標權的情況[27]，當時立法的國會報告紀錄指出，故意侵害行爲會導致額外的民事賠償責任，還需多繳罰金[28]，即使前述行爲非基於惡意，然而只要被告是藉由不實資料申請或更新網域名稱，意在隱藏眞實身分，而申請域名註冊或註冊數個想類似域名，本意是藉造成消費者的混淆誤認，搭知名品牌或其他商標的美譽，便符合本項新增的原意。

二、反網路搶註消費者保護法

　　ACPA針對惡意註冊相同或類似他人商標名稱爲自己網域名稱，且爲營利目的蓄意搶註域名行爲，規定罰則和責任，判斷註冊人是否善意與意圖營利[29]，可以從註冊人是否使用、有無商業行爲或是否同時註冊數個相類似名稱等切入點[30]，再根據各個案例事實分析，尋找出貼近眞相的特點後，再做出結論。惡意搶註網域名稱者可能之前有類似行爲，也可能登記時故意提供不詳盡的資料，搶註時一連註冊幾個明知與他人相通相同的名稱，這些也是判斷的輔助要點[31]。

　　網路時代爲了達到保障商標權人的目的，確保定義被告是惡意且意圖營利，ACPA列舉九項構成要件，但不僅限於這九項規範的內容，只要能判斷被告惡意且意圖營利，就可以依據ACPA科處刑責。必須符合九項要件才算構成網域名稱搶註，若判斷全部條件後，只要其中有缺乏的要件，無法證明被告意圖營利的惡意，便無法成立。確

---

[27] Intellectual Property Protection and Courts Amendments Act of 2004, Pub. L. No. 108-482, 118 Stat 3912.

[28] H.R. Rep. No. 108-536, at 3, 6-7 (2004).

[29] 15 U.S.C. § 1125 (d)(1)(A)(i).

[30] 15 U.S.C. § 1125 (d)(1)(B)(i)(I)-(IV).

[31] 15 U.S.C. § 1125 (d)(1)(B)(i)(V)-(VIII).

認網域名稱搶註人搶註域名中是否侵害他人權益，因而構成網絡蟑螂的要件如下[32]：

（一）他人所擁有的智慧財產權或商標權，存在於網域名稱搶註人搶註域名中。

（二）網域名稱搶註人搶註域名中包含他人的姓名或通用名稱。

（三）包含他人善意且已經先前使用於商品或服務上的名稱。

（四）相同或類似於他人善意使用於非商業性或合理使用範圍內的網域名稱。

（五）名稱有可能與他人的商業利益衝突，或減損淡化了他人的商標功能，或造成消費者混淆誤認，誤以為搶註人的域名與該網站有任何贊助、分支機構、背書保證的關聯性。

（六）將未曾使用過的相同或類似商標權人的網域名稱，或曾意圖將該名稱善意使用於商品或服務上，或有類似前述行為者，意圖販售、轉讓或贈予給商標權人或其他第三人，以獲取經濟上的利益。

（七）網域名稱申請人申請時，故意提供不實資料或有類似行為，欲誤導他人誤信其申請登記時填載之資料。

（八）申請人申請註冊時明知該名稱與其他知名商標相同或類似，或極易造成消費者混淆誤認，不論表彰的商品或服務實際內容是否相同，但只要讓人誤認與知名品牌相同或類似。

（九）不論申請人申請的網域名稱與所使用到的商標，是否具備足夠的辨識度，或是否符合本法對知名品牌的定義。

　　一般而言，註冊者必須向ICANN提供個人訊息，完成登記後才能在Whois database資料庫上存入資料。ACPA立法之前曾有案件，結

---

[32] 15 U.S.C. § 1125 (d)(1)(B)(i).

果判決網路公司Network Solutions, Inc.（NSI）搶註網域名稱免責[33]，然而ACPA是否給網路蟑螂提供法律避風港，這涉及免責要件的合理性，還有適用法規的緊密度，若有網站提供可以隱藏申請人身分的功能，為了達到隱私保護的目的，也有申請人希望不被公眾得知真實身分的情況，Whois網站提供的便是隱匿申請人身分的功能[34]。

　　ACPA最後版本制定基於衡平原則，規定原告可以請求實際損害與所失利益[35]，最後版本增加(d)項網路搶註者的法定賠償責任，使原告增加賠償請求的選擇方式，(d)項規定網路搶註者的法定賠償責任，法院可以判定一個網域名稱必須賠償至少美金1,000元，最多不超過美金100,000元[36]，第1117條(c)項對於仿冒的案例也是規定在特殊情況下，才能請求律師費用，規範的要件和(d)項相同，ACPA規定除了法定的損害賠償外，符合特定要件下，原告也可請求律師費用[37]。雖然ACPA最後版本沒有針對律師費用做出特別規定，然而國會報告強烈建議指出無論法定的或實際的損害賠償金額計算上，都應該涵蓋律師費用加註，如果條文明定，就可以排除現在的爭議與討論[38]。

三、藍姆法與ACPA之比較

　　ACPA對惡意（bad faith）的規範和蘭姆法的要求不同，造成適用上的疑義，分析二種法規內容，ACPA的規範加上特定情況（ex-

---

[33] Ian J. Block, Hidden Whois And Infringing Domain Names: Making The Case For Registrar Liability, U. Chi. Legal F. 434(2008), at 440.此外，15 U.S.C. § 1125 (d) (1)(B)(ii)也有免責條款的規範。

[34] 15 U.S.C. § 1125 (d).

[35] 15 U.S.C. § 1117 (a) (2008).

[36] 15 U.S.C. § 1117 (d).

[37] Joshua Counts Cumby, *White Blackbirds: Defining The Exceptional Cybersquatter*, 54 Santa Clara L. Rev. 299 (2014), at 311.

[38] Joshua Counts Cumby, *White Blackbirds: Defining The Exceptional Cybersquatter*, 54 Santa Clara L. Rev. 299 (2014), at 312.

ceptional）的規定，形成邏輯上值得探討的部分，尤其是原告若選擇根據法律規定請求損害，跟依據實際損害請求賠償，原告請求部分，涉及律師費用可否計算在內，並非所有的案件都可以請求，必須符合網域搶註人是惡意且意圖營利的要件，困擾的是如何迎合此要件要求。

國會立法紀錄顯示ACPA立法當時認定的特定狀況，申請人必須是惡意的、詐欺的、深謀熟慮的或故意為之，網路蟑螂的例外規定（exceptional cybersquatter）是什麼定義，美國聯邦一審法院和上訴法院遵循蘭姆法的例外規定定義，首先，申請人必須是惡意的、詐欺的、深謀熟慮的或故意為之，ACPA則規定申請人必須是基於惡意且意圖營利，二者的要件規範與請求救濟的基準有所不同，如何找到適用標準，還有實務應用的案例與效果，其中對於被害人是否可以請求律師費用，被告是惡意或是惡意加上故意，結果不同[39]。

ACPA對網域名稱搶註者的責任規範中，最主要的要件在於當事人的惡意[40]，如果網域名稱註冊人是善意的，即使有搶註域名的行為，也不能對其科處罰則，本法只針對惡意的註冊人加以處罰，若是非故意的侵害人則不處罰，且讓被害人有選擇法定賠償或實際損害兩種方式的選擇，假設有一個關於網路搶註域名的案例，被害人即原告A考慮根據ACPA或蘭姆法提出救濟，二者規範要件不同容易造成原告選擇時的困惑，Senator Spencer Abraham於1999年6月提出ACPA提案，原始提案給予請求權人可依據法定損害賠償金額或是實際損害金額，二者擇一提出請求，法定損害賠償金額包含所有支出花費與合理的律師費用，此次提案關於提出法定賠償部分，另外還有法定罰金的規範[41]。

---

[39] Joshua Counts Cumby, *White Blackbirds: Defining The Exceptional Cybersquatter*, 54 Santa Clara L. Rev. 299 (2014), at 299.

[40] 15 U.S.C. § 1125 (d).

[41] Joshua Counts Cumby, *White Blackbirds: Defining The Exceptional Cybersquatter*,

　　ACPA規定被告必須是惡意且意圖營利，利用他人商標的商譽，亦即對被告的犯意有特別的規範，而蘭姆法則規定只要是一般性的故意程度，達到讓案件特別化的程度，便可以要求律師費用的補償[42]，雖然辯護律師費用的支出，是二者請求內容的差異之點，但藉此探討蘭姆法與ACPA規定要件的不同，也可一併釐清當事人適用的疑義。

貳、其他有關網路註冊商的責任規範

　　當一方有權利及能力掌控侵害行為並因此侵害而獲利時，則科予其替代責任。此種責任可能基於契約關係，即使實際未運作的權利，然而必須為「直接」的獲利，然而意指獲利和侵害行為間有直接或間接的關係，當個人尋求利益，而利益建立於預期必將發生的損失時，通常合理及公平的作法乃將損失歸致於得到利益的他方，以達平衡，「經濟上獲利」（financial benefit）是替代責任最重要的要件，至於掌控演出的權利與能力則為次要要件。

　　隨著網路盛行，電子商務及網路商店蓬勃發展，導致如販售仿冒品與盜用網域名稱……等侵害發生，威脅商標所有人的利益，並引起消費者困惑。科技發展神速使電子商務及網路商店盛行，導致如販售仿冒品與盜用網域名稱……等侵害發生，如美國猶他州（Utah）於2008年3月19日將電子註冊商標（electronic registration mark）正式立法，成為「猶他州商標保護法」（Utah Trademark Protection Act）[43]，其他如搜尋引擎、網站及公示板內容也使蘭姆法實務爭端

---

54 Santa Clara L. Rev. 299 (2014), at 309.

[42] Joshua Counts Cumby, *White Blackbirds: Defining The Exceptional Cybersquatter*, 54 Santa Clara L. Rev. 299 (2014), at 309.

[43] Utah SB 236, Chapter Law 365 (2007).本法中定義電子註冊商標為「可表達營業、商品或勞務的文字、詞彙或名稱」，並使此類註冊案件的管理及行政事宜成為一個可供查詢的資料庫，對構成侵害者科處民事責任。See Jeffrey D.

千變萬化。

　　主張商標替代侵害責任的前提爲：原告必須舉證證明被告有能力及權利掌控直接侵害人的行爲，且因此侵害與商標間接侵害責任有密不可分的關係，侵害行爲形成被告的直接收益，商標間接侵害責任的成立，替代侵害責任人與直接侵害人間，必須有如同本人與代理人（principle-agent relationship）之間的關係，蘭姆法的規範看似免除網路註冊商的責任，然而若適用下述代理人的法制理論，註冊商則必須負責。

　　代理人理論指網路註冊商協助註冊人登記網域名稱，形成對註冊人的保護，應該要負擔註冊人行爲所造成的損失，這是在一般的侵權責任之外，因而爲了保障受害人，法院使用本人與代理人的關係，發展出直接侵害與間接侵害責任，網站所有人因爲幫助網路註冊商隱密身分的協助，從而造成侵害案件，對因此而受害的原告而言，等同要付出和侵害人一樣的賠償責任[44]。如Whois網站隱藏了眞正註冊人身分，對註冊人所造成的損害與有責任，如果沒有網路註冊商提供平台協助註冊，甚至能協助註冊人不必公布眞實身分，也不會有後來的侵害案件，因此，依據代理人理論網路註冊商應該負責[45]。

　　顯然現今蘭姆法的規範看似免除網路註冊商的責任，然而適用代理人的法制理論，註冊商必須負責，因此造成的結果是註冊商會要求隱匿身分的註冊人，必須提高在其網站申請註冊的費用[46]，因爲註冊商標未來可能會因其提供網路隱匿身分的行爲，將有承擔其侵害行爲

Neuburger, Technology, the Internet and Electronic Commerce: Staying Interactive in the High-Tech Environment, A Summary of Recent Developments in the Law,927 PLI/Pat 699 (2008).

[44] Restatement (Third) of Agency § 1.04 (2)(b) (2006).

[45] Ian J. Block, *Hidden Whois And Infringing Domain Names: Making The Case For Registrar Liability,* U. Chi. Legal F. 434 (2008), at 444.

[46] Ian J. Block, Hidden Whois And Infringing Domain Names: Making The Case For Registrar Liability, U. Chi. Legal F. 434 (2008), at 444.

的賠償責任，註冊商只有在註冊人申請時先收取費用，才能作為日後賠償的擔保，當然隱匿身分的註冊人未必都會從事不法行為，但起碼註冊商標可以先以這種方式作為對本身的保護。

　　當任何第三人因代理人的行為而受損害，除非另有法規規範，即使代理人基於代理關係或是充當受雇員工的角色而為，並非自己的作為，代理人仍須負責[47]。法院只要接受上述理論，在判斷網路註冊的法律責任上，即使違法行為來自註冊者，或是網路蟑螂的劣行，皆無法阻卻網路註冊商的責任，侵權理論不論代理人基於授權或表見代理，或是代理人乃基於僱傭關係而為的行為，代理人必須負責，無論是加害人的獨立行為或是代理人本身與有過失[48]，這個理論套用在網路註冊商的責任探討上，如果不是網路註冊商提供隱匿的平台，註冊者無法從事違法情事，光從法律邏輯推論，網路違法情事沒有網路註冊商的協助，不會導致受害人的損失，因此，網路註冊商必須負擔責任[49]。

　　代理人原本是代本人為意思表示及受意思表示，所有的法律效果應該都要由本人負責，然而在網路域名登記者的權限承擔分析下，網路登記者並不因其為代理人的身分而免除責任，反而因為代理行為導致協助侵害發生而需負責[50]，被害人因而提出的法律訴訟可以將網路域名登記者列為被告中，避免原告無法取得真正登記人的資料和身分，影響救濟的程序和時間，原告直接控告網路域名登記者，不僅簡化了救濟程序也增加求償管道的便利，以受害人而言，當然是利多的選擇。

---

[47] Restatement (Third) of Agency § 7.01.

[48] Id. at comment b.

[49] Ian J. Block, Hidden Whois And Infringing Domain Names: Making The Case For Registrar Liability, U. Chi. Legal F. 434 (2008), at 446.

[50] Ian J. Block, Hidden Whois And Infringing Domain Names: Making The Case For Registrar Liability, U. Chi. Legal F. 434 (2008), at 447.

　　設立網站的投機者為網域名稱註冊人提供有效隱藏聯繫資訊及辨識系統的網站，當設立後的網站從事違法行為或活動時，或該網站網域名稱侵害他人權益時，因為無法被辨識出所有權人，也形成違法與侵害情事無法被追查，其後受害者只能經由寫信函或尋求法律途徑求償，因為無法得知侵害人的確切訊息，無端增加許多求償的程序與花費[51]，被害人依據現今的蘭姆法參照代理人理論，向代理隱匿被告本人的網站求償，當註冊人選擇不公布真實身分時，可以以多繳註冊費的方式，避免日後的求償，也做為擔保的費用[52]，ICANN跟Whois網站皆設置註冊人身分必須有相當程度的公開，公開內容若不夠詳實可能構成詐欺行為，相對的，如何補足申請註冊人不願意公開的部分，必須要有其他替代措施。ACPA並未針對網路註冊商制定罰則，因此，只能適用代理人理論要求網路註冊商承擔損害責任，如果註冊者沒有違法情事，網路註冊商當然無法律責任，若註冊者從事違法行為，網路註冊商當然必須連帶負責。

第三節　案例探討

　　以下針對相關案例，依據時間序列做出說明與討論。

　　1941年*Aladdin Mfg. Co. v. Mantle Lamp Co. of America*案，聯邦第七巡迴上訴法院則認為律師費用的請求合理[53]，即使蘭姆法中沒有明確規定，在*Aladdin*案後5年間聯邦法院仍遵照此案的判決結果，對故

---

[51] Ian J. Block, Hidden Whois And Infringing Domain Names: Making The Case For Registrar Liability, U. Chi. Legal F. 434 (2008), at 441.

[52] Ian J. Block, Hidden Whois And Infringing Domain Names: Making The Case For Registrar Liability, U. Chi. Legal F. 434 (2008), at 442.

[53] *Aladdin Mfg. Co. v. Mantle Lamp Co. of America*, 116 F.2d 708, 716-17 (7th Cir. 1941).

意侵害他人商標權且造成不公平競爭的被告，理應賠償受害人[54]。

　　1967年*Fleischmann Distilling Corp. v. Maier Brewing Co.*一案[55]後，認定因爲蘭姆法未明定律師費用的請求，因此，判決結果對於律師費用是否屬於原告可以請求的內容，予以否認，1975年美國國會修正聯邦最高法院的見解，明定律師費用可以請求的條文。

　　*Fleischmann*案中美國聯邦最高法院維持第九巡迴上訴法院的見解，認爲原告能請求的損害賠償法有明文[56]，不應自行判斷條文中有默示其他的賠償可能性[57]，否則美國國會立法時應當如同專利法與著作權法，直接明文規定[58]。

壹、ACPA立法前的案例

　　ACPA於1999年制定通過，在立法通過前的案例，如1991年第三巡迴上訴法院在*Ferrero U.S.A., Inc. v. Ozak Trading, Inc.*案[59]，法院必須判定敗訴的一方罪刑確立，且必須是惡意的、詐欺的、深謀熟慮的或故意爲之，才能構成所謂的特定狀況。*Securacomm Consulting, Inc. v. Securacom, Inc.*案[60]也持相同看法。再如1998年*Panavision International v. Toeppen*案[61]，原告Panavision指稱被告Dennis Toeppen將其商

---

[54] Richard J. Leighton, *Awarding Attorneys' Fees in "Exceptional" Lanham Act Cases: A "Jumble" of "Murky" Law*, 102 Trademark Rep. 865 (2012), at 857-858 .

[55] *Fleischmann Distilling Corp. v. Maier Brewing Co.*, 386 U.S. 714 (1967).

[56] *Id. at 719.*

[57] *Id.* at 720 (citing *Philp v. Nock,* 84 U.S. (17 Wall.) 460 (1873); *Teese v. Huntingdon, 64 U.S. (23 How.) 2 (1860); Day v. Woodworth,* 54 U.S. (13 How.) 363 (1852)).

[58] *Fleishmann,* 386 U.S. at 720-21.

[59] *Ferrero U.S.A., Inc. v. Ozak Trading, Inc.,* 952 F.2d 44, 47-48 (3d Cir. 1991).

[60] *Securacomm Consulting, Inc. v. Securacom, Inc.,* 224 F.3d 273, 280 (3d Cir. 2000).

[61] *Panavision International v Toeppen,*141 F3d 1316 (9th Cir 1998).

標名稱Panavision搶先註冊網域名稱，原告反而無法使用Panavision.com做為自己網域名稱[62]，當原告律師嘗試和被告協調時，被告提出希望原告購買的意圖[63]，當原告拒絕後，被告反而馬上再註冊PanaF-lex.com的網域名稱，雷同於原告其他商標名稱[64]，當時聯邦法律對於網路蟑螂還未立法，原告抗辯提出被告違反商標淡化的法規，包括1995年聯邦商標淡化法（FTDA）與加州反淡化法規（the California Anti-dilution statute）對被告提出控訴[65]，原告在一審法院獲得勝訴[66]。被告接著上訴，第九巡迴法院判斷被告上訴的理由，認為被告使用網域名稱未有正當理由，被告註冊搶先網域名稱主要目的是為出售，完全是霸占行為待價而沽的事實[67]，是為商業目的的使用，對原告商標造成淡化的事實，被告擅自嚴重消費原告的商標，法院判決被告行為淡化原告的商標價值[68]，二審判決被告敗訴，被告行為導致原告顧客無端浪費搜尋時間，增加搜尋成本，因原本顧客搜尋原告的商標名字，連結上的應該是原告的網頁，因為被告霸占的情形，Toep-pen案中被告的行為即是利用上述行動，牟取不正當利益，造成消費者困擾也影響社會整體經濟成本。

---

[62] *Id* at 1318-20.

[63] *Id* at 1319.

[64] *Id*.

[65] *Panavision*, 141 F3d at 1319.The Federal Trademark Dilution Act of 1995, 15 U.S.C. § 1125(c).The California Anti-dilution statute, California Business and Professions Code § 14330.

[66] *Panavision International, L.P. v Toeppen*, 945 F Supp 1296, 1306 (C. D. Cal. 1996).

[67] *Panavision*, 141 F3d at 1325-26.

[68] *Id*.

貳、ACPA立法後的案例

　　要請求律師費用的當事人，必須承擔證明案件屬於特定的狀況，如2008年*Schlotzsky's, Ltd. v. Sterling Purchasing & Nat'l Distrib. Co., Inc.*案[69]與*Bd. of Supervisors for La. State Univ. Agric. & Mech. Coll. v. Smack Apparel Co.*案[70]，在數個聯邦巡迴法院的判決中，對構成特定的情況有所解釋，以下就相關判決結果分析特性。在聯邦第二、第四、第五、第十、第十一及哥倫比亞地方巡迴法院，由各個法院針對案例事實做出是否屬於特定狀況，原告可以請求律師費用[71]，如2001年聯邦第四巡迴上訴法院判決*People for Ethical Treatment of Animals v. Doughney*案[72]，被告的行為出於惡意，但未達到詐欺等程度，因此，無法請求律師費用。

　　2006年聯邦第六巡迴上訴法院在*Audi AG v. D'Amato*案[73]的判決結果，有別於其他聯邦上訴法院，認為只要符合惡意的要件並由法院判定，即使沒有達到詐欺、等程度，仍可以請求律師費用。此點看法與其他判決結果明顯不同，未符合相當要件，仍然可以請求律師費用，如此，是否造成適用標準的不確定性。第七巡迴上訴法院對例外狀況（exceptionality）一詞的定義有所不同，2010年*Nightingale Home Healthcare, Inc. v. Anodyne Therapy, LLC*案[74]，該等法院認為無論原告

---

[69] *Schlotzsky's, Ltd. v. Sterling Purchasing & Nat'l Distrib. Co., Inc.,* 520 F.3d 393, 402 (5th Cir. 2008).

[70] *Bd. of Supervisors for La. State Univ. Agric. & Mech. Coll. v. Smack Apparel Co.,* 550 F.3d 465, 491 (5th Cir. 2008).

[71] Joshua Counts Cumby, *White Blackbirds: Defining The Exceptional Cybersquatter,* 54 Santa Clara L. Rev. 299(2014), at 343.

[72] *People for Ethical Treatment of Animals v. Doughney,* 263 F.3d 359, 370(4th Cir. 2001).

[73] *Audi AG v. D'Amato,* 469 F.3d 534, 551(6th Cir. 2006).

[74] *Nightingale Home Healthcare, Inc. v. Anodyne Therapy, LLC,* 626 F.3d 958, 963-

或被告，若在商標侵害案件中，並非爲了判決勝訴結果，而是藉由訴訟程序增加敗訴一方的費用與支出，當原告能舉證證明被告有此意圖時，也構成可以請求律師費用的例外情形，這是第七巡迴上訴法院的解釋，也是和其他法院不同的見解。

第一、第三、第八及第九巡迴法院認爲並不需要在定義例外狀況時，必須呈現被告的惡意；如被告蓄意或有其他惡行（申請人必須是惡意的、詐欺的、深謀熟慮的或故意爲之），足以證明行爲不當，第一、第三、第八巡迴法院，則認爲足以構成定義下的例外狀況，第九巡迴法院還認爲即使沒有展示被告的惡意，仍然足以構成例外狀況的定義[75]。2002年第一巡迴上訴法院在*Tamko Roofing Prods., Inc. v. Ideal Roofing Co.*案[76]，判決即使缺乏明確的惡意與詐欺行爲，只要符合整體條件的判斷後，一審法院已成功建立原告請求的基準，並且判斷此案符合特定狀況的要件；2007年第三巡迴上訴法院在*Green v. Fornario*案[77]，判決認定通常訴訟當事人必須各自負擔其律師費用，然而，網絡蟑螂的案例改變此種通論，只要能證明屬於特定情況，原告可以向被告請求其所支出的律師費用[78]。

參、*Foreword Magazine, Inc. v. OverDrive, Inc.*案[79]

此案中，原告經營一本書評雜誌及書評服務，擁有FOREWORD

64(7th Cir. 2010).

[75] Joshua Counts Cumby, *White Blackbirds: Defining The Exceptional Cybersquatter*, 54 Santa Clara L. Rev. 299(2014), at 346.

[76] *Tamko Roofing Prods., Inc. v. Ideal Roofing Co.*, 282 F.3d 23, 32(1st Cir. 2002).

[77] *Green v. Fornario*, 486 F.3d 100, 101(3d Cir. 2007).

[78] See also *Tamko*, 282 F.3d 23; *Ferrero*, 952 F.2d 44.

[79] *ForeWord Magazine, Inc. v. OverDrive, Inc.*, No. 1:10-CV-01144, 2013 WL 140195 (W.D. Mich. Jan. 10, 2013).

及FOREWORD REVIEWS的商標，原告與被告訂立合約，被告乃經營電子書的軟體供應商，出版、經銷、販售線上的書評業務[80]，經由原告同意，被告註冊forewordreviews.com網域名稱，被告為混淆消費者故意拼錯字母，還註冊另一個forwardreviews.com網域名稱[81]，後來原、被告不歡而散的結束了合作關係，解除合作關係的協議中，被告同意將forewordreviews.com網域名稱轉回給原告，被告仍持有forwardreviews.com網域名稱，之後數年被告皆未曾使用，直到被告計畫使用在其個人的網頁，然而，原本屬於原告的商標名稱卻被被告使用，導致未明察區別的消費者被誤導到被告forwardreviews.com的網頁。原告展開和被告有關轉讓forwardreviews.com網域名稱的協調[82]，被告要求原告必須給付美金2,500元，原告拒絕並威脅被告將提出訴訟，被告公司執行長因為原告的威脅，反而將此網域名稱故意連結到一家猶太報紙，原告因而提出訴訟，控告被告涉嫌搶註網域名稱、涉及不公平競爭及違反契約等數項罪名；其後判決終結，被告搶註網域名稱罪名成立，判決原告勝訴[83]。

　　本案判決原告可以請求律師費用，以下原因證明被告行為構成惡意[84]：1.被告與原告有合作關係，然而故意註冊類似原告商標的網域名稱，意在導致消費者混淆誤認；2.被告與原告終止合作關係後，被告並未使用其擅自註冊且類似原告商標的網域名稱於其營業上；3.被告終止與原告的合作關係後，利用與原告類似的網域名稱，將原本可能屬於原告公司的、潛在的顧客故意引導到自己的網頁，增加自己網頁的顧客流量；4.被告故意混淆原告的潛在顧客，將原本原告可能存

---

[80]　*Id.*

[81]　*Id.*

[82]　*Id.*

[83]　*ForeWord Magazine, Inc. v. OverDrive, Inc.*, No. 1:10-CV-01144, 2013 WL 140195 (W.D. Mich. Jan. 10, 2013).

[84]　*Id.*

在的消費者，引導到另一家猶太日報；5.被告拒絕將並未使用於自己營業的網域名稱，在原告給付相當的註冊費用與必要花費後，轉讓予原告，即使被告未使用也沒有與該網域名稱有任何實質關聯，法院認爲被告行爲充滿惡意；6.被告公司執行長要求原告必須捐獻美金2,500元給慈善機構，才能移轉該項類似於原告網域名稱的域名給原告；7.被告拒絕轉讓的行爲並非因爲其營業需要，或任何合法的原因，其實僅僅因抵制原告而爲。

被告主張即使未轉讓該網域名稱於原告，原告並無實際損失，抗辯此案並不符合特定狀況的要件，原告不能請求律師費用，被告要求原告捐獻美金2,500元後，才願意轉讓系爭網域名稱給原告，並非是和原告協調此案件的眞意，無法阻卻被告侵害原告商標權的事實，因此，法院判決此案屬於特定狀況，原告可以請求律師費用[85]。惡意且意圖營利與特定狀況的兩項條件，在*Foreword*案中已經充分顯現，可能基於相同的要件所做出的判斷，會有二者重疊且構成判斷模糊的地帶，如何做出適當的判斷，則仰賴找出二者顯著的不同且觀察細節的差異。

肆、其他網路蟑螂相關案例

一、*Lockheed Martin Corp.*案[86]

飛機製造商Lockheed Martin Corp.（簡稱Lockheed）公司，控告被告Network Solutions, Inc.（簡稱NSI）公司涉嫌註冊與其相同之網域名稱，主張被告應承擔商標（服務標章）輔助侵害責任、商標侵害、不公平競爭及商標（服務標章）淡化等責任，上訴法院維持一審

---

[85] Joshua Counts Cumby, *White Blackbirds: Defining The Exceptional Cybersquatter*, 54 Santa Clara L. Rev. 299 (2014), at 352-353.

[86] *Lockheed Martin Corp. v. Network Solutions, Inc.*, 194 F.3d 980, 981(9th Cir. 1999).

法院的見解，認為網域名稱註冊人NSI不需負輔助侵害責任，因為未有提供網站商品給第三人的行為[87]，單純為代替線上申請人註冊網域名稱程序之處理，一般情形每月有130,000個申請註冊案[88]，九成案件約在數分鐘或數小時內由電腦完成，約一成有疑義的申請案則由工作人員人工完成。

本案對網域名稱的討論涉及網路技術蓬勃發展，然而被告NSI並非ISP，在處理註冊申請過程時並未執行監督或徵詢其他人的意見，也未調查申請人申請註冊名稱之實際含義，被告未設置協調申請人取得註冊後的爭議處理機制。當有權利人認為其權益遭受損害時，可向被告NSI遞送一份表示其商標（網域名稱）權利證明文件，此時NSI會要求向其申請註冊名稱的申請人提出抗辯，若申請人怠於為此抗辯，NSI會配合權利人的要求，取消申請人的網域名稱註冊。

如上所述，NSI未涉及任何商品的販售及運送，要求其承擔輔助侵害責任實不公平，此即巡迴法院維持一審法院的見解，認為被告免責的理論基礎。

二、*Shields v. Zuccarini*案[89]

第三巡迴法院在*Shields v. Zuccarini*案中，本案乃ACPA制定通過後成立的案件，本件被告蓄意以不正當行為，在訴訟期間仍明目張膽註冊1,644個網域名稱，不僅意圖造成社會大眾的混淆誤認，並且要從其行為圖利，被告也未曾表達對其行為的悔意，第三巡迴上訴法院維持和一審法院相同的見解，依照被告的行為，確實符合所謂的例外

---

[87] NSI公司是國家科學基金會（National Science Foundation）的締約商，處理頂端網站註冊事宜（如.gov, .edu, .com, .org, .net），原為原告Lockheed公司之獨家締約商，在此案上訴期間被另一競爭廠商取代。*Id.*

[88] 此案於第九巡迴法院審理時，承審法官亦指出單月130,000個申請註冊案是概略的說法，隨著網路使用人口的增加，申請註冊案數量必定不止於此。*Id.*

[89] *Shields v. Zuccarini,* 254 F.3d 476, 487 (3d Cir. 2001).

情形，原告可以請求律師費用；上訴法院認為解釋第1117條(a)項[90]，排除條文的文義解釋外，應該衡量與判斷每一個案例事實，根據所有情狀條件而做決定。同樣地，第九巡迴上訴法院在*Lahoti v. Vericheck, Inc.*案[91]維持和第七巡迴法院相同的看法，認為被告搶註網域名稱的行為，純粹為販售給原告獲取利益，並且造成訟累與訴訟資源的浪費，被告行徑是典型的網路蟑螂行為，蓄意侵害原告商標權，謀求個人的利益。

被告行為若構成網路蟑螂，出於惡意且意圖營利[92]，當被告搶註域名的行為，乃故意使用相同或類似於原告名稱，造成商標識別性的淡化與一般大眾的混淆誤認時，無法適用免責條款且同時符合特定狀況及除外規定的情狀，如2011年*Mamiya America Corp. v. HuaYi Brothers, Inc.*案[93]。此外，法院可能判決被告賠償原告損害範圍，應該包含原告支出的律師費用，目前條文的規定原告的請求，必須證明且符合被告的行為在特定狀況之下，然而條文對於所謂的特定狀況及除外規定，並無明文訂定[94]，如2011年*Newport News Holdings Corp. v. Virtual City Vision, Inc.*案及其他案件[95]，皆採取此種見解。

有學者提出藉由觀察下列三種情形，判斷是否符合例外規定的內涵[96]：

---

[90]　*Id.* at 487.

[91]　*Lahoti v. Vericheck, Inc.,* 636 F.3d 501, 510-11 (9th Cir. 2011).

[92]　15 U.S.C. § 1125 (d)(1) (2012); Mamiya America Corp. v. HuaYi Brothers, Inc., No. 09 CV 5501, 2011 WL 1322383, at 4 (E.D.N.Y. Mar. 11, 2011).

[93]　Mamiya America Corp. v. HuaYi Brothers, Inc., No. 09 CV 5501, 2011 WL 1322383, at 4 (E.D.N.Y. Mar. 11, 2011).

[94]　Newport News Holdings Corp. v. Virtual City Vision, Inc., 650 F.3d 423, 441 (4th Cir. 2011); Procter & Gamble Co. v. Amway Corp., 280 F.3d 519, 528 (5th Cir. 2002). But see Lahoti v. Vericheck, Inc., 636 F.3d 501, 505 (9th Cir. 2011).

[95]　Id.

[96]　Joshua Counts Cumby, supra note 19, at 341. One Alarm Monitoring, Inc. v. Exec. Prot. One Sec. Serv., LLC., 553 F. Supp. 2d 201, 207-208 (E.D.N.Y. 2008) .

（一）證明被告故意且意圖營利，無法使案件成為特定的狀況，也就是原告可以請求律師費用的情狀；

（二）除開被告的犯行，觸犯蘭姆法與ACPA的部分，被告必須有其他的不正當行為，才符合特定狀況，如與訴訟過程有關的不正行為；

（三）或者是被告蓄意觸犯蘭姆法與ACPA的行為，有可能構成特定的情況。

　　2011年紐約東區地方法院於*Mamiya Am. Corp. v. HuaYi Bros., Inc.*案[97]中，判定被告對系爭商標並未擁有任何商標權或其他智慧財產權，本件商標並未包含商標權人的法定名稱，被告於其網站上對搶註名稱，並沒有從事公平的或非商業性質的使用，法院在判斷原告請求的賠償金額時，認為原告可以在法定損害賠償外，還能請求律師費用。2012年*City of Carlsbad v. Shah*案[98]，加州南區地方法院經由案件事實，歸納出被告的蓄意且意圖營利的作為，已經達到故意、惡意、詐欺與欺罔不實的程度，被告故意使用原告的商標，以及被告故意使用原告的商標，意在混淆一般消費者判斷，即使經過簡易判決後，被告仍繼續使用於自己的營業上，被告行徑絕對屬於惡意[99]，*City of Carlsbad v. Shah*案，法院判決認為必須權衡各個案件事實，才能判斷被告是否符合惡意且意圖營利的要件[100]。

---

[97] Mamiya Am. Corp. v. HuaYi Bros., Inc., 09-CV-5501 ENV JO, 2011 WL 1322383 (E.D.N.Y. Mar. 11, 2011), adopted by No. 09-CV-5501 ENV JO, 2011 WL 1253748 (E.D.N.Y. Mar. 31, 2011).

[98] City of Carlsbad v. Shah, 850 F. Supp. 2d 1087, 1106 (S.D. Cal. 2012).

[99] Shah, 850 F. Supp. 2d at 1108-1109.

[100] City of Carlsbad v. Shah, 850 F. Supp. 2d 1087, 1106 (S.D. Cal. 2012).

第四節　結論

　　隱匿註冊者的網站服務（hidden Whois services）促使反網絡搶註域名的法規制定通過，利用隱匿註冊者的網站服務，註冊者隱藏真實身分，造成違法網站的侵害行為無法被求償，導致被害人的損失與為行使求償而導致時間精力的消耗，因此，引用代理人理論貫穿侵權行為，使受害人有合理與較簡易的求償管道，或是直接在美國現行蘭姆法增加修正條文，或者另外制定蘭姆法修正草案，在此之前，本文嘗試提供更多的求償管道，保障受害人的權益，如同上述的代理人理論與侵權行為，帶入隱匿註冊者的網站服務註冊者與真正註冊人的責任分配，對求償方而且更加有利。

　　以代理人理論可以節省被害人請求救濟的程序與費用，尤其是造成侵害的網域註冊人有數名時，或如有註冊人同時申請數個以上的網域名稱，原告可以只提出一個控訴，解決數起和其名稱相同或類似的糾紛，也就是上述情況下，原告都是控告網路註冊商，因為是網路註冊商協助註冊人隱藏真正身分，註冊人也能在註冊相同或類似的網域名稱，也才會有其後因為這些網頁的侵害行為與結果[101]，分析這個理論最大的優點便是效益性，解決原告追索與求償的經濟效益評估問題，以法律經濟分析理論評估，節省原告的時間與程序，方便救濟的提出與解決，也是對構成侵害的被告發揮警惕作用，如此一來，網路註冊商對隱匿身分的註冊人，自然會提高警覺加強管理。更何況，原告可能連隱匿身分的真正的侵害人是誰或在何方都不知情，但卻極易知道代為註冊的網域名稱註冊商是何人，請求救濟的客體存在，原告才能尋求法律途徑求償[102]，以較高的金額收取註冊費，也是提醒註冊

---

[101] Ian J. Block, *Hidden Whois And Infringing Domain Names: Making The Case For Registrar Liability*, U. Chi. Legal F. 434 (2008), at 450.
[102] *Id.*

人隱匿身分必須承擔較高風險，並加強網絡註冊商的管理責任[103]。

任何人只要使用網路皆能輕易使用他人網域名稱，在以網路與電子商務為重的新經濟時代，公司為其網域註冊是保護權益的基本步驟，也是避免競爭者侵害其商標的最佳武器[104]。商標經過跟美國專利商標局申請註冊後，若是與已經註冊的網域名稱商標相同，商標權人將可得到交互保護的利益，並且更能擴大對權利人的保障範圍[105]；當糾紛發生時，也是主張個人權益及釐清網域名稱註冊是保障網域所有權人最佳的方式，然而若商標網域註冊乃以惡意為使用目的，並且與他人已註冊或已存在的網域名稱相同或類似，當然不在保護範圍內。

參考文獻

1. Douglas W. Schelling, Synergism: Domain Name Registrations and Trademark Registrations, 57-OCT Fed. Law. 14-15 (2010).
2. Ian J. Block, Hidden Whois And Infringing Domain Names: Making The Case For Registrar Liability, 2008 U. Chi. Legal F. 431-452 (2008).
3. Jeffrey D. Neuburger, Technology, the Internet and Electronic Commerce: Staying Interactive in the High-Tech Environment, A Summary of Recent Developments in the Law, 927 PLI/Pat 699 (2008).
4. Joshua Counts Cumby, White Blackbirds: Defining The Exceptional Cybersquatter, 54 Santa Clara L. Rev. 299-367 (2014).
5. Richard J. Leighton, Awarding Attorneys' Fees in "Exceptional" Lanham Act Cases: A "Jumble" of "Murky" Law, 102 Trademark Rep.

---

[103] Ian J. Block, *Hidden Whois And Infringing Domain Names: Making The Case For Registrar Liability*, U. Chi. Legal F. 434(2008), at 451.

[104] Douglas W. Schelling, *Synergism: Domain Name Registrations and Trademark Registrations,* 57-OCT Fed. Law. 14-15 (2010), at 450.

[105] *Id.*

857-858 (2012).

6. ICANN Whois Services, https://archive.icann.org/en/topics/whois-services/ (last visited: 01/08/2016).

第六章

專利間接侵害之探討——

以美國理論與實務為主

曾勝珍

第一節　前言

　　美國在專利侵害上的判斷，需要將涉嫌侵害的物品或製程與美國專利案之申請專利範圍作比對，比較系爭專利的申請、專利範圍、被控侵害的商品，亦即判斷被控侵害的商品是否含有侵害專利範圍所標註的元件或其他的限制，為避免遭受侵害專利的控訴，建議發明人先藉由專利檢索或專利地圖之製作，做為事先之預防及準備。

　　在專利的訴訟案件上需要專業的上訴法庭，專門解決各類技術性的問題，因為涉及到專利的技術層面特別困難，有專業性的專門法庭可以達到解決方案統一的結果[1]。1982年美國國會通過的聯邦巡迴特別上訴法院，其成立即是基於此項目標[2]。不像其他聯邦上訴法院必須要受到地區性的或是涵蓋廣泛性的法律議題。此專利巡迴上訴法院對於美國國內的專利訴訟案件，可以涵蓋全面性的專利專屬議題[3]。近年來對於數種因素的專利侵害責任判定，聯邦巡迴法院已經失去以往對於傳統法庭判決理論的觀點，造成聯邦巡迴法院在判決專利侵害責任時，顯示其目標結果更加複雜，亦使專利法較傳統法學理論未符合當時立法者期盼，也與現行專利法或當時國會立法意旨不符。

---

[1]　*See* S. REP. NO. 97-275, at 4-5 (1981). See Lynda J. Oswald, *Simplifying Multiactor Patent Infringement Cases Through Proper Application Of Common Law Doctrine*, 51 Am. Bus. L.J. 1 (2014).

[2]　Federal Court Improvements Act of 1982, Pub. L. No. 97-164, 96 Stat. 25 (1982) (codified as amended in scattered sections of 28 U.S.C.).

[3]　Oswald, *supra note* 1, at 2.

第二節　專利間接侵害理論之發展

2001年Randall Rader法官在其演講中便已提出，將這些議題全集中到某一個專業的法庭，原本就會產生類似的危機。雖然專業的專利法庭加速了對專利法的重視，然而在某一部分也增加了其他的危機，例如減少聯邦或其他地方法院對於專利案件看法，最終呈現給最高法院作出判斷的機會[4]。雖然不易說明近年來多方侵害訴訟確切的數目，由於現今社會型態的不同，加上電子商務成長速度驚人，產業與技術鏈的緊密結合，商業方法和電腦軟體的發展，皆有可能構成專利侵害的態樣，與以往相比，更是不可同日而語[5]。

壹、美國專利間接侵害理論之發展

美國在1952年的專利法[6]並未對集體當事人提出專利侵害訴訟請求的規範，聯邦巡迴地方法院有關專利的判決，地方法院對專利案件的民事執行有管轄權，在1982年前從聯邦地院提出上訴的專利案件是從美國專利商標局（U.S. Patent and Trademark Office, PTO）到區域的上訴法院（Court of Customs and Patent Appeals, CCPA），然而各法院對專利案件的解釋不同，並且有各自的程序法，各法院之間的見解莫衷一是，無法為處理專利案件的議題提供一致性的處理準則。1982年聯邦法院改善法（The Federal Courts Improvements Act of

---

[4] Randall R. Rader, *The United States Court of Appeals for the Federal Circuit: The Promise and Perils of a Court of Limited Jurisdiction*, 5 MARQ. INTELL. PROP. L. REV. 1, 4 (2001).

[5] Oswald, *supra note* 1, at 4.

[6] Pub. L. No. 82-593, 66 Stat. 792 (codified as amended at 35 U.S.C. §§101-376 (2012).

1982）[7]，建立了兩種法院的型態，聯邦巡迴法院與聯邦索賠法院[8]，取代了以往CCPA跟索賠法院，建立聯邦巡迴法院系統的主要目的，乃希冀專利案件能有延續適用的一致性標準。

不像區域性的上訴法院，聯邦巡迴法院的管轄權完全是基於管轄事件，與地理性的區域分配無關。聯邦巡迴法院有全國性的管轄權，管轄範圍包括國際貿易、政府契約、聯邦人事、退役軍人福利、商標、專利等事項，來自各地地方法院的案件，匯集到聯邦巡迴法院[9]。聯邦巡迴上訴法院並不是一個特殊的法院，管轄的案件也不限於特定的種類，相反地，還包括了二到三種不同的案件類型[10]，但是當時成立聯邦巡迴法院的目的，並非專門為了專利上訴法院的目的而設立。

一、直接侵權

直接侵權行為發生在未經過專利權人授權，當事人對專利物件的使用、販售、預售、進口等行為[11]，對此有嚴格責任限制，*Global-Tech Appliances, Inc. v. SEB, S.A.*案[12]，直接侵害人對侵害事實知情或是否有故意，皆無關乎其侵害責任的認定；*In re Seagate Tech., LLC*案

---

[7] Pub. L. No. 97-164, 96 Stat. 25 (1982) (codified as amended in scattered sections of 28 U.S.C.).

[8] Federal Courts Administration Act of 1992, Pub. L. No. 102-572, §902(a), 106 Stat. 4506 (1992). 1982年稱為索賠法院（the Claims Court），1992年更名為美國聯邦索賠法院（the United States Court of Federal Claims）。

[9] *See Court Jurisdiction*, UNITED STATES COURT OF APPEALS FOR THE FEDERAL CIRCUIT, http://www.cafc.uscourts.gov/the-court/court-jurisdiction.html (last visited: 12/01/2014).

[10] Oswald, *supra note* 1, at 8.

[11] *Id.* § 271 (a).

[12] *Global-Tech Appliances, Inc. v. SEB, S.A.*, 131 S. Ct. 2060, 2065 n.2 (2011).

與*Jurgens v. CBK, Ltd.*案[13]也認定專利侵害採取絕對責任的嚴格抗辯標準[14]，*Hilton Davis Chem. Co. v. Warner-Jenkinson Co.*案[15]，認為不管是意外或不知情的侵害仍然構成侵害。

侵害人即使不知道專利的存在，如*Blair v. Westinghouse Elec. Corp.*案[16]則認為，侵害發生後當事人主張全然的不知情，不能作為侵害的抗辯，獨立的創造發明不能作為抗辯的理由[17]，如果涉及賠償條款時有存在的必要，尤其是律師費用的請求時，侵害人的知情與故意則會作為法院判斷的依據。

二、共同侵權理論

共同侵權理論起源於侵權法（Tort Law）與代理法（Agency Law），涉及專利侵權責任判定時，對於聯合侵權的概念來自於美國侵權法和代理的基礎，當超過一人或多人對其他人構成侵害時責任歸屬的認定，1908年*New Jersey Patent Co. v. Schaeffer*[18]案中對於聯合侵權責任的認定為，因某一個專利事項而導致的請求案件，所有參與的人皆同意時，所有參與者必須負擔共同侵權的責任[19]。從代理延伸而

---

[13] *In re* Seagate Tech., LLC,497 F.3d 1360, 1368 (Fed. Cir. 2007).Jurgens v. CBK, Ltd., 80 F.3d 1566, 1570 n.2 (Fed. Cir. 1996)

[14] Lynda J. Oswald, *The Personal Liability of Corporate Officers for Patent Infringement*, 44 IDEA 115, 122 (2003).

[15] *Hilton Davis Chem. Co. v. Warner-Jenkinson Co.*,62 F.3d 1512, 1523 (Fed. Cir. 1995), *rev'd on other grounds*, 520 U.S. 17 (1997).

[16] *Blair v. Westinghouse Elec. Corp.*,291 F Supp. 664, 670 (D.D.C. 1968), *aff'd sub nom. Blair v. Dowd's Inc.*, 438 F.2d 136 (D.C. Cir. 1970).

[17] *Kewanee Oil Co. v. Bicron Corp.*, 416 U.S. 470, 477 (1974).

[18] *New Jersey Patent Co. v. Schaeffer*,159 F. 171 (E.D. Pa. 1908), *aff'd*, 178 F. 276 (3d Cir. 1909).

[19] *Id.* at 173.

來的共同侵權責任，也在*Crowell v. Baker Oil Tools, Inc.*[20]案中得到確立，當一個人僱用獨立經銷商完成工作時，而其代理人所爲的行爲若有侵害他人專利時，僱傭人要負侵權責任，雙方原來的代理關係，會產生聯合侵權責任。

共同侵權理論不必在二者間有主從或控制關係，二者間必須有聯繫或合作關係（Cooperation or Some Connection）。如*Hill v. Amazon. com, Inc.*案[21]，有關電子目錄系統方法專利，被告利用遠端電腦操控，讓客戶能獨立在平台使用，法院判決駁回原告請求，原告必須證明被告方中間有代理關係存在或被告方有共同侵權的犯意連結[22]，而且此連結必須是被告能下指令給第三方，使第三方按照其意旨表現侵害的行爲，亦即當事人間的連結必須是實質存在的[23]。

所謂的間接侵權行爲責任包括輔助侵害責任（contributory liability）、引誘侵害責任（inducement liability）及替代侵害責任（vicarious liability）[24]。

（一）輔助侵害責任

輔助侵害責任自侵權法的原理而來，當一個人對其他人之侵害行爲，有直接協助的情形時，此人當負擔輔助侵害責任[25]，如同替代侵害責任，會使企業（經濟上之強者）負擔此種責任，主要強調經濟之有效運用而非公平合理原則，雖然比較起替代侵害責任，輔助侵害

---

[20] *Crowell v. Baker Oil Tools, Inc.,*143 F.2d 1003, 1004 (9th Cir. 1944).

[21] *Hill v. Amazon.com, Inc.,*No. 2:02-CV-186, 2006 U.S. Dist. LEXIS 3389 (E.D. Tex. Jan. 19, 2006).

[22] *Id.* at *17.

[23] *Id.* at *19.

[24] *Ellison v. Robertson*, 357 F.3d 1072, 1076 (9th Cir. 2004).

[25] *Fonovisa, Inc. v. Cherry Auction, Inc.*, 76 F.3d 259, 264 (9th Cir. 1996).

責任較保障「公平合理」原則，以*Gershwin Publishing Corp.*[26]一案爲例，第二巡迴上訴法院認爲構成輔助侵害責任的要件有二，即被告必須知情且有直接侵害行爲的存在；並有實質幫忙、參與或協助引誘之行爲，而被告是否須負擔輔助侵害責任之重點在於其是否「知情」其侵害行爲，此部分乃著重在其對侵害行爲所扮演的角色。

輔助侵害責任，1952年專利法將輔助侵害視爲衡量公平性的判斷標準，這種責任乃避免一方當事人侵害他方專利，卻逃脫其侵害責任[27]，典型的案例是在輔助侵害責任時，當供應商出售某零件或物件，爲輔助該專利物件的使用或是程序方法的應用，並沒有其他的用途[28]。該供應商要被科處輔助侵害責任，其在出售時必須知道該物件的使用，將構成其他物件有可能遭致侵害之虞[29]。還有一個前提是輔助侵害責任必須要有一個直接侵權行爲成立在前，供應商將其部分零件販售給侵害人後，侵害人將其組裝完畢實施侵害行爲[30]。

（二）引誘侵害責任

專利法271條b項規定任何人有意引誘他人侵害專利，必須承擔侵害責任[31]。引誘侵害責任有特別的要件規定，然而要件的實施，在

---

[26] 替代侵害責任較著重直接侵害人與間接侵害人之間的關係，而輔助侵害責任則著重在間接侵害人的行爲。*Gershwin Publ'g Corp. v. Columbia Artists Mgmt., Inc.*, 443 F.2d 1159 (2d Cir. 1971). 本案承審法官Judge Friendly於1968年於*Ira S. Bushey & Sons, Inc. v. United States,* 398 F.2d 167, 171 (2d Cir. 1968)一案中曾表示僱用人負責（respondeat superior），即使在傳統的觀念中，並非基於立法政策或配合侵權法（tort law）的原則而來，主要乃基於企業責任，企業經營不能隨意免除其活動所招致的責任。

[27] S. REP. NO. 82-1979, at 8 (1952).

[28] *Hewlett-Packard Co. v. Bausch & Lomb, Inc.*, 909 F.2d 1464, 1469 (Fed. Cir. 1990).

[29] *Aro Mfg. Co. v. Convertible Top Replacement Co.*, 377 U.S. 476, 488 (1964).

[30] *Novartis Pharm. Corp. v. Eon Labs Mfg., Inc.*, 363 F.3d 1306, 1308 (Fed. Cir. 2004).

[31] 35 U.S.C. § 271 (b).

實務上是很難成立的。2011年美國聯邦最高法院在*Global-Tech Appliances, Inc. v. SEB, S.A.*案中[32]，確認引誘侵害責任中知情是必要要件，並且和蓄意的盲目理論（The Doctrine of Willful Blindness）有關；2006年*DSU Med. Corp. v. JMS Co.*案[33]認為專利法271條b項，專利權人必須明知其行為會導致真正的損害發生，一定要有直接侵害發生，才會成立間接侵害責任[34]。

（三）替代侵害責任

　　源自於僱用人因其受僱人之侵害行為而需負擔之連帶責任，究其因其一為經濟上強者，其二為較易找到相關負責的人，早期限定在僱傭關係或代理關係，後來法院並不以必須有此種關係存在為要件，以*Gordon*一案為例[35]，當符合替代侵害責任要件時，即使沒有傳統的僱傭或代理關係存在，被告仍需負責，在1963年的案例中[36]，法院亦未曾在代理、委任、租賃……關係中劃分界線，惟要件必須符合：在剽竊著作時，被告享有明顯且直接的經濟收益；被告有權及能力監督直接侵害人之行為[37]，不過並未規定被告必須知情侵害活動及行為之發生[38]，原因在於本人因代理人之行為而受利益時，知情代理人是否為侵害行為並不重要，重點在於本人得到優渥的收入，而本人並未盡力

---

[32] *Global-Tech Appliances, Inc. v. SEB, S.A.*, 131 S. Ct. 2060, 2068 (2011).

[33] *DSU Med. Corp. v. JMS Co.*, 471 F.3d 1293, 1296 (Fed. Cir. 2006).

[34] *Akamai* en banc, 692 F.3d 1301, 1308 (Fed. Cir. 2012).其他如*See Deepsouth Packing Co. v. Laitram Corp.*, 406 U.S. 578, 526 (1972); *Aro Mfg. Co. v. Convertible Top Replacement Co.*, 365 U.S. 336, 341 (1961); *Joy Techs. v. Flakt, Inc.*, 6 F.3d 770, 774 (Fed. Cir. 1993).

[35] *Gordon v. Nextel Comms'ns*, 345 F.3d 922, 925 (6th Cir. 2003).

[36] *Shapiro, Bernstein & Co. v. H. L. Green Co.*, 316 F.2d 304, 307 (2d Cir. 1963).

[37] *Shapiro*, 316 F.2d at 307.

[38] 如下述案例皆可說明知情並非替代侵害責任成立的要件，*Id.* Also see *Gershwin Publ'g Corp. v. Columbia Artists Mgmt., Inc.*, 443 F.2d 1159, 1162 (2d Cir. 1971).

避免侵害之發生，因此，對求償的原告而言，使有能力者負擔損害賠償責任的一方負擔損失。

再如1973年*Mobil Oil Corp. v. W.R. Grace & Co.*案[39]，原告指控被告是直接侵害人，雖然被告只將最後一個加熱過程交由購買者完成[40]，再將完成之產品賣給顧客，原告認為被告當然應該承擔直接侵害責任。本案判決被告有罪，因為被告明確知道使用人會完成最後一個步驟，進而完成產品的所有過程。早期的聯邦巡迴法院曾經嘗試規避多方專利侵權理論，其實在案件中迴避不了，如1983年*Fromson v. Advance Offset Plate, Inc.*案[41]。本案在聯邦巡迴法院成立一年後判決，法院認為製造人雖然沒有直接的侵害責任，但是由其顧客接續完成的程序，則會造成侵害。

2004年接續的兩個案件，皆與多方侵害專利有關，但是法院未做出相關的判決結果。如*Metabolite Laboratories, Inc. v. Laboratory Corp. of America Holdings*案[42]涉及兩步驟專利方法，前面程序由實驗室執行，後面程序由醫生完成[43]；此案雖然可以成為一個完整的專利多方侵害的案例，此案中的醫生成為直接侵害人，實驗室成為間接侵害人，判決結果並沒有將多方侵害理論應用到這個案例中[44]；相反地，*Pellegrini v. Analog Devices, Inc.*案[45]引註另案的判決見解，製造商不可能藉由另外的契約承包商或者工程發包出去的承攬第三人，承擔侵害責任，而逃脫本身的侵權責任。此案探討了跨領域的議題，當設計

---

[39] *Mobil Oil Corp. v. W.R. Grace & Co.*,367 F. Supp. 207 (D. Conn. 1973).

[40] *Id.* at 253.

[41] *Fromson v. Advance Offset Plate, Inc.*, 720 F.2d 1565 (Fed. Cir. 1983).

[42] *Metabolite Laboratories, Inc. v. Laboratory Corp. of America Holdings*, 370 F.3d 1354 (Fed. Cir. 2004).

[43] *Id.* at 1358-1359.

[44] *Id.* at 1364.

[45] *Pellegrini v. Analog Devices, Inc.*, 375 F.3d 1113 (Fed. Cir. 2004).

產品在美國境內進行，然而卻在美國境外製造商品時，同時運送給海外的顧客時，聯邦巡迴法院並未將境外的活動也包括在內，使其迴避了多方侵害責任的議題[46]。

貳、臺灣專利間接侵害理論之發展

臺灣專利法在專利間接侵權方面並無直接之規範，原則上行為人需實施專利權利範圍的所有要件方屬直接侵權，亦即所謂全要件原則。惟在某些情況，倘若行為人未實施專利權利範圍中的全部要件，但實施之部分為該專利權之核心部分（essential element），其對專利權造成直接侵害的可能性極高，且為行為人主觀上所明知時，若對此等行為置之不理，將會使發明專利權之保護失去實益。

目前專利法就間接侵權雖無明文規定，但透過民法及判例之補充，仍有共同侵權及間接侵權之法源依據。依民法第198條第1項之規定，若數人共同不法侵害專利權人之專利權，需負連帶賠償責任，又稱共同侵權。依民法第185條第2項之規定，「造意人及幫助人，視為共同行為人」，即為目前現行法下間接侵權之依據。臺灣對相關權利救濟，當自己的合法權利受到他人侵害時，法律上所賦予之補償方式；專利權既歸屬於權利，想當然爾，遭受侵害時，專利權人亦得請求相關之損害賠償。依專利法明定之民事救濟方式有數種，可自行選擇或搭配合併使用。

發明專利權人對於已發生之侵害行為，得請求排除之；有侵害之虞者，為防範於未然，亦得請求防止之。同時，針對侵害專利權之物，或其原料、器具等，可請求銷毀、聲請假扣押，或做其他必要之處置。應注意事項有三：1.發明人之姓名表示權受到侵害時，得請求表示發明人之姓名，或其他回復名譽之必要處分；例如在報章雜誌

---

[46] *Id.* at 1118.

上，刊登聲明或道歉啓事；2.法諺有云：「法律不保護讓自己權利睡覺的人」。倘若專利權人發現侵權行爲，卻未積極主張權利，如侵害行爲已超過十年，或發現該行爲及賠償義務人起兩年內，因而導致請求權時效消滅者，侵權人得以「罹於時效」做爲抗辯；3.專屬被授權人在被授權範圍內，可比照專利權人般請求行使禁止侵害之行爲；但契約有另行約定者，從其約定。

　　民法有關損害賠償之規定，以回復原狀爲主，金錢賠償爲輔；然而，考量專利權之特殊性，實往往無法回復其原狀，故改採金錢賠償爲原則。發明專利權人對於因故意或過失侵害其專利權者，請求財產上之損害賠償，得就下列各款擇一計算之。依民法第216條之規定[47]。但不能提供證據方法以證明其損害時，發明專利權人得就其實施專利權通常所可獲得之利益，減除受害後實施同一專利權所得之利益，以其差額爲所受損害。依侵害人因侵害行爲所得之利益。

　　以相當於授權實施該發明專利所得收取之權利金數額爲所受損害，計算上有差額說、總額說、授權說和業務信譽等幾種算法如下：

（一）差額說：不能提供證據方法以證明其損害時，發明專利權人得就其實施專利權後，一般而言可獲得之利益，減除受害後實施同一專利權所得之利益，以兩者間之差額認定爲所受之損害。舉例來說，原本實施該專利，照理可得之利益爲新臺幣500萬元，現因專利權遭受侵害，導致獲利僅剩新臺幣300萬元，故請求賠償之額度爲新臺幣200萬元。

（二）總額說：侵害人不能就其成本，或必要之費用舉證時，以銷售該項物品全部收入，扣除必要成本或費用，即推定爲所得之利益。舉例來說，侵害人製造仿冒品銷售，販賣總額爲新臺幣

---

[47] 依據民法第216條「損害賠償，除法律另有規定或契約另有訂定外，應以塡補債權人所受損害及所失利益爲限。依通常情形，或依已定之計劃設備或其他特別情事，可得預期之利益，視爲所失利益。」

500萬元，扣除必要之生產及行銷成本，爲新臺幣300萬元，剩餘收入新臺幣200萬元，即爲請求賠償之額度。

（三）**授權說**：以相當於授權實施該發明專利所得，而收取之權利金數額，爲所受之損害；換言之，專利權人因他人之侵權行爲，導致喪失權利金之收入，亦可將其財產上之損失，認列爲損害之賠償，轉向侵害人索賠。

（四）**特殊情況**：專利權人之業務信譽，因侵害而致減損時，得另請求賠償相當金額；侵害行爲如屬故意，法院得依侵害情節，酌定損害額以上之賠償，不得超過損害額之三倍。

第三節　美國專利間接侵害相關實務

2012年智慧產權案件的上訴比例高達聯邦巡迴上訴法院案件數的47%，幾乎占一半的比例，商標案件只占2%，專利案件占了45%，這些專利案件第一審都來自於PTO與ITC[48]。

壹、*Nazomi Communications,Inc., v. Nokia*案[49]

Java可以將Stack base改成Registered base，原告發現過程（JVM）過慢，爲將此過程變快，原告決定改善硬體中的軟體，legacy applications是Java的基礎，本案有關專利權人擁有硬體程式語

---

[48] *Statistics, Caseload, by Category, Appeals filed, 2012*, U.S. COURT OF APPEALS FOR THE FEDERAL CIRCUIT, http:// www.cafc.uscourts.gov/images/stories/ the-court/statistics/Caseload_by_Category_ Appeals_Filed_2012.pdf (last visited: 12/02/2014).

[49] *Nazomi Communications,Inc., v. Nokia Corporation and Nokia Inc. and Amazon. Com, Inc. and Western Digital Corporation and Western Digital Technologies, Inc. and Sling Media, Inc. and Vizio, Inc.*,739 F.3d 1339 (Jan. 10, 2014).

文翻譯的專利，對於侵害其專利權的被告提出訴訟。起初在美國加州北區區域法院，一審判決認為並沒有構成侵害，因此專利權人提起上訴，到了聯邦巡迴上訴法院，判決系爭裝置並沒有侵害原告的專利，並維持一審判決結果。

首先，被告購買及裝置前述軟體，增加軟體在處理大量的指令時，能快速且便捷的翻譯功能，無須使用其他翻譯軟體，且能增加硬體功能，原告沒有證據證明該裝置功能造成侵害其專利；其次，分析系爭特殊的裝置，是否有侵害到該專利的結構，因此構成侵權情形？運作電腦程式同時要有硬體和軟體兩方面的搭配，中央處理器係指電腦的裝置在硬體部分，可以執行指令，軟體部分則是可以告知指令如何運作的程序，硬體是在執行軟體指定的動作。

要讓電腦功能完整運作需要硬體與軟體的雙重搭配，Java最大的優勢是有極優的搭配性，透過該系統虛擬機器（Java Virtual Machine, JVM）運作後才能翻譯成中央處理器使用的數碼，使用Java程式語言可以搭配任何平台與處理器，一般使用者必須要登入才能使用的處理器，然而這個專利是有關於程式語言的翻譯，可以進行第二代程式軟體的適用，並且不需要經過翻譯軟體的使用，此軟體並不需要其他翻譯軟體，因此不可能對其他公司的專利構成侵害。

但Nazomi的主張，兩項專利U.S. Patent No. 7,080,362（"the '362 patent"）和No. 7,225,436（"the '436 patent"），被告是協力廠商的製造下游端，ARM發展處理器的設計，並且授權給第三方完成外觀實質晶片的建置，ARM雖然沒有製造和販賣處理器，卻有一個設計處理器的專門機構，他的設計可以用在許多種電腦的裝置中，ARM並沒有參與侵害原告的訴訟中。

本案涉及被告多人，主要是原告指稱被告等廠商，藉由使用侵害專利裝置於其產品中，雖然經過審理，發現被告並無侵害事實，即本案原告敗訴。本案是否與間接侵害有關？也就是被告等人雖然沒有直接使用原告專利於其產品中，但是對侵害原告的專利是否與有責任？晶片製造商配合不同的產品需求，選擇適合的ARM處理器設計商，

被告Western及Sling正是本案中將ARM設計與產品結合的產品製造商。

ARM處理器可以執行兩種機器碼，兩種都是經過註冊的程式碼，在原告的專利發明之前，他們先前是運用JVM的軟體轉換Java電腦位元碼以連結ARM註冊的機器碼，2000年ARM發展出能跟Java電腦位元碼轉換器連結在一起的晶片設計，稱爲「Jazelle」。ARM另外還有一個處理器密碼設計（ARM 926EJ-S processor core，以下簡稱ARM core），這個核心設計經常被其他晶片製造商選擇使用，重點在於它的可配合性，而它可以配合不同的使用目的，從手機到冰箱。本案被告產品Western's MyBook World Edition及Sling's Slingbox Pro-HD皆有使用ARM core核心設計與Jazelle硬體設計[50]。

另外，只有Jazelle硬體也無法達到原告所指稱的表現，必須要搭配另一套軟體系統JTEK（Jazelle Technology Enabling Kit），下游產品可以經由付費向ARM取得授權，被告們未曾向ARM取得授權，也未曾裝設JTEK軟體在系爭裝置上，2010年2月Nazomi在美國加州中央地方法院，對數家不同科技公司提起訴訟，包括被告Western及Sling在內，侵害原告「'362 patent」與「'436 patent」專利，同年10月該案被移轉到北區地方法院。2012年7月被告也提出反訴，認爲其產品並沒有侵害原告專利，該案被告勝訴，法院認爲被告並無侵害原告專利。

地院同意對被告請求加以考慮，亦發現被告產品可以獨立運作，並未如原告指控侵害其專利，經過法院調查若無啓動JTEK軟體，Jazelle硬體則無法解讀與運作，然而被告並沒有使用JTEK軟體，因此並沒有發現被告有侵害的事實[51]。本案評析：1.首先檢驗是否構成侵害[52]，系爭器械、裝置並未如原告Nazomi提出，硬體部分有構成侵

---

[50] *Id.*, at 1432.

[51] *Id.*, at 1339.

[52] *Cybor Corp. v. FAS Techs., Inc.,* 138 F.3d 1448, 1456 (Fed. Cir. 1998).

害其專利，本案中的功能性受到限制，「'362 patent」可以更加顯現Java的功能；2.和Nazomi的主張恰得其反，並沒有不尋常或不合適的裝置，在顯現被告產品的功能性時[53]，被告產品若無表現出相同功能時，很難驗證被告產品有侵害Nazomi專利的主張[54]；3.與硬體搭配的軟體使產品能發揮其功能性[55]，*Silicon Graphics, Inc. v. ATI Technologies, Inc.*案[56]和本案有異曲同工之處，在於此案涉及的操作系統並未侵害系爭專利，因為被指控侵害的產品並沒有符合侵害要件，必須和電腦操作系統結合才構成侵害。

貳、*CISCO Systems, Inc., v. Alberta Telecommunications Research Center*案[57]

本案係有關使用在電信產業的網路器材配件製造商，控告專利所有人，指稱使用者網路上的配置方法，並未侵害專利權人。本案在美國北加州地方法院審理時已經被駁回，被告不服再提起上訴。本件經美國聯邦巡迴法院維持原判決，維持上訴人敗訴，即維持專利權人申請，駁回原告的決定。本案涉及到公共工程鐵路、公路、地下水道等公共建設的網路設備配置，當發現有專利無效或是侵害問題時，此時

---

[53] *Typhoon Touch Techs., Inc. v. Dell, Inc.,* 659 F.3d 1376, 1381 (Fed. Cir. 2011); *K-2 Corp. v. Salomon S.A.,* 191 F.3d 1356, 1363 (Fed. Cir. 1999).

[54] *Intel Corporation v. U.S. International Trade Commission,* 946 F.2d 821, 832 (Fed. Cir. 1991).本案若僅就產品增加功能，而功能造成侵害他方專利，則構成專利之侵害。

[55] *Fantasy Sports Props., Inc. v. Sportsline.com, Inc.,* 287 F.3d 1108, 1117-1118 (Fed. Cir. 2002).

[56] *Silicon Graphics, Inc. v. ATI Technologies, Inc.,* 607 F.3d 784, 794-795 (Fed. Cir. 2010).

[57] *CISCO Systems, Inc., v. Alberta Telecommunications Research Center, and TR Technologies, Inc.,* 538 Fed. Apx. 894 (Aug. 29, 2013).

專利的專屬性，會視製造商能不能控告造成直接或間接侵害的事實，當事人同意製造商的產品如果有構成實質上的侵害使用，製造商不承認對於顧客有任何義務存在，判決結果維持地院的見解，原告上訴請求主張法院並無管理權管轄權的見解被駁回。

Cisco發展及製造公共工程鐵路、公路、地下水道等公共建設的網路設備配置，Cisco販賣其產品給國家與地區性的公共工程網路架置供應商，Cisco供應ONS 15454多功能服務平台及CRS路由器，輸送音訊及資料，艾伯塔電訊研究中心（Alberta Telecommunications Research Centre，簡稱TR Labs）是加拿大非營利事業研究機構，TR Technologies Inc.是和TR Labs搭配合作的公司，並且也是得到其專利唯一授權[58]的公司，TR Labs主張其專利，進而對數家國家與地區性的公共工程網路架置供應商提出訴訟，而這些供應商許多都是Cisco的顧客，上述的法律訴訟目前在其他如紐澤西州也有相關訴訟在進行，其中包括*AT & T, Verizon, and Comcast*的案件。另外在科羅拉多省也有相關的案件（the Colorado case），控告七個被告。原告指稱被告侵害系爭專利在其產品中，原告在某些案件中特別指稱被告的配件為「a Cisco MPLS network」。

為駁斥原告說法，被告在2012年6月26日於加州北區地區法院提出訴訟[59]，宣稱法院應該駁回原告主張被告侵害其專利的訴訟請求，被告堅稱不論是直接或間接侵害皆不存在。該案法院判決TR Labs勝訴，原告無法證明被告有直接侵權或間接侵權的事實[60]。地院判

---

[58] 相關專利有：4,956,835 ("the '835 patent"); 5,850,505 ("the '505 patent"); 6,377,543 ("the '543 patent"); 6,404,734 ("the '734 patent"); 6,421,349 ("the '349 patent"); 6,654,379 ("the '379 patent"); 6,914,880 ("the '880 patent"); and 7,260,059 ("the '059 patent")，以上統稱「the TR Labs patents」。

[59] *Cisco Sys., Inc. v. Alberta Telecomms. Research Ctr.,* 892 F.Supp.2d 1226, 1228 (N.D. Cal. 2012).

[60] *Id.* at 1232.

決Cisco的配件不可能只是構成系爭專利的背景知識[61]，當事人預先放棄先訴抗辯權的約定無效，專利權人預先同意不會控告供應商侵害其專利，並不會妨礙供應商其後提出確認雙方法律關係不存在的訴訟（declaratory judgment action），所以Cisco提起上訴。Cisco提出*Arkema Inc. v. Honeywell International, Inc.*案[62]與*Arris Group, Inc. v. British Telecommunications PLC*案[63]，駁斥地方法院的判決結果，本院判決則以*Organic Seed Growers & Trade Ass'n v. Monsanto Co.*案[64]為依據，判決認為不存在直接或間接侵害。

參、*Myriad*案[65]

美國發生的真實案例中A為撫養一個八歲女兒的單親媽媽，2008年經診斷為乳癌患者，為決定何種手術方式較妥適，選擇經由基因檢測產生病變的基因序列[66]，Myriad Genetics的基因檢測不但適合患者，而且A的保險公司還可以負擔全額費用，全美唯一能進行此種特殊檢測的只有Myriad位於猶他州的實驗室，因為受限於Myriad Genetics擁有BRCA的基因專利，除非到該處受檢，否則別無他法[67]，是否因而

---

[61] *Id.* at 1233.

[62] *Arkema Inc. v. Honeywell International, Inc.*, 706 F.3d 1351 (Fed.Cir.2013).

[63] *Arris Group, Inc. v. British Telecommunications PLC*, 639 F.3d 1368 (Fed.Cir.2011).

[64] *Organic Seed Growers & Trade Ass'n v. Monsanto Co.*, 718 F.3d 1350, 1358-1359 (Fed.Cir.2013).

[65] 曾勝珍，以美國經驗探討基因專利之法制研究，法令月刊，第62卷第12期，2011年12月，頁592-625。

[66] BRCA-Plaintiff Statements, American Civil Liberties Union (ACLU), May,12, 2009, http://www.aclu.org/free-speech_womens-rights/brca-plaintiff-statements#ceriani. (last visited: 03/17/2011).

[67] Myriad擁有下述專利，U.S. Patent No. 5,837,492 (filed Apr. 29, 1996)(patent on isolated BRCA2 DNA); U.S. Patent No. 747,282 (filed June 7, 1995)(patent on iso-

構成受檢者人權的侵害，引發相當爭議[68]。其次，因受制於Myriad公司對BRCA基因專利的獨占性與專用權，當病患有可能併發其他種癌症時，無論醫療機構、實驗室、研究單位或非營利組機皆無法檢測該序列基因，甚而無法提供更有效的醫藥或療程。

　　2012年美國聯邦巡迴法院對*Momenta Pharmaceuticals, Inc. v. Amphastar Pharmaceuticals, Inc.*案[69]的判決，對藥品公司及生化業的專利有劃時代的意義，藥物競價及專利權回復法（Hatch-Waxman Act），該法允許基因藥物製造商在市場前測試階段使用專利發明基因藥品[70]，此項決定無異開啓藥品公司可以提交讓藥物上市，無端享受這段期間的權利[71]。這樣的判決結果將會增加當局強制生化科技廠商跟品牌藥劑專利在藥品檢驗期的難度[72]，專利期間通過後基因藥物可以

---

lated BRCA1 DNA).

[68] 2001年一家總部在美國猶他州鹽湖城的生技公司Myriad Genetics獲得BRCA1基因相關專利，後來，2004年該公司將其專利所有權移轉給美國猶他州立大學，Myriad Genetics當初構思的商業策略模式，是在世界各地取得與其在美國境內所擁有的類似專利權利，再基於該權利在各個國家指定單一的專屬授權者，由該專屬授權者，在該國進行相關基因檢測的推廣與發展。Myriad Genetics要求對於受檢者（proband）的基因檢測，是由該公司在位於猶他州的實驗室進行，而各國的專屬授權人則是進行相對較便宜的單一基因突變型檢測；BRCA1基因相關專利的排他權利，是否會阻礙後續研究與醫療應用的發展，將受檢者的基因樣本送到美國受檢，背後是否有Myriad Genetics想建立相關基因資料庫的企圖，令人生疑。李森堙，BRCA1基因專利 引爆基因檢測市場爭議，生技與醫療器材報導月刊，2009年4月13日，http://www.genesys.tw/life_1_show.asp?top=life&title_seq=2&area_seq=8&seq=1471（最後瀏覽日期：2015年2月12日）。

[69] *Momenta Pharms., Inc. v. Amphastar Pharms., Inc.*, 686 F.3d 1348, 1361 (Fed. Cir. 2012).

[70] 35 U.S.C. § 271 (e)(1)(2006); H.R. REP. NO. 98-857, pt. 1, at 14-15 (1984).

[71] *Momenta Pharms.*, 686 F.3d at 1367.提出反對意見的Rader, J.法官在判決書中提出這樣的看法。

[72] George Fox, Integra v. Merck: *Limiting the Scope of the S 271(e)(1) Exception to Patent Infringement*, 19 BERKELEY TECH. L.J. 193, 214 (2004).

為公眾所使用，國會執行安全港（Safe-Harbor）條款希望給予基因藥物製造商權利，使其在FDA常規檢驗期間有權使用專利藥物[73]。

本案法院擴大解釋安全港條款的法規內容[74]，法院判決引用另兩案Merck KGaA v. Integra Lifesciences I, Ltd.案[75]中，法院怠於縮小解讀第271條(e)(1)對合理關係的要件規範，要FDA允許同意提供對所有藥物申請的保障；Eli Lilly & Co. v. Medtronic, Inc.案[76]，專利發明的使用發展為取得醫藥配置的市場行銷，提出資訊在聯邦食品藥物化妝品法（the Federal Food, Drug, and Cosmetic Act）中。

2012年8月3日前美國聯邦巡迴法院對來自食品藥物管制局（the Food and Drug Administration, FDA）取得許可[77]，2012年8月3日聯邦巡迴法院認定安全港條款擴大到FDA核准許可後的事項[78]，美國聯邦最高法院[79]做出最後判決結果。本文首先介紹FDA核准後的避風港條款適用，接著是Momenta案的解讀，最後是美國聯邦最高法院對避風港條款的解讀，本文建議修改第271條(e)項第1款，限制對避風港條款的除外規定。Hatch-Waxman Act給予專利權人排除他人使用專利的專屬權，此法之前，排除為實驗目的理論（Experimental Use doctrine）的使用，此法是排除專利侵害責任的例外規定[80]。

---

[73] H.R. REP. NO. 98-857, pt. 1, at 14-15 (1984).

[74] Kate Y. Jung, *HATCH-Waxman's Safe-Harbor Provision for Pharmaceutical Development: A Free Ride for Patent Infringers?* 13 J. Marshall Rev. Intell. Prop. L. 447 (2014).

[75] *Merck KGaA v. Integra Lifesciences I, Ltd.*, 545 U.S. 193, 207 (2005).

[76] *Eli Lilly & Co. v. Medtronic, Inc.*, 496 U.S. 661, 661 (1990).

[77] *Classen Immunotherapies, Inc. v. Biogen IDEC*, 659 F.3d 1057, 1070 (Fed. Cir. 2011).

[78] *Momenta Pharms., Inc. v. Amphastar Pharms., Inc.*, 686 F.3d 1348, 1357 (Fed. Cir. 2012).

[79] *Momenta Pharms., Inc. v. Amphastar Pharms., Inc.*, 133 S. Ct. 2854, 2854 (2013).

[80] 35 U.S.C. §271(e)(1).

2009年5月由美國民主自由聯盟（the American Civil Liberties Union）及其他研究機構、病患團體等，聯合對美國專利商標局（USPTO）與Myriad提出訴訟，2010年3月做出判決結果的Myriad案，美國地院法官Robert W. Sweet的判決書中，對Myriad Genetics公司以BRCA1及BRCA2申請的基因專利中七種專利應為無效，Myriad Genetics公司和猶他大學研究基金會（University of Utah Research Foundation）共同指稱，將DNA從人體獨立後轉換成為可專利事項，是美國聯邦法院從1980年承認活體組織專利權以來已有數十年歷史，但法官Sweet認為這類的專利權不應承認，和直接從人體中提取DNA是等同的概念，違背大自然法則；目前人體中約有20%的基因被申請專利，由此開展的智慧財產權與專利授權等造就美金數十億元的產值，贊成Myriad Genetics公司專利的論者[81]，認為正因為專利的保障與利基，才能吸引產業界的投資及開發。

Myriad案法官不准許Myriad Genetics公司專利，沿用先前在Chakrabarty案中的理論，即必須證明系爭專利與原本之原貌已有顯著不同的特性（markedly different characteristics），不再是自然產物的一部分或屬於人體的活組織。法院見解原因有二[82]，本案中的基因BRCA1 &d BRCA2因具備療效與商業價值，全然不同於原來基因面貌；其次，經過淨化過程獨立出來的DNA和原來的天然DNA已經完

---

[81] 此見解出自Kenneth Chahine乃猶他大學的訪問教授，協助Myriad公司訴訟文件的提出。另外Edward Reines為代表生物科技業的律師，則以為缺少專利權的保障，對基因研究無異減損誘因，將使相關研究停滯不前。John Schwartz & Andrew Pollack, *Judge Invalidates Human Gene Patent,* N.Y. Times, Mar. 29, 2010, http://www.nytimes.com/2010/03/30/business/30gene.html?_r=1 (last visited: 01/15/2011).

[82] 見Ashley McHugh, *Invalidating Gene Patents: Association for Molecular Pathology V. U.S. Patent &Trademark Office,*62 Hastings L.J. 208 (2010) 此文作者批判意見。

全不同,而非地院誤解二者功能仍相同,且發揮相同效用[83]。

原告代表所有科學界研究人員、研究機構、人民團體等提出控告,已接到Myriad Genetics公司信件的若干研究機構與人員,因為必須終止與其專利有關的研究因而成為此案的當事人,但對其他不特定的研究機構或人民與基因專利並無直接關係,但地方法院認為未來可能成為潛在的輔助侵害人(potential contributory infringers),因為有可能會是需要受檢驗的病患或未來有可能接受檢驗的人[84];地方法院認同原告代表廣大多數人民對USPTO提出訴訟,並申請駁回BRCA1與BRCA2的專利;Myriad判決結果對已經取得專利的數千個基因,及蓬勃發展的生科產業造成重大激盪。

肆、*Bilski*案

2008年美國聯邦巡迴上訴法院(The United States Court of Appeals for the Federal Circuit, CAFC)在Bilski[85]案中,對於以專利法保障電腦程式中的設計程序(process),在探討定義時改變了以往十年中的解釋——自1988年開始的*State Street Bank & Trust Co. v. Signature Financial Group, Inc.*[86]案的標準,由「具備實用性、精簡及具體可見的結果」(useful, concrete, and tangible result),改變為所謂的程序也包含「商業方法與電腦軟體」(business methods and computer soft-

---

[83] *Ass'n for Molecular Pathology v. United States Patent and Trademark Office*, No. 09-4515, 2010 U.S. Dist. LEXIS 30629, at *134-135 (S.D.N.Y. Mar. 29, 2010).

[84] *Ass'n for Molecular Pathology*, 669 F. Supp. 2d at 371;Complaint at 3-13, *Ass'n for Molecular Pathology*, 669 F. Supp. 2d 392 (No. 09 Civ. 4515); see also 35 U.S.C. s271(c)(2006)有關輔助侵害人(contributory infringers)的規定。

[85] *In re Bilski*, 545 F.3d 943 (Fed. Cir. 2008).

[86] *State Street Bank & Trust Co. v. Signature Financial Group, Inc.*, 149 F. 3d 1368, 1374 (Fed. Cir. 1998).

ware），這樣的判斷標準其實更趨近於四十年前，由美國聯邦最高法院在*Gottschalk v. Benson*[87]案中所作的決定。

*Bilski*案亦闡明*State Street Bank*一案，永遠難以取代最高法院的見解，最高法院對主張可受專利法保障的程序，必須具備下述要件：1.與特別的機器或設備有關；2.將某種物體轉換成另一種狀態或物品[88]。值得探討的是若將為一般性使用目的的電腦，重新詮釋的軟體程式是否符合第一項要件，在*Halligan*[89]案中美國專利上訴及解釋委員會（the Board of Patent Appeals and Interferences），認為*Bilski*案中的機器轉換型態測試，應遠比一般性的電腦使用重新詮釋方法，需求標準更高[90]，因此上述解釋的不確定性，造成軟體程式研發者思考除了專利法外，以著作權法進行保障是否也是另外一種選擇。

專利法或著作權法的保障都有其共通點，包括受到侵害的賠償請求態樣，不論專利法或著作權法的判斷標準，首先皆考量如被害人因為侵害行為而導致收入及利潤減少；其次，當被害人無法證明其所損失的利潤時，著作權法衡量侵害人因侵害行為而得到的利益，並依據法規的賠償倍數及比例計算賠償金額，專利法則提供相當比例的授權金作為補償。二者還有一項共通點，是經由間接侵害責任尋求賠償管道，即非經由直接侵害人（如使用人或購買者），而是向出售或製造、經銷該侵害商品的間接侵害人請求賠償。

因此，越來越多的創作人及發明人會選擇以專利法之外，再以著作權法主張其權利的維護，電腦遊戲著作權人透過向出售盜版軟體商家的求償，比向不特定的多數買受人求償更加方便，原告需證明：

---

[87] *Gottschalk v. Benson*, 409 U.S. 63, 70-71 (1972).

[88] *Id.* at 954.

[89] *Ex parte Halligan*, No. 2008-1588, 2008 WL 4998541, at *13 (B.P.A.I. Nov. 24, 2008).

[90] *Id.*

1.其爲合法著作權人；2.必須證明侵害人的違法行爲[91]；當軟體程式被執行時，必須經由電腦內的儲存記憶體（random access memory, RAM）才能複製備份，而複製正是美國著作權法第106條規範中的侵害態樣，因著作權人擁有對其著作的獨占權，本身可以主張權利或授權他人行使，由文意中的「授權」字樣擴大解釋，包括輔助侵害人的侵害責任[92]，如果沒有製造構成侵害裝置的第三人，使用人無法複製備份造成盜版的問題。因此，著作權法允許被害人可以向非構成直接侵害的第三人求償。著作權法並無明文規範間接侵害責任，而是在判例中得到法源依據[93]，因而延伸出不同類型的間接侵害責任。無論是輔助、引誘、替代侵害責任，都必須存在於直接侵害責任之後，才有成立的可能。

伍、*Fujitsu Ltd. v. Netgear Inc.*一案

原告及專利權人飛利浦公司（Philips Corporation）共同要求聯邦巡迴法院，判定被告Netgear產品侵害飛利浦公司有關802.11無線標準的專利，法院在判斷侵害事實時常需依據既定的標準，如果一項被指控構成侵害的商品，是按照某種標準加以認定，當判斷侵害商品有無造成侵害時，一樣可以照著侵害標準。因此，被告可以主張被指控的內容並未符合侵害標準的全部要件，或主張該侵害標準不切實際[94]，其後法院發現原告無法舉證證明其指控；通常在方法專利（method patents）的侵害鑑定，不在於製造商是否製造了該等商品，而是有無使用該方法專利。因此，美國國會制定專利的輔助侵害（contributory

---

[91] *A&M Records, Inc. v. Napster, Inc.*, 239 F.3d 1004, 1013 (9th Cir. 2001). 35 U.S.C. § 271 (2006).

[92] H.R. Rep. No. 94-1476, at 61 (1976)

[93] 專利法則不同有明文規定，35 U.S.C. §271 (2006).

[94] *Fujitsu Ltd. v. Netgear, Inc.*, 620 F.3d 1321, 1327 (Fed Cir. 2010).

infringement）責任[95]，專利權人必須證明1.有直接侵害事實；2.輔助侵害人必須知情該專利權存在；3.輔助侵害人所參與的部分在該侵害事實中，必須扮演非實質上不構成侵害的角色；4.輔助侵害人至少參與該項發明商品的部分內容[96]。

本案中原告堅信被告商品（無線路由器）中有使用到其方法專利802.11的內容，被告抗辯涉及侵害的功能是由消費者在使用時自行選擇，因此原告必須追蹤消費者的使用狀況，才能確認是否有直接侵害的事實[97]。本案改變以往專利侵害案件中舉證責任的方式，擴大專利侵害的請求權範圍，使原告再提出侵害請求時減輕舉證責任，如果一件商品的製造是依據一定標準而來，將原告訴求與這項標準的比較則等同於將原告訴求與系爭商品的比較[98]。本案是由原告（包括Fujitsu、Phillips及LG等公司聯合提出），有關先前在威斯康辛西區地方法院判決結果提出上訴，地院判決認為被告並未侵害原告專利；原告提出被告Netgear公司製造的商品涉及其專利權──IEEE 802.11無線標準（the IEEE 802.11 wireless standard），被告行為當然構成侵權[99]，地院則決定原告要能證明系爭商品確實受到侵害的事實，才能證明侵害存在。

然而本案在上訴審法院的結果卻有別於地院見解，上訴法院根據2008年*Broadcom Corp. v. Int'l Trade Comm'n*[100]一案，證明被侵害除了

---

[95] 35 U.S.C. §271 (c).

[96] *Fujitsu*, 620 F. 3d at 1326.

[97] Benjamin E. Hoopes, *Fujitsu v. Netgear: Can Industry Standards be Evidence of Direct Infringement?* October 11, 2010, http://www.zmjlaw.com/_blog/Patent_Law_Blog/post/Fujitsu_v_Netgear_Can_Industry_Standards_be_Evidence_of_Direct_Infringement/ (last visited: 11/10/2011).

[98] *Fujitsu*, 620 F. 3d at 1327.

[99] *Id.* at 1325.

[100] *Broadcom Corp. v. Int'l Trade Comm'n.*, 542 F.3d 894 (Fed. Cir. 2008).

直接以商品為證據外，還可以根據造成侵害的方法專利而來，因為商品依據某項標準設計，若該項標準使用到他人已存在的專利內容，當然構成侵害；這樣的比較結果遠比之前單純提出商品，證明被告侵害原告專利的方式更為寬廣[101]。

本案與Wi-Fi有關，Wi-Fi廣泛的被應用於電子產品與網路通訊中[102]，因此此案使美國矽谷相關產業皆密切關注[103]，大多數的公司為了達到共同利益的保護，會共同申請專利聯盟（patent pool），彼此分擔費用與共享專利授權，如數家大型公司便共同擁有Wi-Fi專利，2005年此專利聯盟寄信給被告Netgear，Netgear是一家產品與Wi-Fi專利有關的中型公司，除了說明專利聯盟擁有Wi-Fi專利外，並提供非獨家授權機會給被告，然而被告拒絕[104]。

2007年專利聯盟中的三家公司（Fujitsu、LG Electronics 及 U.S. Philips Corp.），共同對被告提出專利侵害的訴訟，本案被告律師認為，原告為世界知名的大企業，聯合控告矽谷的一家小公司，無非判斷被告一定會盡力和解[105]，未料被告在一審的判決勝訴，地院法官判決被告並未侵害上述專利。在電子類產品的製造上，要使不同配置的零件能彼此協調，必須使用某些共通的標準，然而除非花費鉅資檢查所有的資料庫，否則是否會使用到他人已申請註冊的專利，其中風險就要由製造商各自承擔。本案上訴時結果卻出現不同意見，合議庭

---

[101] Joshua P. Smith, *Fujitsu Ltd. v. Netgear : A New Standard,* 21 DePaul J. Art, Tech. & Intell. Prop. L. 273 (2011).

[102] 包括路由器（router）、手提電腦、電視、隨身聽、藍芽裝置（Blu-ray players）、Wii遊樂器、音響設備與手機等等。

[103] Steven Seidenberg, *Court Says Netgear's Products Don't Infringe Wi-Fi Patents,* InsideCounsel, Dec. 1, 2010, http://www.insidecounsel.com/2010/12/01/court-says-netgears-products-(last visited: 02/13/2015).

[104] 代表被告的Faegre & Benson律師事務所律師 Kenneth Liebman認為，其他家公司也收到此類的信，同樣地，也沒有購買專利聯盟的Wi-Fi專利。*Id.*

[105] *Id.*

的法官們認為被告並未侵害Fujitsu及LG兩家公司的專利，卻保留對另一名原告Philips公司的權利，本案原告指稱只要有使用到Wi-Fi標準必然會侵害其專利，這樣的判決結果為專利侵害的舉證開展大門，當涉及方法專利時，專利權人更容易舉證權利受損，而被告產品使用Wi-Fi標準，所以結果可證。

專利法規範輔助侵害責任（contributory infringement liability）[106]，對於某人明知其販售之商品內容部分涉及專利，且該部分專為商業性而非以侵害為主要目的之使用，輔助侵害人則必須明知有直接侵害的事實存在，如消費者購買的目的或用途乃為侵害該專利，而此類證明對製造方而言實屬不易，在上訴法院的判決後，要證明這樣的侵害事實，只要運用到的是採用某種特定標準所製造的產品，而某種特定標準又是符合已申請專利的內涵[107]，若某種標準是裝置或配備所必需且不可缺的部分時，證明使用到這個標準會比原本一定要證明商品侵害專利，如此對專利權人將更有保障。

地院看法則以為Philips在訴訟前寄的通知信無法證明被告知情且有侵害之意圖，因此，判決原告敗訴，法院先後兩次裁定非侵害命令[108]；原告繼續上訴，2010年美國聯邦巡迴上訴法院在*Fujitsu Ltd. v. Netgear Inc.*[109]案中，聯邦巡迴法院對原告上訴內容部分維持原議，部分駁回。本案涉及兩種方法標準：802.11 Standard[110]及WMM Speci-

---

[106] 35 U.S.C. 271(c).

[107] Tom Tuytschaevers, *Court Makes it Easier to Prove Patent Infringement By Standards-Compliant Products,* Sunstein Intellectual Property Update, Nov. 1, 2010, http://www.sunsteinlaw.com/publications-news/news-letters/2010/11/Tuytschaevers_201011.html (last visited: 11/14/2011).

[108] *Fujitsu Ltd. v. Netgear, Inc.,* No. 07-CV-0710, 2009 WL 36616, at *1 (W.D.Wis. Jan. 6, 2009); *Fujitsu Ltd. v. Netgear, Inc.*, No. 07-CV-0710, 2009 WL 3047616, at *1 (W.D.Wis. Sept. 18, 2009).

[109] *Fujitsu Ltd. v. Netgear Inc.,* 620 F.3d 1321 (Fed. Cir. 2010).

[110] The Institute of Electrical and Electronics Engineers 802.11 2007 Standard.

fication[111]，原告三人是加入專利聯盟（Via Licensing）的合作夥伴，只要任何人要製造和上述專利有關的產品，都必須經過原告的授權。2005年6月15日寄給被告Netgear信件，有關付費授權某些專利事宜，並未提到特定受侵害的商品或侵權情事，在原告訴訟前只有企圖販售其專利的舉止，因此原告並未能證明商品受侵害的證據，因此，上訴法院則依據美國專利法第271條(c)項重新檢視本案事實。之前必須證明商品受侵害—專利權受損，此案最特別是放寬原告的證明範圍: 即使沒證明有商品受侵害，只要被告產品必定使用原告專利（即工業統一標準或固定製程），那原告就可說明被告一定侵害到他的專利（如本案中Wi-Fi專利），所以上訴法院根據以下要件部分維持原議，部分駁回。

第四節　美國專利間接侵害之最新發展

1998年*State Street Bank & Trust Co. v. Signature Financial Corp.*案[112]，認為對專利權人製程與方法的保障有新興和取代的補償建議方式，聯合侵害行為必須基於其中有控制或引導（control or direction）的行為存在，聯邦巡迴理論的合併與替代責任的整合，在1982年聯邦巡迴法院系統建立前，對專利上訴事項並沒有特別特別的管轄法院，聯邦巡迴上訴法院系統的建立，使多方參與專利侵害的理論更趨於一致性。

2006年聯邦巡迴法院在*On Demand Machine Corp. v. Ingram Indus-*

---

[111] The Wi-Fi Alliance Wireless Multi-Media Specification, Version 1.1.

[112] *State Street Bank & Trust Co. v. Signature Financial Corp.*,149 F.3d 1368 (Fed. Cir. 1998).

*tries, Inc.*案[113]判決中，認為聯合侵權行為的判定，不能侷限在理論的模糊性，比起地方法院判決理由更加明確，構成共同侵權責任人間不能僅有微量聯繫，當事人間要有相當的合作關係[114]；*Free Standing Stuffer, Inc. v. Holly Development Co.*案[115]中，將過程中的某些程序、方法交由其他承攬人執行，是否就可規避侵權責任，也就是將本人的責任藉由代理關係或其他關係移轉出去，如此也無法逃避本人的法律責任[116]；其他如*Metal Film Co. v. Melton Corp.*案[117]中，法院判決也認為被告不能因單純的將侵害專利事項的第一個步驟，因為交由其他人完成，便藉此作為免除責任的抗辯理由[118]。

2012年8月31日聯邦巡迴法庭在*Akamai Technologies, Inc. v. Limelight Networks, Inc.*案中[119]做出6：5的裁決，使專利侵權理論由傳統的侵權責任走向多樣化的專利侵權態樣與理據；美國聯邦最高法院在2014年6月2日做出對*Limelight v. Akamai*案的判決指出，有關於專利侵權的案件，無論是主張直接侵權或間接侵權的案件中，必須存在的前提要素之一，亦即必須存在直接侵害人[120]。檢視聯邦巡迴法院在*Muniauction v. Thomson*案[121]中的見解，一樣提出多種因素的侵權方法

---

[113] *On Demand Machine Corp. v. Ingram Industries, Inc.*,442 F.3d 1331 (Fed. Cir. 2006).

[114] *Id.* at 1344-1345.

[115] No. 72 C 1070, 1974 U.S. Dist. LEXIS 11420 (N.D. Ill. Dec. 24, 1976).

[116] *Id.* at *44.

[117] *Metal Film Co. v. Melton Corp.*,316 F. Supp. 96 (S.D.N.Y. 1970).

[118] *Id.* at 110 n. 12.

[119] *Akamai Technologies, Inc. v. Limelight Networks, Inc.*,692 F.3d 1301 (Fed. Cir. 2012).

[120] Dorsey & Whitney LLP., Attorney Articles, Post *Limelight v. Akamai* , Are Multi–actor Mathod Patent Claims D.O.A.? http://www.dorsey.com/eu-post-limelight-akamai-multi-actor-patent-claims/ (last visited: 11/21/2014).

[121] *Muniauction, Inc. v. Thomson Corp.*, 532 F. 3d 1318, 1329 (2008).

請求要件，因爲現今電子商務盛行，單一侵權案件不可能只包含單項侵權物件。因此，商業行爲與營業鏈結合後，從賣主、供應商、顧客群便形成環環相扣的關係[122]。

壹、事實

近年來，聯邦巡迴法院使用了「個別侵害」的名詞[123]，由方法或製程專利延伸出來的多重專利侵權請求，這類型的請求無法由單獨一方提出，因此法院由普通法的概念提出了所謂的聯合侵害[124]。被告Akamai Technologies, Inc.是專利權703號（U.S. Patent No. 6,108,703）的獨家專利權人，該項專利有關某項電子資料使用了某種網路系統運送內容（content delivery network, CDN），此運送方法可以標示特定內容，如存放在第三者伺服器中的某段錄影或畫面，當使用者可以直接經由CDN而不經過內容服務者的伺服器，可較節省以往使用途徑所需花費的時間，上訴人Limelight Networks, Inc.經營一家CDN公司，其中使用涉及到與被告有關的專利內涵，但是要到構成侵權的程度，必須端視顧客在標示影片選擇的參與度。

原告是系爭專利方法的所有權人，該項專利方法有關傳輸電子資料的技術，被告在使用該項技術時，交由使用人完成最後步驟，本案系爭重點在於是否由被告本人完成侵害行爲，且與其他人之間是否存在代理關係，這樣的情形在醫藥界或生物科技行業最爲明顯[125]，因

---

[122] Dorsey & Whitney LLP., Attorney Articles, Post *Limelight v. Akamai*, Are Multi – actor Mathod Patent Claims D.O.A.? http://www.dorsey.com/eu-post-limelight-akamai-multi-actor-patent-claims/(last visited: 11/21/2014).

[123] Oswald, *supra note 1*, at 12-13.

[124] Oswald, *supra note 1*, at 26.

[125] Scott D. Marty, *The Impact Of Recent Patent Law Cases And Developments, 2015 Edition, Leading Lawyers On Analyzing Changing Standards, Reviewing New Case*

為是顧客要表現而非上訴人本身呈現標示（tagging）此項功能。本案原先在麻省地院判決時，Limelight Networks, Inc.並未被判決直接侵害原告專利；原告不服上訴，聯邦巡迴上訴法院起初維持地院判決，2012年判決結果駁回地院判決，認為被告有罪，因為被告行為無異引誘他人侵害專利權人權利，即使並未有單一證據證明被告有直接侵害的事實[126]。*Akamai Technologies, Inc. v. Limelight Networks, Inc.*[127]案中，被告長期以來閃避專利侵害責任，只要其中一、二個步驟錯置或跳過，即可主張避免侵害責任的建立，因為構成侵害之要件不完整。

假設一個專利發明由A表達一部分，B表達一部分，C表達一部分，並沒有任何單獨一方會侵害專利要件，要由三方合在一起才會構成侵害要件，第一部專利法於1790年公布施行時，並未對侵害有特定的法規[128]。美國聯邦最高法院認為Limelight不需承擔引誘侵害責任，因為在構成系爭的侵害行為中，並非單獨原告一人所能歸責；美國聯邦最高法院判決則否定前述見解，認為依據美國專利法第271條(a)項被告不能因此被認定有引誘他人，造成侵害專利權的責任。

*Akamai*案中，為支持下級法院作出被告無罪的判決，原本在BMC Resources案的見解擴及到Muniauction案的看法，對聯合侵害行為有新的要件認定：首先，呈現專利方法步驟跟本人之間要有代理關係存在，雙方因為契約約束要有義務[129]，本案判決結果認為被告無罪。但這個案件在判斷專利的多方侵害責任上，起了很大的標竿性作

Law, And Updating Client Strategies,The Interplay Of Limelight Networks Inc. V. Akamai Technologies, Inc. Et Al. And Mayo Collaborative Services V. Prometheus Laboratories, Inc., 2014 WL 6632921 1-2 (2014).

[126] See Akamai Technologies, Inc. v. Limelight Networks, Inc., 692 F.3d 1301, 1307 (Fed. Cir. 2012).

[127] Akamai, 692 F.3d at 1301.

[128] See Patent Act of 1790, ch. 7, 1 Stat. 109-112 (Apr. 10, 1790).

[129] Akamai , 629 F. 3d at 1320.

用。其次，此案嘗試要將本人代理人間的關係劃分清楚，雖然認定代理的法律關係在多方侵害責任中扮演重要角色[130]，將主導或控制的標準劃分得非常清楚，但卻未把當事人之間的關係解釋明白，僅在該案判決的引註中輕輕帶過討論，據此並不能夠解釋所謂替代侵害責任的緣由[131]。

　　Akamai案[132]中被告與其顧客必須聯合完成系爭專利方法，經由顧客的使用協助存取網站資料，從而改進方法專利之內容事項[133]；McKesson案[134]使用個人化網頁處理醫療機構與病患的對話之某種專利方法[135]。上述案件中重點皆在於方法專利並非被告一人可以單獨完成，而是需要雙方或多方的合作，且Akama案和McKesson案中最大的差別在於被告的參與程度，Akama案中被告參與某些步驟，其餘則由其他人完成，McKesson案則是由第三人完成被指控的步驟，因此被告有承擔引誘侵害責任的嫌疑[136]。

貳、爭點

　　Akamai案對於專利多方侵害做出新的判斷標準，並且帶給下級法院思考此類訴訟另一種思維，然而對於減少此類訴訟的困惑是減少

---

[130] Id. at 1319.

[131] BMC Res. Inc. v. Paymentech, L.P., 498 F.3d 1373, 1379 (Fed. Cir. 2007).

[132] Akamai, 629 F.3d 1311, rev'd and remanded en banc, 692 F.3d 1301.

[133] Akamai , 692 F.3d at 1333-1334.

[134] McKesson, 2011 U.S. App. LEXIS 7531, rev'd and remanded en banc, 692 F.3d 1301.

[135] Akamai, 692 F.3d at 1335-1336. (Newman, J., dissenting). Akamai案中提出不同意見的法官引註McKesson案。

[136] See id. at 1305.

或增加也有待商榷[137]。2007年*BMC Resources, Inc. v. Paymentech*案[138]與2008年*Muniauction, Inc. v. Thomson Corp.*案[139]建立對聯合侵權行為的新標準，此案設定兩項重要決定因素：首先，聯合侵害行為必須要有控制或主導的因素，責任必須存在著控制或指示[140]；其次，被控侵害的一方，必須要有一方或多方進行直接侵害的行為（single entity rule），其他的單方或多方必須要構成直接侵害的行為[141]。此案有關現金卡跟機器之間的運作，當需要密碼輸入時，牽涉幾項因素。以此案為例，包括付款人的代理機構、機器操作的電腦系統公司、發出現金卡的金融機構[142]。

此案判定全要件原則為，被控侵害的被告必須要表現出或實行符合被控告專利事項的每一個要件的事實[143]，被告不能以將其中的某些步驟交由他人實施，而逃脫侵害責任，因為法律仍會讓被告負擔替代侵害責任[144]。早期法院認定不可能使侵害人能輕易逃脫責任，即侵害人只要在侵害時跳脫幾個步驟，便能將侵害責任移轉至他人身上，主要決定者卻逃脫侵權責任，如此將違背公平性原則[145]。雖然法院對本案之控制或主導制定明確標準，但彼此間也有可能不存在主導或控制關係，因為當事人為了逃避侵害責任，極可能採取將專利步驟拆開，彼此分擔不同的步驟，藉以閃躲專利侵害責任[146]。

---

[137] *Akamai*, 692 F. 3d at 1337.

[138] *BMC Resources, Inc. v. Paymentech*,498 F.3d 1373 (Fed. Cir. 2007).

[139] *Muniauction, Inc. v. Thomson Corp.*,532 F.3d 1318 (Fed. Cir. 2008).

[140] *BMC Resources,* 498 F. 3d at 1380.

[141] *Id.*

[142] *BMC Resources,* 498 F. 3d at 1375.

[143] *Id.* at 1380.

[144] *Id.* at 1379.

[145] *Id.* at 1381.

[146] *Id.*

　　最高聯邦法院引用*Muniauction*案，說明聯邦巡迴法院解釋美國專利法第271條(a)項下直接侵害責任的要件規範，因此，必須要有當事人之一方有盡到請求事項的內容要求，才足以證明構成侵權責任[147]，聯邦巡迴法院解釋若有多方當事人同時提出主張，仍然滿足直接侵權的要件，即被控告侵權的被告要符合對整個流程能掌控與管理[148]。法院認為若沒有將多方的侵害因素結合在一起考量，認定他們的行為會構成侵害要件，如此一來，將使非直接侵害的責任無法判定[149]。法院認為尊重法規精神，在確立間接侵害責任時，比起密不透風的嚴堵直接侵害行為，亦即與侵害有關的每一個獨立行為，皆不如仔細觀察這些行為中的互動關係[150]。

　　*BMC Resources*案判決結果是侵害責任不存在，因為法院沒有發現足夠證明被告對整個行為有主導跟控制能力的證據，被告對於整個提款機、金融機關，跟使用人之間的關係，並不構成系爭要件[151]。聯邦巡迴法院無法建立BMC提出被告觸犯直接侵害責任的指控，因為被告個人無法呈現所有被BMC指控的專利方法步驟，也無法掌控或主導其他部分的進行[152]。法院認為，若是由多方當事人聯合完成的專利方法或程序，當中必須存在有主要侵害人主導或控制的證據[153]。被告Paymentech提出要將資料傳輸到現金卡網路時，需要使用到系爭的專利方法，法院判決認為原告無法提出證據證明被告，對使用上述資料有提供任何指示或引導[154]，因此被告無罪。

---

[147] *Muniauction, Inc. v. Thomson Corp.*, 532 F. 3d 1318, 1329 (2008).

[148] *Id.*

[149] *Id.*

[150] *BMC Resources*, 498 F.3d at 1381.

[151] *Id. BMC Resources*, 498 F.3d at 1381.

[152] *BMC Resources,* 498 F.3d at 1381.

[153] *See also* Muniauction, Inc. v. Thomson Corp., 532 F.3d 1318, 1323 (Fed. Cir. 2008).

[154] *BMC Resources,* 498 F.3d at 1381.

　　當*Muniauction*案還在聯邦巡迴法院進行上訴時，*BMC Resources*案判決確定，2007年7月30日*Muniauction*案在地院的最終判決確定，2007年8月1日對聯邦巡迴法院提出上訴，2008年7月14日聯邦巡迴法院判決確定，2007年9月30日 *BMC Resources*案在地院的最終判決確定[155]。

　　關於電子商務上拍賣的電子交易方法專利[156]，原告、被告雙方都同意系爭專利並無法由單一步驟完成，而是由其中的步驟結合才能完成[157]。當第三人從網路上投標時，必須要由被告的系統完成其餘的競標程序，因此第三人的投標與被告的系統結合在一起，是否就構成了完全的侵害要件，成為聯邦巡迴法院考量的重點[158]。*Muniauction*案否決*BMC Resources*案對直接侵害的看法，即被告的一方必須要執行所有侵害步驟，法院認為即使讓其他的人執行其他的步驟，亦不能免除被告的侵害責任[159]。如果要被告承擔主要的侵害責任，他必須是主要的決定者，但是如果各行為人間只是單純的合作關係，那就不會構成直接侵害責任[160]。

　　2014年6月2日聯邦最高法院顛覆了先前聯邦巡迴法院的見解，聯邦最高法院認為當被告並沒有直接侵害專利的行為，即依據專利法271條(b)項或其他任何法規的行為，被告並不構成引誘侵害，因此不需承擔任何侵害責任。自2005年開始，聯邦巡迴法院嘗試釐清傳統的代理與侵權法理論，2007年BMC案一審法院引用Professor Mark Lemley的見解，認為在案件當中若是當事人間存在著代理關係，並且有主導及控制的聯繫，即構成直接侵害行為；但若當事人之間的關係十

---

[155] *See Muniauction*, 532 F.3d at 1323.

[156] *Id.* at 1321.

[157] *Id.* at 1328.

[158] *Id.* at 1329.

[159] *Id.* (quoting *BMC Resources,* 498 F.3d at 1379).

[160] *Id.* (citing *BMC Resources,* 498 F.3d at 1380-1381).

分親近，就很難適用此種理論。一審法院對此案的判決並未區別其侵害責任為分別或聯合侵害行為，但卻明確指出被告確實是因為聯合行為而導致的直接侵害，而最高法院在判決中則明確的指出此點。

參、未來展望

BMC Resources及Muniauction案後，之後的法院發現前兩案所締造的標準很難適用，因為適用上的不確定性，下級法院發現在訂立多方侵害責任時變得非常困難，多方侵害責任的定義變得狹窄。如Global Patent Holdings, LLC v. Panthers BRHC, LLC案[161]涉及使用專利方法，回應遠端的客戶需求下載資料[162]，被告涉嫌提供使用人工具與方法，使其有辦法從伺服器上下載資料[163]。法院判決本案被告並不成立侵害責任，依據聯邦巡迴法院的標準，被告行為必須具有引導或控制，但本案被告只有提供使用人指示，純粹契約上的義務，不能因此科處其他的替代侵害責任[164]。Emtel Inc. v. Lipidlabs, Inc.案[165]有關病患授權醫生得以遠距提供緊急診斷或治療[166]，本案判決被告無罪，因為法院認定醫生只與影音會議系統有契約關係，但並不受到該系統的控制或主導，只是單純在系統上發揮其診療的專業才能[167]。

Akamai案檢視BMC Resources案主導或控制的標準，並且認為此標準不足以判斷多方專利侵害責任，更甚者，關鍵應該是在於衡量當

---

[161] Global Patent Holdings, LLC v. Panthers BRHC, LLC, 586 F. Supp. 2d 1331 (S.D. Fla. 2008).

[162] Id. at 1332 n.1.

[163] Id. at 1333.

[164] Id. at 1335.

[165] Emtel Inc. v. Lipidlabs, Inc.,583 F.Supp. 2d 811 (S.D. Tex. 2008).

[166] Id. at 814.

[167] Id. at 839-840.

事人間彼此的貢獻跟幫助[168]，此案以代理關係做為判決準據[169]，本案清楚的闡明代理關係涵蓋僱傭關係、獨立契約及其他[170]相關事項，判決理由中強調當本人驅使他人為其代理人，並不能因為他方為代理人，就逃脫所有的責任，只要侵害要件存在且成立，本人仍應負擔其責任[171]；此案同時也劃分在被告和其顧客間的關係，如果被告的指示能使顧客完成其餘步驟，*BMC Resources*案中控制或引導應該是兩種不同概念層次，如果被告提供完然的指示與技術協助，則屬於引導[172]。

　　*Akamai*案審判法院不接受原告Akamai的抗辯，指出*BMC Resources*案並沒有將提供指示的責任劃分清楚[173]，然而，*Muniauction*案就判斷原因提供非常的清楚，若證據與事實不夠，即無法成立替代侵害責任[174]。在*Akamai*案中，這兩案都無法提供足夠依據，若聯合侵害責任要成立，必須要其中一方有義務替其他一方完成缺少的步驟[175]，*BMC Resources*案指出依據Limelight與顧客訂立的契約內容：Limelight要其顧客使用特別的使用名稱，並要求網路服務伺服器業者在選擇使用Limelight的服務前，必須執行特定的步驟，Limelight會為此提供指示與技術指導[176]。BMC Resources認為被告Limelight 將某些

---

[168] *Akamai* , 629 F.3d at 1319.

[169] *Akamai*, 629 F.3d at 1319 {citing Dixon v. United States, 465 U.S. 482, 504-05 (1984) [citing RESTATEMENT (SECOND) OF AGENCY § 1 (1958)]}.

[170] *Id.* at 1320.[citing United States v. Hudson, 491 F.3d 590, 595 (Fed. Cir. 2007); RESTATEMENT (THIRD) OF AGENCY § 1.01 cmt. c; RESTATEMENT (SECOND) OF AGENCY § 2 (3)].

[171] *Id.* at 1320.

[172] *Id.* at 1320.

[173] *Id.*

[174] *Muniauction, Inc. v. Thomson Corp*, 532 F.3d 1318, 1327 (Fed. Cir. 2008).

[175] *Akamai*, 629 F.3d at 1320.

[176] *Id.* at 1321.

步驟承包給其他人來完成。

原告引註*BMC Resources*案看法，並不能夠因為將某些步驟交由他人實現，便藉此逃脫本身的責任。法院判決結果並不接受原告之抗辯理由，本案中的顧客（使用者）並沒有任何義務要完成系爭專利事項中的任何步驟。2011年4月*McKesson*案[177]有關聯邦巡迴法院的多方專利侵害訴訟，此案有關醫療機構與病患間個人化的網頁溝通[178]，McKesson控告Epic Systems公司專利侵害，因為被告製造標示軟體，使健保提供者可以將醫療紀錄與病患個人網頁聯結，如同*Akamai*案不討論個別的侵害責任，*McKesson*案也是討論聯合侵害責任[179]，原告指稱被告構成引誘侵害責任，因為被告提供給醫療機構，使其能構成對病患造成侵害的軟體[180]，間接侵害責任一定要伴隨直接侵害責任之後，沒有任何一位獨立的當事人可以完成所有的步驟，McKesson抗辯醫療機構與病患間的行為結合，構成對其直接侵害[181]；Epic則反訴因其顧客（醫療機構），既非直接表示開始溝通階段，也非能控制或引導的角色，因此，並未成立直接侵害人及成立直接侵害行為，且因缺乏直接侵害行為，所以引誘侵害行為的指控自然也不存在。

*McKesson*案法院判決引用*Akamai*案，*Akamai*案中二階段代理與契約理論，檢測侵權責任時判定聯合侵權行為不存在，因為病患並非醫療機構的代理人，即便醫療機構製造系爭案件中的軟體，病患並沒有義務必須配合完成軟體操作中的步驟義務[182]。本案中大多數承審法官拒絕原告看待醫生跟病患之間關係的解釋，因為醫治病患的行為不

---

[177] *McKesson,* No. 2010-1291,2011 U.S. App. LEXIS 7531 (Fed. Cir. Apr. 12, 2011), *rev'd & remanded en banc,* 692 F.3d 1301 (Fed. Cir. 2012).

[178] *Id.* at *2.

[179] *Id.* at *7-8.

[180] *Id.* at *4.

[181] *McKesson,* 2011 U.S. App. LEXIS 7531, at *6.

[182] *Id.* at *9-10.

能被視作是為醫生所作，醫生與病患之間並未對原告成立直接侵害行為，依據聯合侵權理論，不能認定被告有間接侵害行為。承審法官多數認為，解釋間接侵害行為理論時，輔助侵害理論及引誘侵害理論已經足以解釋間接侵害理論的架構，如果在此案中再擴大直接侵害的範圍，既不必要也不恰當。

法院認為非間接侵害人在共同的侵權行為中，因為其行為必須結合其他人的行為，構成對專利權人的傷害，在*BMC Resources*案中適用嚴格的絕對責任抗辯原則。*McKesson*案中拒絕使用共同侵害原則，認為當一方能夠適用大部分的步驟，卻將最後完成步驟留給並未簽約，也無義務的另一方完成[183]，如同先前法院的判決，是否有招致自身侵害的可能，因專利法與其他侵權法有所不同，給予專利所有權人專用權，無寧也是向其他人宣告，避免公眾對專利權的侵害[184]。

第五節　專利多方侵害理論與見解

*McKesson*案中提出不同意見書的法官Judge Bryson，在判決書中提出即使在本案中完整的檢視*BMC Resources*案、*Muniauction*案和*Akamai*案之要件，仍無法得到一個完整有體系的判決見解；然而提出不同意意見書的法官[185]Judge Newman，則提出不同的看法，認為除非系爭要件全部都被表現出來，否則他認為多數決法官其實誤解了對判決的看法，因為不可能讓單獨的一方獨力完成所有的要件[186]，

---

[183] Oswald, *supra note* 1, at 47.

[184] *McKesson*, 2011 U.S. App. LEXIS 7531, at *14.

[185] *Id.* at *15 (Bryson, J., dissenting).

[186] *Id.* at *20 (Newman, J., dissenting) (quoting EMI Grp. N. Am., Inc. v. Intel Corp., 157 F.3d 887, 896 (Fed. Cir.1998)).

Newman法官提出，當其他人與主使者處於一種被控制或引導的情勢[187]，無論聯合、集合、加工、授權或經過邀請的幫助行為，皆不能成為侵害行為免責的理由，專利不能夠因為任何侵權理論而被強制執行，尤其是在法規上明定的權利。為解釋這樣的侵權概念，因而鼓勵發明人去發展新的申請程序，不僅令人質疑而且耗時費資，其目的只在證明法院不會因為申請人是獨立的單位，就不承認專利權利的存在[188]。

壹、分別侵權

*McKesson*案的見解，其後在2011年11月18日的*Akamai*案被駁斥。當時聯邦巡迴法院先就*Akamai*案進行口頭辯論，2012年8月31日以6：5作出判決結果，並且也產生了兩件不同意見書。此案判決認為與其將聯合侵權當作直接侵權的一種，此案發展出另外一個新的名詞，也就是分別侵權（divided infringement），加入了引誘侵權的概念，發展出了另外一種新的判決理論。直接侵權乃由侵權人完成並須獨立承擔行為結果；分別侵權的概念則是有一個直接侵害人，引誘另外一個非直接的侵害人，共同完成該侵權行為[189]。此案中得出以下結論[190]：1.承認分別侵權這個概念，2.連結一個直接侵害行為與另外一個非直接侵害行為，3.加入引誘侵害的部分；多數決法官認為一定要存在引誘侵害行為連結的部分，但是並不須證明以上的行為都是由單獨一方所完成。本文亦認為承認由一方以上的多方當事人，可以共同完成一個侵害行為。

---

[187] *Id.* at *17.

[188] *McKesson*, 2011 U.S. App. LEXIS 7531, at *39.

[189] *Akamai*, 692 F.3d at 1305.[citing 35 U.S.C. § 271 (a) (b) (2012)].

[190] *Akamai*, 692 F.3d at 1306.

　　*Akamai*案探討如果有多方當事人造成的直接侵權行為，依據美國專利法第271條(a)項的規定[191]，如何在這種情形之下引用引誘侵權的概念，加上探討專利法第271條(b)項的規定，加上當事人故意的要件[192]，當事人之間並沒有代理或是其他法律關係，則會形成引誘侵害責任。當事人若明知引誘其他人完成其他專利方法步驟，與其他不知情的第三者一樣完成相關的專利方法步驟，法律責任全然不同。替代侵害責任的確在多方專利侵害的案例中扮演重要角色，但是當事人之間往往有引導或控制的關係，若是一方或多方彼此處於全然平等，聯邦法院認為此案並不能使用替代侵害責任；此案法官認為當採取絕對嚴格的侵權責任認定時，多半當事人並不知情其行為將會構成這種的侵權結果，彼此之間的不知情當然與互相之間有犯意聯絡，則會構成完全不同的判決結果。

　　替代侵害責任必須跟當事人間存在引導或控制的關係存在有關，尤其是像代理關係中本人和代理人的關鍵，對於當事人之間對於各個角色的連結，其實當事人間有合意的先行分配，彼此角色地位可能也處於平等時，為了避開最後觸犯的共同侵害責任[193]，此案適用專利法第271條(b)項，而不是(a)項直接侵害的規定。*Akamai*案判決意見使用專利法第271條(b)項解決多方當事人侵害專利的問題，本案中判決當事人的關聯是無關的，應適用專利法第271條(b)項引誘侵害責任。本案結果不採信(a)項直接侵害責任的見解，原因有三：1.引誘侵害責任並不是一個絕對嚴格的責任規範，必須要有當事人犯意作為基礎[194]；2.不需要代理人、本人之間的關係存在，亦即不存在控制或引導，相對的，只要另一方有鼓勵、教唆、協助另一方構成侵害行為，其要件就

---

[191] *Id.* at 1307.

[192] Oswald, *supra note* 1, at 51.

[193] *Akamai* , 692 F.3d at 1307.

[194] *Id.* at 1308.

完成[195]。

貳、多方侵權責任歸屬與劃分

　　*Akamai*案將多方侵權責任由直接侵害改成間接侵害，調整並改變了侵權理論的探討[196]，在判決前例已經做出了相對應的理論，如*BMC*案中將侵害的多方視爲一個獨立當事人的看法，直接侵權的概念是指只有單一當事人，聯合侵權與分別侵權都是涉及多方當事人[197]。*Akamai*案引用*BMC*案見解，使用單一當事人原則，要符合兩個構成要件：1.直接侵害責任需要有直接侵害行爲存在在先，2.侵害行爲責任，要有一個當事人承認完成所有構成侵害的要件[198]。

　　*Akamai*案重申間接侵害人若引誘其他人一起完成聯合侵害的行爲，跟專利權人本身導致的直接侵害行爲，其實造成的傷害都是相等的。一個引誘人不應該因其完成一些步驟後，讓其他人接續完成其他步驟，因此而逃脫責任。

　　*Akamai*案的見解又爲侵害理論留下了不同的看法，認爲一定要有一個直接侵害行爲存在，即使是有多方一起聯合，彼此之間也沒有控制或引導的關係存在。自然認爲當一方有引誘其他人的行爲，即使其他人的行爲沒有構成侵害的部分，此當事人還是應該負責[199]。多數決法官認爲，如果當事人利用任何不知情的第三人，參與詐欺、虛僞

---

[195] *Arris Grp., Inc. v. British TeleComms., PLC,* 639 F.3d 1368, 1379 n.13 (Fed. Cir. 2011), *quoted in Akamai* en banc, 692 F.3d at 1308.

[196] *Id.* at 1308 [citing *Deepsouth Packing Co. v. Laitram Cor*p., 406 U.S. 518, 526 (1972); *Aro Mfg. Co. v. Convertible Top Replacement Co.*, 365 U.S. 336, 341 (1961); *Henry v. A.B. Dick Co.*, 224 U.S. 1, 12 (1912)].

[197] Oswald, *supra note* 1, at 54.

[198] *Akamai* , 692 F.3d at 1308.

[199] *Id.* at 1309.

意思表示、損害、篡改等行為，依據普通法（common law）的概念當然要負責，專利法第271條(a)項或(b)項並沒有特別規定侵害需要引誘的行為[200]；本案法官意見分為兩派，*Akamai*案不同意見的法官們（Judge Linn, Dyk, Prost, O'Malley）[201]，有不同見解，Judge Linn採取較狹隘的見解，認為侵害責任必須法有明文且明定在專利法條文中，不能接受如前述多數決法官們的見解[202]。

Judge Linn認為1952年的專利法移除了聯合要件的專利侵權責任，定義專利法第271條(a)項的侵害，是排除專利法第271條(b)項與(c)項外的情形[203]，他提出聯邦巡迴法院應該堅守先前*BMC*案及*McKesson*案見解，他也認為專利法第271條(b)項必須要有專利法第271條(a)項的前提存在[204]，直接侵害需要符合全部侵害要件，解釋*BMC*案中的單一當事人原則，不同意因為某一方當事人實施的步驟較少，在侵權行為嚴格責任規範中，該當事人擔負責任減少[205]。Judge Linn還是回歸到傳統的侵權法概念，替代侵害責任包括多方侵權人，但是還是必須各自承擔應承擔的責任[206]，Judge Linn不同意若建立替代侵害責任，能夠解決多方侵害裡面的侵權行為，認為那些行為的專利權人是自己招致的損害，若是其專利權申請書事項描述不清楚，未先預防有其他人侵害其專利，亦即不應讓其他多方當事人有侵害的機會[207]。

---

[200] *Id.* at 1314.

[201] *Id.* at 1337.

[202] *See id.*

[203] *Id.* at 1337.

[204] *Id.* at 1337.

[205] *Id.* at 1348.

[206] *Id.* at 1349 [citing 48A C.J.S. *Joint Ventures* § 60; RESTATEMENT (SECOND) OF TORTS § 491 (1965)].

[207] *Akamai*, 692 F. 3d at 1350.

Judge Newman並不同意上述見解，認爲侵害的存在與否不應該光依靠單一當事人原則[208]，她寫了反對意見，因爲多數決的法官在本案的判決中，創造了一個定義謬誤、全新的專利侵害理論[209]；Judge Linn不同意認定單一當事人原則，支持替代侵害責任的多方侵害案件，認爲如此的理論基礎不足以支撐解決多方專利侵害的問題[210]。Judge Newman認爲此案完全沒有解決，因爲當事人有多人，內部協調跟溝通產生的聯合侵害與集合侵害的問題，如前述*BMC Resources*案、*Muniauction*案與 *Akamai* 案、*McKesson*案的地院見解，留下了懸而未決的爭議[211]；她的不同意見書中指出，聯邦巡迴法院不要以爲單看單一當事原則，便可以解決錯綜複雜的多方侵害問題，只要套用有一方或多方，其中有控制或引導的關係存在，完成所有的侵害要件就可以得到結論，她反而認爲應用傳統的侵權理論或代理關係，釐清當事人之間的關係才是解決之道[212]。

兩案最終都上訴到美國聯邦最高法院，*McKesson*案當事人後來協調成功，於2013年3月11日撤回上訴[213]；但*Akamai*案最後還是由聯邦最高法院作出判決結果，2012年10月請副檢察總長（the solicitor general）寫出對本案的意見書[214]，希望了解美國司法當局對多方侵害的看法，後來全案到2013年繼續審判。

---

[208] *Id.* at 1325.

[209] *Id.* at 1329.

[210] *Id.* at 1319.

[211] *Id.* at 1324.

[212] *Id.* at 1326.

[213] *See Epic Sys. Corp. v. McKesson Techs. Inc.*, 133 S. Ct. 1520 (2013); *McKesson Techs. Inc. v. Epic Sys. Corp.*, 133 S. Ct. 1521 (2013).

[214] *Epic Sys. Corp.*, 133 S. Ct. 2879 (June 24, 2013) (mem.).

第六節　結論

多方專利侵害理論及其見解莫衷一是，致使專利侵權的概念發展走出與傳統法不同的途徑，然而卻也使解決的方案陷入死胡同，適用傳統法的理論是否能夠解決日益增多的案件數，適用新理論是否使內容複雜的案件更難解決等等，都是目前還無法解決的疑慮[215]。聯邦巡迴法院無法在*Akamai*案清楚地解釋普通法的侵權與代理理論，進而無從解決多方侵害責任的問題，而且也形成與現行專利法不同的規定，巡迴法院的判決，似乎會使專利法造成有別於其他法律，獨特或有特殊地位，也因此造成與傳統法律有所不同的審判規則。美國聯邦最高法院在*eBay Inc. v. MercExchange, L.L.C.,*案[216]中，參酌聯邦巡迴法院的意見，只有在特殊情形時才能核發申請人永久禁制令，如果要作出與既有法規不同的審判見解時，衡平原則的維持是非常重要的[217]。

*Akamai*案中創造的分別侵權的理論用語是否精確，是否有經過全盤仔細考慮之後，才做出如此的法律用語，用如此的理論來規範侵權責任值得探討。法院重新檢討近些年的判決，針對分別侵權的觀念作出歸納。法院以往習慣提出聯合侵害（joint infringement）一詞，2005年Mark Lemley教授跟其他四位共同作者，在其發表的文章中首度提出這個名詞，分別侵害指超過一方以上的當事人共同行使侵害行為[218]，當被告僱用其他人來完成實施專利要件步驟時，其中的關係

---

[215] Oswald, *supra note* 1, at 54.

[216] *eBay Inc. v. MercExchange, L.L.C.*, 547 U.S. 388 (2006).

[217] *Id.* at 394 [quoting MercExchange, L.L.C. v. eBay, Inc., 401 F.3d 1323, 1338-39 (Fed. Cir. 2005)].

[218] Mark A. Lemley et al., *Divided Infringement*, 33 AIPLA Q.J. 225, at 256 (2005).

可分成兩部分討論[219]：1.當被告與其他人的關係並不密切，純粹是普通的代理關係時，當事人間的侵害責任分別獨立；2.當事人間若關係密切，則增加界定侵害責任的難度。

2007年*Realsource, Inc. v. Best Buy Co.*案[220]，首先使用分別侵害行為（divided infringement）一詞在地方法庭抗辯運用，對聯合侵害與分別侵害行為作了實際的區分[221]；所謂的聯合行為是指多人共同參與而導致侵害產生，亦即由數個被告共同參與的侵害事實，所謂的分別侵害則指由獨立的數人分別進行侵害，當事人間應不存在控制或引導的關係。聯邦巡迴法院也於2007年*PharmaStem Therapeutics, Inc. v. Viacell, Inc.*案[222]首次使用分別侵害行為一詞，但此案中反而沒有如*Realsource*案中定義清楚。*PharmaStem*案只討論原告指稱針對被告所造成的間接侵害，即輔助間接侵害，且此案將兩種理論合併一起，但未如其他法院一樣，對當事人聯合構成侵害行為做區別定義，同時亦未區分其中當事人的關係，也未探討分別侵害的情形[223]，該案中雖然有提到分別侵害，然而是將兩種理論一併討論。

*Akamai*案使用分別侵害的名詞，也一樣沒有做清楚的界定，未對名詞做明確且仔細的定義，使得法院在判決及適用上極大的疑義，各級法院跟同審級法院間對專利侵權責任的見解不一致，所謂的多方侵權責任概念模糊，本文認為若定義明確化將可解決前述爭議。創造新的法律理論或名詞，事實上，因為使用時涉及到每個人主觀的意念不同，在解釋上會不一樣，反而增加解釋的困擾。本文嘗試就下列名詞做出定義：聯合侵害責任，由數當事人共同完成，彼此之間有控制或引導的關係存在，帶入傳統的代理關係，反而會讓定義明確，因為

[219] *Id*, at 260.

[220] *Realsource, Inc. v. Best Buy Co.*,514 F. Supp. 2d 951 (W.D. Tex. 2007).

[221] *Id.* at 957-958.

[222] *PharmaStem Therapeutics, Inc. v. Viacell, Inc.*,491 F.3d 1342 (Fed. Cir. 2007).

[223] *Id.* at 1358 n.1.

有本人與代理人的關係存在，所謂的本人則要承擔主要的侵害責任。

當今的美國專利法也無法使不相關的當事人，共同完成侵害行為，侵害責任如何判斷作出結論，不能夠因為將侵害步驟分散，或由多人完成，便可以逃脫侵害責任，避免替代侵害責任的產生，但是如此反而產生不公平的結果。因此，是否還是應將定義多方侵害責任交由國會，並透過修法來完成，而非由各級法院利用判決的方法來定義；然而，透過國會修法前，應該先觀察各級法院做出來的判決，就案件總量做出歸納整理，目前要做到應有相當的困難度，將直接與間接侵害責任作出統整，如同*Akamai*案多數決的看法，但是如此對於之前的判決先例，可能會有前後不一的現象出現。因此，即使是建議修法亦必須審慎為之。國會修法時是否可以接受——增加引誘或幫助等用語，類似聯邦刑罰的法規在專利法條文中，例如*Akamai*案中反而是幫助跟引誘的人要存在犯意，但是本人沒有任何犯意，結果判決並無侵害責任，類似的見解將會大開專利侵害無罪之大門，因此若增加條文為——「本人有意引誘或藉由他人完成侵害行為，即使本人沒有直接侵害的行為，仍應負責。」則將使條文規範更臻完善。

參考文獻

一、中文部分

1. 曾勝珍，以美國經驗探討基因專利之法制研究，法令月刊，第62卷第12期，2011年12月，頁592-625。
2. 李森堙，BRCA1基因專利 引爆基因檢測市場爭議，生技與醫療器材報導月刊，2009年4月13日，http://www.genesys.tw/life_1_show.asp?top=life&title_seq=2&area_seq=8&seq=1471（最後瀏覽日：2015年2月12日）。

二、英文部分

1. Ashley McHugh, *Invalidating Gene Patents: Association for Molecular Pathology V. U.S. Patent &Trademark Office*,62 Hastings L.J. 185-219 (2010).

2. George Fox, Integra v. Merck*: Limiting the Scope of the S 271(e)(1) Exception to Patent Infringement*, 19 BERKELEY TECH. L.J. 193, 214 (2004).

3. Joshua P. Smith, *Fujitsu Ltd. v. Netgear : A New Standard,*21 DePaul J. Art, Tech. & Intell. Prop. L. 273 (2011).

4. Kate Y. Jung, HATCH-Waxman's Safe-Harbor Provision for Pharmaceutical Development: A Free Ride for Patent Infringers? 13 J. Marshall Rev. Intell. Prop. L. 445-462 (2014).

5. Lynda J. Oswald, Simplifying Multiactor Patent Infringement Cases Through Proper Application Of Common Law Doctrine , 51 Am. Bus. L.J. 1-69 (2014).

6. Randall R. Rader, *The United States Court of Appeals for the Federal Circuit: The Promise and Perils of a Court of Limited Jurisdiction*, 5 MARQ. INTELL. PROP. L. REV. 1, 4 (2001).

7. Scott D. Marty, *The Impact Of Recent Patent Law Cases And Developments, 2015 Edition,Leading Lawyers On Analyzing Changing Standards, Reviewing New Case Law, And Updating Client Strategies,The Interplay Of Limelight Networks Inc. V. Akamai Technologies, Inc. Et Al. And Mayo Collaborative Services V. Prometheus Laboratories, Inc.*, 2014 WL 6632921 1-2 (2014).

8. Benjamin E. Hoopes, *Fujitsu v. Netgear: Can Industry Standards be Evidence of Direct Infringement?* October 11, 2010, http://www. zmjlaw.com/_blog/Patent_Law_Blog/post/Fujitsu_v_Netgear_Can_ Industry_Standards_be_Evidence_of_Direct_Infringement/(last visited:

11/10/2011).

9. BRCA-Plaintiff Statements, American Civil Liberties Union (ACLU), May,12, 2009, http://www.aclu.org/free-speech_womens-rights/brca-plaintiff-statements#ceriani. (last visited: 03/17/2011).

10. Court Jurisdiction, UNITED STATES COURT OF APPEALS FOR THE FEDERAL CIRCUIT, http://www.cafc.uscourts.gov/the-court/court-jurisdiction.html (last visited: 12/01/2014).

11. Dorsey & Whitney LLP., Attorney Articles, Post Limelight v. Akamai , Are Multi –actor Mathod Patent Claims D.O.A.? http://www.dorsey.com/eu-post-limelight-akamai-multi-actor-patent-claims/ (last visited: 11/21/2014).

12. John Schwartz & Andrew Pollack, Judge Invalidates Human Gene Patent, N.Y. Times, Mar. 29, 2010, http://www.nytimes.com/2010/03/30/business/30gene.html?_r=1 (last visited: 01/15/2011).

13. Steven Seidenberg, Court Says Netgear's Products Don't Infringe Wi-Fi Patents, InsideCounsel, Dec. 1, 2010, http://www.insidecounsel.com/2010/12/01/court-says-netgears-products- (last visited: 02/13/2015).

14. Statistics, Caseload, by Category, Appeals filed, 2012, U.S. COURT OF APPEALS FOR THE FEDERAL CIRCUIT, http:// www.cafc.uscourts.gov/images/stories/the-court/statistics/Caseload_by_Category_Appeals_Filed_2012.pdf (last visited: 12/02/2014).

15. Tom Tuytschaevers, *Court Makes it Easier to Prove Patent Infringement By Standards-Compliant Products,* Sunstein Intellectual Property Update, Nov. 1, 2010, http://www.sunsteinlaw.com/publications-news/news-letters/2010/11/Tuytschaevers_201011.html (last visited: 11/14/2011).

第七章
我國個資法初探

曾勝珍、蕭翠瑩*

* 嶺東科技大學財經法律研究所研究生。

第一節　前言

　　隨著法律觀念的普及以及資訊安全[1]意識抬頭，先進國家紛紛立法規範，確保個人資料受到保護及適當運用，人民要求政府公開或提供資訊之權利，且資訊時代下，人民有權要求政府公開或提供資訊相關權利[2]，因此我國於1995年8月11日實施之「電腦處理個人資料保護法」[3]，許多規定已不合時宜，為了因應快速變遷的科技時代，遂進行法條增修，將保護客體範圍擴大，適用行業由原八大行業擴及公務機關及自然人、法人等[4]，並正式更名為「個人資料保護法[5]」。新修正的個資法與電腦處理個人資料保護法不同，對於保護的範圍、適用的對象以及行為的規範皆較電腦處理個人資料保護法更加嚴格，由於個資法通過將提高法規遵循之風險，企業應重新思考內部蒐集、處理以及利用個人資料之流程，以符合個資法之規範[6]。且過去因個資外

---

[1]　保護資訊之機密性、完整性與可用性；得增加諸如鑑別性、可歸責性、不可否認性與可靠性。國立聯合大學資訊安全網站，http://www.nuu.edu.tw/UIP-Web/wSite/ct?xItem=27663&ctNode=11745&mp=56（最後瀏覽日期：2014年10月23日）。

[2]　法治斌、董保城著，憲法新論，元照出版有限公司，2012年5版，頁245。

[3]　電腦處理個人資料保護法1995年8月11日公布，請參閱立法院法律系統，http://law.moj.gov.tw/LawClass/LawOldVer_Vaild.aspx?PCODE=I0050021（最後瀏覽日期：2014年10月20日）。

[4]　陳維練，個人資料保護法簡介與案例，財政新知，第28期，2013年4月，頁69。

[5]　為規範電腦處理個人資料，以避免人格權受侵害，並促進個人資料之合理利用，特制定本法。個人資料保護法2010年5月26日公布修正法條，除第6條及第54條條文由行政院宣布施行日期，其餘條文於2012年10月1日施行。請參閱立法院法律系統，http://lis.ly.gov.tw/lgcgi/lglaw?@210:1804289383:f:NO%3DC701829*%20OR%20NO%3DC001829%20OR%20NO%3DC101829$$4$$$NO（最後瀏覽日期：2014年10月20日）。

[6]　黃曉雯，個資法上路　企業應有的認知與措施，會計研究月刊，第327期，2013年2月，頁60。

洩遭受損害的賠償成功案例較少，主要原因為舉證困難，現行個資法將舉證責任倒置，意即被告必須自行舉證證明並無洩漏他人個資之情況，此舉將使相關行業對於個資之蒐集、處理、利用更加謹慎。

　　我國目前保障個人資料或隱私權的法律，主要有：刑法、民法、國家機密保護法、通訊保障及監察法等（如圖7-1）。不管是業者未能妥善保管用戶個資導致外洩，或以非法手段取得他人個資，並據以進行詐騙或行銷者，都是違反個資法之相關規範；倘若因為個資外洩而遭受詐騙，並產生實質的損害，受害者可訴諸法律，請求妨害個資者負刑事責任及相關民事賠償責任。

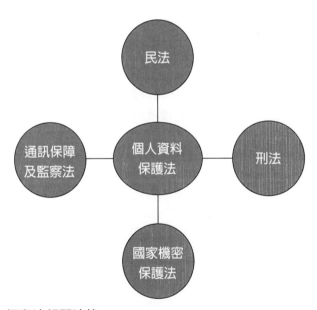

圖7-1　個資法相關法律

*資料來源：依據個人資料保護法立法緣由，作者自行繪製；法條最新修正版本，民法2009年12月15日、刑法2014年5月30日、國家機密保護法2003年1月14日、通訊保障及監察法2014年1月14日施行（法條最後更新日：2015年3月14日）。

第二節　我國個資法之理論基礎

　　資訊科技的進步與網際網路普及化，智慧型手機更是人手一機，不論是搭公車或搭捷運，常可見低頭族埋頭於手機螢幕，業者因應潮流，開發出各式各樣的APP軟體與雲端服務，方便使用之餘，應更重視個人資料保護的議題。我國「個人資料保護法」於2010年5月26日施行，以下將介紹各理論主張，並探究理論間之異同。

壹、民法

　　我國有關個人資料保護法律之法理觀念，源自隱私權之保護[7]。經大法官釋字第293號[8]理由書中首次將隱私權認定為憲法上之權利；「隱私權」一詞，由大法官釋字第585號解釋理由書[9]中明確載明為「基於人性尊嚴與個人主體性之維護及人格發展之完整，並為保障個人生活秘密空間免於他人侵擾及個人資料之自主控制、隱私權乃為不可或缺之基本權利，而受憲法第二十二條[10]所保障。」亦即承認「隱私權」為憲法保護之權利[11]。

---

[7]　立法院司法、內政及邊政兩委員會第二屆第三會期審查「電腦處理個人資料保護法草案」第一次全體委員聯席會議紀錄。立法院公報第83卷第45期第2719號下冊，1994年6月26日，頁525。

[8]　大法官釋字第293號解釋理由書，司法院大法官解釋查詢系統，http://www.judicial.gov.tw/constitutionalcourt/p03_01.asp?expno=293（最後瀏覽日期：2015年3月26日）。

[9]　大法官釋字第585號解釋理由書，司法院大法官解釋查詢系統，http://www.judicial.gov.tw/constitutionalcourt/p03_01.asp?expno=585（最後瀏覽日期：2015年3月16日）。

[10]　憲法第22條「凡人民之其他自由及權利，不妨害社會秩序公共利益者，均受憲法之保障。」

[11]　李志強，保護個資人人有責──解讀個人資料保護法，標準與檢驗，第173

　　在民法體系中，「隱私」被歸納為「人格權」之一環。人性尊嚴之維護與人格自由發展為近代民主國家憲法之核心價值，人格權之內涵在於保障個人身體，精神上之自主性、完整性，得不於不受他人干擾下自由發展之基本人權[12]；而為保護個人私領域活動之自由，對於他人蒐集、處理及利用自己的資料，應有知悉、同意或拒絕之權利，且得參與、監督，亦即個人對自己資料有自主權利，此亦為人格權之一[13]。早在個資法施行之前，實務上，被害人得以隱私權受侵害為由，依民法第184條第1項前段、第195條第1項侵權行為之規定請求損害賠償[14]；且依據民法第18條[15]及第195條[16]規定，該請求權具有事後救濟性質，即當隱私被侵害時，當事人得就其受有非財產上之損害，據以請求賠償。

期，2013年5月，頁36-37。

[12] 李震山，來者猶可追，正視個人資料保護問題，臺灣本土法學雜誌，第76期，2005年11月，頁226。

[13] 范姜真媺，個人資料自主權之保護與個人資料之合理利用，法學叢刊，第225期，2012年1月，頁72。

[14] 林永祥，個人資料保護法上損害賠償之探討，興大法學，第16期，2014年11月，頁67。

[15] 民法第18條「人格權受侵害時，得請求法院除去其侵害；有受侵害之虞時，得請求防止之（第1項）。前項情形，以法律有特別規定者為限，得請求損害賠償或慰撫金（第2項）。」

[16] 民法第195條「不法侵害他人之身體、健康、名譽、自由、信用、隱私、貞操，或不法侵害其他人格法益而情節重大者，被害人雖非財產上之損害，亦得請求賠償相當之金額。其名譽被侵害者，並得請求回復名譽之適當處分（第1項）。前項請求權，不得讓與或繼承。但以金額賠償之請求權已依契約承諾，或已起訴者，不在此限（第2項）。前二項規定，於不法侵害他人基於父、母、子、女或配偶關係之身分法益而情節重大者，準用之（第3項）。」

貳、刑法

刑法為規範犯罪實體要件之國家刑罰，分為總則編與分則編。而總則編學說上一般又分為犯罪論與刑罰論，前者規範犯罪認定之實體要件，後者訂定刑罰範圍與內容。個資法著重個人隱私，而隱私亦包含秘密，且個資法前身為電腦處理個人資料法，因此刑法中第十五章「偽造文書印文罪」[17]、第二十八章「妨害秘密罪」[18]及第三十六章「妨害電腦使用罪」[19]之相關條文，與個人資料保護法皆有密切關係。

偽造文書印文，即無論於紙上或物品上，只要用文字、符號、圖畫、照相，或是以錄音、錄影或電磁紀錄，藉機器或電腦之處理所顯示之聲音、影像或符號等，將他人之個人資料加以篡改或變造，只要足以表示其用意之證明者，即可能妨害他人或公眾資料。

個人資料包含個人隱私，既稱隱私，即表示個人不願他人知曉，當中亦即包含秘密，將他人之隱私或秘密，無論是有形或無形，無故曝光、散布或意圖以此營利，將造成他人之個資損害，更可能會造成對方之身心傷害。如2012年李宗瑞事件[20]，光碟、照片於各大網路中散布，新聞媒體更從光碟中翻拍照片，刊登於報紙中，因此被依妨害秘密罪偵辦[21]。

前述事件由李嫌電腦中所查獲之光碟資料，也於偵辦中發生資料

---

[17] 偽造文書印文罪，刑法第210條至刑法第220條，全國法規資料庫。

[18] 妨害秘密罪，刑法第315至刑法第319條，全國法規資料庫。

[19] 詳見刑法第358條至刑法第363條。刑法，全國法規資料庫。

[20] 涉迷姦女星拍性愛光碟　富少李宗瑞遭通緝，自由時報，2012年8月8日，http://news.ltn.com.tw/news/society/breakingnews/677823（最後瀏覽日期：2015年5月8日）。

[21] 刊登李宗瑞淫照　《自由時報》副總編4萬元交保，自由時報，2012年8月20日，http://www.ettoday.net/news/20120820/90276.htm（最後瀏覽日期：2015年5月8日）。

外洩，致使影片及照片在各大網路論壇流傳[22]，受害者之資料及隱私一覽無疑，而後法務部證實其辦案系統遭駭客入侵，多項重大案件資料恐已外流[23]，更造成社會譁然。

　　個資法中，妨害個人資料視其意圖之罰責[24]如下：

一、妨害個人資料正確性之行

（一）依個資法第42條[25]，具有「意圖自己或他人不法利益」或「意圖損害他人利益」之主觀要件者，而對於個人資料檔案爲非法變更、刪除或以其他非法方法，致妨害個人資料檔案之正確而足生損害於他人者；本條處罰的是妨害個人資料檔案正確性之行爲，爲與刑法上第十五章僞造文書罪及第三十六章妨害電腦使用罪平衡起見，將刑度修正提高爲「五年以下有期徒刑、拘役或科或併科新臺幣一百萬元以下罰金。」

（二）妨害公務機關持有個人資料檔案正確性之行爲，爲非告訴乃論之罪。

---

[22] 楊佩琪、徐偉斌，誰外流李宗瑞淫照？前女友Cora、記者被約談，東森新聞，2012年8月15日，http://www.ettoday.net/news/20120815/88118.htm（最後瀏覽日期：2015年5月8日）。

[23] 法務部遭駭　重大案件機密恐外洩，自由時報，2012年9月19日，http://news.ltn.com.tw/news/politics/breakingnews/697231/print（最後瀏覽日期：2015年5月8日）。

[24] 徐育安，個資風險與刑事立法──個資保護新法的疑義及其檢討，全國律師，2013年4月，頁17-19。

[25] 個資法第42條「意圖爲自己或第三人不法之利益或損害他人之利益，而對於個人資料檔案爲非法變更、刪除或以其他非法方法，致妨害個人資料檔案之正確而足生損害於他人者，處五年以下有期徒刑、拘役或科或併科新臺幣一百萬元以下罰金。」

二、違法蒐集、處理或利用個人資料

（一）依個資法第41條[26]，「不具營利之意圖者」：科處2年以下有期徒刑及新臺幣20萬元以下罰金之刑事責任；

（二）依第41條第1項[27]，「具營利之意圖者」：修法理由認為此係惡質侵害個人資料行為，將科處之刑責提高為5年以下有期徒刑及新臺幣100萬元以下罰金，以加強打擊盜賣個人資料之犯罪行為。

參、國家機密保護法

　　國家機密保護法於2003年2月6日公布施行後，對何種資訊屬於國家機密有了比較明確的判斷標準，新聞媒體或人民在取得資訊時，必須遵守本法。被列為國家機密之資訊不但不適用政府公開制度，一旦人民違反限制規定而取得國家機密資訊，另有刑事處罰。亦即人民有取得資訊之自由，然而此自由不包含國家機密，以免危及國家安全[28]。

　　國家機密保護法係保障國家機密之資訊，不得隨便公開，其立法目的在於避免國家機密洩漏，以確保國家安全與利益；政府資訊公開法立法目的為保障人民「知」的權利，藉資訊共享，達到民主參與。國家機密保護法與政府資訊公開法，兩者對於資訊是否公開態度有所

---

[26] 個資法第41條「違反第六條第一項、第十五條、第十六條、第十九條、第二十條第一項規定，或中央目的事業主管機關依第二十一條限制國際傳輸之命令或處分，足生損害於他人者，處二年以下有期徒刑、拘役或科或併科新臺幣二十萬元以下罰金。」

[27] 個資法第41條第1項「意圖營利犯前項之罪者，處五年以下有期徒刑，得併科新臺幣一百萬元以下罰金。」

[28] 國家機密保護法第45條「行政機關持有或保管之下列資訊，應主動公開。但涉及國家機密者，不在此限。」

對立，界定機密範圍大小與資訊公開關係密切，民主國家之基本共識爲限縮機密範圍而擴大資訊公開範圍，才符合人民權益。我國國家機密保護法第5條第1項規定：「國家機密之核定，應於必要之最小範圍內爲之。」即採取必要最小範圍原則[29]。

　　且依據國家機密保護法第7條規定，核定機密等級的權限是屬於行政機關，因爲行政機關身爲主管機關瞭解資訊性質，較能判斷資訊之機密等級。但爲避免行政機關濫用此項機密認定之權力，一般公務機密係公務上知悉或持有他人之工商秘密或其他個人資料，依其相關法令多直接規定應就各該事項保密，而不待「核定機密等級」，以維護工商秘密與個人隱私，兩者不盡相同，我國國家機密保護法亦將一般公務機密、營業秘密事項或純屬個人隱私事項排除適用，觀第1條及第5條之立法理由可得而知。

　　除了核定秘密外，還有解密程序，第27條規定「國家機密自動解密之條件」，可見國家機密法之立法目的與精神，仍與資訊公開有密切之關係。總而言之，資訊公開制度在促進行政透明化、滿足人民知的權利及增強人民對於公共行政之參與及監督；而國家機密制度在追求建立一個人民可以信賴之公共行政，讓行政機關得順利執行公務及保障人民之資訊自主權，兩者皆在於追求符合國民主權及最佳效率之行政。

肆、通訊保障及監察法

　　通訊監聽向來是司法機關辦案的重要手段，被監聽者在電話中談論公私大小事，可能同時遭調查有無涉及犯罪或做爲其他目的之用而不自覺。然而通話者的身分資料、電話號碼、以及通話時間地點對象

---

[29] 賴政忠，政府資訊公開與個人資料保護衡平之研究——以地方民意代表資訊公開請求爲例，嶺東科技大學財經法律研究所碩士論文，2013年11月，頁35。

等通信紀錄[30]，均屬個資與隱私的範疇，上開資訊與通話內容亦均屬憲法所列秘密通訊自由保護的對象。因此現行法制設有許多限制，其中最主要的就是1999年制定的「通訊保障及監察法」[31]，規定檢察機關限於偵辦特定之重大犯罪才能向法院聲請核發通訊監察書以監察嫌犯的通訊。

通訊保障及監察法於2014年1月29日公布，依法將於公布後五個月施行。此法之修正係緣起於2013年發生的監聽風暴，亦即特偵組偵辦某立委涉嫌貪污案件而進行監聽，意外聽到立法院院長涉嫌介入司法關說的案外案[32]。通訊保障及監察法攸關人民秘密通訊自由與隱私權的保障，且與個資保護有關。過往，司法機關備妥公文即可向電信公司發函查詢用戶的通信紀錄與通信使用者資料。惟依新修正通保法第11條之1規定，除例外情事之外，檢察官偵查最重本刑3年以上有期徒刑之罪，有事實足認通信紀錄及通信使用者資料於本案之偵查有必要性及關聯性時，應以書面聲請該管法院核發調取票。

通訊保障及監察法之修正不僅成為國會議員的保護傘，同時也保障一般民眾免於遭受政府不法監聽。另一方面，卻可能影響執法者辦案效率而危及治安之維護，畢竟實務上檢調機關為偵辦毒品、槍械、人口販運、洗錢、貪污、詐欺等案件，常需透過監聽方式進行蒐證。未來通保法之執行與進一步修法，應兼顧公益與人民秘密通訊自由、隱私及個資的保障。

---

[30] 依通訊保障及監察法第3條之1規定，「通信紀錄」係指：電信使用人使用電信服務後，電信系統所產生之發送方、接收方之電信號碼、通信時間、使用長度、位址、服務型態、信箱或位置資訊等紀錄。「通信使用者資料」係指：電信使用者姓名或名稱、身分證明文件字號、地址、電信號碼及申請各項電信服務所填列之資料。

[31] 通訊保障及監察法1999年7月14公布，最近修正公布為2014年1月29日。

[32] 臺灣監聽案：特偵組被指監聽立法院總機，BBC中文網，http://www.bbc.co.uk/zhongwen/trad/china/2013/09/130928_taiwan_mp_bugged（最後瀏覽日期：2015年3月16日）。

第三節　國際公約

壹、OECD個人資料保護綱領

OECD經濟合作與發展組織[33]（Organisation for Economic Co-operation and Development, OECD）成立宗旨在於推動下列目標：1.在維持金融穩定的前提下，達成會員國最佳的穩定經濟成長、提升就業率與生活水平狀態，以助於世界經濟發展；2.促進會員國間的經濟健全合作，與開發中國家發展；3.在符合國際規範的多邊化，無歧視基礎下，促進世界經貿發展[34]。

OECD個人資料保護綱領規範使用個人資料的應用基本原則[35]如下：

（一）**限制蒐集原則**（Collection Limitation）：經當事人同意，以合法、公正手段於適當場所蒐集。

（二）**資料內容原則**（Data Quality）：符合資料使用之目的，並確保資料之正確性、完整性和時效性。

（三）**目的說明原則**（Purpose Specification）：進行蒐集的目的必須

---

[33] 最初是由18個歐洲國家與美國、加拿大於1960年12月14日在巴黎所成立，目前共有34個會員國。Members and partners, OECD, http://www.oecd.org/about/membersandpartners/（最後瀏覽日期：2015年5月8日）。

[34] Convention on the OECD, http://www.oecd.org/legal/oecd-convention.htm (last visited: 03/15/2015)。

[35] OECD個人資料保護綱領規範中的八大原則之中文翻譯，參閱陳志誠，2013 OECD隱私框架之研究報告，國家實驗研究院科技政策研究及與資訊中心，資通安全資訊網，行政院資通安全會報，http://ics.stpi.narl.org.tw/html/rept_content.jsp?id=1402888697684（最後瀏覽日期：2015年3月15日）。OECD Guidelines on the Protection of Privacy and Transborder Flows of Personal Data之原文 http://www.oecd.org/sti/ieconomy/oecdguidelinesontheprotectionofprivacyandtransborderflowsofpersonaldata.htm#part2（最後瀏覽日期：2015年3月15日）。

在蒐集的當下就明確告知，日後使用也必須限制於原目的，不得另作他用。

（四）**限制使用原則**（Use Limitation）：非經資料當事人同意或經法令規定許可，不得揭露、販售個人資料或將個人資料用於明定於第3條明確目的以外的用途。

（五）**安全保護原則**（Security Safeguards）：資料必須採取合理安全保護措施，以免資料遭遺失、盜用、毀損、篡改或揭露的風險。

（六）**公開原則**（Openness）：對個人資料之開發、運用、政策等必須採取一般的公開政策。

（七）**個人參與原則**（Individual Participation）：

　1. 向資料管理人確認是否保有自己資料，保有哪些相關資料；

　2. 資料管理人在合理時間內、以合理價格、可接受的態度及可理解的形式，向本人聯絡溝通協調其資料之保有與使用；

　3. 如果本人提出以上兩樣請求被資料管理人拒絕，可要求合理解釋，並有權質詢此拒絕；

　4. 有權質詢個人相關資料之外，若質詢不滿意可以要求刪除、校正、修改資料直到完整無誤為止。

（八）**責任義務原則**（Accountability）：資料管理者對於個資之運用及一切處理，應負起落實公司政策與執行措施以遵守上述各項原則之責任。

貳、歐盟個人資料保護指令

在1981年，歐洲的議會針對自動化處理的個人資料，通過了個人保護協定（Protection of Individuals），它所要求的個人資料保護原則

和OECD類似，可作為歐洲國家在制定個人資料保護法令的參考[36]。到了1990年代，由於歐洲各國在個人資料保護方面仍缺乏一致性，加上實務面各國都有跨境傳輸個人資料的需求，可是在取得當事人的同意和接收國的保護措施方面，要求的程度都有所不同，因此1980年歐洲議會完成「保護自動化處理個人資料公約」，並於1985年10月1日正式生效，此公約亦為首部有隱私權保護拘束力的國際公約，同時也促成了歐盟起草資料保護指令（EU Data Protection Directive）的契機。

歐盟個人資料保護指令於1995年12月由歐洲部長會議通過，並且在1998年12月25日正式生效[37]。對歐盟的會員國而言，只要是遵守個資保護指令的國家，也就等同於採納了各國所屬的個人資料保護法，可以獲得跨境傳輸資料的允許和信任[38]。事實上，歐盟的個資保護指令的確在歐盟會員國之間產生了個資保護的關鍵性作用，而隨著資訊科技的演進，在2012年個資保護指令已進行了更新與修改，期許未來

---

[36] 李科逸，網際網路時代個人隱私應如何保障？http://x335.tysh.tyc.edu.tw/lib/%E9%A4%A8%E5%A4%96%E5%A5%BD%E7%AB%99/%E5%89%AA%E8%BC%AF%E4%BA%8C%E6%B3%95%E5%BE%8B/%E7%B6%B2%E9%9A%9B%E7%B6%B2%E8%B7%AF%E6%99%82%E4%BB%A3%E5%80%8B%E4%BA%BA%E9%9A%B1%E7%A7%81%E6%87%89%E5%A6%82%E4%BD%95%E4%BF%9D%E9%9A%9C.htm（最後瀏覽日：2015年3月16日）。

[37] Directive 95/46/EC of the European Parliament and of the Council of 24 October 1995 on the protection of individuals with regard to the processing of personal data and on the free movement of such data , http://eur-lex.europa.eu/legal-content/EN/TXT/?qid=1427571692807&uri=CELEX:31995L0046（最後瀏覽日期：2015年3月28日）。

[38] 顏婉旬，歐盟公布資料保護相關指令適用意見書，資策會科技法律研究所，2010年1月28日，https://stli.iii.org.tw/ContentPage.aspx?i=5394（最後瀏覽日期：2015年3月16日）；鄧永基，隱私權和個人資料保護的介紹與歐美發展趨勢簡介，財金資訊技季刊，第62期，2011年6月9日。https://www.fisc.com.tw/tc/knowledge/quarterly1.aspx?PKEY=ea685431-6453-468c-8f44-6fa25cdc9cd4（最後瀏覽日期：2015年3月16日）。

不只在歐洲地區,對歐盟以外的國家也可提供重要的隱私保護資訊與要求。

參、亞太經濟合作組織隱私保護綱領

　　亞太經濟合作組織(Asia-Pacific Economic Cooperation, APEC)[39]鑑於電子商務日益發展,APEC各國體認到增進消費者信賴與確保電子商務的整合及促成有效率的資訊隱私保護,及亞太地區資訊的自由流通[40],APEC參考OECD對於隱私維護與個人資料保護的要求,在2003年所成立隱私保護小組,並於2004年11月正式通過了隱私保護綱領(APEC Privacy Framework),包含了以下九項的隱私保護原則[41]。

---

[39] 亞太經濟合作組織於1989年由澳大利亞總理霍克(Robert Hawke)倡議而成立的亞太區域主要經濟諮商論壇,希望藉由亞太地區各經濟體政府相關部門官員的對話與協商,帶動該區域經濟成長與發展,成立時共有12個創始成員。我國係於1991年加入APEC,當時經APEC主辦會員體韓國居間協調,我以「Chinese Taipei」名稱與中國大陸及香港在該年同時加入APEC。目前APEC成員除我國外,尚有澳大利亞、汶萊、加拿大、智利、中國大陸、香港、印尼、日本、韓國、馬來西亞、墨西哥、紐西蘭、巴布亞紐幾內亞、秘魯、菲律賓、俄羅斯、新加坡、泰國、美國及越南總計21個會員體,各會員體均係以「經濟體」(Economy)身分參與。另尚有「東南亞國家協會」(ASEAN)、「太平洋經濟合作理事會」(PECC)及「太平洋島國論壇」(PIF)3個國際組織為其觀察員。APEC介紹,中國民國外交部,http://www.mofa.gov.tw/igo/cp.aspx?n=5331137415276DD6(最後瀏覽日期:2015年3月17日)。

[40] 林亞萱,新版個資法對於企業客戶關係管理活動之研究,國立中山大學企業管理學系碩士論文,2013年6月,頁21。

[41] APEC隱私保護綱領中英文對照,全國法規資料庫,http://pipa.moj.gov.tw/cp.asp?xItem=987&ctNode=401&mp=1(最後瀏覽日期:2015年3月18日);花俊傑,各國隱私法規與個資保護要求簡介,個資保護與隱私維護系列(三),NetAdmin網管人,http://www.netadmin.com.tw/article_content.aspx?sn=1303110005&jump=1(最後瀏覽日期:2015年3月18日)。

（一）**損害避免原則**：針對當事人對於其個人資料的合理期待，針對可能損及當事人權益的風險，應採取適當的風險處理措施以避免損害。

（二）**告知原則**：在蒐集個人資料時，應告知當事人被蒐集的目的、資料類型、蒐集者的聯絡方式與當事人可主張的權利。

（三）**限制蒐集原則**：個人資料的蒐集應與被告知的目的相關，要求採取公正的方式進行，並且限制其所蒐集的範圍。

（四）**利用原則**：個人資料的利用應獲得當事人的同意，並且僅限於當初所蒐集的目的範圍內，不可任意作為其他的用途。

（五）**選擇原則**：當事人應被提供可選擇的權利，能夠針對其個人資料的蒐集、處理和揭露，主張其個人的意願和選擇。

（六）**完整原則**：個人資料務必確保其正確與完整，並且要持續地更新以維護當事人的權益。

（七）**安全原則**：保有個人資料的組織，應針對可能的安全風險，實施對應的安全控制措施，以避免個人資料受到不當的揭露與損毀。

（八）**存取和更正原則**：組織應提供個人資料的當事人，可在合理的時間內，以適當的方式對其個人資料提出查詢和閱覽的請求，並且不得無故拒絕其補充或更正的申請。

（九）**責任原則**：保有個人資料的組織，應負責遵守法規和個資保護的責任，尤其當資料需傳輸至第三方和不同國家時，務必要求以對等的保護方式來維護當事人的隱私和資料安全。

第四節　相關國家概述

壹、美國隱私權法

　　相較於歐盟，美國在於個人資料保護法令方面，並無設立獨立專

法，而是分散在各法規中，如隱私權法、電子通訊隱私權法[42]、電腦安全法[43]等，由各單位制定相關法令細則[44]。我國個資法兩次修訂過程中，未參考美國法制的主要原因，即為其採個別立法。

美國於1974年通過隱私權法（Privacy Act），此法特別強調「公平使用原則」，認為「在尚未通知當事人並獲得其同意以前，資訊擁有者不得將人民為某特殊目的所提供之資料，使用在另一個目的上。」[45]亦在侵犯隱私的認知上，若遭到侵犯隱私，於法有據可以提起訴訟，且對非法侵犯個人隱私、披露私人信息，或挪用他人名義謀取私利，皆有相對法條制裁。同時，此法勾勒出個人資料保護的八項原則：1.包括公開原則、2.管道暢通原則、3.參與原則、4.蒐集限制原則、5.使用限制原則、6.揭露限制原則、7.公平資料管理原則，及8.責任原則，影響了後來的OECD指導綱領[46]。美國亦為隱私權概念之發源地，其隱私權更直接受到美國憲法之保障，隨著隱私權在美國習慣法上獲得普遍性的確認，其隱私權概念也影響了其他國家，如德國、日本，以及我國[47]。

---

[42] 美國電子通訊隱私法（Electronic Communications Privacy Act, ECPA），於1986年制定，以延伸原先在電話有線監聽的相關管制。

[43] 美國電腦安全法（Computer Security Act），於1987年制定。

[44] 林品寶，企業資安新革命 個資法全面保護個人隱私，貿易雜誌，第258期，2012年12月，臺北市進出口商業同業公會，頁52-55。http://www.ieatpe.org.tw/magazine/ebook258/b4.pdf（最後瀏覽日期：2015年3月19日）。

[45] 外國法案介紹──美國個人資料保護法，立法院圖書館，http://npl.ly.gov.tw/do/www/billIntroductionContent?id=19#美國（最後瀏覽日期：2015年3月19日）。

[46] 熊愛卿，網際網路個人資料保護之研究，臺灣大學法律學研究所博士論文，2000年，頁103。

[47] 宋榛穎、林怡臻，媒體侵犯隱私權之判決研究：臺灣與美國之比較，傳播與管理研究，第11卷第1期，2011年7月，頁5。

貳、德國聯邦資料保護法

歐陸法系不同於英美法系制度，德國法制亦未有對應之「隱私權」概念，但德國法制中之「人格權保護理論」相似於英美法「隱私權之標的」中強調「隱私權之存在爲人格完整不可或缺之要件」，藉由德國法制中的人格權保護之發展，觀察隱私權實質內容於德國法的演變[48]。

由於資料保護的議題逐漸引起關注，且受美國隱私權概念之影響，爲保障個人權益不致因儲存、傳遞、更正及刪除等資料處理過程而受損，德國於1977年1月27日制定「資料處理個人資料濫用防制法」（Gesetz zum Schutz vor. Mißbrauch personenbezogener Daten bei der Datenverarbeitung），簡稱「聯邦資料保護法」（Bundesdaten-schutzgesetz, BDSG）[49]，施行數年後，因歐洲聯盟成立，爲轉置歐盟指令、保障個人資料及資訊自由流通，於2001年5月18日修正其內容後，再於2003年1月14日進行修正，修法目的旨在保障個人資料自主權，並落實歐盟有關建立共同資料保護標準之指令[50]。其後於2009年，針對行銷、安全違反通知、廣告目的之使用以及員工個人資料保護增設規定，賦予管制機構更大的權力，同時也加重違反規定之處罰[51]，其重點在於制定公務機關資料保護的規範，其後又陸續通過各

---

[48] 引自邱琳雅，德國聯邦個人資料保護法，金融聯合徵信雙月刊，第8期，財團法人金融聯合徵信中心，2008年10月，頁60。

[49] 德國聯邦資料保護法包括：總則——包括基本原則、受保護之資料、受規範之行爲、適用範圍、規範對象；公務機關之資料處理；私部門之資料處理；當事人之權利；特別規定；及刑事與行政責任。引自鄧永基，隱私權和個人資料保護的介紹與歐美發展趨勢簡介，財金資訊技季刊，第62期，2011年6月9日。https://www.fisc.com.tw/tc/knowledge/quarterly1.aspx?PKEY=ea685431-6453-468c-8f44-6fa25cdc9cd4（最後瀏覽日期：2015年3月16日）。

[50] 外國法案介紹——德國聯邦資料保護法，立法院圖書館，http://npl.ly.gov.tw/do/www/billIntroductionContent?id=19（最後瀏覽日期：2015年3月17日）。

[51] Germany Adopts Stricter Data Protection Law-Serious Impact on Business

特別產業的特別法。

德國個資法係採綜合立法方式，同時適用於公私部門，同樣的行為樣態在公務及非公務機關的合法性要件並不相同，值得注意的是，民事侵權行為損害賠償規定中，為區分公務與非公務機關而設有不同的舉證責任規範：亦即在公部門方面，採取無過失責任；私部門則採舉證責任倒置的方式來減輕被害人訴訟上之義務，此與我國個資法規定相仿[52]。德國在個人資料保護領域發展甚早，從歐盟的層次到德國聯邦以及其下屬各邦相關法制完備，在實際執行方面也累積了豐富的經驗，我國個人資料保護法亦參照德國經驗立法。

參、日本個資法

日本在第二次世界大戰後[53]，隱私權方受到日本學者的重視[54]，

Compliance. http://www.hunton.com/files/News/15ba78b0-431d-471e-bf4a-70cfad51e405/Presentation/NewsAttachment/f99232f3-3579-4140-822a-28aa12b1d2ff/germany_adopts_stricter_data_protection_law.pdf (last visited: 03/29/2015).

[52] 蕭亦弘，論個人資料保護法的法制性問題，成大法學，第23期，2012年6月，頁155。

[53] 有關日本的個人資訊保護演進與法制化之經緯，主要可分為下列五個時期：一、1950年代初至1970年代中期：為隱私權的認識時期，因為有關憲法上個人權利保護的範圍擴大，進而開啟了相關研究的風潮。二、1970年代中期：為制度化提倡與電腦資訊保護自治條例的制定時期。三、1980年代初期：為個人資訊保護制度化的提倡時期，主要因為國際情勢的發展，使日本政府不得不認真考慮有關的法制問題。四、1980年代中期以後：學者稱之為「個人資訊保護制度化之實現與運用時期」，亦即個人資訊保護開始進入以制定保護的研議階段。五、1990年代初期以後：則被稱作「個人資訊保護度之運用強化時期」，日本對於個人資訊保護相關的立法作業粲然大備，建立起完整的個人資訊保護法制。參見林素鳳，日本個人資訊保護法制之展望與課題，警大法學論集，第8期，2003年8月，頁84-89。

[54] 黃立昂，電子商務交易之隱私權保護，東吳大學法律學系在職專班科技法律

而1964年東京地方院作成的「宴之後」（宴のあと）判決[55]，更使得隱私權成爲日本各界廣泛談論之話題[56]。日本深受歐美影響，將隱私權歸納於其民法人格權體系之內，並因科技之突飛猛進，電腦處理個人資料與隱私權間具有密切關聯，政府與民間逐開始注重此一隱私權之立法問題[57]。

日本爲OECD成員國之一，爲符合OECD經合組織於1980年通過之指導綱領，日本政府逐於當時的「行政管理廳」轄下，成立了「隱私保護研究會」，且於1982年提出了知名的「個人資料處理之隱私保護對策」（個人データの処理に伴うプライバシー保護対策）報告[58]；1988年12月制定了「行政機關電腦處理個人資料保護法」（行政機関の保有する電子計算機 理に係る個人情報の保護に関する法律）；爲回應OECD於1980年發布的八大原則，通商產業省曾於1989年制定「私部門電腦處理個人資料保護指針」（民間部門における電子計算機処理に係わる個人情報の保護について）；於歐盟個人資料保護指令提出後，日本政府再度於1997年制定「私部門電腦處理個人資料保護準則」（民間部門における電子計算機処理に係る個人情報

組碩士論文，2009年7月，頁42-45。

[55] 判時285号12頁、判夕165号184頁。轉引自賴政忠，政府資訊公開與個人資料保護衡平之研究——以地方民意代表資訊公開請求爲例，嶺東科技大學財經法律研究所碩士論文，2013年11月，頁105。

[56] 參堀部政男，個人情報保護に関する国際動向と日本の対応，法とコンピュータ，第26期，2008年7月，頁5。轉引自賴政忠，政府資訊公開與個人資料保護衡平之研究——以地方民意代表資訊公開請求爲例，嶺東科技大學財經法律研究所碩士論文，2013年11月，頁106。

[57] 許文義，個人資料保護論，三民書局，臺北，2001年初版，頁177。

[58] 參堀部政男，個人情報保護に関する国際動向と日本の対応，法とコンピュータ，第26期，2008年7月，頁6。轉引自賴政忠，政府資訊公開與個人資料保護衡平之研究——以地方民意代表資訊公開請求爲例，嶺東科技大學財經法律研究所碩士論文，2013年11月，頁106。

の保護に関するガイドライン）[59]。

　有感於既有法令的不足，日本政府於「高度資通訊社會推進本部」（即後來的IT戰略本部）下先後成立了「個人資料保護檢討部會」及「個人資料保護法制化專門委員會」，並於2001年3月完成了「個人資料保護法」草案[60]。

　在歷經多次檢討與修正後，日本國會於2003年5月，一連串通過五項個人資料相關法律，包括「行政機關個資法」、「獨立行政法人等個人資訊保護法」、「情報公開、個人資訊保護審查會設置法」、「行政機關保有個人資訊保護法施行相關法律整備法」及「個人資訊保護法[61]」，並於2005年4月1日全面實施[62]，成為現階段日本在個人

---

[59] 林桓主持、余啓民協同主持，政府機關強化個人資料保護措施之研究，行政院研究考核發展委員會，2009年10月，頁197-198。

[60] 日本行政機關之電腦處理個人資料保護法歷經多年實施之後，日本總理於1999年6月28日參議院會議中就住民基本台帳法修正法案答辯時指出，日本政府將對現行個人資料保護方面進行全面檢討，並盡速將民間機構納入個人資料保護法規範範疇；同年7月23日，日本高度情報社會推進本部首度召集「個人資料保護檢討部會」，就現行個人資料保護相關法令系統進行全面檢討，並提出確立個人資料保護機制中之核心基本原則與制定一基本法等相關意見。至2000年10月，個人資料保護法制專門委員會提出「個人資料保護基本大綱」，並於2001年3月經內閣會議通過，正式提出國會進行審議。參見參淵邊善彥、五十嵐敦編，個人情報管理ハンドブック，商事法務出版，2008年2版，頁5。轉引自賴政忠，政府資訊公開與個人資料保護衡平之研究──以地方民意代表資訊公開請求為例，嶺東科技大學財經法律研究所碩士論文，2013年11月，頁107。

[61] 除「個人情報保護法」（個人信息保護法）外，當時亦同步通過「行政機關個人情報保護法」、「獨立行政法人個人情報保護法」、「資訊公開及個人情報保護審查會設置法」及「行政機關個人情報保護法施行整備法」等相關法案。立法院網址：http://law.e-gov.go.jp/cgi-bin/strsearch.cgi（最後瀏覽日期：2015年3月29日）。

http://glin.ly.gov.tw/web/legalSubject.do?isChinese=true&method=topicWeb&id=387（最後瀏覽日期：2015年3月29日）。

[62] 劉育雯，資訊社會個人資料保護之研究──以日本個人資料保護法為中心，

資料保護中最爲重要的法律規範[63]。前述之日本個資相關法，雖區分公、私部門並加以規範，但其立法體系有別於歐陸國家。公部門另有行政機關個資法、獨立行政機關等個人資料保護作爲一般法之規範，除此之外，針對各特殊領域，如醫療、金融、信用及資訊通信等相關個人資料，則應設立個別法加以規範[64]。

第五節　結論與建議

我國個人資料保護法之乃參考了前述之國際公約及先進國家之法律從而制定，共計五十六條條文，分爲六大章節，內容分別爲「總則」、「公務機關對個人資料之蒐集、處理及利用」、「非公務機關對個人資料之蒐集、處理及利用；損害賠償及團體訴訟」、「罰則」及「附則」。以下分別說明個資法定義及規範。

壹、個資法之定義

世界上保護個資最早、最重要之國際規範，爲OECD經濟合作與發展組織之有關個資保護的八大原則[65]，其第1條將個資（personal

---

輔仁大學法律學研究所碩士論文，2005年，頁86。

[63] 參淵邊 善彦、五十嵐 敦編，個人情報管理ハンドブック，商事法務出版，頁6，2008年二版。轉引自賴政忠，政府資訊公開與個人資料保護衡平之研究——以地方民意代表資訊公開請求爲例，嶺東科技大學財經法律研究所碩士論文，2013年11月，頁107。

[64] 周逸濱，行政機關保護法制之研究——以日本法爲比較中心，臺北大學法律學系碩士論文，2008年，頁50。

[65] 劉佐國、李世德，個人資料保護法釋義與實務，碁峯資訊股份有限公司，2012年8月，頁4。

data）定義為：有關識別或得識別個人（資料主體）之任何資訊[66]；歐盟個人資料保護指令第2條定義個資為：識別或得識別有關自然人（資料主體）之任何資訊[67]。所謂識別可能個人為，特別是依身分證號碼或證明該人物所固有身體上、生理上、精神上、經濟上、文化上，或社會上存在之一個或複數要素，作對照組合後，得直接或間接識別出之個人。

　　我國個資之概念及定義為沿用前述國際重要規約而來[68]，而保護個人資料的概念源自於隱私權，為受英美法之影響，此概念已成為法治國家的普世價值。所謂之個人資料，根據個資法第一章第2條第1項：「指自然人之姓名、出生年月日、國民身分證統一編號、護照號碼、特徵、指紋、婚姻、家庭、教育、職業、病歷、醫療、基因、性生活、健康檢查、犯罪前科、聯絡方式、財務情況、社會活動及其他得以直接或間接方式識別該個人之資料」。其中，個資法特別把醫療、基因、性生活、健康檢查、犯罪前科等資料歸納於特種資料範圍內[69]，明令此類資料除非特殊情形，不得蒐集、處理或利用（如圖7-2）。

---

[66] 1. For the purposes of these Guidelines: b) "personal data" means any information relating to an identified or identifiable individual (data subject). http://www.oecd.org/sti/ieconomy/oecdguidelinesontheprotectionofprivacyandtransborderflowsofpersonaldata.htm#part2 (last visited: 03/27/2015)。

[67] Article 2 (Definitions) For the purposes of this Directive: (a) 'personal data' shall mean any information relating to an identified or identifiable natural person ('data subject'); an identifiable person is one who can be identified, directly or indirectly, in particular by reference to an identification number or to one or more factors specific to his physical, physiological, mental, economic, cultural or social identity. http://eur-lex.europa.eu/legal-content/EN/TXT/?qid=1427571692807&uri=CELEX:31995L0046 (last visited: 03/29/2015)。

[68] 范姜真媺，個人資料保護法關於「個人資料」保護範圍之檢討，東海大學法學研究，第41期，2013年12月，頁5。

[69] 鄭香貝，植基於個資法以建構國軍個資保護評鑑機制之研究——以國防大學管理學院為例，國防大學管理學院資訊管理學系碩士班碩士論文，2013年6月，頁17。

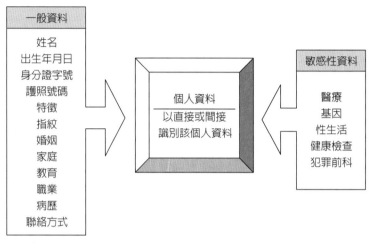

圖7-2 個人資料定義

*資源來源：依個資法第2條第1款之個人資料，作者自行繪製。

貳、個資法之規範要件

個資法的立法目的，從早期加入經貿協定轉變為對個人隱私資料的保護，歷經十七年漫長演化，發展出保護隱私權的核心思想，以「蒐集」、「處理」及「利用」等三個層面規範個人資料，個資法主要的核心目的是為了避免人格權受侵害，並促進個人資料合理利用；亦即個資法主要從蒐集、處理和利用，來規範個人資料的合理利用。個資法所保護的資料型態，也從原本的電腦處理之個人資料，延伸到無論是電腦處理的數位個人資料，或是紙本的個人資料，皆適用於直接或間接識別之個人資料中[70]。

根據個資法所明定，蒐集、處理與利用之三層次定義如表7-1：

---

[70] 呂信瑩，個人資料保護法上目的拘束原則之探討，國立中興大學法律學系碩士在職專班碩士論文，2012年7月，頁82。

表7-1 隱私權之核心──蒐集、處理、利用

蒐集	指為建立個人資料檔案而取得個人資料。
處理	指為建立或利用個人資料檔案所為資料之記錄、輸入、儲存、編輯、更正、複製、檢索、刪除、輸出、連結或內部傳送。
利用	指將蒐集之個人資料為處理以外，另作他用。

在蒐集個人資料時，依據個資法第8條[71]及第9條[72]，規定蒐集者應盡告知義務，除了部分特殊情形外，必須盡到告知當事人的義務，應明確告知當事人其公務機關或非公務機關名稱、蒐集目的、資料類別、資料使用期間、地區、對象、方式、當事人得行使之權利及方式，及當事人選擇不提供個資時，對其權益之影響[73]。

---

[71] 個資法第8條「公務機關或非公務機關依第十五條或第十九條規定向當事人蒐集個人資料時，應明確告知當事人下列事項：一、公務機關或非公務機關名稱。二、蒐集之目的。三、個人資料之類別。四、個人資料利用之期間、地區、對象及方式。五、當事人依第三條規定得行使之權利及方式。六、當事人得自由選擇提供個人資料時，不提供將對其權益之影響（第1項）。有下列情形之一者，得免為前項之告知：一、依法律規定得免告知。二、個人資料之蒐集係公務機關執行法定職務或非公務機關履行法定義務所必要。三、告知將妨害公務機關執行法定職務。四、告知將妨害第三人之重大利益。五、當事人明知應告知之內容（第2項）。」

[72] 個資法第9條「公務機關或非公務機關依第十五條或第十九條規定蒐集非由當事人提供之個人資料，應於處理或利用前，向當事人告知個人資料來源及前條第一項第一款至第五款所列事項。有下列情形之一者，得免為前項之告知：一、有前條第二項所列各款情形之一。二、當事人自行公開或其他已合法公開之個人資料。三、不能向當事人或其法定代理人為告知。四、基於公共利益為統計或學術研究之目的而有必要，且該資料須經提供者處理後或蒐集者依其揭露方式，無從識別特定當事人者為限。五、大眾傳播業者基於新聞報導之公益目的而蒐集個人資料（第1項）。第一項之告知，得於首次對當事人為利用時併同為之（第2項）。」

[73] 個資法簡介，經濟部工業局，2012年11月19日，http://www.moeaidb.gov.tw/external/ctlr?PRO=information.InformationNewsView&id=13277（最後瀏覽日期：2015年3月16日）。

　　個人資料之利用應於目的範圍內爲之，特定目的範圍外之利用應符合法定要件，亦即在處理與利用個資時，必須於個資法所明定之特定目的之規定範疇內，並與原先蒐集目的有關聯，不得擅自挪用，並在特定目的消失或期限屆滿時，主動或依當事人之要求，刪除、停止處理或利用該個人資料。倘若將蒐集而來之個資另做他途，亦即做爲目的外利用，則可能違反個資法，因而招致法律糾紛[74]。

　　除了蒐集個資必須符合特定目的，蒐集者必須盡到告知義務外，依據個資法第10條[75]及第11條[76]規定，個資當事人也有可行使之權利，包括了查詢、修改、補充個資，要求提供個資副本、要求停止蒐集、處理、利用個資，或者要求直接刪除個資，而且依據個資法第3條[77]規定，這些權利是不得被事先要求放棄或以合約限制（如圖7-3）。

---

[74] 張陳弘，「目的外利用」個資行爲之評價——兼評臺灣臺北地方法院103年反北小字第1360號小額民事判決，法令月刊，第66卷第3期，2015年3月，頁55-56。

[75] 個資法第10條「公務機關或非公務機關應依當事人之請求，就其蒐集之個人資料，答覆查詢、提供閱覽或製給複製本。但有下列情形之一者，不在此限：一、妨害國家安全、外交及軍事機密、整體經濟利益或其他國家重大利益。二、妨害公務機關執行法定職務。三、妨害該蒐集機關或第三人之重大利益。」

[76] 個資法第11條「公務機關或非公務機關應維護個人資料之正確，並應主動或依當事人之請求更正或補充之（第1項）。個人資料正確性有爭議者，應主動或依當事人之請求停止處理或利用。但因執行職務或業務所必須並註明其爭議或經當事人書面同意者，不在此限（第2項）。個人資料蒐集之特定目的消失或期限屆滿時，應主動或依當事人之請求，刪除、停止處理或利用該個人資料。但因執行職務或業務所必須或經當事人書面同意者，不在此限（第3項）。違反本法規定蒐集、處理或利用個人資料者，應主動或依當事人之請求，刪除、停止蒐集、處理或利用該個人資料（第4項）。因可歸責於公務機關或非公務機關之事由，未爲更正或補充之個人資料，應於更正或補充後，通知曾提供利用之對象（第5項）。」

[77] 個資法第3條「當事人就其個人資料依本法規定行使之下列權利，不得預先拋棄或以特約限制之：一、查詢或請求閱覽。二、請求製給複製本。三、請求補充或更正。四、請求停止蒐集、處理或用。五、請求刪除。」

圖7-3　個人資料之當事人所擁有之權利

*資料來源：依個資法第3條、10條、第11條規定，作者自行繪製。

　　綜合以上章節所述，我國個人資料保護法，分別參照OECD隱私保護綱領及APEC隱私保護原則而訂定，不僅在立法精神上相當接近，原則內容也大同小異。

參、建議

　　歐盟採用廣泛性的一般適用原則，無論是政府或者民間企業，都必須遵守其頒布的資料保護法規，並且交由專責的資料保護機構來予以監督，在此原則下，歐盟各國仍然保有其自主彈性的空間，可依據本身的國情與民眾的期待，實施所需的個人資料保護作法，以達成歐盟對於隱私維護的精神；而美國對於個人資料保護的作法，則是以不同的產業要求作為區分，不同的產業都有其所屬行業要求的法規，並沒有非常明確的國家法律來要求所有組織都要遵守才行。

　　雖然隱私的維護要求並沒有國界之分，但各國對於隱私維護所制定的法規卻有所不同，因此在個資保護方面，也必須依照不同國家的

法律規定，評估可能面臨的最大風險，再來實施相對應的控制措施。

參考文獻

一、中文部分

1. 法治斌、董保城，憲法新論，元照出版公司，2012年。

2. 許文義，個人資料保護論，三民書局，2001年初版。

3. 劉佐國、李世德，個人資料保護法釋義與實務，碁峯資訊股份有限公司，2012年8月。

4. 宋榛穎、林怡臻，媒體侵犯隱私權之判決研究：臺灣與美國之比較，傳播與管理研究，第11卷第1期，2011年7月。

5. 李志強，保護個資人人有責——解讀個人資料保護法，標準與檢驗，第173期，2013年5月。

6. 李婉萍，個人資料保護脈絡下的「綑綁式同意」，科技法律透析月刊，第24卷第1期，2012年。

7. 李震山，來者猶可追，正視個人資料保護問題，臺灣本土法學雜誌，第76期，2005年11月。

8. 李震山，資訊時代下「資訊權」入憲芻議，律師雜誌，第307期，2005年。

9. 林永祥，個人資料保護法上損害賠償之探討，興大法學，第16期，2014年。

10.林品賓，企業資安新革命 個資法全面保護個人隱私，貿易雜誌，第258期，臺北市進出口商業同業公會，2012年12月。

11.林桓主持、余啓民協同主持，政府機關強化個人資料保護措施之研究，行政院研究考核發展委員會，2009年10月。

12.林素鳳，日本個人資訊保護法制之展望與課題，警大法學論集，第8期，2003年8月。

13.邱文聰，從資訊自決與資訊隱私的概念區分——評「電腦處理個

人資料保護法修正草案」的結構性問題,月旦法學雜誌,第168期,2009年。

14. 邱琳雅,德國聯邦個人資料保護法,金融聯合徵信雙月刊,第8期,財團法人金融聯合徵信中心,2008年10月。

15. 范姜真媺,個人資料自主權之保護與個人資料之合理利用,法學叢刊,第225期,2012年1月。

16. 范姜真媺,個人資料保護法關於「個人資料」保護範圍之檢討,東海大學法學研究,第41期,2013年12月。

17. 張陳弘,「目的外利用」個資行為之評價──兼評臺灣臺北地方法院103年反北小字第1360號小額民事判決,法令月刊,第66卷第3期,2015年3月。

18. 陳維練,個人資料保護法簡介與案例,財政新知,第28期,2013年4月。

19. 黃曉雯,個資法上路 企業應有的認知與措施,會計研究月刊,第327期,2013年2月。

20. 蕭亦弘,論個人資料保護法的法制性問題,成大法學,第23期,2012年6月。

21. 呂信瑩,個人資料保護法上目的拘束原則之探討,國立中興大學法律學系碩士在職專班碩士論文,2012年7月。

22. 周逸濱,行政機關保護法制之研究──以日本法為比較中心,臺北大學法律學系碩士論文,2008年。

23. 林亞萱,新版個資法對於企業客戶關係管理活動之研究,國立中山大學企業管理學系碩士論文,2013年。

24. 雲思綺,我國臉書使用者個人隱私保護策略之研究,國立中央大學法律與政府研究所碩士論文,2013年。

25. 黃立昂,電子商務交易之隱私權保護,東吳大學法律學系在職專班科技法律組碩士論文,2009年7月。

26. 熊愛卿,網際網路個人資料保護之研究,臺灣大學法律學研究所博士論文,2000年。

27.劉育雯，資訊社會個人資料保護之研究——以日本個人資料保護法為中心，輔仁大學法律學研究所碩士論文，2005年。

28.鄭香貝，植基於個資法以建構國軍個資保護評鑑機制之研究——以國防大學管理學院為例，國防大學管理學院資訊管理學系碩士班碩士論文，2013年6月。

29.賴政忠，政府資訊公開與個人資料保護衡平之研究——以地方民意代表資訊公開請求為例，嶺東科技大學財經法律研究所碩士論文年，2013年11月。

30.賴苑玲，雲端服務發展下的法律議題——從個資法的適用論資訊安全性之保護，東吳大學法律學系碩士在職專班法律專業組碩士論文，2012年。

31.臺灣監聽案：特偵組被指監聽立法院總機，BBC中文網，http://www.bbc.co.uk/zhongwen/trad/china/2013/09/130928_taiwan_mp_bugged（最後瀏覽日期：2015年3月16日）。

32.花俊傑，各國隱私法規與個資保護要求簡介，個資保護與隱私維護系列（三），NetAdmin網管人，http://www.netadmin.com.tw/article_content.aspx?sn=1303110005&jump=1（最後瀏覽日期：2015年3月18日）。

33.陳志誠，OECD隱私框架之研究報告，國家實驗研究院科技政策研究及與資訊中心，資通安全資訊網，行政院資通安全會報，2013，http://ics.stpi.narl.org.tw/html/rept_content.jsp?id=1402888697684（最後瀏覽日，2015年3月15日）。

34.維基百科，資訊時代，http://zh.wikipedia.org/wiki/%E4%BF%A1%E6%81%AF%E6%97%B6%E4%BB%A3。

35.鄧永基，隱私權和個人資料保護的介紹與歐美發展趨勢簡介，財金資訊技季刊，第62期，2011年6月9日。https://www.fisc.com.tw/tc/knowledge/quarterly1.aspx?PKEY=ea685431-6453-468c-8f44-6fa25cdc9cd4（最後瀏覽日期：2015年3月16日）。

36.簡榮宗，隱私權的歷史，財團法人民間司法改革基金會，http://

www.jrf.org.tw/newjrf/rte/myform_detail.asp?id=753。

37.顏婉旬，歐盟公布資料保護相關指令適用意見書，資策會科技
法律研究所，2010年1月28日，https://stli.iii.org.tw/ContentPage.
aspx?i=5394（最後瀏覽日期：2015年3月16日）。

二、英文部分

1. Convention on the OECD, http://www.oecd.org/legal/oecd-convention.
htm (last visited: 03/15/2015)。

2. Danny Weitzner (2012), We Can't Wait: Obama Administration Calls
for A Consumer Privacy Bill of Rights for the Digital Age, http://www.
whitehouse.gov/blog/2012/02/23/we-can-t-wait-obama-administration-
calls-consumer-privacy-bill-rights-digital-age.

3. Directive 95/46/EC of the European Parliament and of the Council of
24 October 1995 on the protection of individuals with regard to the
processing of personal data and on the free movement of such data ,
http://eur-lex.europa.eu/legal-content/EN/TXT/?qid=1427571692807&
uri=CELEX:31995L0046 (last visited: 03/28/2015)。

4. Germany Adopts Stricter Data Protection Law-Serious Impact on Busi-
ness Compliance. http://www.hunton.com/files/News/15ba78b0-431d-
471e-bf4a-70cfad51e405/Presentation/NewsAttachment/f99232f3-
3579-4140-822a-28aa12b1d2ff/germany_adopts_stricter_data_
protection_law.pdf (last visited: 03/29/2015)。

5. OECD Guidelines on the Protection of Privacy and Transborder Flows
of Personal Data, http://www.oecd.org/sti/ieconomy/oecdguidelineson-
theprotectionofprivacyandtransborderflowsofpersonaldata.htm#part2
(last visited: 03/15/2015)。

|第八章|
美加與臺灣個人資料保護法相關案例之介紹

曾勝珍、蕭翠瑩

第一節　前言

因線上購物、電視購物等商業活動日趨普遍，詐騙事件頻傳，產業間相關個資洩露糾紛不斷上演，為維護當事人個資之權利，任何人皆有權求諸法律及訴諸法院；相較其他智財案件，涉及個人資料者較不易舉證證明，因其個人資料之隱私及經濟價值為不確定之觀念[1]。實際案例中，侵害行為態樣所及範圍之廣，往往需要確立侵害之要件，亦即個資訴訟之成敗即在於侵害要件之成立與否，且在訴訟程序中勢必各自舉證，大量調閱相關個資文件，然而文件之鑑定報告僅論斷參考[2]，非判決唯一依據，法官應依事證判定事實真偽[3]。職是，探究各國最新個資案例，佐證要件類別與其差異性，分析不同評估準則，對臺灣於個資案例中找尋一平衡點，有實質助益。

第二節　美國法理論與案例

美國於第二次大戰前，政府機關依據1789年制定之管理法[4]（House-keeping Statute），以及1946年制定之行政程序法[5]（Admin-

---

1　曾勝珍，營業秘密案例新探討，嶺東財經法學期刊，第6期，2013年12月，頁9。

2　司法院釋字第507號解釋。查訴訟法上之鑑定為證據方法之一種，而依刑事訴訟法之規定，程式開始進行後，方有鑑定之適用，鑑定人之選任偵查中屬於檢察官，審判中則為法院之職權，縱經被害人提出所謂侵害鑑定報告，檢察官或法院仍應依法調查證據，非可僅憑上開鑑定報告逕行認定犯罪行為。

3　前揭註1，曾勝珍，頁9。

4　Act of Sept. 15, 1789, ch. 14, 1 Stat. 68 [codified as amended at 5 U.S.C. §301 (2006)].

5　Administrative Procedure Act, Pub.L. 79-404, 60 Stat. 237, enacted June 11, 1946.

istrative Procedure Act, APA），並基於戰爭期間之保密需求，普遍拒絕公開政府資訊；然而其管理法對於人民是否有權取得行政資訊或取得資訊之程序，未有明確之規定，此法也一直被行政機關作為限制人民擁有資訊之依據[6]；第二次大戰後，由於記者不滿政府之秘密主義，於1950年由美國新聞編輯協會成立「資訊自由委員會」，並進行一連串研究。順應此潮流趨勢，1966年美國制定資訊自由法[7]（Freedom of Information Act, FOIA），其明文規定除九大事項[8]外，行政資訊以一般性之公開為其指導原則，擴大政府資訊公開之範圍，然而實施後卻未見政府方面積極公開資訊，反與資訊自由法之立法精神不符。資訊的自由使用與交換是人民的基本權利，然而防止營業秘密洩漏，勢必對資訊自由有所限制，以下將介紹電子通訊隱私法、資訊自由法、安全及電子簽章標準之內容及相關案例演進，俾能瞭解法規規範之立法功能及目的。

壹、個人資料保護法

　　如美國馬里蘭州的個人資料保護法（Bill 433）自2008年1月1日

---

5 U.S.C.A. §§ 501.

6　焦興鎧，行政機構資訊之公開及限制——美國現行資訊自由法之研究，政大法學評論第29期，1984年6月，頁97。

7　FOIA, Pub. L. No. 89-559, 80 Stat. 383 (1966) (codified in 5 U.S.C. 552 (2000).

8　不公開之事項，共九類：一、應保密之國家安全或外交政策事項；二、純屬行政機關內部人事行政規則與常規事項；三、依國會立法特別不得公開之事項；四、具有特權性或機密性之貿易秘密與財政資訊；五、行政機關內部間之備忘錄或信函；六、有關私人性質、醫療性質或其他相同性質之檔案資料，其公開侵犯他人之隱私；七、為執法目的所蒐集之調查性檔案紀錄或資訊；八、主管機關有關金融組織之檢查、實際運作及概況之內容或相關資訊；九、有關地質或地理之資訊及程式，包含石油油井之地圖在內。其各項規定之詳細內容，參照周悅儀譯，美國資訊自由法（1986年修正版），外國政府資訊公開法選輯，高寶出版，1995年，頁76。

起生效，保障特定營業的需要，當企業資料涉及顧客個人訊息時，必須要銷毀顧客記錄避免資料外洩，或是企業需要採取特定步驟，以維護資訊保密原則爲前提[9]。

一、立法過程

2013年猶他州及新墨西哥州也通過類似法規，禁止僱用人向求職者要求帳戶密碼進入其社會連繫網路帳戶，同年4月8日，新紐澤西州通過社會媒體隱私法草案（Social Media Privacy Bill），美國其他州也依據「全美各州立法會議」（the National Conference of State Legislatures, NCSL），希冀制定類似法規[10]。猶他州於2013年3月27日繼馬里蘭州、伊利諾州、加州、密西根州後通過社會媒體隱私法，稱爲「網路僱傭隱私法」（the Internet Employment Privacy Act, IEPA），猶他州禁止僱用人跟受雇人或求職者要求提供個人網路資料。同年4月5日新墨西哥州通過草案Bill 371，和前面所提及的五個州規範不同，新墨西哥州猶他州禁止僱用人跟求職者要求提供個人網路資料，但未提及受雇人的部分[11]。

2012年5月2日美國馬里蘭州通過草案Bill 433，使馬里蘭州成爲美國首個明文禁止要求受雇人公開其社會連繫網路帳戶與密碼的州[12]，馬里蘭州的個人資料保護法限制企業擅自使用個人資訊[13]，企

[9] Robert B. McKinney & Anne E. Melley, *Consumer and Borrower Protection,* MD-ENC CONSUMER § 225 (2013).

[10] Joanne Deschenaux, *More States Passing Social Media Privacy Laws*, (Apr. 12, 2013),http://www.parl.gc.ca/About/Parliament/LegislativeSummaries/bills_ls.asp?ls=c12&Parl=41&Ses=1(last visited: 04/02/2015).

[11] *Id.*

[12] Alexander Borman, *Maryland's Social Networking Law: No "Friend" To Employers And Employees*, 9 J. Bus. & Tech. L. 127 (2014).

[13] Md. Code Ann., Com. Law § 4-3502(b) (West 2013).

業不能在未經過當事人同意下，將客戶的個人訊息透漏給第三人[14]，此外還有馬里蘭州的消費者保護法（Maryland's Consumer Protection Act），將使該企業面對民事與刑事兩部分的處分[15]。

二、案例及實務見解

此草案Bill 433的緣由來自於Robert Collins，當他申請馬里蘭州矯正署（Department of Corrections）工作時，先前他剛經歷母親去世因而辭掉上份工作，當他申請這份工作在面試與安全檢查時，面試官要求他必須出示臉書（Facebook）的帳號及密碼，原因是確保他沒有參加任何不良組織或幫派，Collins很希望能擁有這份工作，於是便提供所要求的帳號與密碼，其後他聯繫美國民主自由組織（the American Civil Liberties Union, ACLU），2011年1月25日ACLU組織寄發信件給馬里蘭公共安全與矯正部（the Maryland Department of Public Safety and Correctional Services），希望其要求矯正署停止在做受雇人背景調查時，要當事人提供相關的帳號密碼[16]。

該部門接到信函後立刻展開相關調查，秘書長並於2011年4月6號回覆解釋關於社群網站與僱傭執行的新政策，受雇人在接受面試時可以簽署願意繳交帳戶資料的自願同意書，有別於先前不需要經過受雇人同意，該部門增設條件，即受雇人可以和面試官一同檢視其社群網站，ACLU組織並不滿意這樣的處理結果，事件延燒引發全美國的注意，也是該草案Bill 433產生的緣由[17]。雖然馬里蘭州是第一個通過限

---

[14] Com. Law § 14-3503 (b)(1).

[15] Com. Law § 14-3508. See also Md. Code Ann., Com. Law §§ 13-410, 13-411 (West 2013).

[16] Alexander Borman, *Maryland's Social Networking Law: No "Friend" To Employers And Employees,* 9 J. Bus. & Tech. L. 133 (2014).

[17] Alexander Borman, *Maryland's Social Networking Law: No "Friend" To Employers And Employees*, 9 J. Bus. & Tech. L. 133 (2014).

制僱用人要求受雇人提供社群網站帳號密碼的法令,然而隨後有其他多州也仿照該州制定相關法規。到2013年10月至少有三十六州已經通過或考慮制定該法,規範僱用人不能要求受雇人提供社群網站的帳號密碼[18]。

貳、電子通訊隱私法

美國憲法增修條文第4條規定:「人民有保護他們的人身、住所、文書及財產之權利,以對抗不合理的搜索和扣押,該權利不可被侵犯,非有相當理由,相當理由必須有宣誓書支持,以及特別指出搜索的地點、人或欲扣押之物,否則不得核發令狀。」[19]前述條文係保護人民的人身、房屋、文件及個人財產免於不合理的搜索,而判斷標準在於「相當理由」;美國對於資訊隱私權之保護,與憲法增修條文第4條相關,其與行動電話或通訊相關之處,在於執法機關於犯罪偵察時,可能採取監聽、監視等行為,而此增修條文之目的為保障人民之隱私權不受政府單位不當的侵擾。因憲法條文為法律之基本原則與態度,其訂立時考慮皆為當時之社會環境與科學技術,隨著時代變遷,美國制定了「電子通訊隱私法[20]」(Electronic Communications Privacy Act, ECPA[21])。本法包含電子或以無線電傳達訊息[22],即任何

---

[18] Jessica Holdman, Lawmakers Divided Over Social Media Privacy Legislation, The Bismarck Tribune (Jan. 29, 2013), http://bismarcktribune.com/business/local/ lawmakers-divided-over-social-media-privacy-legislation/article_0b6d0158-6a71- 11e2-a724-0019bb2963f4.html (last visited: 04/08/2015).

[19] 翻譯參考自王兆鵬,搜索扣押與刑事被告的憲法權利,翰蘆圖書出版公司, 2001年,頁10、25。

[20] Electronic Communications Privacy Act (ECPA). Pub. L. No 99-508, 100 Stat. 1848 (1986).

[21] 曾勝珍,智慧財產權論叢,第2輯,五南圖書,2009年初版,頁31-33。

[22] 根據美國民事法典,所謂電子通訊乃包括任何符號、訊號、文字、圖像、聲

經由有線、無線或其他以主機、終端機（接收器）所為之通訊，不只是美國國內跨州及由外國通訊而影響到之國內通訊，甚至與美國有關發生於國外之商業行為。

一、立法過程

　　1986年美國國會通過本法，並規定於民事法典第十八編，為幫助調查犯罪行為，而非針對相關電腦犯罪行為的處罰工具，協助偵查任何有意及未經授權儲存電子資訊通訊方式，但無法起訴未經授權的電腦駭客行為，或是其他利用電腦網路系統行為的犯罪態樣[23]。

　　藉由通訊媒體發達及現代科技工具之盛行，人與人之間的連繫管道，尤其透過電子器材更形快速[24]，ECPA使製造、分配、擁有、廣告、買賣或運送，任何利用電子配制設備，影響或干擾當事人通訊之監視行為，成為聯邦罪刑[25]。

二、案例及實務見解

　　*Olmstead v. United States*一案[26]，乃因聯邦調查局對以Olmstead為

音、資料或是其他思想的表達，而一部或全部經由無線電通訊、收音機、電子圖像而在美國本土或外國商務上之運用，違反此項規定者，便違背ECPA的規定。*Electronic Communications Privacy Act, Legislation*, http://www.justice.gov/jmd/electronic-communications-privacy-act-1986-pl-99-508 (last visited: 03/23/2015).

[23] *Id.*

[24] 早期規範新科技通訊之法令為1968年通過——the Omnibus Crime Control and Safe Streets Act (OCCSSA); Pub. L. No. 90-351, 82 Stat. 197 (1968), 其中第三篇為Ecpa(Sec. 605)對於違法錄音亦構成聯邦罪刑(18 U.S.C. §§1510, 2510-2522, 2701-2709, 3121-3126 (2000)), 對於政府的必要行為有除外規定，本法立法背景亦為維護憲法第4條增修條文的決議（the Fourth Amendment），ECPA禁止利用通訊或是口語連繫，但若經過雙方合意的洩漏則不在此限。

[25] 18 U.S.C. 2511(1)(2000).

[26] *Oimstead v. United States*, 227 U.S. 438 (1928).

首的犯罪組織進行調查之所為，認為該組織可能涉嫌自加拿大走私私酒至美國販賣，違反禁酒法（National Prohibition Act），在無任何許可命令下，聯邦調查局幹員對嫌疑人住所及辦公室之屋外電話線加以竊聽、錄音長達數月，並將錄音內容製成書面內容，並以之為起訴之證據。本案爭點為，透過竊聽而將所獲得之被告電話通話內容加以錄音做為證據，是否被憲法增修條文第4條所允許？聯邦最高法院法官認為執法單位之行為不涉及違憲，認為執法人員未進入嫌犯家中，亦即未侵犯增修條文所保護之「場所」；所竊聽之通話非有體物，亦即非憲法增修條文第4條所保護之「人身、房屋、文件及個人財產」等有體物[27]。法院基於前述，判定該證據有效。

　　Katz v. United States[28]一案乃聯邦調查局幹員於調查賭博案件時，預測被告可能使用之電話亭，並於外安裝監聽錄音裝置，取得被告使用電話通訊之內容，控訴被告利用公用電話傳送賭博資訊至邁阿密及波士頓等地，聯邦地方法院判決有罪。然被告以其隱私權受到侵犯為由上訴，上訴法院認為執法人員安裝竊聽及錄音裝置在電話亭「外」，並未侵入公用電話亭，且公用電話亭為公共場所，非憲法增修條文第4條所規定之「被告所占有之領域」，因為駁回上訴。而後於最高法院之判決，法官認為憲法增修條文第4條所保護之對象為「人」，而非地點，認為無論於家中或公共場所，其隱私皆受到憲法保護；執法單位於公共電話亭之行為視為搜索，未取得搜索狀視之為違法。

　　1967年聯邦最高法院於*Katz v. United States*一案判決，有別於1928年*Olmstead v. United States*一案見解，澈底維護聯邦憲法第4條增

---

[27] 轉引自陳素秋，隱私權意識，教育部人權教育諮詢暨資源中心，2008年3月7日，http://hre.pro.edu.tw/zh.php?m=18&c=470（最後瀏覽日期：2015年5月15日）。

[28] 389 U.S. 347 (1967)，維護憲法第4條增修條文之決議，維護人民住家及財產，並避免不合理的搜索及逮捕，除非有正當理由且針對特定人、地、物，才能約束人民之行動自由或沒入其財產。

表8-1 EEA與ECPA比較表

	EEA	ECPA
行為態樣	不限任何方式，主要為洩漏營業秘密或從事經濟間諜行為者皆可處罰	限制使用電子通訊方式而涉及妨礙他人隱私之行為，不限美國本土或外國商務之使用，但必須經由無線電通訊、收音機或電子頻道

修條文下，維護隱私權的理念。與ECPA有關的案例多半涉及網際網路，本法在網際網路盛行之前已施行通過多年，至今ECPA仍是最直接規範保障網路隱私的法規[29]，表8-1為EEA與ECPA之比較。

參、資訊自由法

1950年至1960年間因為資訊傳遞迅速，促使美國聯邦行政機關能開放而透明，實現「開放政府」（open government）之理念，使得政府部門暨國會議員認為有通過資訊自由法（Freedom of Information Act, FOIA）[30]的必要，此法最重大的意義為在法律層面上建構一個以公開為原則，不公開為例外之政府資訊制度。

一、立法過程

本法於1966年制定後經過數次修正[31]，使聯邦政府較易揭露及取得資訊，並可節省花費。依據本法，為保障資訊自由，較不在意請求

---

[29] Douglas M. Isenberg, The GigaLaw 172, Random House Trade Paperback Ed. (2002).

[30] 曾勝珍，智慧財產權法新觀點，元照出版公司，2012年，頁139-140。

[31] FOIA, Pub. L. No. 89-559, 80 Stat. 383 (1966) (codified in 5 U.S.C. 552 (2000).

權人為誰，而對不能揭露的相關訊息有八項的例外[32]；第4項與營業秘密有關，其中對營業秘密定義比UTSA更為狹窄，有限度保障商業或財務資訊，FOIA希望代理人取得資訊時有相關的限制，但仍希望給予合理的保障，包括運用在司法程序上時。

根據美國資訊自由法的規定，原則上聯邦政府機構在人民依法申請的情況下，必須將其保管或所有之相關資料提供予申請人，不過，如果申請查閱之資料，係屬「營業秘密、商業或金融資訊，且該資料係由個人提供，依法享有特權或屬機密性者」，則不強制聯邦機構將其公開。聯邦機構可依其職權決定是否提供該等營業秘密或機密性資訊予申請人，由於資訊自由法中，並未詳細規定公開機密性資訊前是否應通知原資訊提供者，為此雷根總統乃於1987年發布一項行政命令[33]，就聯邦機構於公開前應踐行之通知程序詳加規定。

二、案例及實務見解

實務上法院適用FOIA解釋營業秘密定義時，比依循UTSA而制定之各州州法要求更為狹隘，如*Public Citizens Health Research Group v. Food & Drug Admin*[34]一案，不適用侵權行為整編對營業秘密的解釋，而採用更為狹窄的定義。適用本法時對系爭資訊、爭點、及產品的製造過程，必須要有更直接的關聯；FOIA亦限定必須為商業或財務方

---

[32] 依據本法，聯邦政府機構在本法規定有九項例外，可拒絕人民請求資訊的權利，而這些資訊多半與營業秘密的保護，或避免造成不正當競爭有關。United States Department of Justice, http://www.usdoj.gov/04foia/index.html(last visited: 03/22/2015).

[33] 此命令乃美國總統就公開機密性商業資料之程序發布之行政命令（President's Order on Disclosure of Confidential Commercial Information），本號命令（Executive Order 12600）於西元1987年6月23日發布，內容頗多，而說明深具參考價值。

[34] 704 F. 2d 1280, 1288 (D.C. Cir. 1983).

面的資訊，如*Nat'l Parks and Conservation Ass' v. Morton*[35]一案，國家公園於進行一項調查研究時，為獲取大量數據，要求政府機關公開大量文件，其中包括了特許經營者所提交之財務資訊，遭到政府機構以涉及營業秘密為由拒絕，因此國家公園提起訴訟。地方法院認同被告之主張，亦即認為這些資訊屬於不予公開之資訊；原告抗告，巡迴法院同意地方法院之判決，但亦認為地方法院須調查披露資訊是否有侵害合法私人企業或政府保密利益之可能性；同時肯定營業秘密資訊對於私人企業之重要性，營業秘密為權利人花費大量成本獲得，一旦公布即可能被競爭對手利用，因而產生鉅額損失。

　　系爭FOIA用語中「有相當利害關係之人」（privileged），通常指傳統上如訴訟代理人及顧客之間的利害關係人[36]，FOIA亦規範代理人當面臨司法審判之需要時，可要求對系爭資料給予相當之限制及合理之保護[37]。以營業秘密或自由通訊法規保障隱私權時，法院會依不當竊取他人財產而造成之損害及當事人所投注之投注成本、預期回收效益加以衡量[38]，表8-2為EEA與FOIA之比較。

---

[35] 498 F. 2d 765 (D.C. Cir. 1974), aff'd in part and rev'd in part, 547 F. 2d 673 (D.C. Cir. 1976)及AT&T Info. System, Inc. v. GSA, 627 F. Supp. 1396 (D.D.C 1986)一案亦有相同見解。

[36] See Anderson v. HHS Dept., 907 F. 2d 936, 945 (10th Cir. 1990). 此案亦確認傳統上，認為文義中「有利害關係之一方」，如為當事人進行訴訟之訴訟代理人，一般指辯護律師。

[37] Exec. Order No. 12.600, 52 Fed. Reg. 23.781 (1987).

[38] Ruckelshaus v. Monsanto Co., 467 U.S. 986, 1020 (1984); Phillip Morris Inc. v. Harshbarger, 159 F. 3d 670 (1st Cir. 1998), 本案中法官先給予暫時禁制令，當州政府認為系爭資料有必要公諸於世時，此外Philip Morris v. Reilly, 312 F. 3d 24, 47 (1st Cir . 2002)一案給予永久禁制令；此類案件特別在於，如化學公司保障其藥品之相關文件資訊，若為訴訟必要而必須公布其相關之程式配方，訴訟代理人針對是否公開其相關資訊時，應特別謹慎衡量對營業秘密所有人造成之危機及秘密洩漏可能導致之損失，此時適用資訊自由法則有其實益。

表8-2　EEA與FOIA的比較

	EEA	FOIA
立法目的	為懲治不法從事經濟間諜行為人或組織，不限臺灣或外國	為使聯邦政府於揭露及取得資料，能降低取得時效及其成本，且為針對美國國內取得資訊行為態樣之立法目的
規範客體	針對自然人或其組織	不論請求人為誰，請求客體為「資訊」

肆、電腦詐欺及濫用法

　　美國實務及學說上皆認為電腦犯罪係指，涉及利用電腦科技知識犯罪之任何違反刑事法律行為，並以此定義架構出美國電腦犯罪之立法[39]。美國於1984年制定電腦詐欺及濫用法（Computer Fraud and Abuse Act, CFAA）[40]，有關於電腦及網際網路的保護，為針對使用電腦或網路犯罪而科以刑責的規定，特別對於惡意的詐欺行為，有別於保障電子資訊的隱私權[41]，對於保存於實體電腦中的資料，亦視為附帶產品而加以保障[42]。

一、立法過程

　　1984年國會通過CFAA，未經授權使用電腦取得財務資訊等秘密

---

[39] 曾勝珍，論我國經濟間諜法立法之必要性——以美國法制為中心，元照出版公司，2007年，頁58-61。

[40] The Computer Fraud and Abuse Act 18 U.S.C. 1030 (2000).

[41] 關於電子商務及網路隱私權的保障，有其他法規加以保護，容後敘述。

[42] David B. Fein and Mark W. Heaphy, *Companies Have Options When Systems Hacked Same technologies that empower corporations can expose vital proprietary information*, 27 Conn. L. Trib. 5 (Oct. 15, 2001).

之行為會被科予刑責，所謂資訊，包括顧客的信用額度，或是防禦系統上的相關資訊，皆構成犯罪的客體。CFAA立法後，使用電腦詐欺或侵權行為形成跨州間貿易買賣，聯邦刑責規範態樣[43]。CFAA是第一宗防禦電子商務及金融機構犯罪型態之法案，但不包括日益增多的電腦商業間諜[44]。

本法使得利用電腦詐欺或濫用的行為成為聯邦的罪刑，依據本法可要求民事損害賠償，CFAA使未經授權或是越權進入電腦成為違法的行為[45]，實務上對本法的需求十分明顯，近年來網路駭客透過電腦硬體儲存資料，如電腦駭客進入儲存有關美國運通卡（American Express）及萬事達卡（Visa and MasterCard）800萬客戶的電腦中竊取資料[46]，對業者造成莫大威脅。

本法於1994年修正，針對竊取聯邦電腦資訊營利或詐欺行為，即未得到授權或越權而進入連接器，或蓄意破壞電腦程式、資訊、密碼或提示，傷害電腦內容儲存相關資料的活動。CFAA使聯邦政府起訴電腦犯罪，或不經過授權利用電腦為工具，藉此獲取他人機密、財務、客戶相關資料，CFAA使其利用電腦從事詐欺或侵入行為，無論於各州州內或跨州，特別針對電子商務事業，且利用電腦從事經濟間諜行為者，給予有效制裁[47]。

---

[43] *Id.*

[44] 事實上，除此之外，商業間諜遍布於各種企業及工業。*Id.*

[45] Computer Fraud and Abuse Act, Pub. L. No. 98-473, 98 Stat. 2190 (1984) (as codified in 18 U.S.C. 1030 (2000)).

[46] Fred katayama, *Hacker hits up to 8M credit cards, Secret Service and FBI probe security breach of Visa, MasterCard, Amex and Discover card accounts*, CNN MONEY, http://money.cnn.com/2003/02/18/technology/creditcards/ (last visited: 03/21/2015).

[47] Computer Fraud And Abuse Act Reform, ELECTROCIAL FRONTIER FOUNDATION, ttps://www.eff.org/issues/cfaa (last visited: 03/22/2015).

二、案例及實務見解

2003年美國華盛頓州的*Pacific Aerospace & Electronics, inc. v. Edward Taylor*[48]一案，關於顧客及研發資料的保密性，原告（僱用人）提出對離職員工及其新任職公司違反CFAA，不當洩漏其營業秘密，破壞保密契約之訴訟。本案主要涉及CFAA民事求償法令部分[49]，原告為Pacific Aerospace & Electronic, Inc.（簡稱PAE），設計及製造為商業用途及軍事用途，於外太空探險及防禦系統，具高敏感度的電子相關配備，被告Edward Taylor（簡稱Taylor）自1991年7月1日至2002年8月22日任職於此公司。

Taylor因為工作緣故對於所有發明及銷售相關資訊皆十分清楚，並因其職位之故有機會接觸PAE所有秘密資訊，包括技術、商業發展、顧客名單……等資料，資料雖被儲存在電腦檔案中，但Taylor有密碼及獲許進入之捷徑方法，本案中其他涉案之數名被告，亦任職於PAE或與被告等人為配偶關係，被告等人離職後轉任職於Raad科技公司，因此原告以被告違反聯邦法規CFAA，法院提出告訴，除了向被告求償並禁止其行為。

本案中被告辯稱原告之主張並不在CFAA的管轄權範圍之內，且因缺乏聯邦管轄權而不應被法院接受，然而本案判決法院並不接受此論點，認為CFAA可有效防阻日漸猖獗之電腦犯罪，即使以判例法的精神，僱用人依CFAA提出對離職員工之民事賠償請求，實為可行；本案法官並以另一案*Shurgard Storage Centers, Inc. v. Safeguard Self Storage, Inc.*[50]強調其論點。

---

[48] Pacific Aerospace & Electronics, inc. v. Edward Taylor, Kristen Taylor, James Petri, Raad Technologies, 2003 WL 23100804, No. Cs-02-0412-AAM (2003/6/20).

[49] 18 U.S.C.A. §1030.

[50] 119 F. Supp. 2d 1121(W.D. Wash. 2000)明確指出1994年修正之本法乃為擴張原法規之範圍，使未經授權之資訊或程式盜用可請求民事賠償。

　　另一案*EF Cultural Travel BV, EF v. Explorica, Inc.*[51]則確認未經授權進入原告的電腦資料庫亦違反本法，本案被告利用離職員工竊盜其競爭對手（即原告）之所有業務相關資料，因此聯邦第一巡迴法院同意一審法院的見解，認為對程式本身的使用並未傷害原告之電腦系統，然而因為未經授權的進入（unauthorized access）仍牴觸CFAA，因為被告所研發之程式的有效性乃完全依賴於原告之離職員工，藉由其竊取原告秘密資訊所得的結果，而相關資訊應被原告公司與離職員工所簽立保密契約書所保護，因此就算離職員工利用合法管道破解進入原告資料庫的密碼，仍是未經授權的行為，同時本案亦確認CFAA中科處當事人的賠償責任，不僅包括對於電腦軟體實際的價值，電腦資料庫遭駭客侵入而導致的損失，及所有與其未經授權的進入行為相關的損害皆可請求，表8-3為EEA與CFAA比較表。

表8-3　EEA與CFAA比較表

	EEA	CFAA
犯罪態樣	不限定犯罪行為人以何種方式獲取秘密資訊	限定使用電腦或網路犯罪的行為，為保障電子資訊的隱私權
救濟方法	當事人可以與民事損害賠償或聯邦政府對行為人處與財產刑或自由刑，遏止其犯罪行為	當行為人未經授權而進入電腦資料庫時，被害人可請求民事賠償

---

[51] *EF Cultural Travel BV, EF v. Explorica, Inc.*, 274 F. 3d 577 (1st Cir. 2001).

第三節　加拿大法理論與案例

　　美國與電子商務最有關的立法當屬1996年電子商務模範法（Model Law on Electronic Commerce）[52]，此法乃爲解決經濟復甦與國際貿易，改善美國金融，此後被數個國家採用[53]，如加拿大統一電子商務法（Uniform Electronic Commerce Act），也影響加拿大聯邦法，如個人資料保護與電子文件法的制定。

　　加拿大有關隱私和個資保障的立法及最新演進，1988年最高法院在*R. v. Dyment*[54]案中，確認資訊隱私保護屬於憲法保障的範圍，此案法官LaForest J引用加拿大通訊司法局（the Department of Communications and Justice）的報告（Report of the Task Force on Privacy and Computers），認爲所有私人資訊與其期待皆屬可以受保護的秘密內容[55]，1995年*Madame Justice L'Heureux-Dube's dissent in R. v. O'Connor*案[56]再度指出個人資訊屬於憲法保障的權利[57]。

---

[52] UNCITRAL Model Law on Electronic Commerce (1996) with additional article 5 bis as adopted in 1998,United Nations Commission on International Trade,UNCITRAL,Law,http://www.uncitral.org/uncitral/en/uncitral_texts/electronic_commerce/1996Model.html (last visited: 03/25/2015).

[53] BLG, Consolidated E-Commerce Statutes,Part I - Electronic Commerce,BLG-EComStat BLGELECCOMMINTROPT1,Thomson Reuters Canada Limited.,https://web2.westlaw.com/find/default.wl?cite=BLG-EComStat+BLGELECCOMMINTROPT1&findjuris=00001&rs=WLW15.01&vr=2.0&rp=%2ffind%2fdefault.wl&sv=Split&fn=_top&mt=314 (last visited: 03/25/2015).

[54] *R. v. Dyment*, [1988] s. C.R. 417 (S.C.C.).

[55] *R. v. Dyment*, [1988] s. C.R. 417 (S.C.C.) at para. 222.

[56] *Madame Justice L'Heureux-Dube's dissent in R. v. O'Connor* (1995), [1996] 2 W.W.R. 153, [1995] 4 s. C.R. 411, 44 C.R. (4th) 1, 103 C.C.C. (3d) 1, 130 D.L.R. (4th) 235, 191 N.R. 1.

[57] Andrew B. Ulmer, *I.Media Law, D.Invasion of Privacy*, Media, Advertising, & Entertainment Law Throughout the World § 6: 17 (2013).

壹、個人資料保護與電子文件法

2012年最高法院在*R. v. Cole*案[58]指出，任何人都不應有被窺探隱私的恐懼，政府亦應維持人民保護其資訊安全的合理性。聯邦立法如隱私法（the Privacy Act）[59]乃為擴大保障現行法在個人隱私至個人資訊間的範圍，確保無論是政府部門或個人皆無法任意接觸與使用他人的個人資訊與隱私。此外聯邦法尚有2000年5月1日通過的「個人資料保護與電子文件法」（the Personal Information Protection and Electronic Documents Act, PIPEDA）[60]，聯邦政府立法有關電子商務與私人間資訊交換的規範。

Bill C-12在2011年的9月29日由加拿大工業提交國會討論，先前在2011年3月26日的第四十屆議會程序中，原來的Bill C-29沒有通過[61]，Bill C-12全名「個人資料保護與電子文件法之增修版」（An Act to amend the Personal Information Protection and Electronic Documents Act）（簡稱Safeguarding Canadians' Personal Information Act）乃之前PIPEDA的補充增修版本，PIPEDA一直是加拿大最主要的聯邦法規，規範私人間的隱私權保障。PIPEDA主要適用在私人或企業在進行商業行為時，使用或揭露私人的個人資訊時，所應適用的範圍與準則，而Bill C-12則包括[62]：1.保障與授權消費者的範圍；2.釐清企業

---

[58] See R. v. Cole, 2012 SCC 53.

[59] Privacy Act, R.S., 1985, c. P-21, s. 2.

[60] Personal Information Protection and Electronic Documents Act, s. C. 2000, c. 5.

[61] Legislative Summary of Bill C-12: An Act to amend the Personal Information Protection and Electronic Documents Act, PARLIAMENT of CANADA, http://www.parl.gc.ca/About/Parliament/LegislativeSummaries/bills_ls.asp?ls=c12&Parl=41&Ses=1 (last visited: 03/22/2015).

[62] Legislative Summary of Bill C-12: An Act to amend the Personal Information Protection and Electronic Documents Act, PARLIAMENT of CANADA, http://www.parl.gc.ca/About/Parliament/LegislativeSummaries/bills_

運作模式與途徑；3.確保法律執行的效率與代理人的保密義務；4.修正潤飾原先PIPEDA中的用語與辭彙。

　　PIPEDA適用的區域不僅是聯邦層次，還包括加拿大各省可以選擇適用，除非該省有屬於自己的個資法，2010年7月9日聯邦法院針對PIPEDA中的商業活動，如安大略省在醫療健保方面有自行規定的法規，限定病患資料外洩，PIPEDA適用除醫療資訊此部分以外其他的區域[63]。負責PIPEDA法令執行的部門是加拿大隱私委員會（the Office of the Privacy Commissioner of Canada），該委員會處理來自各界有關於個人資訊洩漏的投訴，雖然該委員會不能夠做出最後具備法律效力的決定，該委員會設置有調解與仲裁機構以解決此類爭端與糾紛，當事人之後可向聯邦法院提起訴訟[64]；此委員會可觀察各部門間使用個人資訊的情形，考量公共利益之下資訊可以公開的例外，涉及國際或跨州貿易時可制定契約規範個人資訊的保障。

貳、案例及實務見解

　　其他如Alberta省、British Columbia省、 Quebec省皆通過類似PIPEDA的法令，內容有關個人資訊蒐集、使用、公開等規定[65]，2011年6月2日提出Bill C-12草案提出一讀後，2013年9月13日立法歷

---

ls.asp?ls=c12&Parl=41&Ses=1 (last visited: 03/22/2015). *Id.*

[63] Legislative Summary of Bill C-12: An Act to amend the Personal Information Protection and Electronic Documents Act, PARLIAMENT of CANADA, http://www.parl.gc.ca/About/Parliament/LegislativeSummaries/bills_ls.asp?ls=c12&Parl=41&Ses=1 (last visited: 03/22/2015). *Id.*

[64] *Id.*

[65] Alberta省，Personal Information Protection Act, s. A. 2003, c. P-6.5. British Columbia省，Personal Information Protection Act, s. B.C. 2003, c.63. Quebec省，Protection of personal information in the private sector, an Act respecting the, R.S.Q. c. P-39. 1.

史資料仍未更新至今[66]，加拿大各省有各自的立法委員會與程序，各省之間有各自的考量與重點，1996年British Columbia省在*Corlett-Lockyer v. Stephens* 案[67]，2012年Ontario省上訴法院在*Jones v. Tsige* 案[68]，皆判決認為洩漏個人資訊屬於干預他人隱私。

Bill C-12草案重新定義對所謂的個人資訊，指出個人資訊不能夠被使用到商業行為的聯繫行為，也將個人資訊的使用擴大到聯邦營業，而不僅僅是限制受雇人資料不能外流[69]，此草案也擴大解釋收集個人資訊的管道與方法，包括如何使用及未經允許的公開如何處罰[70]，當政府部門有合理理由時不需取得當事人同意，公司或機構可以將個人資料公開給政府部門，如涉及契約詐欺，或有懷疑與偵測的可能時，為了達到偵查結果此等情狀不必告知當事人[71]，擴大可以公開且不必取得當事人同意的組織種類和範圍。

個人資料保護與電子文件和電子通訊法（The Personal Information Protection and Electronic Documents Act and the Telecommunications Act）[72]，規範有關現代化3C電子產品的使用，使得個人資料的散布與傳遞更加便利快速，包括商業電子訊息（commercial electronic messages, CEMs）的寄送，然而必須取得收件人的同意（如圖8-1），電子商務盛行的時代，此法提供另一層保障[73]。

---

[66] Legislative Summary of Bill C-12: An Act to amend the Personal Information Protection and Electronic Documents Act, PARLIAMENT of CANADA, http://www.parl.gc.ca/About/Parliament/LegislativeSummaries/bills_ls.asp?ls=c12&Parl=41&Ses=1 (last visited: 03/22/2015).

[67] *Corlett-Lockyer v. Stephens*, [1996] B.C.J. No. 857.

[68] *Jones v. Tsige*, 2012 ONCA 32.

[69] Bill C-12,Definitions and Application (Clauses 2 to 4).

[70] Bill C-12,Definitions and Application (Clauses 6).

[71] Sec.7(3) of PIPEDA .

[72] S.C. 2010, c. 23.

[73] BLG, Consolidated E-Commerce Statutes,Part IX - Regulated Internet Conduct,

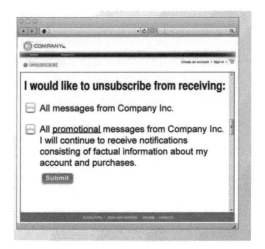

圖8-1[74]　商業電子訊息取得收件人同意

圖8-2[75]　自願接收促銷產品郵件之名單

BLG-EComStat 432156413001, Ottawa, 10 October 2012, https://web2.westlaw. com/find/default.wl?cite=BLG-EComStat+%5bSI81000-2-1795%5d&findjuri s=00001&rs=WLW15.01&vr=2.0&rp=%2ffind%2fdefault.wl&sv=Split&fn=_ top&mt=314 (last visited: 03/30/2015).

[74] *Id.*

[75] *Id.*

電子裝置的按鈕（toggling）被用來做爲彈跳同意方能退出（OPT-OUT consent）的開關，然而並不符合此法中必須要取得當事人明示同意的規定，自願接收促銷產品郵件的名單（OPT-IN）（如圖8-2）可以被視爲取得當事人明示同意的規定[76]，因爲OPT-IN是自願接受和和前述OPT-OUT，OPT-OUT被視爲同意必須按下按鈕才能退出不同（如圖8-3）。

圖8-3[77]　視爲同意必須按下按鈕才能退出

---

[76] BLG, Consolidated E-Commerce Statutes,Part IX - Regulated Internet Conduct, BLG-EComStat 336159399001, https://web2.westlaw.com/result/default.wl?ss=CXT&mt=314&tc=6&tf=507&rlt=CLID_FQRLT78226404219253&scxt=WL&service=Find&fmqv=c&rp=%2fFind%2fdefault.wl&nstartlistitem=1&fcl=True&vr=2.0&cxt=RL&rlti=1&sv=Split&fn=_top&cite=BLG-EComStat+336159399001+&rs=WLW15.01 (last visited: 04/03/2015).

[77] BLG, Consolidated E-Commerce Statutes,Part IX - Regulated Internet Conduct, BLG-EComStat 336159399001, https://web2.westlaw.com/result/default.wl?ss=CXT&mt=314&tc=6&tf=507&rlt=CLID_FQRLT78226404219253&scxt=WL&service=Find&fmqv=c&rp=%2fFind%2fdefault.wl&nstartlistitem=1&fcl=True&vr=2.0&cxt=RL&rlti=1&sv=Split&fn=_top&cite=BLG-EComStat+336159399001+&rs=WLW15.01 (last visited: 04/03/2015).

44

　　日本的經驗可以使加拿大借鏡檢視是否適用，在日本已憑智慧型手機與電子錢包的結合，達到高度生活便利化的理想，由Near-field Communication（NFC）[78]此科技所演化，目前這樣的生活在加拿大尚未實施，電子化最大的問題乃是有關個人隱私與個人資料洩漏的危機[79]，因為要讓電子資訊達到便利生活，科技必須個人資料緊密結合，才能夠達成訂票、購物、繳費……等需求，但因為如此環環相扣，當中涉及的任何一機構都有可能造成個人資料外洩，影響當事人權益。NFC技術與電子錢包呈現了科技更新的議題，讀卡的速度超級快速增加交易的便捷，對非現今交易模式晶片經驗更上層樓，然而隱私權的保護是加拿大是否能接納與採用NFC技術的關鍵。

　　溯及二次大戰用音波辨識途徑的技術，現今是將此技術應用在一般的工業及社會需求，如裝置定位在生物體上或新興發明物，觀察其行蹤與物體變化，同樣地，也可以用在追蹤自然人個人的行蹤[80]，現今技術將晶片體積縮小到比一粒鹽還小，因此有另外的暱稱──聰明的灰塵。

---

[78] 近場通訊（英語：Near-field Communication, NFC），又稱近距離無線通訊，是一種短距離的高頻無線通訊技術，允許電子裝置之間進行非接觸式點對點資料傳輸，在10公分（3.9英吋）內交換資料。這個技術由非接觸式射頻識別（RFID）演變而來。維基百科，http://zh.wikipedia.org/wiki/%E8%BF%91%E5%A0%B4%E9%80%9A%E8%A8%8A（最後瀏覽日期：2015年4月10日）。

[79] Allan Richarz, *Near-Field Communication Technology: Regulatory and Legal Recommendations for Embracing the NFC Revolution*, 12 Can.J.L.&Tech. 28 (2014).

[80] Kashmir Hill, *Court Rejecting Texas Student's Opposition To RFID Tracker Not As Outrageous As It Seems Forbes* (9 January 2013), http://www.forbes.com/sites/kashmirhill/2013/01/09/court-rejecting-texas-students-opposition-to-rfid-tracker-not-as-outrageous-as-it-seems/ (last visited: 04/12/2015).

第四節　本國案例

壹、口湖郵局案

　　賴○誠爲中華郵政公司口湖郵局員工，因其母賴○快與王○林有土地登記及地上權設定契約書之因素，賴○誠未經王○林之同意，竟基於非法蒐集個人資料之犯意，民國（以下同）102年10月25日下午在口湖郵局內，利用其職務之便，使用該局之電腦設備，查得王○林之郵局帳號後，於同月30日代其不知情之母親賴○快匯款新臺幣166,979元至王○林之郵局帳戶內，欲營造地上權設定之告訴人王○林已爲受領證明之目的，並寄發存證信函予王○林，因違反個資法案件經檢察官提起公訴[81]。

一、本案爭點

　　原告主張被告違反個人資料保護法第41條第1項之犯行，但被告辯稱起訴書未列原告所受的損害及事實，僅有收受匯款166,979元之事實，與起訴書所載違反個人資料保護法第41條第1項之規定足生損害於他人者顯不相符；其已提供102年10月25日鹽水地政鹽登字第73110號土地登記申請書影本爲證，依土地法第34條之1規定辦理地上權設定登記，已符合個人資料保護法第19條第1項第2款「與當事人有契約或類似契約之關係」；依土地法第34條之1第3項規定「第1項共有人於爲權利變更登記時，並應提出他共有人已爲受領或爲其提存之證明」，被告若提存法院，告訴人若不同意則款項將歸入國庫，豈非不利告訴人。

---

[81] 參見臺灣雲林地方法院檢察署檢察官103年度偵字第3158號

二、法院判決

一審判決[82]，賴○誠違反個人資料保護法第41條第1項之非公務機關非法蒐集個人資料罪，科罰金新臺幣3萬元，如易服勞役，以新臺幣1,000元折算1日。被告不服上訴，二審判決[83]，上訴駁回。判決理由如下：

（一）個人資料保護法第41條規定，所謂足生損害，以有損害之虞爲已足，不以實際發生損害爲要件，被告所爲已損害到原告個人資料之「隱私權」及其「人格權」。

（二）依刑法第57條各款所列事項審酌量處罰金新臺幣3萬元，並諭知易服勞役之折算標準，個資法第28、29條有關損害賠償部分，與刑事科刑無關，無法相提並論，依法本刑爲2年以下有期徒刑、拘役或科或併科新臺幣20萬元以下罰金，科刑已從輕。

三、案件評析

個人資料保護法第41條第1項之規定足生損害於他人者，其損害範圍非僅實際損失，亦包含隱私權及人格權之侵害，自由民主憲政秩序之核心價值乃「維護人性尊嚴與尊重人格自由發展」；大法官釋字第585號解釋載明隱私權爲受憲法第22條所保障之權利，大法官釋字第603號解釋認爲，基於人性尊嚴與個人主體性之維護及人格發展之完整，並爲保障個人生活私密領域免於他人侵擾及個人資料之自主控制，隱私權乃爲不可或缺之基本權利。個人資料保護法第1條「爲規範個人資料之蒐集、處理及利用，以避免人格權受侵害，並促進個人資料之合理利用」，可知個人資料屬隱私權，亦屬民法第195條規定

82　參見臺灣雲林地方法院103年度易字第491號刑事判決。

83　參見臺灣高等法院臺南分院104年度上易字第100號刑事判決。

所明定人格權之一種。

如臺南地方法院102年度簡字第1199號刑事判決，臺南某社區地下停車場使用爭議，被告於臉書（Facebook）網頁，公開發表原告人之姓名及住所照片等個人資料，並於網頁中發文誹謗原告，法院判決處拘役40日，如易科罰金，以新臺幣1,000元折算1日。又如臺北某社區住戶間因社區修水塔導致住家漏水事件，被告即以傳真函文公開原告個人資料之方式，散布毀損原告名譽之文字，法院認定被告除犯個人資料保護法第41條第1項之非公務機關未於蒐集特定目的必要範圍內利用個人資料罪，亦獨犯刑法第310條第2項加重誹謗罪，法院判處被告有期徒刑2月，及易科罰金。

個人之人格權及隱私權，係包含在個人資料內，唯受侵害之損失，依據民法之損害賠償或依個人資料保護法之損害賠償，端看訴訟之要件依據。本案被告未經原告同意即取得其郵局帳號，視為侵害原告之隱私權侵害；被告為其母匯款至原告帳戶，即為侵害原告之個人資料隱私權，且該債權債務關係僅存在被告之母與原告間；原告之郵局帳號應為個人資料保護法第2條第1款所定之個人資料，而被告亦屬該法條第8款所定之非公務機關，被告未經原告同意取得其郵局帳號，顯已違反個人資料保護法第19條第1項所定之非公務機關蒐集個人資料之要件。

貳、雅虎奇摩案

王○成於民國（以下同）102年12月29日，在雅虎奇摩拍賣網站拍賣手機，吳○潔得標後，王○成依約將該手機郵寄與吳女，因吳女認為網站所刊登之商品不符，要求王○成退費並在網站給予負面評價，王○成對此深表不滿，竟基於公然侮辱之犯意，於103年1月20日，在雅虎奇摩拍賣網站之不特定多數人得共見共聞之個人網頁評價區，刊登吳女是差勁買家等訊息辱罵吳女，且在同一網頁上，張貼吳姓名及使用之行動電話等資訊，公開供不特定人瀏覽，因違反個人資

料保護法案經檢察官提起公訴。

一、本案爭點

吳女認為王○成所為涉犯刑法第309條第1項之公然侮辱罪嫌及個人資料保護法第41條第1項之違反同法第20條第1項之非公務機關未於蒐集之特定目的必要範圍內利用個人資料罪嫌，因違反個人資料保護法案經檢察官提起公訴。

二、法院判決

一審判決[84]公訴不受理，檢方不服再次聲請簡易判決。簡易判決[85]被告犯個人資料保護法第41條第1項之非公務機關未於蒐集特定目的必要範圍內利用個人資料罪，處拘役20日，如易科罰金，以新臺幣1,000元折算1日。判決理由如下：

（一）被告係犯刑法第309條第1項公然侮辱罪、刑法第310條第2項之加重誹謗罪及個人資料保護法第41條第1項之非公務機關未於蒐集特定目的必要範圍內利用個人資料罪。又被告以一接續行為而觸犯數罪名，為異種想像競合犯，應依刑法第55條規定，從情節較重之非公務機關未於蒐集特定目的必要範圍內利用個人資料罪處斷。

（二）被告明知現今網路無遠弗屆，不特定大眾取得資訊極為容易，竟仍以網路散布關於告訴人吳女之個人資料及詆毀其名譽之情事，絲毫未考慮此種手段所產生之影響力及傳播力遠較一般誹謗行為來的廣泛深遠，因與原告之妹於網路購物存有糾紛，而於其網路賣場之評價網頁上，張貼貶低告訴人格名譽之侮辱性及誹謗性文字，被告並非公務機關且未於蒐集特定目的必要範圍內，而於該網頁留有告訴人地址及聯絡電話，所為實屬不該。

---

84 參見臺灣嘉義地方法院103年度易字第488號刑事判決。
85 參見臺灣嘉義地方法院104年度嘉簡字第328號刑事簡易判決。

三、案件評析

網路購物消費糾紛頻傳，除個人資料易遭受不法之徒覬覦外，更需擔憂個人資料被另作他用，或成為雙方糾紛之報復工具。如臺中地方法院102年易字第317號刑事判決，臺中某男與被告因為妨害家庭、婚姻及墮胎等案件，互有糾葛爭執，被告因而在Facebook及無名小站內，化名上傳刊登損害原告名譽之不當文字，並洩露原告之個人資料。法院認為Facebook與無名小站均為不特定多數人得共聞共見之網路平台，而被告所上傳刊登於網站內之文字，均足以毀損告訴人之名譽，犯刑法第310條第2項加重誹謗罪。其又洩露告訴人個人資料，違反個人資料保護法第19條、第41條洩露他人應秘密個人資料罪。

茲因加重誹謗罪及洩露他人秘密個人資料罪，屬告訴乃論，本案被告於一審判決時因已與原告調解成立，因此法院不受理公訴案，但基於個人資料保護第41條第1項之非公務機關未於蒐集特定目的必要範圍內利用個人資料罪屬公訴，因而聲請再訴判決成立。

參、富邦銀行案

林○勝於民國（以下同）88年間向安泰人壽職員褚○雯購買保險，褚女未經其同意即恣意使用其個資，不斷撥打電話找其配偶，亦至其工作場所或吃飯地點不出聲騷擾，令林○勝心生恐懼，迄至八年前才停止；安泰保險公司與富邦人壽保險股份有限公司合併後，林○勝遂向富邦人壽公司申訴部主管劉○邦要求刪除其個資。

一、本案爭點

原告主張要求刪除其個資外，並要求損害賠償。被告劉○邦及富邦人壽公司未對褚女盡管理之責，致其隱私權受有損害，且未理會要求刪除個資之申訴，亦未盡個人資料保護法之義務，保護其個資。

被告辯稱原告無法舉證褚女自88年起以信件、電話，甚至透過家

人之方式騷擾原告，且原告向富邦人壽公司所投保之契約現仍屬有效契約，若逕自刪除原告個人資料將造成履行契約困難，因此劉○邦及富邦人壽公司無法刪除原告個資，原告稱其不處理刪除個資之申訴，顯非事實；原告所主張之情事，依民法第144條第1項規定，已逾時效，無給付賠償之理由。

二、法院判決

　　一審判決[86]原告之訴駁回。原告不服提出聲請補充判決，裁定[87]聲請駁回。原告不服裁定，聲請抗告，高等法院裁定[88]原裁定廢棄，另一裁定[89]抗告駁回。判決理由如下：

（一）原告主張褚女有以電話或至工作場所騷擾之行為係自88年間起發生，且已於八年前終止，卻遲至102年11月8日始提起訴訟請求損害賠償，依民法第144條第1項規定，按時效完成後，債務人得拒絕給付；且原告未能證明褚女有何騷擾之情事。

（二）原告依據侵權行為之法律關係，請求被告各應給付原告33萬元，及自起訴狀繕本送達之翌日起至清償日止，按年息4%計算之利息，為無理由，應予駁回。

　　抗告駁回理由如下：

（一）原告以褚○雯侵害其隱私權、劉○邦、富邦人壽公司未善盡管理之責為由，請求其等應各賠償新臺幣33萬元，然原告主張之

---

[86] 參見臺灣臺北地方法院102年度訴字第4929號民事判決。

[87] 參見臺灣臺北地方法院102年度訴字第4929號民事裁定（判決日期：2014年6月20日、11月17日）。

[88] 參見臺灣高等法院103年度抗字第1213號民事裁定。

[89] 參見臺灣高等法院103年度抗字第2101號民事裁定。

侵權行為事實存在其等之間，實與金管會、臺北市財政局消保官無涉，難認金管會、臺北市財政局消保官就本件訴訟有何法律上之利害關係存在。

（二）判決主文之理由，僅論述抗告人聲明第1項之請求不符合侵權行為之要件，而就抗告人聲明第2、3項之請求，則完全未論述其理由，抗告人聲請補充判決，核屬有據，發回原法院另為妥適之處理。

（三）抗告人以相對人褚女侵害其隱私權，劉○邦、富邦人壽公司未善盡管理之責為由，訴請其等應各賠償抗告人新臺幣33萬元，並聲請告知金管會及消保官參加訴訟，然抗告人所主張之侵權行為事實乃存在於其與相對人之間，與金管會、臺北市財政局消保官無涉，難認金管會、臺北市財政局消保官將因抗告人受敗訴判決而有何法律上之利害關係，抗告人聲請告知金管會、臺北市財政局消保官參加訴訟，自非有據。原裁定駁回其聲請，核無違誤。

三、案件評析

隱私權之侵犯，因侵權行為所生之損害而有損害賠償請求權，例如臺中地方法院102年度豐簡字第164號民事判決，臺中豐原長億康僑社區現任主委，未經原告同意逕行將兩名原告與前保全公司民事訴訟之作證筆錄，公布於社區布告欄，筆錄上載有原告之出生日期、身分證號、住址等資料，侵害原告之隱私權，法院判決被告應賠償兩名原告各5,000元。而損害賠償請求權，自請求權人知有損害及賠償義務人時起，二年間不行使而消滅。自有侵權行為時起，逾十年者亦同，復為民法第197條第1項所規定。本案原告於知悉侵權行為後，已逾追溯時效才提起訴訟，無法求償；而依個資法第11條第3項規定，當事人有權要求刪除其個人資料，然原告之契約尚未失效，富邦人壽自無法刪除其個人資料。

肆、李聖傑之妹案

　　原告為李聖傑（國內著名歌手）之妹，被告與李聖傑交往生子事件於民國（下同）102年7月24日經媒體報導曝光，頓時成為當時最熱門之新聞，雖最終證明被告所生小孩並非李聖傑親生子，然被告於此期間將私下拍攝之原告及父母照片交付媒體公布於時報週刊第851期、蘋果日報網路版、蘋果即時新聞、年代新聞報導及YOUTUBE網站上，致原告無端被捲入此轟動社會之事件，並受到親友、鄰居冷言冷語相待甚至揶揄取笑，造成原告嚴重精神傷害，名譽受損，被告所為顯已侵害原告個人資料及肖像權、名譽權。

一、本案爭點

　　原告主張被告所拍攝之照片已侵害其個人資料及肖像權、名譽權。被告辯稱，系爭照片非屬個資法所規定之個人資料範圍，且供委任律師瞭解案情，並不知情律師會將之用以召開記者會，並刊登於相關報導，被告並無利用原告個人資料之行為，況被告當時係在生子疑雲未解之情況下，為捍衛自身權益而利用系爭照片召開記者會，亦未逾特定目的之必要範圍。又照片中，原告帶有口罩，他人無從輕易自該照片辨別原告，且原告並非本件未婚生子事件之當事人，自無因此受外人嘲弄而受有精神損害可言。本案爭點亦即：被告利用系爭照片行為是否違反個資法不法利用個資規定？

二、法院判決

　　一審判決[90]被告應給付原告新臺幣1萬元，及自103年8月12日起至清償日止，按年息5%計算之利息。被告不服提起上訴，二審判決[91]上訴駁回。判決理由如下：

---

[90] 參見臺灣高雄地方法院103年度訴字第1596號民事判決。

[91] 參見臺灣高等法院高雄分院103年度上易字第416號民事判決。

（一）原告雖戴口罩，然依系爭照片旁加註「蔡女出示李聖傑妹妹探視小孩照片」等字樣，已足使他人識別被上訴人身分。

（二）被告辯以應所委任律師之要求瞭解案情始提供照片，不知律師用以召開記者會，按律師法第28條規定，律師受託處理事務，依法對於委託人不得有蒙蔽或欺誘之行為，且如未經當事人同意或允諾，律師衡情無擅作主張召開記者會並提供相關照片之理。被告既提供照片供律師召開記者會，當預見媒體會加以援用報導，足以證明被告利用該個人資料（系爭照片）之意思與行為甚明。

（三）次按個人資料之蒐集、處理或利用，應尊重當事人之權益，被告既非公眾人物，與原告、李聖傑間爭端無關，記者會召開前，既透過鑑定方式確認上訴人所生子之生父是否為李聖傑，於鑑定結果未出之前，將非公眾人物之原告相片交付媒體使用，被告利用行為自屬不法「利用」原告個資。

（四）被告行為既經認定違反個資法第5條、第20條第1項前段規定，侵害原告個人資料權益，則原告依個資法第29條第1項規定請求損害賠償，惟審酌被告在單一記者會公布照片之利用行為，屬一次事件，利用行為之方式、手段及目的，原告所受侵害之程度，及雙方學歷、兩造社會地位、經濟狀況等情，認原告請求非財產上損害賠償以1萬元為適當。

三、案件評析

（一）個人資料之蒐集、處理或利用，應尊重當事人之權益，依誠實及信用方法為之，不得逾越特定目的之必要範圍，並應與蒐集之目的具有正當合理之關聯；非公務機關對個人資料之利用，並應於蒐集之特定目的必要範圍內為之，個資法第5條、第20條第1項前段分別定有明文。本案系爭照片為原告至醫院探視小孩時所拍，雖經原告同意拍攝，但其目的僅單純基於個人或家庭活動目的而為，無從預見照片會遭被告用以供其與李聖傑

間爭端之用，亦即被告未徵原告同意而爲利用，即與蒐集目的不具正當合理關聯，且違特定目的。

（二）個資損害賠償：個資法第29條第2項適用同法第28條第2、3項規定：「被害人雖非財產上之損害，亦得請求賠償相當之金額；其名譽被侵害者，並得請求爲回復名譽之適當處分。依前二項情形，如被害人不易或不能證明其實際損害額時，得請求法院依侵害情節，以每人每一事件五百元以上二萬元以下計算。」如新北地方法院103年度訴字第1304號民事判決，原告委請裝修公司爲其房屋進行裝修，後因工程延誤、帳目不清，原告拒絕付款，被告公司員工至原告住處樓下之人行道邊，高舉載有原告姓名及使人誤認原告惡意積欠款項等字樣，侵犯原告之名譽權及隱私權，亦洩露原告之個人資料，被告公司員工之行爲違反個人資料保護法第20條第1項規定，同時侵害原告隱私權，法院判決裝修公司需連帶給付原告新臺幣2萬元。又損害賠償，除依本法規定外，公務機關適用國家賠償法之規定，非公務機關適用民法之規定，同法第31條亦有明文，本案判處1萬元之賠償額自屬合情合理。

第五節　結論

　　比較美國、加拿大與臺灣個資法之相關案例，其判決要點及個資要件，乃在於重視「人」之權利。臺灣亦如同美國及加拿大，認同隱私權爲憲法保障之基本權利之一，將隱私權視爲個人有不受干擾之獨處權利及個人事務與身體不受干擾或侵犯之權。同時著重在個人資料之保護或保密，而非嚴格界定隱私權爲攸關當事人個人之資訊，若無法律依據，個人得拒絕給予不相關之資料，他人亦不得刺探或加以宣揚。即隱私權之保障客體僅侷限於個人資訊或個人資料，對隱私權之保障就是避免將上述資料不當揭露予公眾或他人所知。茲將各國之相

關案例之要點整理如表8-1。

表8-1　各國個資相關案例比較表

國家	法規	案例	個資要點
美國	Bill 433		規範僱用人不能要求受雇人提供社群網站的帳號密碼。
	ECPA	*Katz v. United States*	限制使用電子通訊方式而涉及妨礙他人隱私之行為，不限美國本土或外國商務之使用，但必須經由無線電通訊、收音機或電子頻道。
		Olmstead v. United States	
	FOIA	*Public Citizens Health Research Group v. Food & Drug Admin*	為使聯邦政府於揭露及取得資料，能降低取得時效及其成本，且為針對美國國內取得資訊行為態樣之立法目的。不論請求人為誰，請求客體為「資訊」。
		Nat'l Parks and Conservation Ass' v. Morton	
	CFAA	*Pacific Aerospace & Electronics, inc. v. Edward Taylor*	限定使用電腦或網路犯罪的行為，為保障電子資訊的隱私權。當行為人未經授權而進入電腦資料庫時，被害人可請求民事賠償。
		Shurgard Storage Centers, Inc. v. Safeguard Self Storage, Inc.	
		EF Cultural Travel BV, EF v. Explorica, Inc.	

表8-1 各國個資相關案例比較表（續）

國家	法規	案例	個資要點
加拿大	PIPEDA	*R. v. Dyment*	個人資訊屬於憲法保障的權利；任何人都不應有被窺探隱私的恐懼。
		Madame Justice L'Heureux-Dube's dissent in R. v. O'Connor	
		R. v. Cole	
		Corlett-Lockyer v. Stephens	洩漏個人資訊屬於干預他人隱私。
		Jones v. Tsige	
臺灣	個人資料保護法	口湖郵局案	個人資料屬隱私權。
		雅虎奇摩案	未於蒐集特定目的必要範圍內利用個人資料罪屬公訴罪。
		富邦銀行案	侵權行為所生之損害而有損害賠償請求權。
		李聖傑之妹案	蒐集目的不具正當合理關聯，且違特定目的。

當人們透過網際網路輕鬆掌握資訊的同時，不免會擔心個人資料遭到不當蒐集、利用甚至洩露牟利，導致日後飽受詐騙或推銷等困擾，而近年來網路不當公布他人隱私及個人資料事件層出不窮，更突顯了臺灣公私部門均應強化個人資料之保護。個資法施行迄今，儘管引發社會各界諸多評論，但其保護個資之美意仍不容質疑。

臺灣個資法第6條將醫療、基因、病歷、前科等私密性極高之個資列為敏感性特種資料，並特別加強其保護，除例外事由外，原則上不得蒐集、處理或利用。此類資料多屬於個人不欲為人所知之性生活

領域資料，如他人取得後濫用，將造成該當事人精神不安而致其人格受損，本質上此屬個人隱私，亦為隱私權所涵蓋保護範圍。個資法所保護個資之範圍與隱私權保護之範圍，有重疊競合處，亦各有不同之處，亦即個資法保護之個資範圍含括部分隱私權保護範圍，而非所有隱私權之範圍皆為個資法之保護範圍。

個資法所保護之個人人格利益，係基於人性尊嚴、保障個人人格之自主與完整性理念，所導出之個人對自己資料之自主權。大法官釋字第604號解釋，認為個人有揭露自己資料與否，以及在任何時間、或以任何方式、在何種範圍內向他人揭露之自主決定權，且有權知道及控制自己之個人資料被他人使用的權利，對資料錯誤、不足有要求更正、補充之權。假設自己之個資無端被他人任意蒐集或利用，經由這些個資對個人言行、起居、行為進行監視掌控，將使人受到精神上之壓力，以致個人人格自主性、完整性受到損害，因此個資法之立法目的即在規範個資蒐集、處理及利用，保障個人對自身資料之自主權，避免其「人格權」遭到侵權，致生損害。

同時，企業亦可透過TPIPAS制度取得電子商務資料隱私認證標章，於評估建構個資保護制度時，除了個資法的考慮外，需要再了解相關法令，將之運用於良好的資訊安全制度上，亦可增設專職個資主管，針對員工之工作相關資料（如打卡紀錄、內部電腦通訊紀錄）、員工個資之保存（包括履歷、員工健檢資料）等，建立相關保存、銷毀之流程與規範，配合資訊安全制度，使保護之客體更具效益及保護的價值。員工及客戶之個人資料，雖非視為企業或機構組織之財產，但因實務上之往來，企業須負起保護這些個人資料之責任，避免因管理不當，或企業內留存之相關個人資料遭到有心人士不當蒐集及利用，而致他人個人資料之相關權利遭受侵害，因此企業建立良好的資訊安全制度與規範，乃刻不容緩，除了避免高額的罰金，亦可在遭受個資侵權訴訟時，證明其已善盡個資保護之責。

為促進臺灣個資法更臻於完善，以下就臺灣現行個資法之不足，提出個人之拙見，建議修法方向，希冀能夠拋磚引石，激發更多進一

步之探討。

　　臺灣個資法除對個人資料之蒐集、處理及利用定有相關要件與規範，也針對個人資料國際傳輸行為進行規範，然臺灣個資法第21條對於國際傳輸之例外限制情形多屬不確定之法律概念，故判斷上必須配合業管行業之個人資料國際傳輸行為是否可能侵害個人資料當事人之權益。臺灣其他主管機關對於個人資料國際傳輸之規範，通常都因接受國未建立個人資料保護相關法制或作法，考量廠商或企業傳輸國民之個人資料至接受國，可能造成民眾隱私外洩，因此禁止臺灣企業或相關組織機構將臺灣人民之個人資料傳輸至境外。

　　由於現行商務活動、國際組織間合作相當頻繁，因此國際間傳輸個人資料情形亦非常普遍，包含歐盟、亞太經濟合作會議等國際組織皆對個人資料國際傳輸進行討論與制度規範，以期消弭各國法制間之差異。而國際傳輸亦多透過網路，因此亦有所謂的「智慧聯網」[92]（Internet of Things, IoT），其應用基礎要件即為資料（data），透過巨量資料、雲端運算等科技發展，使得資料被蒐集利用的速度更快、更多元。

　　個資法主要對於實務運作所反應議題，因應需求而做出部分規範修改，但卻未見因應網路應用環境及智慧聯網特性，而有立法規範內容。未來透過智慧終端設備彼此互相蒐集、處理、傳輸、利用等行為將成為運作常態，如何因應個人資料與網路上之互通傳輸，並結合個人資料國際傳輸相關之制度與規範，應多觀察其他國家及國際組織（如歐盟）之現行立法、修法走向與規範，才能與世界接軌。

---

[92] 智慧聯網主要係指將所有物品通過射頻傳感設備與網際網路連接，提供智慧化識別與管理，智慧聯網整合了資訊傳感設備，如無線辨識系統、紅外線感應器、全球定位系統、雷射掃描等裝置，以及Wi-Fi、藍芽、3G、4G通訊技術，與網際網路結合，使各種物品在生產、流通、消費的各個過程，實現物品的自動識別和資訊互聯與共享。引自李科逸，國際因應智慧聯網環境重要法制研析──歐盟新近個人資料修法與我國建議，科技法律透析，第25卷第12期，2013年12月，頁42。

參考文獻

一、中文部分

1. 王兆鵬，搜索扣押與刑事被告的憲法權利，翰蘆圖書出版公司，2001年。
2. 周悅儀譯，美國資訊自由法（1986年修正版），外國政府資訊公開法選輯，高寶出版，1995年。
3. 曾勝珍，智慧財產權法新觀點，元照出版公司，2012年。
4. 曾勝珍，智慧財產權論叢，第2版，五南圖書，2009年。
5. 曾勝珍，論我國經濟間諜法立法之必要性——以美國法制為中心，元照出版公司，2007年。
6. 李科逸，國際因應智慧聯網環境重要法制研析——歐盟新近個人資料修法與我國建議，科技法律透析，第25卷第12期，2013年12月。
7. 曾勝珍，營業秘密案例新探討，嶺東財經法學期刊，第6期，2013年12月。
8. 焦興鎧，行政機構資訊之公開及限制——美國現行資訊自由法之研究，政大法學評論，第29期，1984年6月。
9. 陳素秋，隱私權意識，教育部人權教育諮詢暨資源中心，2008年3月7日，http://hre.pro.edu.tw/zh.php?m=18&c=470（最後瀏覽日期：2015年5月15日）。

二、英文部分

1. Alexander Borman, *Maryland's Social Networking Law: No "Friend" To Employers And Employees*, 9 J. Bus. & Tech. L. 133 (2014).
2. Allan Richarz, *Near-Field Communication Technology: Regulatory and Legal Recommendations for Embracing the NFC Revolution,* 12 Can. J.L.&Tech. 28 (2014).

3. David B. Fein and Mark W. Heaphy, *Companies Have Options When Systems Hacked Same technologies that empower corporations can expose vital proprietary information*, 27 Conn. L. Trib. 5 (Oct. 15, 2001).

4. Fred katayama, *Hacker hits up to 8M credit cards, Secret Service and FBI probe security breach of Visa, MasterCard, Amex and Discover card accounts*, CNN MONEY, http://money.cnn.com/2003/02/18/technology/creditcards/ (2015/3/21).

5. Jessica Holdman, *Lawmakers Divided Over Social Media Privacy Legislation*, The Bismarck Tribune (Jan. 29, 2013), http://bismarcktribune.com/business/local/lawmakers-divided-over-social-media-privacy-legislation/article_0b6d0158-6a71-11e2-a724-0019bb2963f4.html (2015/4/8).

6. Joanne Deschenaux, *More States Passing Social Media Privacy Laws*, (Apr. 12, 2013), http://www.parl.gc.ca/About/Parliament/LegislativeSummaries/bills_ls.asp?ls=c12&Parl=41&Ses=1(last visited: 04/02/2015).

7. Kashmir Hill, *Court Rejecting Texas Student's Opposition To RFID Tracker Not As Outrageous As It Seems Forbes* (9 January 2013), http://www.forbes.com/sites/kashmirhill/2013/01/09/court-rejecting-texas-students-opposition-to-rfid-tracker-not-as-outrageous-as-it-seems/(last visited: 04/12/2015).

第九章
你想收看海外的日本電視節目嗎？——
論著作權上的播送權、重製權與公開傳輸權

Shigenori Matsui[*]

LL.B. (Kyoto), LL.M. (Kyoto), J.S.D. (Stanford), LL.D. (Kyoto),

Professor, Faculty of law, The University of British Columbia (Canada).

譯者：曾勝珍、蕭翠瑩

[*] 本文為Shigenori Matsui教授接受嶺東科技大學財經法律研究所邀請，於2013國際智慧財產權法大師開講學術研討會11月29日的演講稿內容，經取得教授同意後翻譯本文純為原文譯作，不更動原文註腳及補充任何內容。本文譯者十分感謝教授多年來在學術研究之路上的情誼與協助。

第一節　前言

　　約120萬的日本人住在海外或長期旅居於其他國家。此外，也有相當多的日本人口擁有他國的公民身分。在國外的日本僑民透過日本的搜尋引擎，會時常看到日文廣告詢問：「當你在國外時，會想觀看日本的電視節目嗎？」對於身處異鄉的日本人而言，透過網路便可收看日本的節目是相當誘人的，而這些廣告所提供的服務確實夠吸引人。但商業經營者所提供的服務面臨著作侵權的法律責任，因此這些服務有嚴重的著作權保護問題。再者，這些問題更廣泛地觸及到合法使用著作權的媒介與合法使用的行為，這兩者之間的關係，對於未來網路空間發展也有更深遠的蘊含。

　　本文第一部分概述了提供海外觀眾觀看的電視節目服務之癥結所在。首先說明電視節目著作權保護的始末，以及觀眾如何在觀看和錄製這些節目時不會侵犯著作權。接著論述允許海外觀眾觀看和錄製節目背後的服務機制，並解釋為何這些服務觸及著作侵權的問題。第二部分追溯近日以來，日本最高法院所引領的訴訟過程，對於提供服務的商業經營者保留其著作侵權的法律追溯責任，並探討日本最高法院的判決理由，及其善後事宜。第三部分解釋訴訟判決對於海外觀眾使用此服務觀看日本電視節目的影響，也更進一步地把判決蘊含廣泛地思考運用於合法使用著作權的媒介與合法使用的行為，此兩者之間的關係議題。即使這些法律追溯責任，給了廣播節目擁有者相當大的著作權保護範圍，而本文的結論則是：這樣的範圍對於更進一步的網路空間發展，仍是具有爭議性的。

　　由於在美國，雷同的議題已被提出，類似的服務也已提供，而日本的經驗能作為美國的前車之鑑。

第二節　提供電視節目給海外觀衆

壹、電視節目及著作權

一、電視節目及廣播公司

電視節目受電影作品之著作權法的保護[1]。一個作品的作者身分（電腦節目除外），是由在受雇期間，與該企業經營相關的職守員工所取得，而此身分會以其企業的名稱對外公開發表。除非合約上有另行約定，或是工作規章[2]、或當時製作作品期間有其他製定的規則，否則爲廣播公司製作節目的製作公司，即可擁有該製作節目的著作權[3]。製作公司所擁有的著作權使其能播放節目，則廣播公司能從中取得播送權[4]。而委託非製作公司僱用的導演所製的作品，其著作權基本上屬於製片人、導演、藝術總監、特效指導或整體而言——對於作品有創作貢獻的人[5]。但通常基於與製作公司的合約，著作權會轉

---

[1] Chosakukenhō [Copyright Act], Law No. 48 of 1970, art. 10, para. 1, no. 7. The Japanese Copyright Act protects the "work" as defined as "a production in which thoughts or sentiments are expressed in a creative way and which falls within the literary, scientific, artistic or musical domain." *Id.* art. 2, para. 1, no. 1.

[2] *Id.* art. 15, para. 1.

[3] *Id.*

[4] A broadcasting is defined as "the public transmission involving a transmission of wireless communication intended for simultaneous reception of identical content by the public." *Id.* art. 2, para. 1, no. 8. The right to broadcast is therefore a component of the right of public transmission granted to the copyright holder. *Id.* art. 7-2, para. 1, no. 7-2 & art. 23.

[5] This is the result of a provision, which views the author of the cinematographic work as "those who, by taking charge of producing, directing, filming, art direction, etc., have creatively contributed to the creation of such cinematographic work as a whole." *Id.* art. 16. Many cinematographic works are created based on an original story. The author of the original story has a copyright on the original work and will

讓給該公司。因此,至於廣播公司所播送節目,該公司會保留他們的版權。

此外,就算廣播公司沒有節目播出的著作權,卻有廣播節目的「鄰接權」[6]。鄰接權是一種除了原創者之外,對於作品創意部分有所貢獻的人的認可。日本的著作權法特別授予這類的鄰接權給廣播公司,連同表演者與唱片公司。

二、再製權與公開傳輸權

包括授予該著作權人具體著作權於複製和公開傳輸的權利。

首先,著作權者有再製權[7]:複製的權利。因此,其他人沒有再製廣播公司所播的節目的權利。未經持有節目著作權的廣播公司或製片公司所許可的再製,則是侵犯著作權。第二,著作權人也擁有公開傳輸的權利:公開播送包括自動公開傳輸及公開傳輸作品[8]。「公開傳輸」的定義為「傳輸,透過無線或有線通信,供大眾直接收看」[9]。廣播節目或有線傳輸為公開傳輸,任何未經著作權人許可的公開傳輸是侵權。

瞭解公開傳輸的權利是相當重要的,其中包含──自動公開傳輸設備,以及使用「公開傳輸設備」讓其傳送媒介可行使該功能。自動公開傳輸意指公開傳輸的形式發生於自動回覆公共需求的情況下。此

---

also have rights of adaptation, including the rights to make a movie based on the work. *Id.* art. 27. The author of the original story has the same rights as a copyright holder of the derivative work created based on the original work. *Id.* art. 28.

[6] *Id.* art. 89, para. 3.

[7] *Id.* art. 21.

[8] *Id.* art. 23, para. 1 ("The author shall have the exclusive right to effect a public transmission of his work (including, in the case of the automatic public transmission, making his work transmittable)").

[9] *Id.* art. 2, para. 1, no. 7-2.

外，公開傳輸也在「廣播」和「有線廣播」[10]的範疇裡。使媒介符合
於「用任何方法讓自動公開傳輸可行的行為」如下：

（一）自動公開傳輸設備已連接電信線路，記錄與提供資訊給公眾使
　　　用；這樣一個作為公開傳輸錄製儲存資料媒介的公開自動傳輸
　　　設備；自動公開傳輸錄影媒介轉換公開傳輸設備儲存資料，或
　　　將資訊輸入到自動公開傳輸設備。對於這個「條款」的宗旨，
　　　「自動公開傳輸設備」是指與市民使用電信線路連接，在資訊
　　　上展現自動傳輸的功能，也錄製公開傳輸記錄，而「公開傳輸
　　　的錄影媒介」是指一種全自動公開傳輸設備錄製媒介，部分作
　　　為公眾使用。
（二）連接提供大眾使用的電信線路，自動公開傳輸設備錄影媒介，
　　　儲存資訊已被輸入供其使用。對於此規定的目的，若供公眾使
　　　用的電信線路連接成一系列行為，如啟動自動公開傳輸設備和
　　　投入用於發送或接收操作的電腦程序這樣的一連串行為應被視
　　　為構成連接的行為[11]。

　　當上傳複製廣播節目到網頁中，必然涉及複製節目，自動公開傳
輸透過個人用戶於網路的請求並自動傳輸工作，從而侵犯複製權以及
著作權人的公開傳輸權（傳播權）[12]。

---

[10] *Id.* art. 2, para. 1, no. 9-4.

[11] *Id.* art. 2, para. 1, no. 9-5.

[12] Copyright holders also have the exclusive right to perform or to play their works publicly (*id.* art. 22). This right is implicated when the author performs on-stage or performs their music. Authors also have the exclusive right to make their works publicly available by screen presentation. *Id.* art. 22-2. Authors also have the exclusive right to communicate their publicly transmitted works to the public by means of a receiving apparatus that receives such public transmission. *Id.* art. 23, para. 2. Presenting or showing television programs to the public on television dis-

　　複製權[13]、重播廣播權[14]，以及讓公眾傳輸權的權利[15]也包含在該廣播公司的鄰接權。因此，如果有人在再現聲音或廣播的視覺內容、轉播的廣播播出，或上傳廣播到網上，該人士為侵權廣播公司播出的廣播的鄰接權承擔責任。

三、觀眾的權利

　　大多數觀眾從他們的電視機上的天線接收信號收看播出的電視節目，或通過有線電視公司的有線電視接收信號收看播出的電視節目。個別觀眾可以觀看這些節目播出而不會侵犯著作權。他們可以使用錄像機，DVD錄像機或藍光側錄機錄製節目播出，然後觀看這些，而不會侵犯複製權，因為這種複製是為個人使用[16]。在日本，著作權法並沒有一個全面的合理使用抗辯條文，人們普遍認為，任何侵犯著作權的除了那些特別豁免是非法的。但對著作權的限制之一是為個人使用的複製。因此，只要再製的目的是個人使用，用戶可以不追究侵權責任。另一方面，當有人使用數位複製設備複製，他們必須支付報酬

---

play without permission is thus a copyright infringement. However, so long as the presentation or showing of broadcast is for non-profit and without any charge or so long as the presentation or showing is made by using home television set, there would be no copyright infringement. *Id.* art. 38, para. 3.

[13] *Id.* art. 98 ("A broadcasting organization shall have the exclusive right to receive its broadcasts or wire-broadcast made following the reception of broadcasts and make recording of audio sounds or visual images incorporated in its broadcast and to reproduce it by means of photography or other similar processes").

[14] *Id.* art. 99, para. 1 ("A broadcasting organizations shall have the exclusive rights to rebroadcast and to wire-broadcast its broadcasts following reception thereof").

[15] *Id.* art. 99-2, para. 1 ("A broadcasting organization shall have the exclusive right to make transmittable its broadcasts following reception thereof or of wire-broadcast made following reception of said broadcast.").

[16] *Id.* art. 30, para. 1 & art. 102.

給著作權組織[17]。

　　觀眾被允許錄製、事後僅以個人使用的方式觀看錄製的節目。任何錄製節目並上傳至網路上屬於侵犯再製權的行為。這類的再製藉由上傳至網頁，已不在個人使用的範圍內。同樣地，對於此類的著作權法，公共傳輸權並不能豁免，上述行為仍屬侵權。

貳、線上觀看電視節目

一、線上廣播節目

　　那些生活在國外，但通常使用電視機或透過有線電視收看日本電視節目的人，在某些國家有供海外觀眾的空中日本電視節目有線電視台，但除非他們是有線電視台的用戶，否則他們無法觀看這些節目，此外，有線電視台可看的節目有限的情況很多。

　　迄今，日本廣播公司極力反對他們自己的節目能透過網路觀看。不像一些美國的廣播網，他們也十分不願讓觀眾透過網頁、線上銷售或出租的方式去觀看節目；事實上，對於播送節目至海外有所更多的保留，通常是因為被國界的播放權給限制。

　　觀眾可在YouTube或其他視頻共享網站找到一些電視節目剪輯，但這類在網上的多數影音是違法錄製和上傳的。當日本廣播公司提出異議時，YouTube便迅速地撤下多數侵權的影音。2009年之前，非法錄製節目等同於非法上傳，但個人用戶以個人使用的方式觀看節目，甚至下載都是合法的。2009年，引進了即使作為個人使用，但非法「錄製」即為非法上傳聲音和視覺圖像至網路的法規——只要下載非

---

[17] *Id.* art. 30, para. 2. This remuneration is collected by the Society for Administration of Remuneration for Audio Home Recording and the Society for Administration of Remuneration for Video Home Recording when a customer buys digital recording medium and digital recording devices as designated by the cabinet order.

法上傳的電視節目便是違法[18]。而事實上，就算作為個人使用，但只要是非法從網路上下載聲音和視覺圖像，現在的刑事罰則可能是適用的[19]；然而，透過串流觀看或瀏覽非法上傳的節目卻無法可管[20]。

二、透過網路看電視節目

　　Sony公司引進了允許個別用戶透過網路接收電視節目的系統後，一切都改變了。此系統被稱為「在地免費電視」，他由一個基地台組成，透過電視天線或電纜來接收電視訊號，並藉由電信路線傳送節目至網路。因此，個人用戶能在日本任何地方觀看電視節目，只要使用其他伺服器連結至網路，用戶在國外也能透過螢幕來觀看節目。發射接收的電視節目至特定的個人用戶並非公共傳輸，因此不構成侵犯著作權或鄰接權的行為。上述提供給個別用戶、在日本運行的基地台，用戶們可以在不侵犯廣播公司所有的著作權或鄰接權的情況下，從國外觀看日本的電視節目。居於國外的人，只消要求他們的親朋好友連接基地台至他們位於日本的電信，便可讓在日本外的觀眾合法收看日本的電視節目。

　　同樣地，其他系統允許付費的線上電視節目的錄影，這類的設備能觀眾之後透過網路觀看錄製的節目。由日本數位電子銷售的Rokuraku就是這樣的一個設備。只要個別用戶購買和操作錄製設備，同樣也作為個人觀眾來觀看錄製的節目，這就隸屬於私人使用的範圍。傳輸節目至個別用戶之行為，回應了同樣為用戶的個別觀眾——此行為並不會構成公共傳輸。因此，觀眾能在不侵犯著作權和鄰接權的情況下，透過網路錄製和觀看電視節目。只要他們能找到在日本的親朋好友，幫他們設置這類的錄製設備，這麼一來，在海外的觀眾可錄製和觀看日本的電視節目。

---

[18] *Id.* art. 30, para. 1, no. 3.

[19] *Id.* art. 119, para. 3.

[20] It is generally believed that streaming does not produce a prohibited recording.

三、爲海外觀眾訂購電視節目的服務爲何有著作權或鄰接權侵權的問題？

然而，那些在日本沒有親朋好友能幫他們設置基地台或錄製設備的人，就沒那麼幸運了。爲此，一些生意人提供了這類的服務。這些服務按月收費，提供了爲個別顧客設置基地台或錄製設備。換句話說，他們在他們的辦公室裡設置顧客所購買或租賃的基地台和錄製設備，再把他們連結至電視天線，再連結至網路好讓個別顧客能從海外觀看或錄製電視節目。

但是，問題是提供該等服務是否構成著作權和鄰接權侵權？雖然個別觀眾在這種情況下的行爲不違法，該電視台稱，這些經營者的經營活動中沒有非法著作權和鄰接權侵權。對於經營者提供服務維持本地區免費電視基地台，廣播公司宣稱，通過連接基地台、電視天線和網路，使用戶可以要求接收傳送，業務營運商將之發送至公眾，侵犯了公開傳輸權。廣播公司還聲稱，經營者提供這樣傳輸服務，允許用戶接收公開傳輸，侵犯公眾傳輸的權利。對於經營者提供維持由用戶進行操作錄製設備的服務，廣播公司聲稱，他不是個人用戶，但經營者本身被再製的電視節目，侵犯重製權。這就是爲什麼這些服務被指控爲侵犯著作權和廣播公司的鄰接權。

第三節 挑戰著作權及鄰接權侵權

壹、最初的衝突

起初廣播公司尋求針對Nihon數位電子公司的初步禁令。此電子公司接續了Rokuraku一代，生產了能允許海外觀眾錄製和觀看日本播放的電視節目的第二代（Rokuraku II）。被告掌控管理並出租Rokuraku II給顧客，出租了從頭到尾的錄製品，並從Rokuraku II接收傳輸。

　　東京地方法院第一次遇到此問題時，維持廣播公司的要求並發出初步禁制令[21]。雖然被告讓個人用戶租用其錄製設備，法院認爲，這些錄製設備在其控制及被告從此服務中獲得的利益之下，是被告重製節目而不是個人用戶，儘管是由個人用戶發起錄製的[22]。因此，法院認爲廣播公司的著作權和鄰接權會受到侵犯，並授予一個初步禁制令。

　　這項關於預防性禁制問題的決定十分簡潔，但對廣播公司而言具有一定程度的鼓舞。

貳、*Maneki TV*案

一、東京地方法院

　　而後廣播公司控訴了提供「Maneki TV」服務的Nagano Shoten。使用了這個設備，顧客可以從被列在名單上的獨立賣家那裡，購買當地的免費電視頻道，或寄出一個裝置（由顧客購買）至被告的數據中心。被告會把數據中心存至他的基地台裡，然後架設、並透過調壓器連接至顧客的裝置至天線，再用集線器和路由器連接，最後連至網路。在國外的顧客便可藉由電腦、網路連接監視程式或顯示器來觀看電視節目。在當時的起訴中，被告在數據中心設置了74個基地台。顯然地，被告與顧客購買裝置的行爲沒有什麼關聯。被告僅是裝置顧客所擁有的基地台。基地台僅能傳輸節目至特定用戶，以及做爲接收使用，而最起始的傳輸源頭也是至個人用戶。

　　對於原告的說法，被告使其作品變得可傳輸，東京地方法院[23]發

---

[21] Tokyo Chihō Saibansho [Tokyo Dist. Ct.], (Mar. 30, 2007), http://www.courts.go.jp/hanrei/pdf/20070330182742.pdf.

[22] *Id. See also* Tokyo Chihō Saibansho [Tokyo Dist. Ct.], (Mar. 30, 2007), unreported (similarly sustaining a preliminary injunction).

[23] Tokyo Chihō Saibansho [Tokyo Dist. Ct.], (June 20, 2008), 65 Saikō Saibansho

現個別客戶傳輸了數據（非被告），而此基地台也隸屬於個別客戶，其功能可傳輸數據至個別用戶，但無法同時傳輸給許多人，這並非「自動公開傳輸裝置」[24]。原告認為被告的系統應該被看作是一個整體，如此一來，被告最終是透過個別天線傳輸節目播送的數據信號給眾多客戶。原告也聲稱被告的系統是自動公開傳輸裝置。法院並沒有被原告的說法給說服。理由是：基於每個基地台是分開傳輸至個別客戶的數據，即使他的系統被視為一個整體[25]，被告仍無從事任合公共傳輸的行為。原告更進一步指出，藉由透過調壓器連接天線至基地台的優勢，被告確實使作品變得可傳輸。此外，另一個法院不同意的原因為：由於基地台並非自動公共傳輸裝置，他僅透過天線連接基地台，這並不構成使其可傳輸的要素[26]。再者，因為天線和調壓器並不具有傳輸數據的功能，透過調壓器連接至基地台的天線僅提供接收信號的機組，這也不構成傳輸至基地台的行為[27]。

　　法院也駁回被告公開傳輸有著作權的作品之訴訟請求。法院發現被告所用的基地台和設備並非自動公共傳輸裝置，而是藉由基地台連接至電視天線，因此被告並不是公開傳輸節目。只有個人用戶有觀看需求時，電視節目才會變成可傳輸的。如此一來，被告並沒有提供電視節目至基地台。縱使被告所使用的系統被視為一個整體，法院發現這並不構成自動公共傳輸裝置的要件。則原告認為被告使用天線連接自動公開傳輸裝置，即是進行公開傳輸，但法院同樣駁回了這個論點，原因為傳輸節目是由個別獨立擁有者所控制的基地台發出。該天線本身並非發射機，即使是分頻器和調壓器，也不被認為是傳輸節目給公眾。

二、智慧財產權高等法院[28]

案件上訴後，智慧財產權高等法院維持東京地方法院的裁定[29]。關於回應被告傳輸作品的請求，智財高等法院發現：基地台只傳輸節目給獨立的個別觀眾，而這樣的傳輸行為指令也只針對個別用戶。基地台配有一對一的傳播節目功能，而這不是自動公開傳輸的裝置[30]。原告則提出異議：被告是傳輸節目給公眾，而某些特定裝置也有傳輸給眾多用戶的功能。然而，智財高等法院駁回此論點：自動公開傳輸裝置必有傳送數據至眾多用戶的功能[31]。原告認為被告所採用的整體系統，應被視為自動公開傳輸裝置，而被告使的該裝置具有傳輸功能。智財高等法院駁回，認為基地台的數據傳輸是可獨立運行的，而複合的基地台並不能視為單一的裝置[32]。原告則進一步指出，僅管獨立的基地台傳輸數據給單一用戶，但如果透過單個基地台傳送給眾多用戶，就應被視為自動公開傳輸裝置。無論如何，基於單一基地台並沒辦法傳輸數據給多個用戶，智財高等法院仍駁回這個論點[33]。

智財高等法院分析了原告的兩項說法，以便回應被告傳輸有著作權的作品給公眾的疑慮。第一，被告透過整體系統本身，使其基地台能透過自身的天線去接收電視節目，以及發送這些節目給眾多用戶，這個行為即是傳輸有著作權的作品給公眾；第二，被告透過連接天線

[28] The Intellectual Property High Court is a branch of the Tokyo High Court, which has broad jurisdiction over intellectual property cases. Shigenori Matsui, *The Intellectual Property High Court*, in New Courts in Asia (Andrew Harding & Pip Nicholson eds. 2010).

[29] Chitekizaisan Kōtō Saibansho [Intellectual Property High Court], (Dec. 15, 2008), 2038 Hanreijihō 110.

[30] *Id.*

[31] *Id.*

[32] *Id.*

[33] *Id.*

的方式，傳輸有著作權的作品至基地台。智財高等法院反駁了第一個論點：每個單一的基地台並非自動公開傳輸裝置，數據的接收和傳輸起始於個別觀眾（而非被告），因此被告並沒有傳輸數據給公眾[34]。至於第二論點的回應，智財高等法院做出了讓步：連接基地台至被告的天線，符合了傳輸行為之定義。但此論點也被反駁：基於被告並非刻意傳輸數據給公眾，而獨立基地台的數據接收和傳輸運作，是由基地台的擁有者所觸發而非被告[35]。

三、日本高等法院

　　然而，日本的最高法院推翻了IPHC的判決[36]。基於立法的目的——包含使受保護的著作權的傳輸權利，日本最高法院裁定——立法於前的行為導致公眾對於自動公共傳輸的需求。任何開放給公眾連接的電信網路，即有透過接收器而傳輸數據至自動接收的功能。因此，即使這個設備只能傳輸數據到個別的接收器，自動公共傳輸設備是成立的[37]。日本最高法院繼續指出，創造此設備來傳輸數據至接收器的可能性，是因應接收器應被視為初始為自動公共傳輸數據的個別用戶[38]。有鑑於此，日本最高法院解釋：透過連接基地台至天線的優勢，基地台能針對用戶需求傳輸數據給用戶和被告，因此使其能接收數據，隨後開啟傳輸數據至接收器的可能，即為被告傳輸數據給用戶[39]。由於任何人都能訂購被告的服務，被告即是傳輸數據給大眾，

---

[34] *Id.*

[35] *Id.*

[36] Saikō Saibansho [Sup. Ct.], (Jan. 18, 2009), 65 Saikō Saibansho MInji Hanreishu [Minshu] 121.

[37] *Id.*

[38] *Id.*

[39] *Id.*

而基地台應被視爲自動公共傳輸裝置[40]。因此日本最高法院結論：被告連接此裝置到網路，即是使作品變得可傳輸[41]。

對於聲稱被告傳輸有著作權的作品給大衆的回應，日本最高法院判決被告透過基地台來傳輸數據給用戶的優勢，以及透過他的天線傳輸節目至客戶的終端機，即爲傳輸至公衆的行爲[42]。

因此，日本最高法院推翻以下判決及將案件發回IPHC重審以進一步審查。

參、*Rokuraku II* 案

一、東京地方法院

廣播公司還起訴了出租Rokuraku II個人錄製設備給用戶的日本數位電子公司，指控其損害及侵犯著作權和鄰接權，並尋求永久的禁制令。如前所述，Rokuraku II允許用戶錄製線上的電視節目。在收到從出租給用戶終端的電子郵件後，Rokuraku II根據客戶要求錄製播出的電視節目到硬碟，並發送到終端以供觀看。錄製的節目不會存在硬碟上，且無傳輸複製節目是被允許的，訂閱用戶僅可操作該終端來觀看錄製的節目。

被告在日本的辦公室裡維持運作Rokuraku II裝置，並用光纜通過分頻器和助推器，透過光學電纜連接至網路。被告也允許訂閱用戶租借終端來進行錄製，並觀看其所錄製的日本電視節目。這個問題在開庭之前所提出的重點是：到底是被告，或是個人用戶在錄製（再製）廣播公司的節目或視聽內容。

---

[40] Id.

[41] Id.

[42] Id.

東京地方法院[43]發現被告有其效率的方法，有效掌控Rokuraku II。因此，被告能有效地控制節目中的音頻與視頻內容的錄製，並從該行為中獲取經濟利益[44]。法院也發現被告複製受著作權保護的作品，如此一來便侵犯了本屬於原告的著作權與鄰接權[45]。所以東京地方法院下令被告得支付賠償金，並對播送複製原告的電視節目下了禁制令。

二、日本智財高等法院

然而上訴後，日本智財高等法院撤銷東京地方法院的判決[46]。日本智財高等法院細查了每一項原告指控被告複製受著作權保護的作品要素。

第一個原告引用的因素是被告推出的服務的意圖。原告指出被告推出的服務的目的，允許國外的收看者觀看日本的線上節目，這是其中一個證明被告再製這些電視節目的因素。日本智財高等法法院坦承被告的服務確實有這個目的。但日本智財高等法院判決從直接用戶的觀點來做出判決，消費者使用Rokuraku II的服務，使他們能夠觀看日本的電視節目。消費者在日本自己設置他們的Rokuraku II。確定的是被告替這些用戶維持運作Rokuraku II系統，但是服務本身的目的，不能做為被告複製節目的結論[47]。

第二個因素為被告設計、並提供一整個系統，這其中包括電視天線、Rokuraku II以及其他相關設備。日本智財高等法院對於此論點有所保留，指出這個事實並不能合理證明被告複製電視節目的結

---

[43] Tokyo Chihō Saibansho [Tokyo Dist. Ct.], (May 28, 2008), 2029 Hanreitimes 125.

[44] *Id.*

[45] *Id.*

[46] Chitekizaisan Kōtō Saibansho [IPHC], (Jan. 27, 2009), 65 Saikō Saibansho Minji hanreishu [Minshu] 632.

[47] *Id.*

論[48]。不過，為了讓在海外的觀眾能記錄類似的電視訊號、並連接至網路的事實是確立的，但這僅是讓Rokuraku II能夠運轉的必要科技功能而已；無論Rokuraku II一開始是由觀眾自己架設，亦或由被告架設，這都與上述論點無關。對海外觀眾而言，委託被告架設和運行Rokuraku II，僅是個合理的選擇方式罷了。日本智財高等法院認為，獨立用戶一開始錄製並傳輸其內容給自己的行為，並不表示被告本身的服務就等同於複製節目[49]。

第三個因素是被告對於傳輸的控制。原告爭論被告的伺服器控制了Rokuraku II及其用戶的傳輸，亦即他的伺服器是專為這個服務而設，而此伺服器需要有身分認定，好用來辨識使用此服務的用戶。被告所使用的韌體是由他們自己發展的，而沒有傳輸系統的話，使用者無法使用被告的服務。原告認為以上為證明被告以此作為有效控制傳輸的場域之證明，而結果為被告再複製節目。日本智財高等法院說明無論如何，即使他們得在日本自行設立Rokuraka II，該用戶也得遵守一切的程序。日本智財高等法院最後總結：此因素並不讓被告複製廣播節目之行為成立。

第四個因素為被告對於節目的掌控是可被複製的。原告認為提供給用戶的節目受限於線上節目的區域——位於被告的辦公處，節目也受限於被告伺服器上的節目清單。原告主張此因素支持了被告掌控了複製品的推論。但日本智財高等法院認為Rokuraku II能複製他們所在地之線上節目是合情合理的，而無論Rokuraku II是由用戶的行為或是由被告來維持運作，此兩者有些許的不同。日本智財高等法院做出結論：此因素並不夠成被告掌控複製品之行為[50]。

第五個因素為被告掌控了用戶複製節目的條件。原告認為被告建立了讓使用者錄製節目的方法，並發展了韌體使用戶能透過他們的終

---

[48] Id.

[49] Id.

[50] Id.

端紀錄器來錄製節目，也因此，被告有效地操控用戶的錄製。日本智財高等法院駁回此論點，並重申無論Rokuraku II 是由用戶本身或被告來維持，這兩者之間並無差異[51]。

最後因素為：被告從中獲取經濟利益。被告使其服務活躍於市場，並每月向使用者收費。但日本智財高等法院指出，每月收費的金額是固定的，且收費索取並非立基於用戶錄製節目的次數、或是用戶錄製多節目的時間長度。因此，院方結論出索取費用是為了運轉和維修設備而複製[52]。

此外，日本智財高等法院發現，用戶錄製線上節目及透過接收播送來觀看節目，是在法律的範圍內，在著作權法案和被告的行為之下，他們把數據做為個人使用，僅提供一個服務的平台讓用戶更容易合法複製[53]。日本智財高等法院發現，線上收看日本電視節目的海外觀眾的需求量增加，以及網路傳輸的數位科技發展促使了以上的可能性。日本高等法院判定：

從科技革新的歷史可顯而易見出——新產品的發明與新服務的創造，與科技快速發展的步調一致，而這個事實逐漸地被接受，原因為他們所提供的經濟利益增加，最後促成了電子裝置變得一流的情況。這項仍有爭議的服務，也確實是一種服務——設計來提供用戶一個合法使用翻印品的環境與機會。即使用戶的數量增加許多，提供合法的服務在未來並不會變成違法的行為，也不會造成侵權原告作品的情況[54]。

日本智財法院推翻地方法院的主張及和駁回原告所有主張。

---

[51] *Id.*

[52] *Id.*

[53] *Id.*

[54] *Id.*

三、日本最高法院

當原告第二次上訴，然而日本的最高法院推翻了日本智財高等法院[55]連同Maneki TV案子的判決。

當服務使節目能夠被複製，並允許廣播訊號透過裝置來自動複製節目，在他的控制和管理下，經由指令來進行錄製。日本最高法院裁定：即使用戶初步進行複製這就是複製服務的提供者，應被視為個人複製有著作權的作品[56]。

根據日本最高法院，誰複製受著作權保護的作品之議題，應考慮下列事項，包含複製品所要達成的目標、僱用的方法、複製品的種類以及其參與的程度[57]。日本最高法院認為，提供服務者不僅提供使複製變得更容易的環境和機會，反倒是日本最高法院認為提供者透過接收訊號和提供錄製裝置等行為，扮演了對於複製節目不可或缺的角色，再者，沒有提供者的行為，如上所述，用戶一開始並不能進行錄製的行為[58]。

日本最高法院推翻日本智財高等法院的判決，並將其案件退回以便根據該案作更深入的裁決。

肆、後果

案件退回後，日本智財高等法院最後終結Maneki TV案，聲明被告讓節目變得可傳輸，且把節目傳送給公眾[59]。因此，法院發布禁

[55] Saikō Saibansho [Sup. Ct.], (Jan. 20, 2011), 65 Saikō Saibansho Minji Hanreishu [Minshu] 399 (1st petty bench).

[56] Id.

[57] Id.

[58] Id.

[59] Chitekizaisan Kōtō Saibansho [IPHC], (Jan. 31, 2012), 2142 Hanreijihō 96.

令，要求被告不能讓節目變得可傳輸，也不能傳送給公眾，並判被告
應賠償原告的損失。

　　同樣地，在Rokuraku II的案件被退回後，日本智財高等法院作
了結論：被告複製受著作權保護的節目，原因為被告掌控並管理了
Rokuraku II的設備，且被告也提供可自動複製作品功能的電視訊號
至裝置的指令給用戶[60]。

　　日本最高法院駁回了智財高等法院對於退回案件的判決並定了
案[61]。Nagno Shoten為*Maneki TV*案的被告，在日本最高法院駁回第二
次上訴的退回案件後，他們不再繼續此項服務[62]。Sony停止了製作當
地免費電視。Nihon Digital Electrics現正販售Rokuraku III，但不再提
供代表維持海外觀眾的服務。

　　在這些裁決後，顯而易見地，Nagano Shoten或Nihon Digital Elec-
troics所提供類似任何服務，都會是構成侵犯著作權或鄰接權的要
素。東京地方法院也確實證實了損害賠償違反了「J網路服務」的論
點[63]。在這個案件裡，被告曾透過電去存取電視節目；並應訂閱者的
需求，把節目錄製在紀錄伺服器裡並分流給他們。如此一來，訂閱者
便能透過網路下載這些節目。東京地方法院發現被告的行為複製了著
作權，並讓節目變得可傳輸，這也意味著侵犯原告的權利。在*Maneki
TV*案和*Rokuraku II*的案件後，日本最高法院可能會同意此判決。所
有可能讓海外觀眾透過網路觀看的傳輸的日本電視節目，都可能需要
負上侵犯著作權和鄰接權的法律責任。

---

[60] Chitekizaisan Kōtō Saibansho [IPHC], (Jan. 31, 2012), 2141 Hanreijihō 117.

[61] Saikō Saibansho [Sup. Ct.], (Feb. 13, 2013), unreported (2nd petty bench).

[62] Itmedia News (Feb. 18, 2013), *Maneki TV service shuryo: Saikosaide haiso kakutei uke [Maneki TV Service Will Be Terminated: Upon the Dismissal by the Supreme Court of Japan]*, http://www.itmedia.co.jp/news/articles/1302/18/news043.html.

[63] Tokyo Chihō Saibansho [Tokyo Dist. Ct.], (Sept. 5, 2011), 2153 Hanreijihō 93.

第四節　日本最高法院判決的含義

壹、日本最高法院的判決適當嗎？

　　當一個有線電視公司通過其天線接收到的電視信號，並通過其電纜向用戶重新發送他們的信號，毫無疑問的有線電視公司是以一種一對一的方式，將相關將數據資料發送給一般大眾。同樣的，當某人上傳受著作權保護的資料到網站上，此人也是以一對一的方式將相關的資訊傳送出去。因此，即使傳輸是直接針對個人用戶所發出，此因素並不能防止侵犯公共傳輸著作權之行為。

　　但在 *Maneki TV* 案件和 Rokuraku *II* 的案件中，傳輸和複製的行為是由用戶開始，而被告所管理的裝置配有傳輸數據至個人用戶的功能。被告並沒有再次傳輸給公眾或上傳數據，意味著被告並沒有給予公眾取得數據的管道。數據的用戶是個別的，並沒有分享給其他人，被告也沒有傳輸相同的數據給其他的眾多用戶。被告也因此沒有將同一筆資訊同時傳送給不同使用者的行為。被告僅僅是管理以及維持各使用者所有的基地台，並且提供這些使用者像是天線以及網路連線等的能力。因此，IPHC可能是依據以下的這個理由來做出其判決：在 *Maneki TV* 這個案件中，被告沒有傳輸資料。

　　事實上，即使某些行為本上並沒有直接侵犯著作權，但他們的確構成了侵權。因此，就算一個人沒有做出侵犯著作權的複製行為[64]，假使銷售或分銷由賣方或經銷商稱侵犯著作權的作品，即需負侵權的法律責任。這些人需承擔他們侵犯著作權的責任[65]。此外，日本最高法院設計出了一個法定的原則，使得在卡拉OK酒吧裡的人需對顧

---

[64] Chosakukenhō [Copyright Act], Law No. 48 of 1970, art. 113, para. 1, no. 2.

[65] Saikō Saibansho [Sup. Ct.], (Mar. 15, 1988), 42 Saikō Saibansho Minji Hanreishu [Minshu] 199.

客侵犯作品著作權付出法律責任。卡拉OK酒吧通常會使用能讓顧客點播歌曲，並在其他顧客面前唱歌的伴唱帶。有意讓其他人在公眾場合聽到播放的歌曲之行為[66]，包含在著作權和擁有著作權者的範疇內，在沒有受到批准的情況下，在公共的卡拉OK酒吧播放歌曲為侵犯著作權之行為。因此，顧客在未受批准或未付版稅的情況下，便在卡拉OK酒吧播放歌曲，構成了侵犯著作權的行為。但在這樣子的案例中，卡拉OK酒吧必須負什麼樣的法律責任？日本最高法院發現這類的卡拉OK酒吧提供了點播卡拉OK和侵犯著作權的機會給顧客，並且，他們也從吸引顧客點播卡拉OK之行為獲得經濟利益。日本最高法院做出結論：是卡拉OK酒吧做出了侵犯著作權之行為，而非各別顧客[67]。商業經營者藉由吸引各別顧客之行為，提供了必要讓顧客侵犯著作權的機會，日本最高法院制定了需讓商業經營者為他們的顧客的行為付出法律責任的規章。顯然，*Maneki TV*一案和Rokuraku *II*的案件申請這個規章法，好讓提供接受和複製電視節目機會的商業經營者，來為他們顧客的行為負起法律責任。

　　然而，日本最高法院的判決很明顯地擴大了公開傳輸權的定義。在Rokuraku II一案中，認定重製行為的行為人是被告，而非使用該服務的使用者。這樣的判決，讓以後提供相關服務的公司都可以犯上重製罪，就算今天重製行為是由使用者所開始的。

　　鑑於法定語言，為了能加強傳播行為的法律責任，人們必須使用「自動公開傳輸設備」。基地台能夠傳輸數據至個別用戶。然而，日本最高法院的定論為：基地台為自動公共傳輸裝置，因為多樣的基地台是被單一商業經營者所管理，他們能傳輸數據給眾多用戶。此闡釋適用於每一個能夠傳輸數據的裝置以及自動公開傳輸裝置。

　　在Rokuraku II一案中，認定重製行為的行為人是被告，而非使

---

[66] Chosakukenhō [Copyright Act], Law No. 48 of 1970, art. 22.

[67] *Id.*

用該服務的使用者。這樣的判決，讓以後提供相關服務的公司都可以犯上重製罪，就算今天重製行為是由使用者所開始的。

貳、在美國分岐的判決

這樣的判決看起來的確是有爭議的。事實上，在美國也發生類似的案例，而在不同的法院之間，也出現截然不同的判決結果。

最著名的判例便是*Cartoon Network*以及*CSC Holdings*一案[68]。此案中的被告Cablevision，打算行銷RS-DVR此套數位錄影系統。透過這套系統，使用者可以錄製節目並且存取由Cablevision管理以及維護的硬碟之上。當使用者在家時，可以透過遠端控制的方式來觀賞自己錄製好的節目。Cablevision把不同的電視節目放入一個串流當中。之後，將此串流一分為二，並且把第一部分的串流內容傳送給消費者。第二串流的內容則是傳送到BMR這個裝置當中。BMR的主要功能是將該串流當中的資料進行重整之後，傳送至伺服器。當消費者想要觀看特定節目時，該節目就會從主要的儲存區被移到第二儲存區。之後，就會再被傳送到該特定消費者的硬碟當中。這些節目資料存放在主要儲存區的時間不到0.1秒，在資料儲存區的時間不到1.2秒。觀眾也可以在觀賞節目的同時，錄製該節目。針對這樣的現象，擁有這些節目著作權的公司對Cablevision提出侵權告訴。

美國紐約南區地方法院認定原告勝訴，並且禁止Cablevision使用RS-DVR系統。根據美國著作權法[69]的規定，作者因為其著作權人的身分而擁有著作權[70]。其中一個被賦予的權力便是可以用副本的方式來重製其作品。所謂的副本，指的是構成作品的內容，而這些內容是

---

[68] 536 F. 3d 121 (2nd Cir. 2008), cert. denied Cnn,, Inc. v. Csc Holdings, 2009 U.S.Lexis 4828 (2009).

[69] 17 U.S.C. #101.

[70] *Id.* #102 (a).

可以透過不同方式來被複製。而所謂的作品，指的是用不同形式呈現出來的內容。這些內容是可以透過不同方式來被重製[71]。此外，就電影以及其他視聽作品來說，著作權的所有人也有公開播放其作品的權力[72]。公開播映的定義如下：1.播放的場地是對一般大眾開放，且觀眾人數是多於一般正常家庭人數，或者2.透過特定的設備或是方式，將作品公開的放映[73]。基本上來說，這兩點被稱作是播映條例。上述案例在第二法院審理時，主要是在討論被告是否透過收集資料來重製副本，以及被告是否將這些副本公開播放。

在上訴中，美國第二巡迴法院上訴前問題集中在被告透過緩衝數據、創建播放和複製的行為是否構成了作品的「表演」，公開再現副本的成果，包括公共傳輸。

第二法院首先認為，由於數據存取在檔案區的時間不超過1.2秒鐘後便被自動覆蓋，這樣的時間長度，不足以構成重製行為[74]。其次，第二法院認為，Cablevision的行為指涉及設計、安置以及維護具備有重製功能的系統。當使用者下達重製節目的命令之後，系統才會進行相關的動作[75]。換句話說，通過RS-DVR系統產生的複製品，是由RS-DVR客戶提出，而Cablevision所做的只是提供相關系統。也因此，該公司並沒有直接的重製行為[76]。最後，當Cablevision公司提出，因為RS-DVR的傳輸是使用單一的副本，所以相關的傳輸行為也只發生在單一使用者的此一論調時，第二法院也認可這樣的說法[77]。當法院在審理此案時，必須考量到侵權者是否確實有公開傳輸的行

---

[71] *Id.* #101.

[72] *Id.* #106 (4).

[73] *Id.* # 101.

[74] Cartoon Network v. CSC Holding, Inc., 536 F. 3d 121, 129-30 (2ns Cir. 2008).

[75] *Id.* at 132.

[76] *Id.* at 133.

[77] *Id.* at 135.

為。今日RS-DVR系統只能將相關節目傳輸給單一使用者，此一行為並不構成公開傳輸的要件，也因此沒有侵權行為[78]。

第二法院在*WNET*與*Aereo, Inc*的案件[79]中維持一樣的判決立場。Aereo允許他用戶在線上觀看電視節目，並且可以將這些節目錄製起來，以便於以後觀賞。當用戶取得帳號之後，系統便會列出線上目前正在播放的節目列表，以及之後會播出的節目內容。從正在播映的節目列表中，觀眾可以選擇「觀看」或是「錄製」。當用戶選擇「觀看」，該信號將被發送到Aereo的天線，透過解碼之後，再將數據發送到Aereo服務器。這些數據會被製成一個副本，並且儲存在Aereo的硬碟中。之後，這副本會存放在一個特定的資料夾，以供特定的用戶。在觀看節目時，用戶可以錄製節目。從用戶開始觀看節目之後，該節目就會被錄製起來。當用戶停止觀看時，此一錄製的副本就會被刪除。當用戶選擇錄製節目的以供日後觀賞時，這些錄製的節目就會被存放於伺服器當中。值得注意的是：第一，Aereo分配給每個用戶一個單獨的天線。天線是共用的，但在任何時候每個天線僅由一個用戶使用。第二，信號將被保存在用戶的個人目錄。當用戶觀看或是錄製節目時，他是觀賞存取在個人目錄中的副本。因此，用戶們所觀賞的節目都是不一樣的。然而廣播公司宣稱其電視節目著作權被侵犯。

依據先前*Cablevision*案子的判例，法庭提出以下四點：

首先，也是最重要的，法院根據傳送條例的規定，必須考量個人傳輸的可能觀眾有哪些人。如果這樣的傳輸過程，是可能被一般大眾所接收到的，那這樣算是一種公開模式。如果只有單一使用者可以透過這樣的傳輸過程觀賞到節目，那就不屬於公開模式；第二，私人傳輸不應該被合併計算；第三，當私人傳輸是透過單一副本，而且一般大眾也可以觀賞到的時候，這就算是公開傳輸。最後，任何影響潛在

[78] *Id.* at 139.

[79] 712 F.3d 676 (2nd Cir. 2013).

觀眾的因素，都應該被一併考量[80]。

根據這四個指標，第二法院發現，*Cablevision*和*Aereo*兩案中有兩個相似點。Aereo系統提供給使用者個人的硬碟空間，以便來進行副本傳輸[81]。換句話說，正如*Cablevision*案例，這些重製節目的觀眾群，都是主動提出重製需求的特定觀眾。因此，法院的結論是，根據Aereo服務使用者提出的要求而產生的傳輸行為並不是一種公開行為。也因此，原告無法有效地證明自己的著作權被侵犯，從而否定了原告的動議[82]。

在另外一方面，美國加州中區地院在*Fox Television System, Inc*和*Barry Driller Content Systems, PLC*一案[83]中也做出類似的判決。包含AereoKiller LLC和FilmOn.TV Networks等的被告，都使用和Aereo類似的系統。該地院與第二法院不同的是，他們認為這些被告的行為屬於公開傳輸，並且已經侵害廣播公司的著作權。地院指出，著作權法根據公開傳輸有特別的規定，但這並不代表，兩邊行為人都是使用相同的傳輸內容才稱為公開傳輸。重點是傳輸行為的發生，而並不是在這樣的過程中，重製了哪一個副本。第二法院的看法跟第九法院也有所衝突。第九法院認為，當飯店透過遠端控制撥放電影給單一客人時，就已經觸法[84]。雖然Cablevision指出飯店系統所使用的數據資料跟Cablevision系統所使用的不同，但法庭認為，這樣的行為已經構成公開播放[85]。

---

[80] *Id.* at 689.

[81] *Id.* at 690.

[82] *Id.* at 695. The Second Circuit denied the rehearing en banc. WNET v. Aereo, Inc., 722 F.3d 500 (2nd Cir. 2013).

[83] 915 F.Supp.2d 1138 (C.D. Cal. 2012).

[84] *Id.* at 1144.

[85] *Id.*

　　第二巡迴上訴法院採納的論點，可能與美國加州北區地方法院[86]對電影觀看系統的法律論點，與傳播至旅館顧客的論點有所歧異。在此系統的範疇內，旅館顧客從個別的視頻錄影帶所播放的電影，以及他們的一開始在旅館設備的房內，是使用透過中央系統所遙控的錄放裝置。一旦旅館旅客從清單裡選出的一個特定錄影節目，此錄影節目選項即從旅館內可用的電視頻道上消失。此錄影節目只在房內被選擇的旅客觀看。他無法在其他旅客的房間或其他地方的旅館被觀看。然而，法院發現此系統能作為傳輸成果至公眾的途徑。Cartoon Network決定嘗試區分旅館系統，並連續重複傳輸單一副本給不同會員，而Cablevision公司的系統中使用傳輸每一單獨副本。然而，加州中區地區法院認為，這種情況下如同著作權作品的公開表演。雖然第二法院認為，被告所提供的服務是使用者在合法的前提之下的個人行為，但當國會修改著作權法時，便很明確地指出有線電視台的播放行為即是屬於一種侵權行為[87]。第九法庭根據這樣的修正案來判定原告勝訴，且被告確實有侵權行為。被告在獲悉判決之後，已向第九法院提出再上訴。目前上訴的結果尚未出爐。

　　同樣，哥倫比亞地方法院在*Fox Televisions, Inc*和*FilmOn X LLC*一案[88]中，採信廣播公司的說法。FilmOn X LLC所使用的技術跟Aereo的類似。FilmOn X LLC安裝小型天線的陣列，並將這些天線被聚集在一塊電路板上。每一個特定的天線被分配到一個特定的個人用戶，沒有任何天線會同時被兩個以上的使用者使用。這些天線被連結到一個調諧器的路由器和服務器，而後者又連接到視頻編碼器。該編碼器從天線將該信號轉換成視頻格式並存儲在為特定用戶創建一個唯一的目錄中。該編碼器被連接到分配終端，他提供的視頻和音頻給單個用

---

[86] On Command Video Corp. v. Columbia Pictures Industries, 777 F. Supp. 787 (N.D. Cal. 1991).

[87] *Id.* at 1145-1146.

[88] 2013 U.S. Dist. Lexis 126543 (D.D.C. 2013).

戶。當用戶看完，在用戶的目錄中的數據將被刪除。

因為強調著作權法的規定給予廣泛意義上的必要性，哥倫比亞區地方法院在FilmOn X案例中認為，透過提供FilmOn X的任何成員表演的著作權，FilmOn X實行著作權保護的作品公開，是在著作權法中所被定義的[89]。故拒絕認為，從單個天線接收節目後，FilmOn X只是發送節目到單個用戶的說法，法院判定：首先，Fox電視台（原告）主張，FilmOn X（被告）所提供的服務是公開行為，已經侵害原告著作權中的公開傳輸權；FilmOn X認為，單一使用者的接收行為，並未違反著作權法中的公開性質。法院判決理由，用戶端透過小型天線與網路相連接，伺服器、路由器、視頻編碼器及分配端點等器材，雖屬個人化的單一設備，但此套電子傳輸系統是可與不特定人士產生連結（即公開）[90]。

法院由此得出結論認為，原告是很有希望取得勝訴的，准許原告禁制令之請求。除非被告引用第二巡迴法院沒有侵權的看法[91]（每個用戶獨一天線、信號僅存在個人用戶中，即用戶個人私下行為模式）。

*Cartoon Network*案判決結果，並非獲得全部輿論的支持[92]；但不

---

[89] *Id.* at --.

[90] *Id.* at --.

[91] *Id.* at --.

[92] Michelle Bugard, *Lost in Transitory Duration: A Look at Cartoon Network v. CSC Holdings, Inc. and Its Implications for Future Copyright Infringement Cases*, 43 U.C. Davis L. Rev. 1491 (2010) (the Second Circuit was wrong to conclude reproduction during buffering was not sufficiently long enough to be fixed); Jeffrey Malkan, *The Public Performance Problem in Cartoon Network LP v. CSC Holdings*, 89 Ore L. Rev. 505 (2010) (the court should have focused on who would be capable of receiving the performance instead of on the transmission itself and should have found that the transmission of performances to users were public transmissions even though the transmissions only went to one subscriber). *But see* Peter Hamner, *Be Kind, Please Rewind—Second Circuit Gives Cable Providers Something to Watch in Car-*

可諱言，此議題的討論，多數評論家仍抱持著肯定的態度。相較於日本正在爭論中的服務，美國的服務面臨更多侵犯著作權的挑戰，因為訊號是透過中央伺服器傳輸至個別訂閱用戶，即使數據被存放在分別的個人資料中，但仍是被儲存在相同的伺服器裡。日本允許用戶購買接收或記錄器，連結他們至電視天線、與網路接軌。並允許數據傳輸至個人用戶或是一個別用戶的需求來複製節目。而廠商提僅提供並維護該設備，他們並沒有傳輸書俱或是錄製電視節目。然而，兩者皆有雷同之處。以*Maneki TV*一案與*Rokuraku II*一案為例，倘若以美國第二巡迴法院的看法，判決結果將全然不同，即認定被告為終端使用者所提供的設備，侵害到原告的著作權。

參、廣義

在對*Maneki TV*和*Rakuraku II*二案訴訟中提出的問題，亦涉及到關於合法使用個人用戶，以及協助他們的行為受到著作權保護之資料之間的關係。簡單地說，對是否協助個別用戶行使其使用受著作權保護的資料的行為，合法權利的核心問題究竟會不會構成著作權侵權。換句話說，協助合理使用行為仍然構成違法侵權？

以日本的著作權法的假設前提為，即使個人用戶合法使用受著作權保護的資料，但協助這類合法使用行為依然是非法行為[93]。因此，即使複製是使用於個人的範疇，日本的著作權法不允許個人客戶使用提供影印店家複製的複印機。因此，影印店對於提供影印機給客戶製作個人使用[94]的副本，是必須承擔責任。而CD出租店，提供給他們

---

toon Network L.P. v. CSC Holdings, Inc., 17 Vill. Sports & Ent. L.J. 135 (2010).

[93] Chosakukenhō [Copyright Act], Law No. 48 of 1970, art. 30, para. 1, no. 1.

[94] The liability of the photocopy shop was suspended "for a while" and this suspension has continued for some time now. *Id.*addendum, art. 5-2. Copyright management organizations are calling for lifting this temporary suspension.

的客戶租用複製光碟的機器，即便是單純爲了個人使用之目的複製機器，也必須付出侵犯著作權的責任。

　　日本法院的判決傾向於，若是持有人允許個別用戶使用受著作權保護的資料，需承擔其著作權侵權法律責任。因此，東京地方法院認爲，公司提供了音樂儲存服務，依上述之規則應負音樂著作權侵權責任[95]。在此案中，各用戶被允許變換音樂成爲鈴聲用於手機，並允許其在任何時間下載音樂再上傳到伺服器。著作權法的個人用途豁免，係指允許個人用戶自己的音樂文件複製到確實僅供個人使用的伺服器。然而，該公司提供的服務是讓數目不詳的客戶製作且拷貝到伺服器上，並且原告的音樂作品著作權持有人宣稱，公司的行爲將使文件提供給大眾使用，而非僅爲個人使用。東京地方法院同意其原告說法，認爲公司之行爲並不可被歸於個人用途豁免，故從而得出結論，該公司侵犯原告著作權。

　　同樣的道理套用在 *Location Free TV* 案及 *Rokuraku II* 案例中，該公司此種協助個人用戶觀看電視節目的行爲，當然有侵權疑慮；然而，日本智財法院（IPHC）在 Rokuraku II 判決中認定，被告的行爲僅是提供輔助設備，故不應承擔終端客戶的個人行爲，即概括承受間接侵權的責任。事實上，日本最高法院以非法侵犯著作權的卡拉OK酒吧爲例，分擔責任時，歸因於客戶的侵犯著作權的行爲。這個問題必須被討論，法院究竟是否應適用這些原則，來追究公司的侵權責任，而其原因係歸結爲消費者的合法行爲。

　　同樣的問題，發生在所謂的「Self-cooking」情況下。隨著電子書的便利性，許多人來將自己的書數位化，並把書轉爲電子書的形式。畢竟，數位化的電子書籍是不需實際儲存儲空間的，相當便利。被數位化的書籍誘惑是可以被理解的，畢竟將那些書架裝滿龐大的書籍，如果轉爲數位化，便可騰出空間。這個數位化過程通常在日本被

95　Tokyo Chihō Saibansho [Tokyo Dist. Ct.], (May 25, 2007), http://blogs.itmedia.co.jp/kurikiyo/files/20070528141551.pdf.

稱為 「Self-cooking」，即個人自行使用數位化的複製行為，掃描印刷本和數位化的內容成為電子圖書的行為。只要這個過程是由書本個別擁有者所進行的，就沒有侵犯著作權的可能，雖然書本內容的數位化可能是一個複製品，可是供個人使用的複製是允許的。

然而，當一些企業經營者開始提供給客戶需支付費用的書籍數位化服務，作者和出版商認為其行為侵犯著作權。雖然這些企業經營者認為，他們只是協助個別用戶在做自己個人的拷貝，然而作者和出版商認為，企業經營者為他人複印，而不是為個人使用。因此，原告聲稱，此非個人行為，即第三者透過收費方式所從事的行為，視同於非法複製。地方法院認同出版商的說法，企業經營者提供這樣的數位書本服務，係為侵權責任[96]。在這種情況下，被告固然是重現著作權資料給客戶，但被告認為自己只是協助客戶作出的合法副本。因此，若是依此種見解是會被質疑的。再者，如果法院都因企業經營者所提供給顧客機會好來經營他們的數位商店，而要他們付出法律責任時，更多嚴謹的問題應被提出和探討。

這種情況若發生在美國，就會有模擬的解釋空間。以*Basic Books, Inc. v. Kinko's Graphics Corp.*案[97]為例，教授從各書籍中摘錄課程資料，並將資料影印裝訂銷售給需要的學生，此種影印重製行為，是否屬教學上之合理使用範圍？法院審理後判決，商業性影印行為並不合法，侵害原告的著作權，故判被告應負損害賠償及准發禁制令。另一案子，*Elektra Records Co. v. Gem Electronic Distributors, Inc*案[98]，被告Gem Electronic Distributors是一家銷售空白錄音帶的公司，且提供客戶一次性的複製服務，此非法的複製行為，被法院認定為侵權行為並准發禁制令。美國東岸紐約地方法院確實認為此行為構成侵犯著

---

[96] Tokyo Chihō Saibansho [Tokyo Dist. Ct.], (Sept. 30, 2013), http://www.courts.go.jp/hanrei/pdf/20131001115316.pdf.

[97] 758 F. Supp. 1522 (S.D.N.Y. 1991).

[98] 360 F. Supp. 821 (E.D.N.Y. 1973).

作權，並頒布禁制令。在此案件中，商家允許不知名的顧客們進行相同複製的錄製行為。即使商家僅允許顧客複製，這個情況解釋了為何法院會做出商家進行再複製有著作權的資料之行為。再者，在美國複印的商家需負起允許顧客做非法複製的法律責任[99]。然而，無論他們是否負起允許顧客直接侵犯合法複製的責任，這點目前仍無法全然確定。至少在美國，提供各人用戶進行複製行為的協助，除非構成非法複製的行為，否則在合理使用的範疇內，未必會造成非法的結果[100]。

肆、促進文化的發展

　　日本最高法院在*Maneki TV*案和*Rokuraku II*案的判決，對於著作權持有人來說絕對是有利的。這些判決擴大解釋公開傳輸和複製的定義。日本在協助合法使用上的立場，對於著作權持人而言可能更有吸引力。協助個人用戶做出禁止合法拷貝的行為，使得著作權人享有更強大的著作權保護。但是，這樣的立場是否妨礙新科技的發展和網路應用的空間，這點仍有爭論的空間。

---

[99] Sony Corp. of America v. Universal City Studios, Inc., 464 U.S. 417 (1984).

[100] Sony Corp. of America v. Universal City Studios, Inc., 464 U.S. 417, 442 (1984), holding that "the sale of copying equipment, like the sale of other articles of commerce, does not constitute contributory infringement if the product is widely used for legitimate, unobjectionable purposes," may be cited as an authority for giving immunity to providers who offered an opportunity for individual users to make a lawful use. *See* Pamela Samuelson, *The Generativity of Sony v. Universal: The Intellectual Property Legacy of Justice Stevens,* 74 Fordham L. Rev. 101 (2006) for numerous impacts of this judgment. But this case was concerned with the contributory liability and not with direct infringement liability and the service providers, which maintained the recording device for individual users to make a recording, may be situated differently. It must be also noted that the fair use defense is still available even if the service providers could be held as directly infringing copyright in the United States.

　　以雲端計算系統為例，這樣的雲端計算服務是否構成侵權？雲端計算服務是允許個人用戶儲存的所有軟體和數據在雲端裡。個人用戶不再需要隨身攜帶軟體和數據，但可以透過各式各樣的設備來隨時使用他們，其中包括個人電腦、平板電腦和智慧型手機。大多數個人用戶擁有使用軟體和數據的合法權。雖然個人用戶複製資料到雲端，並從雲端那裡重新取得他們，但此類的公司是提供服務給一些不詳的用戶；換言之，他們提供服務給一般大眾，並複製以及接收傳輸檔案；他們的行為會被歸類為複製檔案給大眾，且並非作為個人使用和傳輸檔案。儘管絕大多數的個人用戶使用的意圖為合法，但現行的法條，使得他們的行為可能被宣判為侵犯著作權[101]。這樣的立場明顯地妨礙了新技術和網路應用的發展[102]。許多對於惟恐侵犯著作權的疑慮，阻

---

[101] In the WNET case, the Court referred to cloud computing services, specifically music locker systems, and declared that "[t]hese services, which allow their users to store music on remote hard drives and stream it to internet-connected devices, have apparently been designed to comply with Cablevision. Just like Aereo's system and Cablevision's RS-DVR, they seek to avoid public performance liability by creating user-associated copies of each song rather than sharing song files among multiple users." WNWT v. Aereo, Inc., 712 F.3d 676, n. 19 (2nd Cir. 2013). *See also* Carrie Bodner, *Master Copies, Unique Copies and Volitional Conduct: Cartoon Network's Implication for the Liability of Cyber Lockers,* 36 Colum. J. L. & Arts 491 (2013); Phillip Pavlick, *Music Lockers: Getting Lost in a Cloud of Infringement,* 23 Seton Hall J. Sports & Ent. L. 247 (2013).

[102] The business operator offering cloud computing services might expect that the safe harbor provision will be available to justify their claims to immunity. Similar to the Digital Millennium Copyright Act, the Japanese Provider Liability Limitation Act grants immunity to service providers hosting copyright infringing information provided that the service provider takes down copyright infringing information when it is notified or has a reason to believe that it is hosting copyright infringing information. Tokutei denki tsushin ekimu teikyoushano songaibaisho sekininno seigen oyobi hassinsha jouhouno kaiji nikansuru horitsu [Act Concerning the limitation of Liability of Specified Telecommunication Service Providers and Disclosure of Sender Identity], Law No. 37 of 2001, art. 3, para. 1. However, this immunity is not available when the service provider is a sender of information. By attributing

礙了日本多數的公司發展和提供雲端計算服務。

日本的文化機構負責處理著作權等相關問題。他們已召集了專家
小組，請求他們呈交一個與雲端計算服務有相關的侵犯著作權的報
告。基本上，這份報告限制了 *Maneki TV* 一案和 *Rokuraku II* 一案的判
決的應用性，並做出結論——雲端計算服務不能被日本的著作權法限
制[103]。然而，基於日本最高法院的邏輯——雲端計算服務能夠避免侵
犯著作權，但必不包含複製和公共傳輸的行為。能確定的是，雲端計
算服務允許許多不詳的個人用戶去錄製他們位於雲端伺服器的檔案，
而伺服器是在經營者的管理之下，因此這個行為構成公共傳輸。為
了替日本的雲端計算服務鋪路，日本最高法院對於 *Maneki TV* 一案和
Rokuraku II 一案的解釋必定要再重新思考。否則，著作權法必須修
訂，好讓雲端計算服務合法化。

畢竟，著作權之所以需要受到保護，是為了促進文化的發展[104]。
我們必須考慮到著作權保護使否能進一步擴張，以助於文化的發展。
正是這種擔心考量，導致IPHC在 *Rokuraku II* 的案子中，拒絕了經營
者提供設備、協助個人用戶以新的科技來使用受著作權保護的合法設
備之義務。IPHC在 *Maneki TV* 案件裡的判決可能有同樣的考量。但這
樣的考量在日本最高法院的判決裡並不成立。 能確定的是——這是
一個停止考慮進一步擴張的著作權法保護，是否真的為基本著作權保
護的目的良好時機。

---

the acts of customers to the service providers, the doctrine created by the Supreme
Court of Japan may preclude the immunity for hosting service providers.

[103] Bunkachō [Cultural Agency], Kuraudo Computing to chosakuken nikansuru chou-
sakenkyuu [Research and Study on Cloud Computing and Copyright], http://www.
bunka.go.jp/chosakuken/singikai/housei/h23_shiho_06/pdf/shiryo_4.pdf.

[104] Chosakukenhō [Copyright Act], Law No. 48 of 1970, art. 1.

第五節　結論

　　隨著科技的發展，在海外的觀眾能夠在不侵犯著作權的情況下，收看自己家鄉的電視節目。他們所需要做的是請求身邊的朋友或家人保提供接收器或錄製設備，再透過網路傳輸或錄製，然後他們就能透過網路來觀看節目。但如果他們無法私下找到能夠幫他們提供接收器或錄製設備的人，那運氣實在很不好，因為願意提供接收器或錄製設備給海外觀眾的提供服務商，是被視為侵權的，此行為也被禁止。

　　最後，廣播電視公司決定開始合資企業，以便開發各種設備的網路傳輸電視節目的服務[105]。由於這些人對於節目是擁有著作權或鄰接權，因此並沒有侵犯著作權的問題，然而他們的服務無法提供給海外觀眾[106]。而另一方面，類似的廣告也會在其他網頁出現，相關商業推銷廣告會問：「你在海外時會想看日本的電視節目嗎？」只要有足夠強烈的需求，就無法避免去指望削減這些需求服務的回應。

　　雷同的問題已在美國發生了，而這樣的服務也可能會在美國的網路上出現；希望日本的經驗能有助於美國解決困難的著作權侵權問題。

---

[105] Nihonkeizai Shimbun (May 5, 2013), NHK/ minpo bangumi, sumahode dokodemo: Sen-you TV keiyu [Broadcasting Programs of NHK and Other Broadcasters Will be Available on Every Smartphone: Through Television Exclusively Used for Transmission], http://www.nikkei.com/article/DGXNASFS3002F_U3A500C1MM8000/.

[106] Amazon also started the instant video service from November 2013, allowing viewers to watch or download various videos, including some television programs. Amazon.co.jp, http://www.amazon.co.jp/gp/feature.html?ie=UTF8&docId=3077704916. This service is not available, however, to oversea viewers.

參考文獻

1. Shigenori Matsui, *The Intellectual Property High Court*, in New Courts in Asia (Andrew Harding & Pip Nicholson eds. 2010).

2. Carrie Bodner, *Master Copies, Unique Copies and Volitional Conduct: Cartoon Network's Implication for the Liability of Cyber Lockers*, 36 Colum. J. L. & Arts 491 (2013).

3. Jeffrey Malkan, *The Public Performance Problem in Cartoon Network LP v. CSC Holdings*, 89 Ore L. Rev. 505 (2010).

4. Michelle Bugard, *Lost in Transitory Duration: A Look at Cartoon Network v. CSC Holdings, Inc. and Its Implications for Future Copyright Infringement Cases*, 43 U.C. Davis L. Rev. 1491 (2010).

5. Pamela Samuelson, *The Generativity of Sony v. Universal: The Intellectual Property Legacy of Justice Stevens*, 74 Fordham L. Rev. 101 (2006).

6. Peter Hamner, *Be Kind, Please Rewind-Second Circuit Gives Cable Providers Something to Watch in Cartoon Network L.P. v. CSC Holdings, Inc.*, 17 Vill. Sports & Ent. L.J. 135 (2010).

7. Phillip Pavlick, Music Lockers: Getting Lost in a Cloud of Infringement, 23 Seton Hall J. Sports & Ent. L. 247 (2013).

8. Bunkachō [Cultural Agency], Kuraudo Computing to chosakuken nikansuru chousakenkyuu (Research and Study on Cloud Computing and Copyright), http://www.bunka.go.jp/chosakuken/singikai/housei/h23_shiho_06/pdf/shiryo_4.pdf.

9. Itmedia News (Feb. 18, 2013), Maneki TV service shuryo: Saikosaide haiso kakutei uke [Maneki TV Service Will Be Terminated: Upon the Dismissal by the Supreme Court of Japan], http://www.itmedia.co.jp/news/articles/1302/18/news043.html.

10. Nihon keizai Shimbun (May 5, 2013), NHK/ minpo bangumi, suma-

hode dokodemo: Sen-you TV keiyu [Broadcasting Programs of NHK and Other Broadcasters Will be Available on Every Smartphone: Through Television Exclusively Used for Transmission], http://www. nikkei.com/article/DGXNASFS3002F_U3A500C1MM8000/.

11. Tokyo Chihō Saibansho [Tokyo Dist. Ct.], (May 25, 2007), http://blogs. itmedia.co.jp/kurikiyo/files/20070528141551.pdf.

12. Tokyo Chihō Saibansho [Tokyo Dist. Ct.], (Mar. 30, 2007), http://www. courts.go.jp/hanrei/pdf/20070330182742.pdf.

13. Tokyo Chihō Saibansho [Tokyo Dist. Ct.], (Sept. 30, 2013), http:// www.courts.go.jp/hanrei/pdf/20131001115316.pdf.

14. Basic Books, Inc. v. Kinko's Graphics Corp., 758 F. Supp. 1522 (S.D. N.Y. 1991).

15. Cartoon Network v. CSC Holding, Inc., 536 F. 3d 121, 129-130 (2nd Cir. 2008).

16. Chitekizaisan Kōtō Saibansho [Intellectual Property High Court], (Dec. 15, 2008), 2038 Hanreijihō 110.

17. Chitekizaisan Kōtō Saibansho [IPHC], (Jan. 27, 2009), 65 Saikō Saibansho Minji hanreishu [Minshu] 632.

18. Chitekizaisan Kōtō Saibansho [IPHC], (Jan. 31, 2012), 2142 Hanreijihō 96.

19. Elektra Records Co. v. Gem Electronic Distributors, Inc., 360 F. Supp. 821 (E.D.N.Y. 1973).

20. On Command Video Corp. v. Columbia Pictures Industries, 777 F. Supp. 787 (N.D. Cal. 1991).

21. Saikō Saibansho [Sup. Ct.], (Mar. 15, 1988), 42 Saikō Saibansho Minji Hanreishu [Minshu] 199.

22. Saikō Saibansho [Sup. Ct.], (Jan. 18, 2009), 65 Saikō Saibansho MInji Hanreishu [Minshu] 121.

23. Saikō Saibansho [Sup. Ct.], (Jan. 20, 2011), 65 Saikō Saibansho Minji

Hanreishu [Minshu] 399 (1st petty bench).

24. Saikō Saibansho [Sup. Ct.], (Feb. 13, 2013), unreported (2nd petty bench).

25. Tokyo Chihō Saibansho [Tokyo Dist. Ct.], (May 28, 2008), 2029 Hanreitimes 125.

26. Tokyo Chihō Saibansho [Tokyo Dist. Ct.], (Mar. 30, 2007), unreported.

27. Tokyo Chihō Saibansho [Tokyo Dist. Ct.], (June 20, 2008), 65 Saikō Saibansho Minji Hanreishu [Minshu] 247.

28. Tokyo Chihō Saibansho [Tokyo Dist. Ct.], (Sept. 5, 2011), 2153 Hanreijihō 93.

29. WNET v. Aereo, Inc., 722 F.3d 500 (2nd Cir. 2013).

30. WNWT v. Aereo, Inc., 712 F.3d 676, n. 19 (2nd Cir. 2013).

第十章
從KIRTSAENG案探討著作權法第一次銷售原則

曾勝珍

第一節　前言

　　灰色市場或平行輸入商品在國際貿易市場上常見，這些都是合法製造的產品，通常灰色市場商品指同樣商品但分為美國版與非美國版，灰色市場，或稱盜版貨、黑色市場不同在於，前者是合法製造的商品但未經過合法授權買賣，後者是未經授權製造的違法商品[1]；一般而言，非美國版的外型和美國版類似，但往往質料較差，內容也不盡相同或使用較便宜、廉價的原料製作，相對地售價也會較低。著作權人會選擇在不同市場銷售不同的版本，而市場的區隔通常是以地理區域做為劃分標準[2]，非美國版限定不能在美國銷售，因為美國版本身售價較高，然而，若這樣的限制未被遵守時，貨品就會流向灰色市場。

　　「灰色市場」指在美國販售的合法商品，但製造或授權的目的都不是為了在美國販售，如廠商當時是以出口為目的，但商品又再被賣回美國境內；或當時美國製造商授權國外經銷商製造，但經銷商擅自輸入美國未經美國製造商（著作權人）同意，此舉亦為平行輸入。無論哪種情形，皆造成與製造商本身產品在美國市場的競爭[3]。製造商通常侷限其產品銷售範圍，尤其是約束經銷商的販售區域，特別在化妝品與美髮產品等行業，因為價格的高度落差，更使想節省差價的經銷商有機可趁，將原本被排除進口的商品輸入美國[4]，使美國國內的

---

[1] William Richelieu, *Gray Days Ahead?: The Impact of Quality King Distributors, Inc. v. L'Anza Research International, Inc.*, 27 Pepp. L. Rev. 827, 828 (2000).

[2] Mark Jansen, *Applying Copyright Theory to Secondary Markets: An Analysis of the Future of 17 U.S.C. §109(A) Pursuant to COSTCO Wholesale Corp. V. OMEGA S.A.,* 28 Santa Clara Computer & High Tech. L.J. 149 (2011).

[3] Lawrence Friedman, *Business and Legal Strategies For Combating Grey Market Imports*, 32 INT'L LAW. 27 (1998).

[4] *Id.,* at 28.

消費者有另一種選擇，經銷商反而幫助消費者取得價格的優惠，並且取得更多的消費選擇機會。

全球市場會發生平行輸入的現象，主因還是在於價格差異，但同意者認為這是給消費者更佳的選擇機會，同時也是增加市場價格競爭的優勢。舉例而言，A為美國軟體出版商，嘗試在墨西哥推廣該軟體，因為墨西哥市場對其營運總量占有率不高，所以美國出版商給予極大優惠，一來為推廣該軟體產品，二來認為不怕影響其產品原有之美國市場；但優惠若大到足夠吸引美國其他經銷商，直接到墨西哥購買後再進貨到美國出售，這樣的結果就和出版商當時設想的完全不同了。

美國著作權法對進口權有些例外的規定，如返回美國的旅客為個人目的使用所攜帶進口的物品，如果超過上述例外規定外的進口，就構成對著作權人權利的侵害[5]，為商業用途而存在的「灰色市場」商品當然不在例外核可的範圍內。

本文首先以*Kirtsaeng v. John Wiley & Sons, Inc.*案[6]，有關國內教科書出版商控告第一次銷售（first sale）[7]於國外，再被賣入美國國內的出版品，販售人侵害其著作權的判決，2009年一審時[8]原告勝訴，被告不服提起上訴[9]，2011年第二巡迴上訴法院維持原議，美國聯邦最高法院在2013年3月19日做出判決，駁回二審判決結果，意即被告勝訴。

---

[5] See 17 U.S.C. §106 (3) & 602 (a)(1994).

[6] *Kirtsaeng v. John Wiley & Sons, Inc.*,133 S. Ct. 1351, 1358, 185 L. Ed. 2d 392 (2013).

[7] 臺灣著作權法有關第一次銷售原則規定於第59條之1：「在中華民國管轄區域內取得著作原件或其合法重製物所有權之人，得以移轉所有權之方式散布之。」

[8] *John Wiley & Sons, Inc. v. Kirtsaeng*, not Reported in F.Supp.2d, 2009 WL 3364037 S.D.N.Y.,2009 (October 19, 2009).

[9] *John Wiley & Sons, Inc. v. Kirtsaeng*, 654 F.3d 210 C.A.2 (N.Y.), 2011 (August 15, 2011).

第二節 *Kirtsaeng*案背景與「灰色市場」案例

一名泰國留學生（被告Kirtsaeng）於1997年從泰國到美國就讀Cornell大學，隨後又在the University of Southern California取得博士學位，他依賴泰國政府的獎學金完成學業，並完成回到泰國執教十年的義務，到美國唸書時，覺得美國的教科書價格昂貴，透過泰國的親朋好友從泰國購買當地相同版本後寄到美國，Kirtsaeng利用泰國當地便宜售價與美國的差價賺取利潤，原告是該教科書的出版商（John Wiley & Sons, Inc.公司），依據美國著作權法[10]規範專屬權，著作權人可以散布複製品，但受到107條到122條的種種限制，所有權人可以發行複製品，主張被告侵害其著作專屬權，尤其是「第一次銷售理論」（first sale doctrine），所有權人對其持有的合法重製物或唱片，不需經過著作權人同意可以將其拋棄或販售[11]，但私自進口在國外製造的複製物，對國內的著作權人造成侵害。

2008年原告提起控訴，一審時紐約南區地方法院判決被告，依每件7萬5,000元的賠償金額，共需賠償原告美金60萬元[12]，「第一次銷售理論」不適用於外國製造的受美國著作權保障的商品[13]，原告（本案上訴人）是專門印製教科書的出版社，從著作人們取得外國及國內的著作授權，為美國國內的著作權人，經常將國外出版、編輯、販售等事項全權委由國外的分支機構處理，在國外的出版品往往載明只限當地販售[14]，原告就其英文教科書亞洲市場的銷售、印刷、製作，全

---

[10] 17 U.S.C. §106 (3).該條文規範著作權人的權利範圍，並涵蓋其後第107到122條條文的權利內涵。

[11] 17 U.S.C. §109 (a).

[12] 654 F.3d, at 215.

[13] *Id.,* at 221.

[14] *Supra note* 9, *John Wiley & Sons, Inc. v. Kirtsaeng,* at 213.

部授權其外國分公司（Wiley Asia），而在國外販售的這些書籍，在未經過原告同意下不能進口美國，因此，原告控告被告違反專屬權的規定[15]與進口的限制[16]；被告則抗辯其進口的書籍全部都是合法製造，並且符合「第一次銷售理論」，因此，販售行為不須經原告同意。

壹、法院判決

　　一審時地院認為「第一次銷售理論」不適用於外國製造的貨品，且被告故意侵害原告的著作權，因而，被告應向原告承擔侵害責任，二審法院也認同此理論，對美國著作權法第109條(a)項條文「lawfully made under this title」的解釋是，不適用在外國進口的貨品，第104條規範還沒出版的著作（國內或國外皆可）第一次出版在與美國有互惠約定的180個國家。要加上地域限制徒增條文用語解釋困難度，本案二審時第二巡迴上訴法院著重在「under」與「where」等詞彙[17]，判決書中一再探討是否以此斷定「第一次銷售理論」的地域限制。

　　第九巡迴上訴法院為何對「第一次銷售理論」規定美國境外合法製造但首次在美國販售，並取得著作權人許可的產品，這樣的限制乃為避免國內買家販售如日本進口的電動遊戲或德國製作的影片或中國大陸做的衣服，即使進口商有取得原著作權人的同意，但如原告的出版商，可以在國外印刷並進口到美國販售，但卻禁止學生在校園書局內再出售其二手教科書，然而最高法院在此判決中卻認為被告的抗

---

[15]　17 U.S.C. §106 (3).

[16]　17 U.S.C. §602.

[17]　原告解讀「under this title」為「in conformance with the Copyright Act where the Copyright Act is applicable」所以只能在美國境內適用。*Supra note* 6 , *Kirtsaeng v. John Wiley & Sons, Inc.*, at 1359.

辯有理由，判斷法條中「under」的字意解釋[18]，回溯當時立法過程與背景，國會立法時應該沒有想到地理區域的限制，原告解釋該條文加上地域限制（geographical limitation），排除分公司Wiley Asia的書籍販售，被告則解釋該條文不應加上地域限制（non-geographical limitation）。從條文文義解釋，本案判決意見採取認為採取非地域限制的解釋。

本案對第109條(a)項條文解讀傾向被告的非地域限制的解釋。美國圖書館協會提供數據顯示，至少有兩億本的書籍在美國國外被印製，多數都是在與美國有著作權互惠協定的國家中，首次出版發行，並因而享受美國著作權法的保障。其中有許多是在美國發行，但印刷製作等前製工作都是在其他費用低廉的國家中完成。因此，圖書館館員在計算或發行這些書籍前，必須先取得著作權人的同意，如果某些書本是數十年前的著作，如何取得授權？若書本遺漏製作地點，更無從知悉確切的印製地點！即使知道印製地，聯繫、協調、溝通取得授權等，皆需花費甚鉅。在沒有取得授權前，圖書館館員是否不應該陳列或發行這些在國外被印製的書籍？

貳、「灰色市場」案例

有關「灰色市場」的案例分為兩類，第一類，有關禁止進口受著作權保護的貨品到美國，第二類，基於「第一次銷售理論」允許進口的情形；二者區別的實益在於商品的製造地，第一類支持「灰色市場」的反對者，針對商品在外國製造，進口到美國時，受到美國著作權法第602條(a)項進口權的保障，沒有被「第一次銷售理論」限制，當貨物在國外合法製造，進口到美國而未取得著作權人同意時，保障著作權人而非經銷商。第二類則允許進口的商品乃在美國境內製造，

---

[18] *Supra note 6* , *Kirtsaeng v. John Wiley & Sons, Inc.*, at 1353.

基於「第一次銷售理論」，保障經銷商的情形。

一、著作權法602條保障的案例

（一）*Nintendo of America v. Elcon Industries*[19]案

1982年Nintendo of America是一家位於美國華盛頓州的公司，經銷販賣日本Nintendo公司的電動遊戲，被告是位於密西根的Elcon Industries公司，組裝與販賣電腦遊戲、零件，本案系爭遊戲是名為「Donkey Kong」的電動軟體，日本Nintendo公司於1981年將此電動遊戲的著作權轉讓給Nintendo of America公司，同年日本Nintendo公司又授權一家日本公司Falcon，生產與出售類似「Donkey Kong」的遊戲，並給予其在日本獨家代理權[20]。

Falcon公司被要求要在遊戲機板上都必須貼上「本遊戲機乃經由Nintendo公司授權製造」的貼紙標籤，雙方授權契約中禁止Falcon公司進出口任何遊戲機到日本以外其他地區。Nintendo of America公司在此電動遊戲的著作權轉讓後，開始進口、製造、行銷、販賣這款遊戲[21]，因為遊戲機板在昂貴的初版開發後極容易被複製，且複製成本低廉，因此，仿冒的「Donkey Kong」的電動軟體快速的在日本全國盛行[22]，被告Falcon公司就是仿冒的公司，而且仿冒用的遊戲機板還是由美國公司送來的，其上尚有Nintendo of America公司的貼紙標籤，原告因而提出此項訴訟，主張被告侵害其著作權及造成不公平競爭[23]。

法院判決Falcon公司自Nintendo of America公司對「Donkey

---

[19] *Nintendo of America v. Elcon Industries,* 564 F.Supp. 937 (E.D.Mich.1982).

[20] *Id.,* at 940.

[21] *Id.* at 940-941.

[22] *Id.* at 941-942.

[23] *Id.* at 943, 938.

Kong」該款遊戲已建立的商譽獲利，而仿冒品對原告公司股價、收入都造成影響，更遑論對原告整體經銷關係的破壞，判決被告無權進口美國，美國著作權法第602條(a)項第1款條文規定，禁止進口任何未經許可在外國合法製造的產品，本案判決原告勝訴。

（二）Hearst Corporation v. Stark[24]案

1986年The Hearst Corporation（以下稱Hearst公司）和某些著作人達成著作權獨家代理契約，Hearst公司是代表該著作人們在美國的著作權人，英國的代理權則交由英國的出版商們[25]，一個英國的大盤商從英國出版商們手中，買下前述著作人們出版的書籍後，再賣給一家美國加州的Stark公司，Stark公司再進口到美國。Hearst公司因此提起此訴訟，認為Stark公司侵害其專屬進口權，Stark公司則以「第一次銷售理論」主張有權進口[26]。

本案爭點在美國著作權法第109條(a)項與第602條(a)項的關聯，判決結果法院判斷第109條(a)項是第106條的例外規定，第602條(a)項並未受到第109條(a)項的限制，未經授權的國外製造產品不能進口到美國，而且「第一次銷售理論」適用的是單件物品，不是大宗物件，本件判決原告勝訴。Hearst案、Nintendo案及Scorpio案都是保護原告（製造商）。

（三）T.B. Harms Company v. JEM Records[27]案

本案Harms是一家美國加州的公司授權給位於紐澤西的JEM公司，為其製造、經銷、出售有著作權的音樂著作，當JEM進口紐西蘭WEA Records公司的唱片到美國經銷販賣時，Harms認為其進口唱

---

[24] *Hearst Corp. v. Stark*, 639 F.Supp. 970 (N.D.Cal.1986).

[25] *Id.*at 972.

[26] *Id.* at 973, 976.

[27] *T.B. Harms Company v. JEM Records*, 655 F.Supp. 1575 (D.N.J.1987).

片──Frank Sinatra重新編曲的歌（Ol' Man River）有侵害其著作權者；JEM抗辯原告主張的權利（著作權法）第602條(a)項不適用，且著作權人的專屬權也受到著作權法第115條的限制。

法院不同意被告的抗辯，著作權法第115條保護限制在製造商，而非如JEM的經銷商，且第115條不會限制著作權人依據第602條(a)項行使的權利[28]，第109條(a)項也非保障購買進口商品的消費者，而是保障購買在美國境內合法製造商品的買家，JEM侵害原告的著作權，本案判決結果支持著作權人依據第602條(a)項行使進口權，並不受到第109條(a)項「第一次銷售理論」的限制，原告勝訴。

（四）*BMG Music v. Perez*[29]案

BMG Music、CBS與A & M Records（簡稱BMG）等公司擁有對其製造、生產、經銷與販售所有唱片的著作權，BMG對一家美國唱片店Perez提起訴訟，Perez購買國外製作的唱片帶入美國後，沒有取得原告的同意就在美國販售[30]，地院審理時禁止被告Perez再進口與販售等行為，而Perez不服提出「第一次銷售理論」做為抗辯理由。上訴到本案法院後，判決結果認為第109條(a)項「第一次銷售理論」不能妨礙著作權人主張第602條(a)項進口權，否則第602條形同虛設，「第一次銷售理論」能適用的僅限於美國國內製造商品，不適用在外國製造後再被進口到美國的商品，本案結果原告勝訴。

（五）*Parfums Givenchy v. Drug Emporium*[31]案

Parfums Givenchy是一家法國製造香水的廠商，唯一授權Given-

---

[28] *Id.*, 655 F.Supp. at 1583.

[29] *BMG Music v. Perez*, 952 F.2d 318 (9th Cir.1991), cert. denied, 112 S.Ct. 2997 (1992).

[30] *Id.*, at 319.

[31] *Parfums Givenchy v. Drug Emporium*, No. CV-92-4206 MRP, 1992 U.S.Dist. LEXIS 18328 (C.D.Cal. Nov. 23, 1992).

chy USA公司代理Amarige系列香水，該系列包裝盒有申請「包裝邊緣特殊藝術設計」[32]，Givenchy USA是在美國的經銷商，被告Drug Emporium是一家美國境內經營全國連鎖的藥局，從第三人處買來Amarige系列香水，並在沒取得Givenchy同意私下進口到美國販售，Givenchy提起訴訟後順利取得禁止被告販賣任何系爭香水的禁制令，原告主張被告的侵權行為危害其投入超過美金500萬投資於該系列香水的廣告行銷中。

本案同樣以第109條(a)項「第一次銷售理論」與第602條(a)項進口權之間的衡平進行討論，法院判決原告勝訴，「第一次銷售理論」不保護國外製造的法國香水，被告所提出的抗辯理由不存在，尤其是進口到美國未取得著作權人的同意[33]。

二、美國著作權法第109條保障的案例

(一) *Cosmair, Inc. v. Dynamite Enterprises, Inc.*案[34]

本案發生於1985年，Ralph Lauren是一名服裝設計師，為其Cosmair公司設計的香水、化妝品包裝申請著作權，Cosmair提出此訴訟乃因被告Dynamite Enterprises及Niroda Corporation兩家公司，在沒有經過其同意的情形下擅自進口原告商品，侵害原告的進口權；本案判決結果支持被告，法院拒絕頒發給著作權人依據第602條(a)項請求的禁制令，禁止系爭香水產品在美國的製造與販售[35]，本案法院認為「第一次銷售理論」限制了著作權人進口權的主張，主要原因是被告的商品製造與販賣地都是在美國，受「第一次銷售理論」的保障，所以產品的製造地是探討「第一次銷售理論」與著作權人進口權的爭點

---

[32] *Id.*, at *1-*2.

[33] Drug Emporium, 1992 U.S.Dist. LEXIS 18328, at *4-*5.

[34] *Cosmair, Inc. v. Dynamite Enterprises, Inc.,*1985 WL 2209 (S.D. Fla. 1985).

[35] *Id.*, at *5-*6.

所在，也是著作權權利主張能否被保護的主要依據。

（二）*Sebastian International Inc. v. Consumer Contacts (PTY) Ltd.*[36]案

　　1988年此案另有發展，原告Sebastian International, Inc.是美國加州一家發展、行銷、製造洗髮精、潤髮精、髮麗香等產品的公司，Sebastian同意給南非的3-D行銷公司六個月試用期間，做為其在南非唯一的產品經銷商，而3-D行銷公司也同意不能在南非以外的地方經銷其產品[37]，Sebastian提起此訴訟乃因被告對系爭洗髮產品的再進口行為，侵害其依據著作權法第602條(a)項的進口權，被告進口的產品中某些標籤都有著作權的保障，被告是南非的公司，主張原告的權利不能受到第602條(a)項進口權的保障，因為商品是在美國境內製造，原告將商品出售給3-D時已經權利耗盡[38]。

　　本案法院判決製造地並不是本案重點，也非解釋第109條(a)項與第602條(a)項的要件，駁斥被告的理由——因為商品是在美國境內製造，所以被告有權進口，著作權人的進口權是散布權的一種，使著作權人可以掌控未經授權商品的進口，允許權利人監督[39]，地院也決定原告權利並未耗盡，仍然可以掌控「灰色市場」商品的進口行為，判決原告勝訴。被告不服上訴後，美國聯邦第三巡迴法院認為當原告將商品出售給外國經銷商時，原告權利已經耗盡且受「第一次銷售理論」的限制[40]，本案法院判決認為著作權人已經從商品出售的對價獲得補償，不應對出售後的著作物發行還有控制權，尤其是控制經銷商

---

[36] *Sebastian International Inc. v. Consumer Contacts (PTY) Ltd.,* 664 F.Supp. 909 (D.N.J.1987), vacated, 847 F.2d 1093 (3d Cir.1988).

[37] *Id.,* at 911.

[38] *Id.,* at 913.

[39] *Id.,* at 918-920.

[40] *Sebastian Int'l, Inc. v. Consumer Contacts (PTY) Ltd.,* 847 F.2d 1093, 1094, 1099 (1988).

從美國境外的進口權[41]。

地院採取的是在「灰色市場」中著作權人不受到「第一次銷售理論」的限制,即原告可以避免未經授權商品的進口行為[42],除了這個見解,在解決第109條(a)項與第602條(a)項法條間的衝突上,上訴審法院還有另外一種解釋,認為法條本身都沒有給予著作權人這般的權利,而第602條(a)項也不能擴大第106條第3款的內容;本案上訴審第三巡迴法院雖然同意地院見解,認為商品販售地與判斷第602條(a)項的適用無關,本案原告請求內容經法院查證,並無侵害事實存在,原告受到「第一次銷售理論」的限制,第三巡迴法院判決「第一次銷售理論」所涵蓋的商品不僅指美國國內,還擴及美國境外製造的商品。

(三) *Neutrogena Corp. v. United States*[43]案

Neutrogena是一家美國製造商,出產各種個人保養用品, 因為想請求美國政府組織避免其某些產品的被進口,原本原告將產品賣給香港的經銷商,經手過其他數人後被進口到美國,原告請求美國海關不應讓該些產品入境,因為該些產品並未得到原告的同意進口,加州地方法院判決原告敗訴,本案適用「第一次銷售理論」,特別是系爭產品乃由美國製造生產[44],不同意原告的請求。

---

[41] *Id.,* at 1099.

[42] *Id.,* at 1097.

[43] *Neutrogena Corp. v. United States*, 7 U.S.P.Q.2d (BNA) 1900 (D.S.C.1988).

[44] Id. at 1903.

第三節　本案爭點

壹、第一次銷售理論

　　CleanCo是一家在美國和德國都有製造廠的香皂公司，美國製造的香皂只在美國販售，德國製造的香皂則在德國販售，Bondy Imports從德國進口一整卡車的香皂再進口到美國出售，但未經過CleanCo公司的同意，因價格遠比美國製造的便宜，馬上對美國製產品造成競爭壓力[45]，CleanCo公司為避免未來更大的業務壓力，因為德國製品標籤有著作權保護，CleanCo公司尋求著作權救濟，Bondy Imports進口沒有經過CleanCo公司同意，侵害其著作專屬權，然而，CleanCo公司的對手律師認為「第一次銷售理論」的適用，CleanCo公司並無權干涉再次銷售的行為。

　　*Denbicare U.S.A. Inc. v. Toys "R" Us, Inc*案[46]中，第九巡迴上訴法院對「第一次銷售理論」的解釋：1.僅限於美國境內合法製作的產品；2.美國境外合法製造但首次在美國販售，並取得著作權人的許可的產品。本案中Wiley Asia的書籍並不適用，即使得到美國著作權人的授權許可在國外製造，任何人不論是在網路、零售店、圖書館購買後，皆不能在未得到許可前再銷售或做任何處置，美國著作權法第602條(a)項第1款條文規定，禁止進口任何未經許可在外國合法製造的產品，條文第602條(a)項第2款包括外國印製的盜製品，除非符合第602條(a)項第3款條文的除外規定，例如：1.外國出版商是美國出版商的被授權人，但在正式的授權販售前，外國出版商卻將該產品直接售往美國；2.外國印刷商或製造商在被授權販賣前，擅自將產品寄往美國；3.出版商將複製物運送給大盤商，大盤商直接寄到美國；4.外

---

[45] Donna K. Hintz, *Battling Gray Market Goods With Copyright Law*, 57 ALB. L. REV. 1187(1994).

[46] *Denbicare U.S.A. Inc. v. Toys "R" Us, Inc.,* 84 F.3d 1143, 1149–1150 (1996).

國影片經銷商將影片經由承銷人或代理人或受託人,直接寄往美國。

貳、地域限制

2011年外國商品進口美國達2.3兆美金,其中有許多皆包含有著作權的標籤、包裝、符號等,若將書籍、影片、電影等產品也列入計算,金額更超過220兆美金,在地域理論的規範下,二手書商會受到極大衝擊,例如:一位觀光客在巴黎買了12本書要送給美國的友人,這樣就觸犯了美國著作權法,如此一來,對二手書市場傷害極大。其他如科技產品,像手機、個人電腦、計算機、晶片、通訊設備等,皆與著作權保障的軟體程式或套裝配置息息相關,這些產品如果在美國境外製造,必須得到著作權人的許可,才能進口到美國被販售,如汽車零件,外國車商要進口汽車之前,是否都會取得零件相關著作權人授權同意後,才進口汽車?值得存疑。

圖書館機構、二手書買賣商、科技公司、消費性產品連鎖商、博物館等機構,認為採取地域限制的解釋,會影響憲法保障的著作權法立法宗旨,即促進科學與實用技術的進步[47],如圖書館在蒐集館藏圖書時,針對國外印製的圖書必須得到原著作權人的許可,會增加許多程序上的負荷。原告指出過去三十年聯邦法院判決皆採取地域限制的解釋,事實上未曾造成問題,本案中的第二巡迴上訴法院反而是首次採取地域限制解釋的上訴法院,地域限制的解釋會妨礙一般學術性、藝術性、商業性或消費性的活動,因此,本判決採取非地域限制的解釋。

參、其他請求權基礎

以下是可供參考的其他請求權基礎,美國海關能扣押禁止進口的

---

[47] Art. I, §8, cl. 8.

著作物，通常是指沒有著作權的，如果有著作權而要禁止其進口，美
國公司的請求權人只能透過法院以禁制令的方式或向「美國國際貿易
委員會」（United States International Trade Commission, USITC）提出
申請[48]，以下則是透過契約針對「灰色市場」產品，提出訴訟請求賠
償的案例。

（一）1991年美國聯邦第七巡迴法院在*Railway Express Agency, Inc.
v. Super Scale Models, Ltd.*[49]案中，有關原告（Railway Express
Agency, REA）和德國製造商訂定玩具火車的獨家經銷契約，
被告（Super Scale）在歐洲買下該玩具火車的眞品，但在沒經
過原製造商同意下私自進口到美國，原告主張被告明知其爲美
國唯一獨家經銷商，卻還繼續進口並與原告展開競爭[50]，因而
造成對原告的損害及負擔，第七巡迴法院適用威斯康辛州法，
認爲原告必須證明被告是故意破壞原告的獨家經銷契約，且因
其行爲造成原告的損失[51]，但本案判決原告敗訴，因爲原告無
法舉證證明被告行爲對其商譽或利益的損失。

（二）1989年愛荷華州上訴法院於*Roberts v. Moore*[52]案，有關原告出
售其賓士車給被告後，被告將車輛送到賓士車場維修時，得知
該車是「灰色市場」產品，賓士原廠代理商不願意維修，被告
因此拒絕給付車款給原告，並且嘗試退還該車給原告，原告因
而提起此訴訟。被告舉證提出被告爲契約不履行之責任，因爲

---

[48] Lawrence Friedman, *Business and Legal Strategies For Combating Grey Market
Imports*, 32 INT'L LAW. 46 (1998).

[49] *Railway Express Agency, Inc. v. Super Scale Models, Ltd.*, 934 F.2d 135 (7th Cir.
1991).

[50] *Id.*, at 139.

[51] *Id.*

[52] *Roberts v. Moore*, 445 N.W.2d 384 (Iowa Ct. App. 1989).

未告知該車是水貨無法得到美國正廠維修的服務，地院判決原告勝訴，被告不服上訴，上訴審認為端視雙方是否事前知情，決定雙方契約之有效性[53]。

（三）或是看當時締約時是否有限制相對人，不能在美國境內販售的約定，若日後在美國卻發現該產品被出售，就可以主張當時買方故意或預謀要在國外用低價買入，再回銷美國賺取差額。因此，當時是以詐欺引誘締約（fraudulent inducement to contract）為訴訟原由。

第四節　相關判決

壹、*Quality King*案

原告L'anza是加州的美髮品製造商，L'anza在1994年取得其美髮產品使用說明書與標籤的著作權[54]，將其產品授權給特定區域的特約零售商，被告乃將歐洲島國馬爾他的原告美髮產品，未經原告同意情形下以折扣價再銷售回美國，並賣給未與原告簽約的不特定廠商，原告因而提出此控訴（見圖10-1）。對美國國內製造但被販售到國外的情形，有著作權的美髮產品製造商控告進口商，當他授權國外經銷商銷售其產品時，因為不必負擔在當地的廣告及宣傳費用，所以L'anza給予當地經銷商優惠折扣，售價比美國國內便宜約35%～40%[55]，但L'anza限制這些產品只能在特定地域販售，而且不能進口到美國境

---

[53] *Id.*, at 385.

[54] *L'Anza Research Int'l, Inc. v. Quality King Distrib., Inc.*, 1995 WL 908331, *1 (C.D. Cal. 1995).

[55] *L'Anza Research Int'l, Inc. v. Quality King Distrib., Inc.*, 98 F.3d 1109, 1111 (9th Cir. 1996).

內。地院判決L'anza擁有1994年著作權註冊的所有保護與權利，並認為「第一次銷售理論」不適用於被告Quality King。

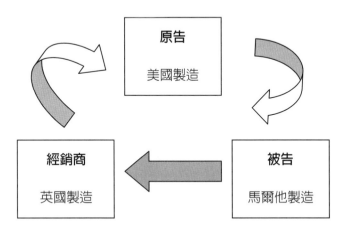

圖10-1　Quality King案關係圖[56]

　　L'anza繼續在聯邦巡迴法院控告被告，有關侵害其著作專屬散布權，原告賣給英國經銷商的商品，將再轉賣到歐洲島國馬爾他，卻被進口到美國境內販售，違背當初原告和兩位外國經銷商訂定的授權契約，也在未經過原告同意下進口原告商品，侵害原告受美國著作權法第602條(a)項保障的進口權，被告則主張其行為應適用「第一次銷售理論」的保護，一審及二審皆判決原告勝訴。

　　本案接受被告的抗辯理由，美國聯邦最高法院最終判決被告勝訴，引用「第一次銷售理論」適用於進口貨品，此案在*Kirtsaeng v. John Wiley & Sons, Inc.*案中，也是被告主張的重要依據，被引用多次。*Quality King*案令許多人認為最高法院的見解，是許多經銷商與小盤商的勝利，但因此製造商反而容易心生恐懼而撤資，使人民喪失

---

[56] 本文作者整理。

工作機會，*Quality King*案使我們必須忽視不必要的抗辯理由，如某著作人A將其美國版的著作授權給美國出版商美國的獨家代理，授權給英國出版商英國的獨家代理，而地域限制會將該權限侷限在只包括美國印刷的版本[57]，本案判決不採用這種見解，*Quality King*案中，A若在外國買一本書可以帶進美國國內並隨意處置，如同A在美國國內購買一般，而這本書原始製造是在美國國內再被輸出外國販售，但本案與*Quality King*案差別在於系爭書籍乃在外國製造；著作權法條文第109條(a)項「第一次銷售」理論適用於進口商品，使*Quality King*案中國內經銷商免於承擔侵權責任。

美國著作權法第602條(a)項條文規定，禁止外國經銷商再販售給國內買方無法在國內經銷商處買到的商品，探討著作權法第109條(a)項中對「第一次銷售理論」的定義，其中五個字是本案重點──「lawfully made under this title」，原告解讀著作權法條文第109條(a)項中「under」一詞，指配合著作權法適用的地方僅限於美國，但保障著作權人免於免於在外國被侵權，不代表涵蓋在外國製造的複製物[58]，如果有人在二手書店買了一本在國外製作的書，隨即轉售的行為，並不需要取得著作權人的同意。這是本案對「第一次銷售」的定義，適用於外國製造的著作[59]。

「第一次銷售理論」並不僅限於銷售的行為，法院在判斷「第一次銷售理論」時，無須爭論的是首先乃經由著作權人售出，其次，不適用於租賃、借貸等法律行為；是否必須涉及銷售行為有待爭議，如*Quality King*案最高法院駁回聯邦第九巡迴上訴法院的見解，認為「第一次銷售理論」也適用在著作權法第602條著作權人對未經授權的著作物限制進口時，最高法院駁回原告的理由，採用被告引用「第一次銷售理論」於進口貨品，法院認為一旦著作權人將著作物放入貿

---

[57] *Quality King, supra note* 58, 523 U.S., at 148, 118 S.Ct. 1125.

[58] *Kirtsaeng v. John Wiley & Sons, Inc.*, at 1353.

[59] *Kirtsaeng v. John Wiley & Sons, Inc.*, at 1356.

易流中，出賣人已經將權利耗盡，買受人可以主張「第一次銷售理論」。

1996年聯邦第九巡迴上訴法院維持地院見解[60]，不適用「第一次銷售理論」，只有美國製造及在美國販賣的商品才適用，否則會使第602條(a)項進口權的規定形同虛設[61]。但第三巡迴在*Sebastian International*案[62]，判決在美國境內由著作權人製造及銷售的商品，適用「第一次銷售理論」，並因此限制美國著作權法第602條(a)項的進口權，第九巡迴上訴法院在*Quality King*案中，明確拒絕「第一次銷售理論」和第602條(a)項進口權間的地域爭點衝突說[63]，排除過去判例的適用[64]，並認為第602條(a)項對外國製造商品的著作權人保護過多，且「第一次銷售理論」適用到境外產品會排除美國境內著作權人主張第602條(a)項的進口權。

先前*Asgrow Seed Co. v. Winterboer*[65]案中法院解釋「第一次銷售理論」，有關個人所有權可以隨個人意向處置[66]，*Quality King*案中解讀著作權法第109條應被廣義解釋，*Asgrow Seed*案中法院則解讀法律應對個人處置財產的自由規定清楚，不應該有模糊地帶，1908年*Bobbs-Merrill Co. v. Straus*.案[67]，Bobbs-Merrill是一家出版小說的公司，本案

---

[60] *L'Anza Research Int'l v. Quality King Distrib., Inc.*, 98 F.3d 1109, 1109 (9th Cir. 1996).

[61] *L'Anza*, 98 F.3d., at 1114.

[62] *Sebastian Int'l, Inc. v. Consumer Contacts Ltd.*, 847 F.2d 1093 (3rd Cir. 1988).

[63] *L'Anza*, 98 F.3d., at 1114.

[64] 指*BMG Music v. Perez*, 952 F.2d 318 (9th Cir. 1998)及*Parfums Givenchy, Inc. v. Drug Emporium, Inc.*, 38 F.3d 477 (9th Cir. 1994)兩案。

[65] *Asgrow Seed Co. v. Winterboer*, 513 U.S. 179, 181 (1995). 如同1970年專利物種保護法（the Plant Variety Protection Act of 1970）解讀「像專利般的保護」（patent-like）。

[66] *Id.*, at 194-195.

[67] *Bobbs-Merrill Co. v. Straus,* 210 U.S. 339, 341 (1908).

有關原告出版一本小說*Castway*（浩劫重生），並在每本書後皆標示售價必須在美金1元以上，被告明知此限制還賣出比美金1元還低的價錢，所以原告提出訴訟，法院判決時首次做出「第一次銷售理論」的理據，1909年著作權法第41條就加入相關規定[68]，1947年著作權法增修條文時，此條文仍維持實質規範[69]，1976年版本「第一次銷售理論」仍維持在第109條條文中，第109條條文也是第106條條文的例外規定[70]。

貳、再販售能否適用「第一次銷售理論」

著作權法第602條(a)項對未經授權的著作物限制進口的規定，如1982年*Nintendo of America, Inc. v. Elcon Industries*案[71]，法院禁止被告進口原告在日本製造的投幣式遊戲機，然而與著作權法第109條(a)項「第一次銷售理論」，二者之間的調和與矛盾首見在1982年*Columbia Broadcasting System v. Scorpio Music Distributors*一案[72]，此案原告控告一名美國經銷商侵害其著作權，被告自菲律賓進口原告製造並在該地販售的唱片到美國境內，被告抗辯「第一次銷售理論」能適用於此；法院則判決系爭唱片製造和販售都是在美國境外，因而，「第一次銷售理論」不能適用，本案以地域為判斷標準與重點，亦即必須取得著作權人的同意，才能進口與經銷其著作物，否則，著作權人無法完全掌控其著作物的流向，本案法院以著作物製造地、出售地點與進

---

[68] Copyright Act of 1909, Pub. L. No. 60-349, § 41, 35 Stat. 1075, 1084 (1909).

[69] Copyright Act of 1947, Pub. L. No. 80-281, § 27, 61 Stat. 652, 660 (1947).

[70] 17 U.S.C. § § 106, 109 (2006).

[71] *Nintendo of America, Inc. v. Elcon Industries*, 564 F. Supp. 937 (E.D. Mich. 1982).

[72] *Columbia Broadcasting System v. Scorpio Music Distributors*, 569 F. Supp. 47 (E.D. Pa. 1982). *Columbia Broadcasting Sys., Inc. v. Scorpio Music Distribs., Inc.*, 569 F.Supp. 47 (E.D.Pa.1983), aff'd mem., 738 F.2d 424 (3d Cir.1984).

口權衡量第602條(a)項與第109條(a)項之間的解釋。

　　2010年*Vernor v. Autodesk, Inc.*案[73]，第九巡迴上訴法院解釋「第一次銷售理論」只能適用在直接的銷售行為中，Autodesk嘗試避免其軟體被Vernor的再販售，法院判決Autodesk勝訴並認為Vernor再銷售的行為不合法，這個見解比較狹窄，在其他的案件中少見[74]；*UMG Recordings, Inc. v. Augusto*[75]案，第九巡迴上訴法院認為「第一次銷售理論」，適用在促銷的CD經銷，無論作為贈品或買賣皆可。*Brilliance Audio, Inc. v. Haights Cross Communications, Inc.*案[76]，原告Brilliance Audio提出訴訟，因為被告Haights重新包裝及標籤原告的音響書籍當作圖書館版本，本案判決被告勝訴，第六巡迴上訴法院引用「第一次銷售理論」解讀著作權法第109條(a)項，一旦著作權人同意將著作轉讓給其他人，無論出售或贈與或其他行為，著作所有人擁有所有權利。

　　Walt Disney Productions v. Basmajian[77]案中，John Basmajian任職於迪士尼動畫部門，被授權可以帶一些電影及速寫回家，經過數年，當被告嘗試拍賣前述著作時，原告提出控告，法院判決認為這些蒐集是原告送給被告的禮物，被告可以基於「第一次銷售理論」處置，本案判決被告勝訴。著作權法第109條(a)項的基本目的乃是希冀透過對著作的全權擁有，而能自由地對著作進行任何處置，若是獲得著作是用租賃或借貸的方式，就不能有上述的餘裕度[78]。

---

[73] *Vernor v. Autodesk*, Inc., 621 F.3d 1102, 1112 (9th Cir. 2010).

[74] Dan Karmel, *Off the Wall: Abandonment and the First Sale Doctrine*, 45 Colum. J. L. & Soc. Probs. 363 (2012).

[75] *UMG Recordings, Inc. v. Augusto*, 628 F.3d 1175, 1183 (9th Cir. 2011).

[76] *Brilliance Audio, Inc. v. Haights Cross Commc'ns, Inc.*, 474 F.3d 365, 369 (6th Cir. 2007).

[77] *Walt Disney Prods. v. Basmajian*, 600 F. Supp. 439, 440 (S.D.N.Y. 1984).

[78] *Parfums Givenchy, Inc. v. C & C Beauty Sales, Inc.*, 832 F. Supp. 1378, 1387 (C.D.

參、Banksy的畫作

　　1993年*Novell, Inc. v. Weird Stuff, Inc.*案[79]就指出對「第一次銷售理論」並沒案件直接接受或拒絕，其後，當然法院判決出現各種不同的論點[80]。一個被放棄所有權的著作在移轉所有權後，是否可以主張「第一次銷售理論」？2010年5月國際知名惡名昭彰的街頭畫家Banksy造訪密西根底特律城時，他畫了五幅於牆上的畫，其中有一幅被公益團體（555 Nonprofit Gallery and Studios，以下簡稱555）移到其他地方展覽，其後被該地產所有人（Bioresource, Inc.）主張所有權而提起訴訟，到2011年9月555以美金2,500元和Bioresource Inc.和解取得所有權。

　　當著作的所有權被放棄後「第一次銷售理論」如何適用，1894年早年聯邦第二巡迴法院在*Harrison v. Maynard, Merrill & Co.*案[81]有類似理論，*Harrison*案是*Quality King*案中引到的案件，Maynard, Merrill & Co.是一家出版公司，在經過一場大火的摧毀後，許多書籍付之一炬，在拍賣這些焚毀書籍時，Maynard, Merrill & Co.公司特別在每本書後都備註「本書離開出版社就以此種庫存狀態出售，禁止在市場上以其他樣態售出」[82]，其後當此書竟在市場上被出售時，出版社立即提起控告。法院判決傾向支持被告可以以第一次銷售理論抗辯，原告既已出售喪失對物的所有權，即使對該著作的所有權再移轉有所限制，也不能限制買受人，因為該物已經在貿易流中，而判決被告勝訴。

Cal. 1993).

[79] *Novell, Inc. v. Weird Stuff, Inc.*, No. C92-20467, 0094 WL 16458729, at *16 (N.D. Cal. Aug. 2, 1993).

[80] Dan Karmel, *Off the Wall: Abandonment and the First Sale Doctrine*, 45 Colum. J. L. & Soc. Probs. 353 (2012).

[81] *Harrison v. Maynard, Merrill & Co.*, 61 F. 689 (2d Cir. 1894).

[82] Harrison, 61 F. at 689.

Novell, Inc. v. Weird Stuff, Inc.[83]案，Novell是一家軟體公司與KAO Infosystems公司有合作關係，KAO重新改造及包裝、甚或替換Novell 某些系統光碟，替換後的必須淘汰，然而被告卻將替換的約1,700片 光碟片私自回收[84]，本案判決法院認為原告意願非常明顯，而且無意 讓其貨品進入貿易流中，因此，本案不適用「第一次銷售理論」。上 述兩案結論表面看來迥然不同，但對「第一次銷售理論」的適用造 成深遠影響，也就是再銷售的結果是否違背原出售人的意願，著作 權法法規和立法沿革中提到「第一次銷售理論」時，通常使用所有人 （owner）、所有權（ownership）、所有權移轉（transfers of owner-ship）等用語[85]，拋棄所有權是否也是移轉所有權的一種值得探究， 所有權的移轉中，買賣、贈與和拋棄至少呈現一個最大的不同，買賣、 贈與行為中所有權人有權選擇相對人，這也是解釋著作權人較容易掌 控其著作。

肆、*Costco Wholesale Corp.*案

2010年*Costco Wholesale Corp. v. Omega, S.A.*案[86]，美國聯邦最高 法院對第九巡迴上訴法院的見解維持原議，「第一次銷售理論」不 適用於外國製造的進口貨品，「第一次銷售理論」在著作權法第109 條(a)項的定義，有合法授權的所有人可以不經原著作人同意再轉售 其著作，*Quality King*案引用「第一次銷售理論」適用於進口貨品， Omega, S.A.公司（以下簡稱Omega）控告Costco Wholesale Corpora-

---

[83] *Novell, Inc. v. Weird Stuff, Inc.*, No. C92-20467, 0094 WL 16458729, at *4 (N.D. Cal. Aug. 2, 1993).

[84] *Id.*, at *5-6.

[85] 17 U.S.C. § 09 (a)(c)(d) (2006);H.R. REP. NO. 94-1476, at 79 (1976) [hereinafter HOUSE REPORT].

[86] Costco Wholesale Corp. v. Omega, S.A.,131 S.Ct. 565, 32 ITRD 1896, 178 L.Ed.2d 470, 79 USLW 4013, 96 U.S.P.Q.2d 2025, 22 Fla. L. Weekly Fed. S 737 (2010).

tion公司（以下簡稱Costco），再販售Omega賣給外國經銷商的錶，原先這些販售到國外的錶有被特別標記，藉以區別避免經由外國經銷商買入後再進口到美國境內，本案判決結果迥然有別與*Quality King*案。

Omega在瑞士製造手錶並販售到全世界，與各地的經銷商間沒有設限禁止再販售，無論有無具體書面經銷契約皆沒有此項限制，Costco已經販售Omega錶多年，Costco從進口到美國的第三方取得貨源，售價則比Omega錶的美國國內售價便宜三分之一，商品保固期也遠優於Omega錶原廠的三年期間，Costco保固期間沒有限制[87]。Omega從未指定Costco為其授權代理商，但知情Costco販售其商品已久，也常接到其他代理商的抱怨，因為Costco價格與保固期間的優勢，對他們造成威脅，2003年Omega在該型號的表面背後鏤刻標記以茲區別，且以此標記向美國著作權辦公室（United States Copyright Office）提出著作權申請與登記，藉此限制該款手錶的再被販售，Omega沒有告知任何人關於這項計畫，包括既有的授權經銷商，也沒有在任何廣告及行銷上展示出上述標記（見圖10-2）。

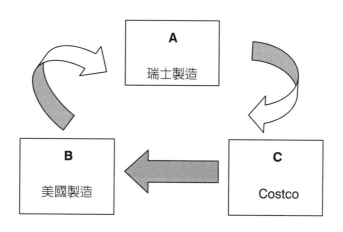

圖10-2 Costco Wholesale Corp.案關係圖[88]

---

[87] *Id.*

[88] 本文作者整理。

　　2004年Costco在完全不知情的情形下買進117支該型號手錶準備販售，Costco經由紐約供應商從巴拉圭進口，再轉售於美國境內，在Costco賣出43支錶後，Omega對Costco提出侵害其著作權的控告，Costco則提出「第一次銷售理論」做為抗辯，地院判決Costco勝訴，原告不服上訴，上訴審聯邦第九巡迴上訴法院駁回地院判決，判決Omega勝訴，美國聯邦最高法院對第九巡迴上訴法院的見解維持原議，判決Omega勝訴。第九巡迴上訴法院引述*BMG*[89]案見解，「第一次銷售理論」在著作權法第109條(a)項的定義，僅適用於美國境內製造與販售的進口貨品，避免將美國著作權法擴張解釋到境外。

　　Omega是美國著作權人，受到著作權法的保障，限制「第一次銷售理論」不能影響司法的長期發展，本判決對進口貨物的適用和*Quality King*案不同，差別在於，*Quality King*案商品都是在美國國內製造生產，而不是討論在其他國家製造生產後再進口到美國的商品，與本案重點明顯不同，*Quality King*案商品是由美國國內製造後經銷到其他國家後，再回銷到美國境內。「第一次銷售理論」適用時是否要權衡產品是於美國國內製造或是在美國國外製造，然而，以立法者的角度觀察，必定傾向只保護美國境內製造的產品，如此才有利於美國的經濟發展：但對製造商而言則不然，利用全球不同的環境條件進行製造和販售，有利於全球化的貿易開發。

　　本案做出和*Quality King*案全然不同的判決結果，是否會導致零售商和消費者買賣此類商品時有侵害著作權的疑慮，*Quality King*案中第九巡迴上訴法院深知對文句解釋會限縮「第一次銷售理論」的適用範圍，本案中對國外製造的產品更加謹慎適用，因為會把「第一次銷售理論」的適用範圍，擴大到例外情形，除非著作權人同意，否則，都以「第一次銷售理論」做為再販售的立論基礎，無異開放太多例外情形，會使零售商無法適從。

---

[89] *BMG Music v. Perez,* 952 F.2d 318 (9th Cir. 1991).

Omega不服地院做出有利Costco的判決[90]提出上訴，上訴審聯邦第九巡迴上訴法院駁回地院判決，判決Omega勝訴，並認為「第一次銷售理論」不適用在國際上製造販售的手錶[91]，對「第一次銷售理論」的適用解釋不清[92]，*Omega, S.A.*案中認為*Quality King*涉案商品皆在美國國內製造生產或銷售，而*Omega, S.A.*案中商品則是在瑞士製造，因此，不能適用「第一次銷售理論」；只有在著作權人能從美國著作權法得到更多保護，並同意「第一次銷售理論」的適用時，美國聯邦最高法院支持聯邦第九巡迴上訴法院的判決，認為「第一次銷售理論」不能適用在外國製造商品進口到美國境內的情形，然而，美國聯邦最高法院最終仍未能在*Omega, S.A.*案中，為「第一次銷售理論」提供明確解釋或其後案例指點迷津，仍留許多待解空間[93]。

第五節 臺灣的立法發展與現狀

*Sebastian*案中美國聯邦第三巡迴法院及*Quality King*案中第九巡迴法院，分析「第一次銷售理論」和進口權之間的關聯，著作權法最主要宗旨乃在維護著作權人、創（著）作人和使用大眾之間的平

---

[90] Order Granting Summary Judgment at 2, *Omega, S.A. v. Costco Wholesale Corp.*, No. 04-05443 (C.D. Cal.Feb 06, 2007), 2007 WL 7029734.

[91] Omega, 541 F.3d at 990. *Omega, S.A. v. Costco Wholesale Corp.*, 541 F.3d 982 (9th Cir. 2008).

[92] Sheppard Mullin, *The Supreme Court Affirms Omega, S.A. v. Costco Wholesale Corp., Limiting The Use Of The First Sale Doctrine To Domestically Made U.S.-Copyrighted Works*, Fashion Apparel Law Blog (Dec. 14, 2010) at http://www.fashionapparellawblog.com/2010/12/articles/enforcement-of-fashion-laws/the-supreme-court-affirms-omega-s-a-v-costco-wholesale-corp-limiting-the-use-of-the-first-sale-doctrine-to-domestically-made-u-s-copyrighted-works/ (last visited: 03/24/2015).

[93] *Id.*

衡[94]。美國著作權法對「第一次銷售理論」定義不清，如此，對美國經濟與中小企業造成重大傷害，2010年*Omega, S.A.*案對「第一次銷售理論」的解釋有別於1998年最高法院在*Quality King*案的適用，然而*Omega, S.A.*案仍無法提供給下級法院與大眾，大家期待已久的美國聯邦最高法院見解，臺灣著作權法的立法理論由來參考美國經驗甚多，以下先說明臺灣目前現狀，再借鏡美國「第一次銷售理論」的利弊，探究臺灣未來可以修改與調整的方向。

壹、臺灣相關的立法發展回顧

臺灣現行著作權法所規定之「散布權」，意即著作權人專有發行其著作物，使其著作物在市場上交易或流通的權利。臺灣著作權法立法之初，並未賦予著作人散布權，1985年修正著作權法時，才賦予著作人出租權，僅賦予著作權人一部分的散布權。在1992年修正著作權法的過程中，受政府委託研修正草案的專家學者，建議應將散布權納入，以建立完整的著作權保護體系；當時由於衡量國內社會情況，並未完全採納該項建議，改以折衷的方式，參照日本立法例，於著作權法第87條訂定視為侵害的規定，把明知為盜版物而仍予發行的行為，視作是侵害著作財產權的行為，雖然沒有給予完整的散布權保護，也算是多少給著作人一部分散布權的實質保護[95]。

2003年7月9日修正部分影響頗多，新增第28條之1[96]，賦予著

---

[94] *Sony Corp. of Am. v. Universal City Studios, Inc.*, 464 U.S. 417, 429 (1984); Twentieth Century Music Corp. v. Aiken, 422 U.S. 151, 156 (1975).

[95] 2003年07月09日修正公布著作權法相關說明——散布權，經濟部智慧財產局，http://www.tipo.gov.tw/ct.asp?xItem=335502&ctNode=7012&mp=1（最後瀏覽日期：2015年3月23日）。

[96] 第28條之1「著作人除本法另有規定外，專有以移轉所有權之方式，散布其著作之權利。表演人就其經重製於錄音著作之表演，專有以移轉所有權之方式散布之權利。」

作人「散布權」，使著作人專有以移轉所有權之方式發行其著作之權利。參照「世界智慧財產權組織著作權條約」（WIPO Copyright Treaty，簡稱WCT）第6條及「世界智慧財產權組織表演及錄音物條約」（WIPO Performances and Phonograms Treaty，簡稱WPPT）第8條、第12條規定，增訂散布權。著作權法第28之1第1項，首次於著作權法中納入散布權之規定[97]。參照WCT第6條、WPPT第8條及第12條規定，而修正公布第28之1第1項「著作人除本法另有規定外，專有以移轉所有權之方式，發行其著作之權利。」並針對表演之特殊性，於第2項為特別規定[98]，「表演人就其經重製於錄音著作之表演，專有以移轉所有權之方式發行之權利。」

修正公布著作權法第29條第1項，對表演人及錄音物製作人賦予出租權。按WPPT第9條、第13條規定，固著於錄音物之表演及錄音物，其表演人及錄音物製作人應賦予出租權。現行法對於錄音著作已賦予出租權，惟對於表演人就其重製於錄音著作之表演並未賦予出租權，爰於第2項依上述國際公約增訂著作權法第29條第2項「表演人就

---

[97] 2003年著作權法修正條文對照表，經濟部智慧財產局，http://www.tipo.gov.tw/ct.asp?xItem=335509&ctNode=7012&mp=1（最後瀏覽日期：2015年3月23日）。

[98] 散布權的國際立法：1.伯恩公約除第14條之隨電影著作之散布以外，並無全面性散布權之規定。2.TRIPS僅規範電腦程式、視聽著作及錄音著作之出租權（第11條及第14條），亦未有全面性散布權之規定。3.大部分國家之著作權法，包括美國著作權法第106條、韓國著作權法第26條、歐盟2001年著作權指令第9條及德國著作權法第15條、第17條等，賦予著作人全面性散布權。4.WCT第6條、WPPT第8條及第12條規定著作權人對於著作重製物「所有權移轉」之散布享有權利，但並不包括著作重製物「占有移轉」之散布情形。5.圖書館圖書出借之利用型態，由於未涉著作原件或重製物所有權之移轉，不在本條權利範圍之內，不須徵得著作財產權人之同意。惟如明知為盜版物而予以出借，或意圖出借而陳列或持有，仍屬修正條文第87條第2款「視為侵害」之情形，併予敘明。以上說明請參見2003年7月9日新舊著作權法條文對照及說明，經濟部智慧財產局，http://www.tipo.gov.tw/ct.asp?xItem=335509&ctNode=7012&mp=1（最後瀏覽日期：2015年3月23日）。

其經重製於錄音著作之表演，專有出租之權利。」該次亦修正公布著作權法第59條之1明定散布權耗盡原則，在中華民國管轄區域內取得著作原件或其合法重製物所有權之人，得以移轉所有權之方式發行之。

所謂「散布權耗盡原則」，係指著作財產權人（或其授權之人）將其著作原件或重製物之所有權移轉之同時，即喪失該著作之散布權。因移轉繼受取得該著作原件或重製物之所有權人，基於物權，本得自由管理、使用、處分或收益該著作原件或重製物。本次修正既納入「散布權」，自宜增設「散布權耗盡原則」之合理使用條款，以資平衡。散布權耗盡原則之適用，以物權之所有人自中華民國管轄區域內取得著作原件或其合法重製物為要件。又散布權一經耗盡後權利人即喪失其散布權，從而對其後自原件或重製物所有人再繼受取得所有權之人，亦不得再主張散布權。

按WCT、WPPT規定必須賦予著作權人此項權利，配合本項權利之賦予，另增訂第59之1條，明定散布權耗盡原則，調和著作財產權人之散布權與著作複製物所有人之物權。依著作權法第59條之1規定，只要在中華民國管轄區域內取得「合法複製物」「所有權」之人，得販售（發行）該合法複製物。依照 WCT第6條第2項及WPPT第8條、第12條所規定給予各國之彈性，臺灣加入權利耗盡原則（或稱「第一次銷售原則」），以調和著作財產權人之散布權與著作物所有人物權間之關係。規定在臺灣的管轄區域內取得著作原件或其合法重製物所有權之人，得以移轉所有權之方式發行之，並不需要再徵得著作人的同意。

其他修正公布著作權法第60條，將著作原件增列為得為出租之標的物，使實務上之適用更為明確，避免爭議。有關「著作原件或其合法著作重製物之所有人，得出租該原件或重製物。但錄音及電腦程式著作，不適用之。」又經著作財產權人授權於中華民國管轄區域外製造之著作重製物，其輸入中華民國管轄區域內未經徵得著作財產權人或其所授權之人之同意者，屬違反現行法第87條第4款規定之行為，

其輸入之物因非屬「合法重製物」，應無本條之適用，併予說明。

修正公布著作權法第87條第6款，明定以出借之方式發行之情形應予保護。「有下列情形之一者，除本法另有規定外，視為侵害著作權或製版權：……六、明知為侵害著作財產權之物而以移轉所有權或出租以外之方式發行者，或明知為侵害著作財產權之物意圖發行而公開陳列或持有者。」就著作權部分，按一般發行著作之方法不外買賣、出租或出借。又對於明知為侵害著作權之物，意圖發行，如包含移轉所有權、出租、出借等各種情形，而公開陳列或持有者，則規範於同款後段。此外關於刑責部分，2004年9月1日則修正著作權法第91條之1，調降罰金刑之上限[99]。

---

[99] 「擅自以移轉所有權之方法散布著作原件或其重製物而侵害他人之著作財產權者，處三年以下有期徒刑、拘役，或科或併科新臺幣五十萬元以下罰金。明知係侵害著作財產權之重製物而散布或意圖散布而公開陳列或持有者，處三年以下有期徒刑，得併科新臺幣七萬元以上七十五萬元以下罰金。犯前項之罪，其重製物為光碟者，處六月以上三年以下有期徒刑，得併科新臺幣二十萬元以上二百萬元以下罰金。但違反第八十七條第四款規定輸入之光碟，不在此限。犯前二項之罪，經供出其物品來源，因而破獲者，得減輕其刑。」立法理由：「一、對現行條文有關意圖營利、非意圖營利、五份、新臺幣三萬元之修正理由，同第九十一條。第一項併將罰金刑之上限調降為新臺幣五十萬元。二、盜錄、盜版物之大量重製與散布，為破壞臺灣著作權市場秩序最嚴重之問題，不僅破壞知識經濟產業之發展，亦形成文化進步發展之障礙，應予以禁止，另意圖散布之公開陳列、持有等之行為，為實際散布之前置行為，亦應予以禁止，爰於第二項增設處罰規定。三、為有效遏阻盜版光碟的散布，修正條文將可罰性最高的侵害，也就是『銷售盜版光碟』之罰責予以加重，將自由刑下限，從現行法『拘役』提高到『六個月』有期徒刑，並加重罰金刑之處罰。四、按非法進口之真品，法律定位上仍屬『侵害著作財產權之重製物』，但究與盜版品有別，擬予鬆綁，爰增列但書，回歸第一百條本文告訴乃論，另在罰責刑度上，適用第二項規定刑度，較第三項規定刑度輕，以求立法之衡平。五、又本條各項均指以移轉所有權方式之散布，至於出租方式或出借方式之散布，則分別規定於第十二條及第九十三條，與本條無涉，併予敘明。」2004年著作權法修正條文對照表，經濟部智慧財產局，http://www.tipo.gov.tw/ct.asp?xItem=335505&ctNode=7012&mp=1（最後瀏覽日期：2015年3月23日）。

貳、臺灣現狀

　　所謂「散布權耗盡原則」，是指著作財產權人（或其授權之人）將其著作原件或複製物之所有權移轉之同時，即喪失該著作之散布權。因移轉繼受取得該著作原件或複製物之所有權人，基於物權，本得自由管理、使用、處分或收益該著作原件或複製物。本修正草案既納入「散布權」，自宜增設「散布權耗盡原則」之合理使用條款，以茲平衡。散布權耗盡原則之適用，以物權之所有人自中華民國管轄區域內取得著作原件或其合法複製物為要件。又散布權一經耗盡後權利人即喪失其散布權，從而對其後自原件或複製物所有人再繼受取得所有權之人，亦不得再主張散布權[100]。換言之，是說著作人或其授權的

---

[100] 關於本條散布權耗盡原則與第87條第4款輸入規定等有關境內、境外取得著作原件或其重製物之各種樣態及其法律效果，舉例分析說明如下：1.某著作重製物係由著作財產權人甲所製造，在中華民國管轄區域內販售，乙在中華民國管轄區域內購買該重製物後，成為物權所有人。嗣後乙將該重製物以移轉所有權之方式予以散布，例如出售予國內丙，或輸出國外販售予丁，即有本條之適用，此等散布行為均不須另行徵得著作財產權人甲之同意，不侵害著作財產權人甲之散布權，此時甲對該等重製物之散布權業因其移轉所有權之行為而耗盡。2.承前例，國外之購買者丁嗣後將其自乙買得之重製物，再輸入中華民國管轄區域時（即所謂「回銷」）者，亦不必徵得著作財產權人甲之同意，而無現行法第87條第4款之適用。3.如著作重製物係由著作財產權人甲在中華民國管轄區域內所製造，但未在中華民國管轄區域內販售，直接輸出國外在他國銷售散布，或在他國合法購買該重製物後，成為物權所有人。嗣後戊欲將該重製物回銷至中華民國管轄區域內者，因該重製物並未取得甲同意在中華民國管轄區域內散布之授權，仍應徵得著作財產權人甲之同意始得輸入，否則即屬違反現行法第87條第4款規定之行為，而其違反該款規定而輸入之物因非屬本條所稱之「合法重製物」，亦無本條之適用。4.假設著作財產權人甲授權己在中華民國管轄區域內製造其著作重製物，另在區域外例如馬來西亞，授權庚製造重製物。辛考量二國重製物價差，認有利益可圖，在馬國購買該重製物後，欲輸入中華民國管轄區域內販賣者，因庚在馬來西亞製造之重製物並未取得甲同意在中華民國管轄區域內散布之授權，故仍應徵得著作財產權人甲之同意，否則即屬違反現行法第87條第4款規定之行為，而其違反該款規定而輸入之物因非屬「合法重製物」，並無本條之適用。同前註

人，把著作物之所有權移轉給他人的同時，即喪失其散布權，更正確的說法是著作人或其授權的人已經把散布權用光，在此之後，就其所讓出去的著作物，對任何人都不能再主張散布權。

目前臺灣著作權法散布權及權利耗盡現行條文在著作權法第87條第1項第4款中規定[101]：未經著作財產權人同意而輸入著作原件或其國外合法重製物者，除本法另有規定外，視為侵害著作權或製版權。說明自國外輸入之重製物有合法與非法之別，若為非法之國外重製物者，應為臺灣著作權法第87條第1項第3款「輸入未經著作財產權人或製版權人授權重製之重製物或製版物」所規範者，而若為國外合法之重製物者，依法體系之解釋，應屬同條項第4款所規範者，惟依臺灣現行著作權法第87條第1項第4款之條文文義觀之，其僅規定「輸入著作原件或其重製物者」，並無限定為輸入國外之合法重製物，規範有所不足，爰明定該款之適用範圍，此乃本文對臺灣現行法認為規範不足之處。臺灣現行著作權法並未規定全面性散布權，僅以出租權之方式賦予部分之散布權，其他之發行行為，則以第87條第2款之「視為

103。

[101] 2014年1月22日修正公布。臺灣著作權法第87條：「有下列情形之一者，除本法另有規定外，視為侵害著作權或製版權：一、以侵害著作人名譽之方法利用其著著作人。二、明知為侵害製版權之物而散布或意圖散布而公開陳列或持有者。三、輸入未經著作財產權人或製版權人授權重製之重製物或製版物者。四、未經著作財產權人同意而輸入著作原件或其國外合法重製物者。五、以侵害電腦程式著作財產權之重製物作為營業之使用者。六、明知為侵害著作財產權之物而以移轉所有權或出租以外之方式散布者，或明知為侵害著作財產權之物，意圖散布而公開陳列或持有者。七、未經著作財產權人同意或授權，意圖供公眾透過網路公開傳輸或重製他人著作，侵害著作財產權，對公眾提供可公開傳輸或重製著作之電腦程式或其他技術，而受有利益者。前項第七款之行為人，採取廣告或其他積極措施，教唆、誘使、煽惑、說服公眾利用電腦程式或其他技術侵害著作財產權者，為具備該款之意圖。」2014年04月10日歷年著作權法規彙編專輯，經濟部智慧財產局，頁28，http://www.tipo.gov.tw/ct.asp?xItem=507113&ctNode=7012&mp=1（最後瀏覽日期：2015年3月23日）。

侵害著作權」予以規定，惟其保護尚有不足。

第六節　修法與策略建議

　　著作權法的立法宗旨既在鼓勵文化創意思想產業的興盛，維護創作人與使用人的權益，「第一次銷售原則」的存在有其價值與意義，但觀察美國法案例發展，連美國聯邦最高法院的見解常常也是舉棋不定，前後矛盾。如何在維護經銷商的銷售權與著作權人的進口權間取得權衡，考量因而產生的灰色市場議題，本文建議如下。

　　對「灰色市場」持有正面評價的人士認為，讓消費者有另一種選擇與管道購買更便宜的商品是其優點，「灰色市場」既不影響商標權人、著作權人、消費者，美國法原本就不反對消費者購買在外國製造但未經過商標權人、著作權人同意下進口到美國的合法商品[102]，這也是前述案例中所有當事人最開始提起訴訟的緣由，灰色市場最大的問題是著作權人的利潤，因為消費者會選擇相同產品但低售價的版本[103]，對「第一次銷售理論」的限縮解讀是不必要的，因為可以用其他實務上的做法增進著作權人的保障，並增強灰色市場的效率化。

壹、契約與智財權的註冊和登記

　　契約自由一向是貿易行為與企業間買賣的依據，書面成文化的契約往往在日後主張權利，甚或對簿公堂時都是主要證據，整理前述案例爭點統結，締約當時雙方為達業績與成交率，多半不會執著於法

---

[102] Donna K. Hintz, *Battling Gray Market Goods With Copyright Law*, 57 ALB. L. REV. 1189 (1994).

[103] Richelieu, *supra note* 1 , at 832.

律文字的明確和精準，但規模夠大的企業或法務部門健全的企業就不然，因此，有概念和知識保障自身權益的公司，在糾紛發生後的訴訟時，當然有利許多。設計及安排智慧財產權管理計畫並執行，儘量由專職或專門部門負責監督，可以由外部的法律事務所全權負責或管理顧問公司。

舉例而言，一個美國製造商同意限制某些市場的進口，以交換維持美國境內市場的專屬權，若有外國製造商違反彼此間的合同，美國製造商必須提起訴送並負擔訴訟期間交易損失與停滯的成本，製造商可以在合同中先將違約成本條款加入，即為避免地區經銷商違反分區販售原則，經銷商必須先同意損害賠償金額的擬定，製造商可以在與經銷商的授權契約中，加入損害賠償條款，在經銷商違反契約將商品銷售到限制地域以外地區時[104]，也就是商品有可能進入灰色市場，造成對著作權人的損害，預先準備好賠償，如此，經銷商為了避免日後賠償問題，經銷商出售商品時會提醒且避免其顧客群，將商品出售到違反契約限定的地區。

實務界的律師發現，與其事後爭執，無寧建議企業主在提供獨家授權（或代理）或一般授權，保障智慧財產權的作法乃先尋求其他權利，如商標、專利權的註冊登記，再尋求如著作權、營業秘密的保護；合作的型態如獨資（sole ownership）、合夥（joint owner-ship）、獨家授權（exclusive license）、非獨家授權（non-exclusive license）[105]，皆有不同的智財權維護標準，確認侵害金額與內容，特別是估算對市場之影響，雙方訂約時將管轄法院限定在美國境內或將經銷商的授權範圍明定地域，都可以預先防免日後的爭議。

每家美國公司賣出產品時先要向美國專利商標局申請商標註冊，

---

[104] *See* Friedman, *supra* note 3, at 50.

[105] David H. Kennedy, *Selected Intellectual Property Issues Arising in the Context of Acquisitions*, 893, PLI/PAT 158-160, (March-May, 2007). 著作人為美國加州資深執業律師，專長在商務法規、智慧財產權法……等領域。

著作權法亦應向著作權局註冊，註冊後再向海關報備登記載在案，如此才能使經銷商將商品進出美國海關時能確保智慧財產權有所保障，製造商在商品上加上未經授權進口的標籤，或是在經銷商進口貨物前要求移除商標，或是製造商出口貨物前提高售價藉以降低經銷商進口意願[106]，最可行的方式是對進口產品主張著作權侵害以為救濟，但須符合，產品本身或部分有受到著作權保障的必要，而且必須為具體化的表達，具備原創性及可以被以書面或有體物的方式複製，雖然註冊不是著作權的成立要件，但註冊絕對會成為法庭攻防時主張著作權的有力武器[107]。

貳、調整售價與品質

　　普羅大眾對「灰色市場」的著眼點在於分配的利潤，如果能以較少的價格擁有相同品質的商品，何樂而不為？此外，刺激製造商改進產品品質也是打擊「灰色市場」的做法，讓製造商提供更多的產品在「灰色市場」的競爭中，也可用大量生產降低售價的方式吸引消費者。

　　分割市場是很好的嘗試，製造商若在區別市場上做些努力，做法有幾，如提高國外經銷商的授權費，或避開可能向美國平行輸入的市場國，不要出貨到那些區域，再者，區分美國版與非美國版的不同經銷包裝或名稱[108]，如不同的產品包裝、標籤、原料等，配合美國及美國以外其他市場做出不同的產品規劃[109]，而且，各地區的經銷商應該是最瞭解各地消費習慣與產品特性的，如此一來，製造商也可迎合不

---

[106] Hintz , *supra note* 47, at 1191.

[107] Hintz , *supra note* 47, at 1191-1192.

[108] *Id.*, at 101.

[109] Lawrence Friedman, *Business and Legal Strategies For Combating Grey Market Imports*, 32 INT'L LAW. 27, 49 (1998).

同市場，為產品設計不同調性[110]，製造商需要知悉地區特性與定價區位以決定產品價格策略，製造商也會希望建置資訊系統有效識別產品來源，製造商才能區別未經授權的產品來自何處[111]。

製造商可以在商品上加上標記以區別經銷商來源，通常做法是在產品包裝上加上流水號，製造商好在未來向違規的經銷商求償，如果標示還不夠，正本清源的做法是提升美國製產品的品質，使消費者透過商譽及品質認同，區別美國製和「灰色市場」二者商品。此外，定期舉辦顧客研習會，經銷商研討與品牌廣告宣傳活動等，都有助於開展消費者對美國製產品的買賣意願。著作權人若能將國外與國內版商品價錢一致化，並提高國外版的品質，藉以消除灰色市場的存在，或以美元計價方式，讓價格統一，另外，在某些市場設定價格波動區段，讓當地經銷商依照實際情況選擇適合區段適用[112]，但這個建議最大的問題是對資金不足的消費者而言，因為價格的提升會影響購買意願，反而違背著作權法為保障著作人著作權益，調和社會公共利益，促進國家文化發展的立法意旨，但不妨考慮搭配價格調整與「第一次銷售理論」的適用。

參、修法

法院必須預想判決理由對未來產生的影響，特別是大眾產生的經濟誘因[113]，如法院傾向限制著作權人的進口權，勢必使著作權人藉由別的方式以尋求保障，著作權人會儘量避免平行輸入其在美國製造產

---

[110] Richelieu, *supra* note 1, at 855.

[111] Friedman, *supra* note 3, at 49.

[112] Richelieu, *supra note* 1, at 856.

[113] Maureen M. Cyr, *Determining the Scope of a Copyright Owner's Right to Bar Imports*: L'Anza Research International, Inc. v. Quality King Distributors, 73 WASH. L. REV. 101 (1998).

品，首次銷售於美國境內的情形，也就是和自己在美國境內市場競爭的狀態，但對法規的修正卻又不能妨礙國際貿易與貨物流的盛行，從法規和立法過程、源由推演，「第一次銷售理論」乃爲避免在美國境外購買其他國家製造的著作物，再被進口到美國境內販售[114]，美國國會立法宗旨乃爲維護美國著作權人的權益[115]，允許著作權人可以限制著作物的進口不僅與「第一次銷售理論」衝突，也違背著作權法中散布權的精神[116]，根本解決之道在於修法。

筆者建議美國應該直接將「第一次銷售理論」載入法條中，並且可以在著作權法第109條中將再次販售的行爲做區分，對著作權人創作欲望的維護和保障其權利範圍同等重要，產品購買的量也是判斷「第一次銷售理論」的標準，如果用較低價格購買國外版本的數量並不多，和購買數量眾多時，是兩種不同衡量基礎，修正條文若能反映出這種差距，對消費者和著作權人都有益，也對並且可以在著作權法第109條的定義更加明確[117]，不至於像現在，美國聯邦最高法院都解答不了下級法院對「第一次銷售理論」的解釋與適用標準，造成判決莫衷一是的現象。

第七節　結論

1998年最高法院在*Quality King Distributors, Inc. v. L'anza Re-*

---

[114] *Hearst Corp. v. Stark*, 639 F.Supp. 970, 975-76 (N.D.Cal.1986).

[115] *Columbia Broadcasting Sys., Inc. v. Scorpio Music Distribs., Inc.*, 569 F.Supp. 47, 49-50 (E.D.Pa.1983), aff'd mem., 738 F.2d 424 (3d Cir.1984).

[116] Maureen M. Cyr, *Determining the Scope of a Copyright Owner's Right to Bar Imports*: *L'Anza Research International, Inc. v. Quality King Distributors,* 73 WASH. L. REV. 86 (1998).

[117] Jansen, *supra note* 2 , at 166.

*search Int'l, Inc.*案的見解,到 2010年*Costco Wholesale Corp. v. Omega, S.A.*案,至2013年*Kirtsaeng v. John Wiley & Sons, Inc.*案,竟然判決結果大不相同。美國著作權法若希冀達成國際貿易上的便利性,並使商品販售全球化,促進經濟發展,不應該因為含混的條文內涵造成更多訴訟與爭端,美國著作權法條文第109條(a)項需要增修內容,以達成知識共享促進創作的立法宗旨,但*Costco v. Omega*案中對「第一次銷售理論」狹隘的解釋恰是背道而馳,製造商如何區隔產品與市場,美國聯邦最高法院在*Quality King*案正是以此為討論重點。

「灰色市場」減損美國本身國內市場的經濟收益,因為消費者不願意在美國境內購買製造商的商品,價格比較起經銷商從境外進口的當然昂貴,造成製造商沒辦法和未取得授權的經銷商競爭;其次,製造商為了競爭優勢,只能降低售價加入戰局,值得爭議的是製造商需要正式進口其產品的國內經銷商[118],因為美國政府當局不能控制國內經銷商的競價行為,導致整體經濟的損失[119]。對購買的消費者而言,購買進口經銷商的商品,風險在於產品並沒有保固服務,這是製造商和取得合法授權的經銷商,為維持商品商譽與品質而提供的售後服務,而這些都是製造商的成本,「灰色市場」進口商都是搭便車,「灰色市場」則有導致次級品和購買風險的可能,從而造成對品牌的打擊與傷害,往往消費者無法分辨正品與水貨,當無法得到預期的服務和品質時,貼上標籤的不會是該特定商品,而會是該商品的品牌。

*Quality King*案中美國聯邦第九巡迴上訴法院的見解,認為著作權人對未經授權的著作物限制進口時,並未受到「第一次銷售理論」的限制,「第一次銷售理論」通常是限制著作權人對已經出售後的著作物,還掌控其未來的通路及流向,第602條(a)項是否受到「第一次

---

[118] Donna K. Hintz, *Battling Gray Market Goods With Copyright Law*, 57 ALB. L. REV. 1188-1189 (1994).

[119] Stephen W. Feingold, *Parallel Importing Under the Copyright Act of 1976*, 17 N.Y.U.J. INT'L L. & POL. 116 (1984).

銷售理論」的限制或者是當商品的第一次銷售是在美國境外，再被進口到美國的情形，會排除「第一次銷售理論」的適用[120]，如果「第一次銷售理論」沒有影響任何在美國境外販售的商品，未經授權的進口行爲會被限制，然而第109條(a)項的有效性將無法防止未經授權的進口行爲繼續發生。

當著作權人賣出著作物後已經取得對價，新的買受人有權可以做任何處置，原出賣人不能對再販售的留向據此主張著作權受侵害。第602條(a)項條文本身沒有任何和「第一次銷售理論」有關聯、可供解釋的餘地，修正第602條(a)項條文是最直接的方法[121]。「第一次銷售理論」不能保障消費者在未經著作權人同意下進口外國製造的商品，第109條(a)項應增加內容，排除在國外製造的合法商品不適用「第一次銷售理論」，在修法之前，只能憑藉案例法的精神，由每個案例中法官造法的精神與案例整合的經驗累積，改善目前條文間的矛盾與衝突。

參考文獻

外文部分

1. Dan Karmel, *Off the Wall: Abandonment and the First Sale Doctrine*, 45 Colum. J. L. & Soc. Probs. 353-378 (2012).

2. David H. Kennedy, *Selected Intellectual Property Issues Arising in the Context of Acquisitions*, 893, PLI/PAT 158, (March-May, 2007).

3. Donna K. Hintz, *Battling Gray Market Goods With Copyright Law*, 57 ALB. L. REV. 1188-1213 (1994).

---

[120] *Id.*, at 1903.

[121] Donna K. Hintz, *Battling Gray Market Goods With Copyright Law*, 57 ALB. L. REV. 1209 (1994).

4. Lawrence Friedman, *Business and Legal Strategies For Combating Grey Market Imports*, 32 INT'L LAW. 27-50 (1998).

5. Mark Jansen, *Applying Copyright Theory to Secondary Markets: An Analysis of the Future of 17 U.S.C. §109(A) Pursuant to COSTCO Wholesale Corp. V. OMEGA S.A.,*28 Santa Clara Computer & High Tech. L.J. 143-167 (2011).

6. Maureen M. Cyr, *Determining the Scope of a Copyright Owner's Right to Bar Imports*: L'Anza Research International, Inc. v. Quality King Distributors, 73 WASH. L. REV. 81-103 (1998).

7. Raymond T. Nimmer, *First Sale, Online Resales, and the Like*, LCOM-TECH § 5:25,1-8, (2013), https://web2.westlaw.com/find/default.wl? cite=LCOMTECH+%C2%A7+5%3a25&rs=WLW13.10&vr=2.0&rp =%2ffind%2fdefault.wl&utid=2&fn=_top&mt=LawSchool&sv=Split (last visited: 03/24/2015).

8. Sheppard Mullin, *The Supreme Court Affirms Omega, S.A. v. Costco Wholesale Corp., Limiting The Use Of The First Sale Doctrine To Domestically Made U.S.-Copyrighted Works*, Fashion Apparel Law Blog (Dec. 14, 2010), http://www.fashionapparellawblog.com/2010/12/articles/enforcement-of-fashion-laws/the-supreme-court-affirms-omega-s-a-v-costco-wholesale-corp-limiting-the-use-of-the-first-sale-doctrine-to-domestically-made-u-s-copyrighted-works/(last visited: 03/24/2015).

9. Simon J. Frankel,Brett I. Miller&Katherine C. Spelman, *Introduction to Museum Intellectual Property: Copyright and Trademark*, ST024 ALI-ABA 1-18 (2012).

10. Stephen W. Feingold, *Parallel Importing Under the Copyright Act of 1976*, 17 N.Y.U.J. INT'L L. & POL. 116 (1984).

11. William Richelieu, Gray Days Ahead?*: The Impact of Quality King Distributors, Inc. v. L'Anza Research International, Inc.,* 27 Pepp. L. Rev. 827-59 (2000).

|第十一章|
美中臺之灰色市場觀察

曾勝珍、郭志斌[*]

[*] 嶺東科技大學財經法律研究所研究生

第一節　前言

　　著作權法具有屬地主義的特質（地域性適用），賦予著作權人分割全球著作物交易市場的經濟效益。正因爲每個國家的著作權不同且個別獨立，在一個國家行使著作權對另一個國家所賦予之著作權不生影響，因此在將個別國家視爲不同市場之「市場區隔」中，國外取得之合法製作的著作重製物（亦即眞品平行輸入或灰色市場進口（gray market importation））是否會「耗盡」著作權人之專屬權利，取決於權利耗盡原則之權利耗盡是採取「國內耗盡」（national exhaustion）、「國際耗盡」（international exhaustion）抑或是「區域耗盡」（community exhaustion）於十三章中有詳盡說明。

　　通常情況下，國家評估權利耗盡政策對社會、經濟層面的影響後，決定採行國內、區域或國際權利耗盡政策，嗣後依照其所選擇之權利耗盡政策來決定是否實施眞品平行輸入的限制以及限制的程度。採行國內權利耗盡理論的國家則選擇實施眞品平行輸入的限制，規定任何人未經當地權利人同意不得輸入合法著作重製物如書籍、軟體和電影等販售，除非這些商品是爲私人使用。這些對眞品平行輸入之限制，讓著作權人不僅能夠對不同國家實施價格歧視，而且還能錯開發布新產品的時間，使開發中國家因市場較小就必須對新產品等待更長時間。然而，基於民眾的需求，即便有眞品平行輸入之限制，業者仍因國際價差有利可圖而進行這種商業模式。權利人起初援用商標法防止眞品平行輸入，惟商標法之目的是在保護消費者對商品與服務之來源的識別，業者平行輸入之商品是根據權利人授權製作之眞品，而非仿冒品，因此沒有混淆誤認商品來源之虞，權利人也就無法有效適用商標法制止「眞品平行輸入」。

壹、灰色市場概述

　　眞品平行輸入或灰色市場進口是指業者在國外直接從授權來源取得合法商品，跳過任何授權銷售的國內經銷商或被授權人，將商品輸入到國內銷售，因此產生業者進口的商品和智慧財產權擁有者規劃和授權之經銷網絡的商品平行輸入的情況[1]。業者從更便宜的國家購買外國商品，進口到一個商品價格昂貴的國家，透過非授權的管道平行輸入著作重製物的結果，使得這些平行輸入的眞品和著作權人專屬授權生產或進口的同樣商品產生競爭關係。

　　爲阻止眞品平行輸入，著作權人或專屬授權代理商即利用一般商品之包裝或標籤的著作權，控告輸入商未經授權平行輸入該商品之輸入及銷售行爲侵害著作權人的輸入權和散布權。權利人轉以著作權之身分，藉由著作權法限制眞品平行輸入。然而，權利人之企求是否屬於著作權法保護之範圍抑或是濫行權利，儼然是法院在審理此類爭議案件時必須釐清之問題[2]。

一、贊成灰色市場之理由

　　眞品平行輸入所輸入之物爲權利人或其所授權之人所製作，並非盜版品，問題在於著作權法應保護權利人的市場區隔權利，還是消費者消費權益。贊成眞品平行輸入之理由認爲：1.消費者有權買到便宜的、好的貨品；2.貨品既非盜版，自然可以自由流通，權利人不應擴大其權利；3.禁止眞品輸入將使權利人不當地壟斷貨品，造成貨品昂貴、購得不易或品質不佳[3]。

---

[1]　蔡明誠，禁止眞品平行輸入法制之研究，經濟部智慧財產局委託研究報告，2007年，頁25。

[2]　林利芝，假著作權保護之名，行市場限制競爭之實——以加拿大最高法院 *Euro-Excellence Inc. v. Kraft Canada Inc.* 案爲例，科技法學評論，第8卷第2期，2011年，頁226-227。

[3]　章忠信，大陸出版品進口應注意平行輸入之著作權問題，著作權筆記，http://

二、反對灰色市場之理由

反對真品平行輸入之理由則認為：1.權利人應有權作市場區隔，包括產品內容、品質、價格之區隔；2.權利人對於貨品之銷售投注大量廣告費以建立品牌知名度，真品平行輸入者搭便車行為，造成不公平；3.權利人之長遠經營須遵守當地法律規定，真品平行輸入者打帶跑，無須遵守；4.真品平行輸入者無法提供售後服務或保證品質，對消費者未必有利，反而破壞權利人之聲譽；5.代理商須支付高額代理費，真品平行輸入者無須支付，造成不平等[4]。

貳、各國規定

「禁止真品平行輸入」並不是國際著作權公約之要求，大部分國家的著作權法多有此規定，只是限制的範圍寬廣各有不同，美、日、韓、星及中共均禁止未經授權之輸入國境，歐盟諸國則僅禁止自歐盟境外之輸入，但歐盟境內各國間則可以自由流通，至於澳洲與紐西蘭，縱使在美國強力反對下，近年來已開放著作之真品平行輸入。由於各國作法不同，不易取得一致，故國際著作權公約乃任諸各國國內法自行決定[5]。

---

www.copyrightnote.org/ArticleContent.aspx?ID=2&aid=466（最後瀏覽日期：2017年3月6日）。

[4] 同前註2，章忠信。

[5] 同前註2，章忠信。

第二節　中國

壹、中國內地

一、中國大陸著作權平行輸入（中國大陸稱平行進口）問題產生的原因

（一）經濟全球化與世界貿易自由化

經濟全球化的不斷地增強，各國或地區間經濟相互依賴的程度也在不斷增加。由於貿易的自由與便捷，一國或地區的著作權產品不僅在該國或地區內銷售，同時也迅速的流向了國際市場，著作權貿易的飛速發展導致了大量平行輸入問題的產生[6]。

（二）不同國家和地區間的價格差別

各國或地區因生產狀況、經濟發展程度和消費水平不同，對同一著作權產品的定價必然存在差別。在境外產品價格低於境內同一著作權產品價格時，境內銷售商傾向於從境外輸入相對低價的同一著作權產品到境內銷售。

（三）著作權取得的創作保護（中國大陸稱自動保護）原則

各國著作權法和國際公約都對著作權的取得採用創作保護原則，即作者在作品完成或發表，或出版之日起即享有著作權，一般不需要像專利權和商標權的取得那樣要經過特殊的程序、交納一定的費用、提交一定的樣本等[7]。由於權利的易取得性，因而著作權領域出現平

6　齊曉峰，平行進口在中國著作權相關法文調整下的合法性判斷，知識產權律師網，http://www.law26.com/post/598.html（最後瀏覽日期：2017年3月6日）。

7　曾勝珍、黃鋒榮，圖解著作權法，五南圖書，2012年。

行輸入問題的機率較大。

（四）著作權保護的國民待遇原則

根據國民待遇原則，如果一個公約成員國國民創作了一部作品，他在所有成員國都享有平行著作權；如果一個非成員國國民創作一部作品，並首次發表於一個成員國，則該作品在其本國以及所有公約成員國都享有平行著作權；如果一個非成員國國民在某一成員國擁有住所，則其在本國以及所有公約成員國都享有平行著作權；如果一個非成員國國民的作品在另外一個非成員國出版，則根據出版國法律或兩國協定，作者可能同時擁有這兩個非成員國的平行著作權。因此，著作權保護的國民待遇原則決定了著作權平行進口問題的易發實屬必然。

二、司法判例

就中國大陸地區而言，截止至本書撰寫時，筆者尚未發現有著作權平行輸入的司法案例出現。

三、當事人約定

無論是作為民事法律一般法的「民法通則」，還是本文中談及的作為特別法的著作權法，於對待權利人權利行使方式，在沒有違反法律強制性規定的情況下，均遵循「約定大於法定」的原則[8]。

四、中國大陸地區國情

中國對著作權中散布權權利耗盡和平行輸入問題採取了與「與貿易有關知識產權協議」相似的折衷立場，當然是與當前的國情和經濟發展水平密不可分。從維護公眾利益和防止壟斷平抑價格角度而言，

8　即我國契約自由原則。

中國目前相對地支持平行輸入似乎更爲有利[9]。

　　根據現行的三個智慧財產權主要法律看，只有專利法明確限制對受專利保護產品的平行進口。著作權法對此問題並無相關規定。此立場的利弊必須按照中國的國情和經濟利益需要衡量。過於廣泛和嚴格的智慧財產權保護條款必然造成許多對中國企業發展的限制。中國應當也必須接受符合國際標準的規則和實踐，但沒有必要採用高於一般標準的規則。所以，中國目前的立場有一定的合理性和實用性。中國目前立場，特別是著作權法對權利耗盡原則的態度是否符合中國經濟發展和外貿發展的需要，則必須通過以後的實踐才能證明[10]。

五、小結

　　綜上所述，從著作權權利內容、現行法律規定、司法判例、當事人約定、國情、國際慣例、國際趨勢等角度分析來看，我們可以按照以下方法對著作權產品平行進口是否違反著作權法的規定進行初步判斷：

　　1.尊重當事人的約定。

　　2.沒有約定的情況下，著作權產品平行進口行爲不違反著作權相關法文規定。

　　當然，這裡需要補充一點，針對具體案件的判斷尚需以案件的具體情況和表現方式詳盡分析，且不能僅侷限於著作權相關條文。（如平行輸入行爲可能會被認定爲「搭便車」的銷售行爲）。平行輸入貿易商可能因無償利用獨家經銷商先期投入大量資金進行市場調研和廣告宣傳、建立可靠的銷售網絡、建立優質的服務系統、建立的商業信

---

[9] 同前註20，齊曉峰。

[10] 論知識產權的平行進口與權利窮竭：中國的選擇，3edu教育網，http://www.3edu.net/lw/jjf/lw_92189.html（最後瀏覽日期：2017年3月6日）。

譽和商品聲譽的情況下，反過來以價格上的優勢獲得競爭優勢，違背誠實信用銷售的原則，從而構成不正當競爭。

貳、香港特別行政區

香港版權條例，分別在2007年6月27日及2009年11月18日獲立法會通過。「2007年版權（修訂）條例」改變了對平行輸入（下稱：平行進口）的限制，修訂條例放寬了部分對業務最終使用者輸入和使用真品平行進口著作物（下稱：版權作品）的限制。有關平行進口的刑事責任期限亦縮短了。這些放寬措施已於2007年7月6日生效[11]。

一、香港經修訂的版權法所允許、禁止的行為[12]

（一）經修訂的版權法所允許的行為

例一：你可以在海外購買任何正版的版權作品（例如書籍或音樂光碟），帶回香港作個人用途。

例二：你可以直接從海外供應商購買任何平行進口的版權作品（例如書籍），在業務上供你的職員作內部參考之用。

例三：你可以直接向海外供應商購入平行進口電腦軟件產品作銷售，或在你的業務上作內部之用。

（二）經修訂的版權法所禁止的行為

例一：你不可輸入任何平行進口版權作品（電腦軟件產品除外）

---

[11] 香港特別行政區政府知識產權署，2007及2009年版權（修訂）條例，http://www.ipd.gov.hk/chi/promotion_edu2007.htm（最後瀏覽日期：2017年3月6日）。

[12] 香港特別行政區政府知識產權署，2007修訂後的香港版權法有關平行進口物品指南，http://www.ipd.gov.hk/chi/intellectual_property/copyright/parallel_imports_leaflet_c_txt.pdf（最後瀏覽日期：2017年3月6日）。

作售賣、出租或分發作牟利用途。

　　例二：你不可輸入或管有任何平行進口電影，電視劇或音樂錄製品，在你的卡拉OK場所、餐廳或商店內放映或播放。

　　倘若你做出以上任何行為，你可能會負上民事甚至刑事責任[13]。

二、以漫畫市場為例

　　販售「平行輸入」（下稱：水貨）因夾雜「製造合法」與「輸入非法」的行為，又通稱為「灰色市場」。因日本漫畫出版的架構及版權權利方面比較複雜，故18個月對漫畫出版界已不能再短。

（一）要求有水貨禁售期的原因

1.香港被授權出版商應得到合理保護

　　香港出版社引進作品，投進很多資源，如翻譯、銷售和推廣等。水貨可坐享其成而不須付出任何銷售或推廣投資而出售貨品。

2.為香港從業員保留一定的生存空間

　　香港漫畫聯會有14家公司會員，不計關連行業如發行／零售，有上萬從業員是以本地漫畫／引進漫畫為職業，每年創造超過5億港幣的生意額，其中約一半生意額來自引進漫畫。從事引進漫畫，牽涉到翻譯／編輯／設計／廣告／電腦／批發／市務／管理等各方面人才，引進漫畫業務萎縮，即是他們的生存空間萎縮。

3.對於出版商的保障有其必要性

　　因香港合法取得授權的出版商，其投資被水貨商直接剝削，才會出現對於水貨的投訴。故此18個月的水貨禁售期，對於出版商的保障有其必要性。應禁止貿易商提供更多選擇之水貨給消費者，而合法取得授權的出版商會供應有關著作權商品予市場。

---

[13] 被告可就上述行為提出免責辯護。倘若經平行進口的版權作品沒有在香港供應，而被告就該等作品做出違禁行為前，曾進行適當的調查，則被告可引用香港版權法所提供的免責辯護。若任何人士擬引用此免責辯護，必須先諮詢其法律顧問，以全面理解有關免責辯護的內容。

（二）要求維持18個月的理由

1. 例如：日本漫畫出版流程表（表11-1）

假設在週刊雜誌初次發表及沒有其他延誤申請的事由，並以一期漫畫爲例及以一般所需時間估計製表。

表11-1　日本漫畫出版流程表

第X個月	日本出版物	香港版	臺灣版（水貨）
1	開始週刊雜誌連載		
2	連載		
3	連載		
4	日本單行本出版		
5	接受海外申請	提出申請	提出申請
6	研究申請		
7	批出海外版權	得到批准	得到批准
8		簽約／製作／推廣	
9		簽約／製作／推廣	
10		出版香港版／第二天發現水貨	出版臺灣版／當天發貨往香港
11		採證／舉報	
12		齊備證明文件	
13		齊備證明文件	
14		立案	水貨可能已經售罄
15			
16		海關行動	
17		補充文件，上庭	
18			

*註：作者參考香港漫畫聯會秘書處數據製表。

　　有關禁售期的條例規定，是從作品在當地初次發表計算。從表11-1中可以看到禁售期對於漫畫產業影響的嚴重性，影響絕大多數外國漫畫，特別是日本漫畫。日本為香港主要引進漫畫來源地，在日本先以當地雜誌連載方式發表，到單行本出版，約已經近半年；此時才得申請引進香港，至雙方契約成立又需數月，再加上製作、印刷、宣傳的時間，及對水貨採證、舉報、齊備文件、安排庭期等等。從表11-1之相關流程觀察，18個月的禁售期其實是很不足的。

2. 關於同步出版是否可行

　　漫畫和電影等不同，有其特殊性，同時期日本出版社要處理的不是一、兩個作品，而是數十個新作品加數百期新期數，不可能要求日本出版社為某個地區考慮同步出版。日本方面亦對同步出版之要求無法接受。

3. 漫畫的另外一個特性：漫畫是連載作品

　　漫畫是連載作品，少則三數期，多則十數期甚至數十期，從與海關合作的經驗得出，證明文件準備耗時，較前期的期數往往因為18個月的時效已過，只得提起民事求償，較近的期數才得於期限內提起刑事告訴，令海外版權擁有人卻步，也增加香港出版社的困難，香港漫畫產業聯會會員已盡力向日本版權人遊說並解釋有關法例。

（三）縮短18個月禁售期對漫畫產業的影響

　　依據新法，「水貨」著作權商品：例如書本、漫畫、唱片、影碟DVD、電腦軟件等，必須等「面世」（發行）後15個月才能在香港出售。因為不同地區人民的購買力不盡相同，但該物品複製成本低，所以往往購買力低的地區（大陸、泰國等）會降低售價出售。水貨客則從那些平價地區購入再運來香港圖利。對著作權人很不利，且由2007年起，要在香港販售水貨僅需等15個月[14]。

　　保守估計，香港漫畫產業在水貨上蒙受的損失是年營業額的10%

---

[14] 同前註25，香港特別行政區政府知識產權署。

至20%以上（即5,000萬至1億元港幣）民事求償不僅費時，因大部分出版商屬小規模經營，往往所需行政、調查及律師費用比賠償金額要高，令出版商進退兩難。如此小規模的累積水貨（侵權）情況仍可嚴重蠶食香港漫畫產業的合理利潤。所以香港漫畫產業必須依賴18個月的刑責期以達嚇阻效果。如縮短刑責期以至實際上不能以刑責阻止水貨漫延，則漫畫出版業必然損失更為慘重及多於20%[15]。

三、修訂條例增定「推定條文」有助查緝[16]

修訂條例加入的推定條文，有助海關證實緝獲的物品是從外地輸入香港的複製品，例如該物品的標籤或包裝顯示該物品只限在香港以外的地區分發或出售，或光碟複製品上，如未刻上香港特許製造者代碼，即會被推定為從外地輸入的物品。

四、容許以「誓章形式」舉證

另一有助檢方追訴的措施，是容許以「誓章形式」確認某平行進口版權作品不可在香港分發或出售。

根據「版權條例」（又稱「條例」）就侵犯版權進行的法律程序中，證明有關作品有版權存在及其版權擁有權所屬，是一個十分重要的要件。「條例」第121條訂明版權擁有人可提交誓章作為該等證據；「條例」第121之(1)條下的其中一項規定是誓章須附隨版權作品的真品複製品。然而，「條例」第121之(2)條訂定了另一個提交誓章的方式，讓誓章無須附隨版權作品的真品複製品。根據該條文，任何

---

[15] 香港漫畫聯會秘書處，香港漫畫聯會秘書處回應立法會工商事務委員會關於版權作品水貨18個月禁售期的補充說明，http://www.legco.gov.hk/yr04-05/chinese/panels/ci/papers/ci0719cb1-2190-1c.pdf（最後瀏覽日期：2017年3月6日）。

[16] 何繼開，修訂版權法助檢控侵權水貨，香港政府新聞網，治安，海關，http://archive.news.gov.hk/isd/ebulletin/tc/category/lawandorder/070711/html/070711tc08005.htm（最後瀏覽日期：2017年3月6日）。

誓章如在述明的事項中，指出有關的作品已在根據「條例」第121之(16)條藉規例訂明的版權註冊紀錄冊中註冊，並附有由該版權註冊紀錄冊主管當局發出的作品註冊證明書，經核證爲眞品副本，該誓章便可獲接納爲證據[17]。

以誓章形式申明版權作品的銷售受地域限制，有助版權擁有人舉證，尤其是海外版權擁有人可以無須親自到香港出庭作證。香港海關版權及商標調查科高級監督何繼開出席平行進口法例跨業界研討會時強調，將與版權業界保持緊密及積極合作，對任何涉及違法的平行進口物品活動，採取嚴厲的執法行動。任何觸犯《版權條例》的行爲，最高可被監禁4年及就每件侵權物品罰款5萬元[18]。

五、小結

中國大陸之著作權法至今仍無禁止眞品平行輸入之相關規定，因此於中國大陸境內販售水貨，原則上並不違法。香港之版權條例相較於中國內陸，於眞品平行輸入有較完善之規定，其灰色市場商品原則上採有限制之國際耗盡原則，即透過15個月禁售期之限制，藉以取得合法取得授權之進口商與水貨貿易商間之利益平衡，由上述香港漫畫產業的實例觀察，禁售期之期間長短對於雙方利益有重大影響，因此成爲合法取得授權之進口商與水貨貿易商間角力之關鍵。

第四節　臺灣

在2003年修正著作權法時，由於南部地區錄影帶租售業者透過立

---

[17] 香港立法會工商事務委員會，香港設立版權註冊紀錄冊研究結果，http://www.legco.gov.hk/yr05-06/chinese/panels/ci/papers/ci0718cb1-1976-1c.pdf（最後瀏覽日期：2017年3月6日）。

[18] 同前註30，何繼開。

法委員強力遊說之結果，認爲輸入的客體既然是正版，不應處罰，刪除了刑罰處罰規定。不過，當時沒有一併修正輸入後轉售之處罰規定，導致輸入者雖是侵害著作權，但只有民事賠償責任而沒有刑責，反而是轉賣的行爲，除了有民事賠償責任之外，仍然應依著作權法第91條之1處罰。因此，本文以南部地區錄影帶租售業者透過立法委員遊說修法之背景，做爲觀察臺灣灰色市場之切入角度。

壹、臺灣灰色市場觀察

　　臺灣在「眞品平行輸入」規範上的爭議，已存在有十幾年了，CD等出版品開始普及之後，在當時沒有限制眞品平行輸入法令的年代，臺灣社會存在著許多由貿易商開設的唱片行，銷售未透過代理商自行報關進口的「水貨」CD，以削價競爭的方式，爲臺灣的唱片銷售市場帶來衝擊。

一、眞品平行輸入與DVD分區制

　　1993年，臺灣政府在美國第301條款的報復壓力之下，修改著作權法，對眞品平行輸入做出明確的禁止規定。此後，風光一時的水貨唱片行紛紛收攤，或轉型爲二手唱片流通店，因此，二十年來國內唱片市場在沒有平行輸入眞品的競爭下，建立獨特市場生態。

　　事實上，臺灣的出版品市場，除了備受關照的CD等有聲產品外，「沒有代理商」的輸入出版品，其實並不少見。標榜都會品味的書店，陳列著相當數量的外文期刊、書籍與畫冊，大學校園使用的外文教科書，也經常在無國內代理的情況下，由圖書貿易商「代爲進口」。甚至，英國DK出版社、日本昭文社等出版的外文圖鑑、旅遊導覽，更有國內代理商發行的中文版與原文版合併陳列的情況，進貨管道不同的版本，倒也一直相安無事，提供多元的消費選擇。而平行輸入出版品再生波瀾，主要癥結還是因爲新興影音出版品DVD的

「分區制度」破功。

二、臺灣歸爲三區播放機都改全區

　　DVD大約自1997年商品化以來，就以儲存電影作品爲大宗，爲了因應各地電影上映與DVD發行時間不同，而可能會造成的商業利益衝突，美國的八大主流片商[19]私下制訂了DVD的區碼規範[20]，依據市場屬性的不同，將全球市場區分爲幾個區域，針對不同區域的DVD產品，進行「鎖碼」，使消費者在使用上，除了固有的電視系統差異之外（PAL[21]或者NTSC[22]區分），又多了一項軟硬體對應的限制，讓好萊塢大片商能夠隨意安排影片在各地的發行時序，同時也一

---

[19] 臺灣Word，好萊塢八大影業公司：米高梅電影公司、派拉蒙影業公司、哥倫比亞影業公司、華納兄弟影業公司、環球電影公司、聯美電影公司、20世紀福克斯、華特迪斯尼，http://www.twword.com/wiki/%E5%A5%BD%E8%90%8A%E5%A1%A2%E5%85%AB%E5%A4%A7%E5%BD%B1%E6%A5%AD%E5%85%AC%E5%8F%B8（最後瀏覽日期：2017年3月6日）。

[20] 陳宗逸，1997年訂定世界各國DVD區碼一覽表，一區：美國、加拿大；二區：歐洲、日本、南非、中東；三區：韓國、臺灣、香港、新加坡、馬來西亞、印尼；四區：澳洲、紐西蘭、中南美洲；五區：印度、非洲；六區：中國；七區：未定；八區：各國所管轄的飛機或郵輪。

[21] 維基百科，PAL制式，是電視廣播中色彩調頻的一種方法，全名爲逐行倒相（Phase Alternating Line）。除了北美、東亞部分地區使用NTSC制式，中東、法國及東歐採用SECAM制式以外，世界上大部分地區都是採用PAL制式，https://zh.wikipedia.org/wiki/PAL%E5%88%B6%E5%BC%8F（最後瀏覽日期：2017年3月6日）。

[22] 維基百科，NTSC制式，又簡稱爲N制，是1952年12月由美國國家電視系統委員會（National Television System Committee，縮寫爲NTSC）制定的彩色電視廣播標準，兩大主要分支是NTSC-J與NTSC-US（又名NTSC-U/C），這種制式的色度訊號調制包括了平衡調制和正交調制兩種，解決了彩色黑白電視廣播相容問題，但存在相位容易失真、色彩不太穩定的缺點，故有人暱稱NTSC爲Never The Same Color（不會重現一樣的色彩）。美國、加拿大、墨西哥等大部分美洲國家以及臺灣、日本、韓國、菲律賓等均採用這種制式。香港部分電視公司也採用NTSC制式廣播，https://zh.wikipedia.org/wiki/NTSC%E5%88%B6%E5%BC%8F（最後瀏覽日期：2017年3月6日）。

定程度地箝制跑單幫的水貨商，與電影公司授權代理商之間的對決。

然而DVD播放機破解分區鎖碼的技術，也在不久之後出現，尤其在臺灣，將DVD播放機「改成全區」以觀看不同區碼的DVD，幾乎成為全民運動（臺灣被劃歸為三區），其他區碼的DVD出版品，逐漸開始在臺灣市場流通，少數店家更以外區DVD銷售做為市場區隔，服務特定的影音愛好者。

一段時間下來，臺灣影片代理商壓製三區DVD供應市場，普遍認為這種現象讓他們的商業利益受損，各大代理商結合美國片商，以「反盜版」的名義，再度祭出第301條款的大旗，向臺灣政府施壓修法，務求將他區真品DVD的水貨現象，也視為「盜版」而一網打盡[23]。

三、代理商出版品質不佳消費者謀求自救

當時臺灣消費者購買的外區DVD，向來以同為NTSC系統的美、日產品為主（一、二區），由於國民所得的差異，臺灣人無論經由什麼管道購得美、日的DVD，都得付出數倍於國內發行三區版本的代價，大多數消費者甘於購買價格高昂的外區DVD，問題多半是因為國內代理商出版品質不佳。

臺灣出版的三區影片，除了包裝、影音規格絕大多數不如人之外，經常出現字幕翻譯瑕疵，也屢次出現銀幕比例不對、畫面變形、資料流量偏低等品質低落的情況。更甚者，影片內容編輯錯誤的版本亦上架出售，中藝公司發行的「記憶拼圖」（Memento）就是箇中經典，臺灣的三區版本，烏龍地將美版DVD裡按照時間順序重新排序的加質收錄，作為正式版本而發行三區DVD，推翻了電影原本敘事的交叉時序，面對消費者的抱怨，也未見回收或者公開道歉的動

作[24]。此外，國內代理片商因為成本考量，某些另類小眾電影在歐美相當受到重視，卻無法在臺灣以正常管道流通，有需求的消費者，也必須求助水貨眞品。

可見當時臺版DVD影音品質的低落，在環繞音響及大尺寸電視、投影機日漸普及之後更是窘態畢露，影音愛好者只得花更多成本，尋求其他區碼的DVD版本，雖部分國內代理商，也因為外來商品的競爭，開始懂得檢討本身產品的缺點，但多數代理商因法令保護下有恃無恐，出版品質仍有待加強。

貳、禁止眞品平行輸入之影響

禁止眞品出版物於國內流通的規定，對文化消費水準尚在萌芽階段的臺灣，勢必帶來不小的衝擊。供應他區DVD的賣店收攤，影音愛好者須自求多福，在沒有代理商的著作物不得在臺灣流通的遊戲規則運作下，學生們向國外團購正版教科書的行為變成違法[25]，法雅客（FNAC）、淘兒唱片、紀伊國屋書店等跨國連鎖店，以其自身物流

---

[24] 同前註37，陳宗逸。

[25] 內政部，中華民國82年4月24日內政部台（82）內著字第8284870號公告
　　一、本一定數量依著作權法（以下簡稱本法）第87條之1第2項規定訂定之。
　　二、本法第87條之1第1項第2款及第3款規定之一定數量如下：
　　　（一）為供非營利之學術、教育或宗教機構保存資料之目的而輸入視聽著作重製物者，以一份為限。
　　　（二）為供非營利之學術、教育或宗教機構之圖書館借閱或保存資料之目的而輸入視聽著作以外之其他著作重製物者，以五份以下為限。
　　　（三）為供輸入者個人非散布之利用而輸入著作重製物者，每次每一著作以一份為限。
　　　（四）屬入境人員行李之一部分而輸入著作重製物者，每次每一著作以一份為限。

系統輸入的許多外國出版品，爲避免觸法也將被迫下架，當日即空運來臺的產經新聞、讀賣新聞，依法也不得現身流通，只因爲在臺灣沒有正式簽約的代理商！這樣的演變，對於當時臺灣人的習慣造成深遠的影響[26]。

　　納入代理商控制之下的出版品，眞的就能完全遵循既定的國際市場規則嗎？臺灣部分經由代理商輸入的出版品，長年呈現名實不符的情況。艾迴音樂不時因應消費者的需求，以臺灣分公司的名義，輸入原本僅爲供應日本市場的二區DVD產品，一再標榜經銷正統性的電視遊樂器代理商，輸入的任天堂軟體盡是標註有「日本國內專用」字樣的貨品，這不正是「只准州官放火，不許百姓點燈」的荒謬[27]？然而，在臺灣欠缺量身訂做的出版品市場需求下，這種現象是可以被理解的，也充分顯示現階段單就代理商本身開發的商品，根本不足以滿足當時臺灣多元文化消費市場的需求。

參、小結

　　臺灣目前於網拍上購買「國外盜版」著作物，並無法律處罰規定。例如買方由網拍上自國外購買CD／VCD／DVD寄入，輸入行爲之行爲人是國外的賣家，並非買家輸入，海關與檢警機關可以扣押出賣人寄達臺灣的盜版貨物，買家應無犯罪。至於「國外正版」著作物的海外郵購寄入，輸入行爲之行爲人亦是國外的賣家，並非買家輸入，而第87條第1項第4款「僅禁止輸入眞品」，並沒有刑責。國際慣例上，海關對於眞品的輸入並不主動處理，必須著作財產權人或專屬授權的被授權人主張權利，始會採取行動[28]。

---

[26] 同前註37，陳宗逸。

[27] 同前註37，陳宗逸。

[28] 同前註2，章忠信。

　　然而，合法方式帶進他國正版CD、VCD、DVD，其轉賣，不管是看完後不想保存或未拆封而網拍轉賣，著作權專責機關認為可以轉售，但這些著作權商品僅是因為可以帶入作為自己欣賞，但仍不是在著作財產權人之同意或授權下，進入本國市場者，應不可以轉賣。著作權法第87條之1第1項第3款允許例外進口，已是照顧到進口人個人接觸資訊的自由，不能進一步還要變價回收，否則豈不是變相侵害著作權人權利？由於轉賣水貨侵害的是著作財產權人的散布權，這與臺灣有沒有代理商沒有關係，差別的是誰可以主張權利。如果臺灣沒有代理商，著作財產權人可以自行或委託人員在臺灣主張權利，如果臺灣有代理商，而且是取得專屬授權，專屬授權的被授權人對於取得授權後的侵害行為，可以依第37條第4項主張權利，對於取得授權以前的侵害行為，著作財產權人也可以委託專屬授權的被授權人在臺灣主張權利[29]。

　　因此，目前臺灣民眾於網拍上購買國外正版或盜版著作物，因輸入人係國外賣家，目前法律並無處罰規定，買家不會被處罰，僅盜版貨物被扣押之風險。但若自行從國外帶入正版著作物，本身及為輸入人，且係依著作權法第87條之1第1項第3款例外允許進口，故不得轉賣，否則即侵害著作財產權人之散布權。

第五節　結論

　　國際著作權公約中對於「禁止真品平行輸入」並無特別要求，而大部分國家的著作權法多有此規定，只是限制的範圍寬廣各有不同。例如美、日、韓、星及中共均禁止未經授權之輸入國境，歐盟諸國

---

[29] 章忠信，網拍水貨或盜版品的疑義，著作權筆記，http://www.copyrightnote.org/ArticleContent.aspx?ID=1&aid=26（最後瀏覽日期：2017年3月6日）

則僅禁止自歐盟境外之輸入，但歐盟境內各國間則可以自由流通，至於澳洲與紐西蘭，縱使在美國強力反對下，近年來已開放著作之真品平行輸入[30]。觀察國際慣例和趨勢，各國根據其不同的利益出發點採取不同的策略和立場。世貿組織的「與貿易有關知識產權協議」（TRIPS）並未提出明確、統一的原則。因此，各國於採用不同立場時，多了許多發揮的空間。

通常經濟相對發達的國家支持禁止真品平行輸入的原則，經濟相對不發達國家則支持權利耗盡原則，主張容許真品平行輸入。真品平行輸入所輸入者，乃權利人或其所授權之人所製作，並非盜版品。問題乃在於著作權法所保護的法益，究應保護權利人的市場區隔權利，還是消費者的消費權益。由於各國作法不同，不易取得一致，故國際著作權公約並無多做限制，乃由各國國內法自行決定。

而真品平行輸入之原因，在於輸入者有利可圖，或因境內無相同產品可提供市場需求。為解決上述不同爭議，似應允許真品平行輸入，如此可以平抑市場不當價差；而對於搭便車者、混淆貨品來源者，則以公平交易法處理。在我國，同屬智慧財產權領域且屬於經濟商業性之專利法及商標法均允許真品平行輸入，其屬於文化性及精神活動之商品的著作權法卻禁止真品平行輸入，立法政策上並未有一致性，為求智慧財產權保護之一貫性，故有調整之必要。

---

[30] 同前註2，章忠信。

參考資料

1. 曾勝珍、黃鋒榮，圖解著作權法，五南圖書，2012年。
2. 林利芝，假著作權保護之名，行市場限制競爭之實—以加拿大最高法院Euro-ExcellenceInc. v. Kraft Canada Inc.案為例，科技法學評論，第8卷第2期，2011年。
3. 蔡明誠，禁止真品平行輸入法制之研究，經濟部智慧財產局委託研究報告，2007年。
4. 中華民國82年4月24日內政部台（82）內著字第8284870號公告。
5. 3edu教育網，論知識產權的平行進口與權利窮竭：中國的選擇，http://www.3edu.net/lw/jjf/lw_92189.html（最後瀏覽日期：2017年3月6日）。
6. 臺灣Word，好萊塢八大影業公司，http://www.twword.com/wiki/%E5%A5%BD%E8%90%8A%E5%A1%A2%E5%85%AB%E5%A4%A7%E5%BD%B1%E6%A5%AD%E5%85%AC%E5%8F%B8（最後瀏覽日期：2017年3月6日）。
7. 何繼開，修訂版權法助檢控侵權水貨，香港政府新聞網，治安，海關，2007年。http://archive.news.gov.hk/isd/ebulletin/tc/category/lawandorder/070711/html/070711tc08005.htm（最後瀏覽日期：2017年3月6日）。
8. 香港立法會工商事務委員會，香港設立版權註冊紀錄冊研究結果，2006年。http://www.legco.gov.hk/yr05-06/chinese/panels/ci/papers/ci0718cb1-1976-1c.pdf（最後瀏覽日期：2017年3月6日）。
9. 香港特別行政區政府知識產權署，2007修訂後的香港版權法有關平行進口物品指南。http://www.ipd.gov.hk/chi/intellectual_property/copyright/parallel_imports_leaflet_c_txt.pdf（最後瀏覽日期：2017年3月6日）。
10. 香港特別行政區政府知識產權署，2007及2009年版權（修訂）條例，http://www.ipd.gov.hk/chi/promotion_edu2007.htm（最後瀏覽日

期：2017年3月6日）。

11. 香港漫畫聯會秘書處，香港漫畫聯會秘書處回應立法會工商事務委員會關於版權作品水貨18個月禁售期的補充說明，2005年，http://www.legco.gov.hk/yr04-05/chinese/panels/ci/papers/ci0719cb1-2190-1c.pdf（最後瀏覽日期：2017年3月6日）。

12. 章忠信，網拍水貨或盜版品的疑義，著作權筆記，2007年，http://www.copyrightnote.org/ArticleContent.aspx?ID=1&aid=26（最後瀏覽日期：2017年3月6日）。

13. 章忠信，大陸出版品進口應注意平行輸入之著作權問題，著作權筆記，2012年，http://www.copyrightnote.org/ArticleContent.aspx?ID=2&aid=466（最後瀏覽日期：2017年3月6日）。

14. 陳宗逸，眞品缺貨立院修法保障劣質品，新臺灣新聞週刊，第377期，2003，http://www.newtaiwan.com.tw/bulletinview.jsp?bulletinid=14813（最後瀏覽日期：2017年3月6日）。

15. 維基百科，NTSC制式，2016年，https://zh.wikipedia.org/wiki/NTSC%E5%88%B6%E5%BC%8F（最後瀏覽日期：2017年3月6日）。

16. 維基百科，PAL制式，2016年，https://zh.wikipedia.org/wiki/PAL%E5%88%B6%E5%BC%8F（最後瀏覽日期：2017年3月6日）。

17. 齊曉峰，平行進口在中國著作權相關法文調整下的合法性判斷，知識產權律師網，http://www.law26.com/post/598.html（最後瀏覽日期：2017年3月6日）。

第十二章
真品平行輸入我國與美國
實務案例之探討

曾勝珍、郭志斌

第一節　前言

　　以商標法而言，商標權人對「灰色市場」的商品造成對其商譽損害，也打擊商標權人為維護市場所付出的努力，然而，「灰色市場」的商品並非仿冒品，商標權人要以商標權受損提出請求有其困難，如 *Parfums Stern, Inc.v. United States Customs Serv.* 案。

　　原應適用商標法保護之客體，因為各國商標法多採國際耗盡原則，並不禁止真品平行輸入[1]。因此，在面對真品平行輸入著作原件或其重製物的威脅下，許多國家（例如美國、加拿大、澳洲與我國）為保護著作權人將著作散布於眾的「散布權」或是區隔市場的「輸入權」，在著作權法中設有「禁止真品平行輸入」之規定。此一規定之規範客體，為著作原件或其重製物，然而製造商或其專屬授權代理商為了阻止非著作權法保護之客體，即一般商品的平行輸入，在商品上附加受著作權保護之標籤或包裝，從而以「保護著作權」為名，利用「禁止真品平行輸入」之規定阻止一般商品之平行輸入，來控制一般商品市場。在美國與我國皆出現貿易商因自國外輸入附加受著作權保護之標籤或包裝的一般商品於市場或網路上販售，而被控告侵害著作權之案例，如美國的 *Quality King Distributors, Inc. v. L'anza Research International*、523 U.S. 135(1998)、*Costco Wholesale Corporation v. Omega S.A. 131 565 (S.Ct. 2010)*，及 *Kirtsaeng v. John Wiley & Sons, Inc.,133 S. Ct. 1351, 1358, 185 L. Ed. 2d 392 (2013)*[2] 等案。臺灣高等法院高雄分院96年度上易字第1063號判決[3]。而我國著作權法主要受美

---

[1]　魏君儒，商標法耗盡原則之探討，嶺東科技大學財經法律研究所碩士論文，2015年。

[2]　前揭註1，曾勝珍文中所舉案例。

[3]　參考林利芝，從著作權商品的認定解釋探討禁止真品平行輸入之除外規定──評析臺灣高等法院高雄分院九十六年度上易字第一○六三號判決，月旦法學雜誌，第195期，2011年8月，頁204-224。

國著作權法影響，本文即參考美國及我國之實務判決，探討我國灰色
市場商品於著作權法之法律定位。

第二節　眞品平行輸入

　　相對於現今，在1970年末期，新臺幣大幅升值導致貿易商[4]購貨
成本降低[5]，加上取消進口代理制度，使得臺灣的平行輸入現象到處
可見，尤其是家電、音響、化妝品業等，甚至連飲料亦有此現象，一
般民眾多將其稱爲「水貨」，但從法律上之觀點來看，實應對此加以
較嚴謹之定義，故稱之爲「眞品平行輸入」商品（見圖12-1）。

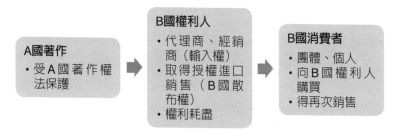

圖12-1　授權進口示意圖

資料來源：作者繪製。

---

[4] 所謂之貿易商在本文中係指對於未經內國智慧財產權人之同意而輸入商品之
人。相對於此若經國內智慧財產權人之授權而爲銷售者，則稱之爲代理商。

[5] 在民國76年初至79年初三年之間，新臺幣對美元的兌換率，自38：1升值到約
27：1，足足升值約四分之一，參閱陳超雄：談國際貿易法中的貿易障礙，臺
灣經濟金融月刊，第30卷第8期，1994年8月，頁40。目前則是約30：1。

壹、真品平行輸入之概念

眞品平行輸入，係指未經合法授權之第三人，在未經智慧財產權人之同意下，自境外輸入合法製造並附有智慧財產權之商品[6]（圖12-2）。凡以平行輸入方式進口之非盜版商品通稱爲眞品平行輸入商品，即是我們一般所俗知的水貨。由於許多貿易商皆認爲，既然已經在國外經過合法方式購買了擁有智慧財產權之產品，智財權人的權利已經獲得了經濟利益上的滿足，因此進口水貨之行爲應該不至於侵害到智財權人的權利。

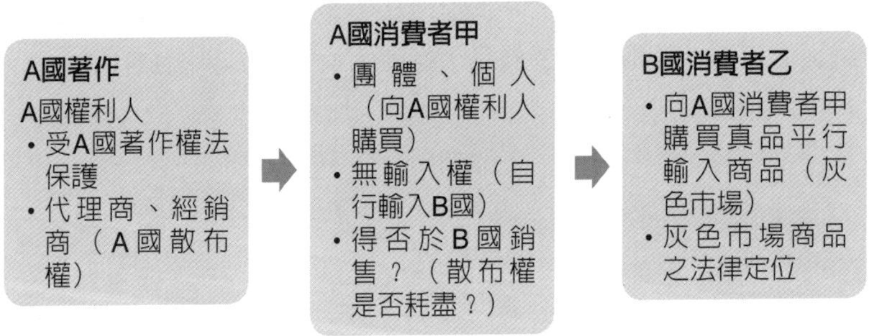

A國著作
A國權利人
- 受A國著作權法保護
- 代理商、經銷商（A國散布權）

A國消費者甲
- 團體、個人（向A國權利人購買）
- 無輸入權（自行輸入B國）
- 得否於B國銷售？（散布權是否耗盡？）

B國消費者乙
- 向A國消費者甲購買真品平行輸入商品（灰色市場）
- 灰色市場商品之法律定位

圖12-2　真品平行輸入（灰色市場）示意圖

資料來源：作者繪製。

一、著作權眞品平行輸入的特點[7]

1. 平行輸入爲一種進出口行爲，嚴格來說只發生於國際貿易中。
2. 平行輸入的產品並非盜版產品，而是有合法著作權的正版眞

6　廖傑彥，從垂直通路關係探討眞品平行輸入現象——車用潤滑油市場之實證，臺灣大學國際企業研究所碩士論文，1997年，頁2。

7　齊曉峰，平行進口在中國著作權相關法文調整下的合法性判斷，知識產權律師網，2010年，http://www.law26.com/post/598.html（最後瀏覽日期：2017年1月25日）。

品。

3. 平行輸入的產品所涉及的著作權在進口國或地區已獲得法律保障。

4. 平行輸入貿易商的進口行為未得到本國或地區著作權人的授權或許可。

5. 平行輸入的產品與進口國或地區同一著作權產品在價格上存在較大的差異。通常平行輸入產品價格較低。

6. 平行輸入貿易商進口著作權產品的目的是為了再銷售，並非是消費性使用，是一種商業行為。若為個人或家庭使用的情況，則視該輸入國是否有例外容許之規定。

二、真品平行輸入是否違反公平交易法[8]

1. 真品平行輸入與仿冒之構成要件不符，不違反公平交易法第22條之規定。

2. 真品平行輸入是否違反公平交易法第21條之規定，須視平行輸入者之行為事實是否故意造成消費大眾誤認其商品來源為斷。

3. 貿易商自國外輸入已經原廠授權代理商進口或製造商生產者，因國內代理商投入大量行銷成本或費用致商品為消費者所共知，故倘貿易商對於商品之內容、來源、進口廠商名稱及地址等事項以積極行為使消費者誤認係代理商所進口銷售之商品，即所謂故意「搭便車行為」則涉及公平交易法第25條所定之「欺罔」或「顯失公平」行為（見圖12-3）。

---

[8] 公平交易委員會1992年4月22日第27次委員會議討論案，公研釋003號：真品平行輸入是否違反公平交易法，http://www.ftc.gov.tw/Internet/main/doc/docDetail.aspx?uid=223&docid=410&arubalp=593a81a2-7c59-40e7-8447-cbaeb6fd62（最後瀏覽日期：2017年3月10日）。

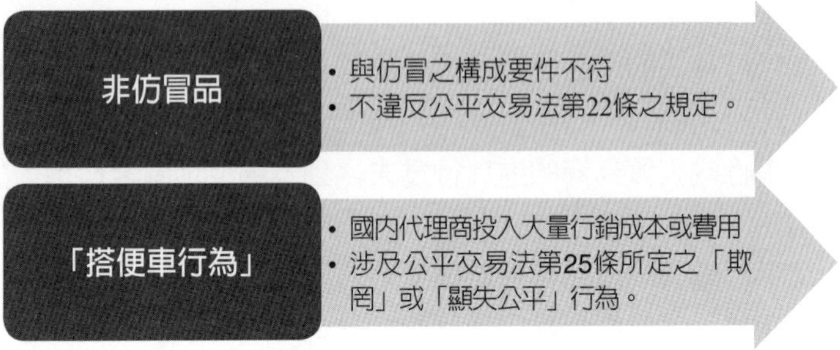

圖12-3　真品平行輸入是否違反公平交易法示意圖

資料來源：作者繪製。

貳、真品平行輸入之理論依據

　　眞品平行輸入因涉及不同利益的衝突，主要有「智慧財產權人與貿易商之利益衝突」、「智慧財產權人與消費者之利益衝突」、「智慧財產權進口國與出口國間利益之衝突」，則一國立法者在判斷是否應允許此種商業行爲時，需經由探究智慧財產權人、貿易商、消費者甚至整體社會經濟利益得到對國家最有利的結論。但在市場漸趨全球化的今日，智慧財產權出口國爲保護商品化的智慧財產權所帶來的經濟利益，已使得問題的衝突焦點從智慧財產權人、貿易商、消費者間，逐漸轉化爲智慧財產權進口國與出口國間之複雜的國際貿易問題[9]。眞品平行輸入因上述之利益衝突，而形成贊成與反對的不同立場，雙方各有其支撐的論點。其中最常見的論點，一是應採取「耗盡原則」允許貿易商從事平行輸入，另一是採取「屬地主義原則」禁止平行輸入（見圖12-4）。

---

[9]　陳美蓉，禁止眞品平行輸入對貿易的衝擊——以WTO相關規定與我國及美國立法爲例說明，東海大學法律學研究所碩士論文，1999年，頁23-27。

圖12-4　真品平行輸入之理論依據示意圖
資料來源：作者繪製。

一、屬地主義原則

　　所謂屬地主義，係指法律之適用及其效力範圍，僅在制定該法律之領域內而被承認之主義。智慧財產權的屬地主義，乃指智慧財產權之成立、移轉，均依賦予其權利之國家的法律規定，而且只限於該領域內，並不及於其領域之外。故一國之智慧財產權，並不會因在外國之行為而受侵害，僅會由於國內行為發生侵害而受到保護[10]。

　　目前採取屬地主義原則的國際公約，有巴黎公約第6條[11]與伯恩公約第5條[12]。在我國實務上對商標法亦曾採取屬地主義的見解[13]，而

---

[10] 邱志平，真品平行輸入之解析，三民書局，1996 年，頁15。

[11] 巴黎公約第6條第3項規定：「已在本同盟國之一國依法註冊之商標，應視為與在本同盟其他國家（包括在其原申請國）註冊之商標，互為獨立之商標。」原文如下：Paris Convention for the Protection of Industrial Property, revised July 14, 1967, art. 6(3), 21 U.S.T. 1583, T.I.A.S. No. 6923 "[a] mark duly registered in a country of the Union shall be regarded as independent of marks registered in the other countries of the Union, including the country of origin."

[12] 伯恩公約第5條第1項規定：「著作人受本公約保障，就其個別之著作，於來源國以外之其他聯盟國境內，享有各該聯盟國法律現在或將來賦予其內國國民之同等權利，以及本公約特定之權利。」

[13] 臺灣臺北地方法院80年訴字803號判決，於該案判決理由即明白指出我國商標法係採屬地主義，依我國商標法取得註冊之商標，其成立移轉及保護，均依我國法律規定，且僅限於我國領域內，並不及於他國領域，亦不受發生在他

認為第三人的平行輸入行為乃侵害智慧財產權人之專用權,對於真品平行輸入應該加以禁止。

二、權利耗盡原則

「權利耗盡原則」又稱作「第一次銷售原則」,該原則的精神在於使智慧財產權人之排他權利,在獲得公平報償(just reward)後,即予限制,受讓人或再受讓人因此得再使該受讓物之價值繼續利用,以使智慧財產權能夠物盡其用。事實上權利耗盡原則本身所反映的精神,即是智慧財產權的真諦。為了鼓勵創作,國家藉由授予權利的方式,鼓勵特殊優異秀人士積極從事創作、研發之工作,因此發展出了智慧財產權制度。

從另一方面來說,智慧財產權制度亦著重於處理權利人和公眾之間的利益調和,讓權利人的個人私益獲得滿足之餘,能夠讓公眾更自由的來使用該智慧財產物,一方面藉此以促進物品的流通;另一方面,則是讓社會及早熟悉與近用該智慧財產物,進而使大眾能夠以該作品為基礎,創作出更具新意與實用價值之產物[14]。權利耗盡原則即是本於智慧財產權之核心概念所加以衍生而出的規範,因此權利人所應獲得之經濟利益在藉由初次銷售而獲得合理之報償後,他人即得任意的使用、處分該智慧財產物,而不會有侵害他人權利之疑慮。

關於「耗盡理論」,國際著作權法制間有分為「國際耗盡原

國事實之影響,是被告等自美國輸入銷售之可口可樂產品,縱於美國已經合法使用系爭商標於該產品上,然既未得我國商標專用權人之同意,且其輸入行為發生在我國,依我國商標法之規定,仍為於同一商品使用相同於他人之註冊商標而輸入,尚難謂非侵害我國商標專用權人及被授權人之商標專用權及使用權。

[14] 邱建勳,真品平行輸入是否侵害智慧財產權,臺灣法律網,http://www.lawtw.com/article.php?template=article_content&area=free_browse&parent_path=,1,188,&job_id=8219&article_category_id=240&article_id=7981(最後瀏覽日期:2017年3月10日)。

則」、「區域耗盡原則」及「國內耗盡原則」。「國際耗盡原則」係指權利耗盡的區域及於全球，著作財產權人對於經其同意而散布之著作原件或著作重製物，不問在世界各地如何散布，都不能主張權利，因此，不能禁止真品平行輸入；「區域耗盡原則」則指權利耗盡的區域限於一定區域，例如歐盟採之，所以，歐盟的著作財產權人對於經其同意而散布之著作原件或著作重製物，在歐盟內部之散布，如德國輸入法國，不能禁止真品平行輸入，但從歐盟外輸入歐盟內，如美國輸入德國，則可以禁止真品平行輸入；「國內耗盡原則」則散布權僅限於當地國內耗盡，可以禁止真品平行輸入[15]，詳述如下（圖12-5）。

國際耗盡、區域耗盡：	國內耗盡、屬地主義：
容許真品平行輸入	禁止真品平行輸入

圖12-5　真品平行輸入容許性示意圖

資料來源：作者繪製。

（一）國內耗盡原則

國內耗盡原則，係從智慧財產權為一國所賦予的權利為出發點，

---

[15] 章忠信，著作權法逐條釋譯第五十九條之一散布權之耗盡，著作權筆記，2009年，http://www.copyrightnote.org/ArticleContent.aspx?ID=11&aid=112（最後瀏覽日：2017年3月10日）。

因此具有濃厚的屬地性與獨立性,是以應受「屬地主義」所支配,其效力範圍只應限於該國領域之內。權利人如在各國獨立取得數個權利者,各自均只有域內效力而互相間不生任何影響。當權利人將其受智慧財產權保護之物品置於某特定內國市場上流通時,僅在該內國之權利始會被「耗盡」(exhausted),而不能適用於跨越國境之商品[16]。除非權利人首次銷售時另有約定,否則被推定其有默示授權買受人將產品在國內轉售之意思(默示授權理論,Impliedlicense Theory),或指權利人首次銷售後不論有無約定,均自動喪失其控制在國內轉售之權利(自動用盡)[17]。

如果權利人使其受智慧財產權保護的物品在其他國家市場上流通者,權利人在內國之權利並未被耗盡。他人如未經其同意而擅自將該有智慧財產權附麗的產品輸入內國市場者,內國智慧財產權人當然有權禁止之。是以,真品平行輸入,自是不被允許(圖12-6)。

圖12-6 國內耗盡示意圖

資料來源:作者繪製。

---

[16] 林孟仙,真正商品平行輸入法規之實證研究──以臺灣進口化妝品頁為例,東吳大學法律研究所碩士論文,1997年,頁31-32。

[17] 羅昌發,國際貿易法,月旦出版社,1996年,頁654。

（二）國際耗盡原則

　　就國際耗盡原則而言，係指智慧財產權人於一國授權製造或販賣該產品之後，其銷售控制權已於國際上用盡，因此不得對該產品在他國之販賣或銷售主張權利受到侵害，蓋其權利於國際上已用盡。且在其他國家之智慧財產權之受讓人，或被授權人，因其於論理上更不可能擁有大於其前手——原智慧財產權人之權利[18]。

　　原先基於屬地主義的立論，認為智慧財產權效力範圍應只限於該國領域之內。故只有在其受保護的領域內始能被耗盡，此乃是採國內耗盡原則。而當後來開始認為其實屬地主義只不過是在確定智慧財產權發生所歸屬的法律規範。因此智慧財產權是否已經耗盡，應依內國之法律加以認定，而與屬地主義無關。

　　基此，國際耗盡原則乃逐漸被一些國家所採納，已承認國際耗盡原則的國家有德、奧、荷、比、盧、丹、典、英及愛爾蘭等[19]。既然原智慧財產權人之銷售控制權已於國際上用盡，而不得對該產品在他國之販賣或銷售主張權利受到侵害，則在其他國家之智慧財產權的受讓人或被授權人自然也不得再基於智慧財產權，而對平行輸入的商品有所主張。是以，平行輸入的行為當然被容許。因此，國際耗盡原則，指智慧財產權人所默示授權者所喪失者，不但為國內轉售之權，亦包括輸出之權[20]（圖12-7）。

---

[18] 王志誠，商標權「平行輸入」法理之探討，法律評論，第58卷第4期，頁26。

[19] 陳昭華，我國商標權之保護與真品平行輸入，植根雜誌，第13卷第11期，1997年11月，頁470。

[20] 前揭註18，羅昌發，頁654。

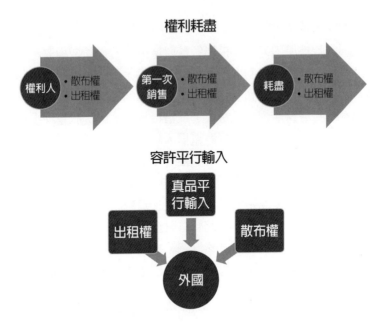

圖12-7　國際耗盡示意圖

資料來源：作者繪製。

（三）區域耗盡原則

「區域耗盡原則」則指權利耗盡的區域限於一定區域，例如歐盟採之，所以，歐盟的著作財產權人對於經其同意而散布之著作原件或著作重製物，在歐盟內部之散布，如德國輸入法國，不能禁止真品平行輸入，但從歐盟外輸入歐盟內，如美國輸入德國，則可以禁止真品平行輸入[21]。

---

[21] 章忠信，著作權法逐條釋譯第五十九條之一散布權之耗盡，著作權筆記，2009年，http://www.copyrightnote.org/ArticleContent.aspx?ID=11&aid=112（最後瀏覽日期：2017年3月10日）。

參、著作權法與平行輸入有關之概念（圖12-8）

　　我國之散布權採狹義解釋，著作權法第28條之1第1項規定：「著作人除本法另有規定外，專有以移轉所有權之方式，散布其著作之權利。」此為我國著作權人的散布權規定，我國立法例係仿效WCT和WPPT之立法，對於散布權採狹義解釋，著作權人之散布權僅限以買賣、贈與或其他移轉所有權之方式轉讓著作或其重製物。而出租權規定在第29條第1項；輸入權之規定則在第87條第4款；至於出借權的部分，我國著作權法並未賦予著作人出借之專有權利。

圖12-8　著作權法與平行輸入相關概念示意圖

資料來源：作者繪製。

一、散布權[22]

　　為限制著作權人的散布權，我國著作權法將第一次銷售原則（又稱權利耗盡原則）明文規定在第59條之1：「在中華民國管轄區域內取得著作原件或其合法重製物所有權之人，得以移轉所有權之方式散

---

[22] 經濟部智慧財產局，什麼是散布權，2014年，http://www.tipo.gov.tw/ct.asp?xItem=335502&ctNode=7012&mp=1（最後瀏覽日期：2017年3月10日）。

布之。」本條規定，在我國管轄區域內取得著作原件或其合法重製物所有權之人，得以移轉所有權之方式散布之，並不需要再獲得著作人之同意，因為此時著作權人的散布權已為耗盡。

二、出租權

我國出租權的規定係獨立規定在著作權法第29條第1項，該項條文規定：「著作人除本法另有規定外，專有出租其著作之權利。」

第一次銷售原則同樣適用於出租權，著作權法第60條第1項本文規定：「著作原件或其合法著作重製物之所有人，得出租該原件或重製物。」重製物所有人合法取得著作原件或重製物所有權之後，依照第一次銷售原則的規定，有權出租該原件或重製物，而著作權人之出租權已為用盡，不得再限制或禁止該著作原件或重製物所有人的出租行為[23]。

三、輸入權

著作權法第87條第1項第4款規定：「有下列情形之一者，除本法另有規定外，視為侵害著作權或製版權：……四、未經著作財產權人同意而輸入著作原件或其國外合法重製物者。」我國現行著作權法於輸入權並無耗盡原則之規定。

第三節　美國

以下判決主要以產品是否在美國製造進而探討平行輸入的爭議。

---

[23] 最高法院89年度台上字第3431號刑事判決：「合法著作重製物之所有權人，得出租該重製物，即所謂『第一次銷售原則』，著作權已將其著作之重製物所有權出讓而進入市場，則其對於該重製物之出租權『即已用盡』，即不得對受讓人等再行主張其出租權。」

壹、美國判決

一、2010年*Costco Wholesale Corp. v. Omega, S.A.*案[24]

美國最高法院於西元2010年12月13日之Costco Wholesale Corporation v. Omega S.A判決中，以4：4平手的票數，維持第九巡迴法院關於「第一次銷售理論（First Sale Doctrine）不能運用於在美國境外之製造行為」的見解，而與*Quality King Distrib. Inc. v. L'Anza Research Int'*案共同架構出美國著作權法關於「第一次銷售理論」之適用基礎[25]（見圖12-9）。

Omega公司係國際知名的鐘錶製造商，其手錶都是在瑞士製造，然後再透過其所授權的批發商及零售商，將該手錶銷售到全球各地，

圖12-9　Costco Wholesale Corporation v. Omega S.A 法律關係圖

資料來源：作者繪製。

---

[24] *Costco Wholesale Corp. v. Omega, S.A.*,131 S.Ct. 565, 32 ITRD 1896, 178 L.Ed.2d 470, 79 USLW 4013, 96 U.S.P.Q.2d 2025, 22 Fla. L. Weekly Fed. S 737 (2010).

[25] 黃于珊，由Costco Wholesale Corporation v. Omega S.A案看美國著作權法關於「第一次銷售理論」之規定，聖島智慧財產權報導，第12卷第12期，2010年12月，頁1，http://www.saint-island.com.tw/report/data/IPR_201012.htm#a01（最後瀏覽日：2017年4月7日）。

又其手錶底面都刻有受美國著作權法所保護之「歐米茄全球設計」（Omega Globe Design）的字樣[26]。

Costco公司係知名的連鎖倉儲批發賣場，其在「灰色市場」中，經下列途徑，取得Omega公司所製造，刻有前述受著作權法保護之設計的手錶：Omega公司首先將手錶販售與其所授權的巴拉圭海外批發商，後來有不知名的第三人從批發商處購得該等手錶後，轉售予一家名為ENE Limited的紐約公司，而後該公司再將手錶售予Costco公司，最後，Costco公司則在加州的賣場將該手錶出售予消費者。雖然Omega公司對於其經銷商首次於國外銷售該手錶之行為給予授權，惟其對於將該商品輸入美國之行為，以及Costco公司之銷售行為並未予以授權[27]（見圖12-10）。

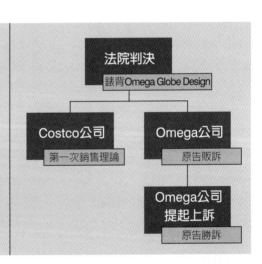

・Omega公司向位於加州中區的聯邦地方法院（U.S. District Court for the Central District of California）起訴

・主張Costco公司取得及銷售該手錶之行為，已違反美國著作權法第106條第(3)項以及第602條第(a)項之規定，而構成著作權侵害，並請求法院逕行判決（summary judgment）

法院判決
錶背Omega Globe Design

Costco公司
第一次銷售理論

Omega公司
原告販訴

Omega公司
提起上訴
原告勝訴

圖12-10　Costco Wholesale Corporation v. Omega S.A 訴訟關係圖
資料來源：作者繪製。

---

[26] 前揭註30，黃于珊，頁4。

[27] 前揭註1，曾勝珍，頁35。

（一）第一審聯邦地方法院判決原告Omega公司敗訴[28]

Omega公司向位於加州中區的聯邦地方法院（U.S. District Court for the Central District of California）起訴，主張Costco公司取得及銷售該手錶之行為，已違反美國著作權法第106條第(3)項以及第602條第(a)項之規定，而構成著作權侵害，並請求法院逕行判決（summary judgment）。

而Costco公司則以著作權法第109條第(a)項作為抗辯，主張其行為係符合該條項關於「第一次銷售理論」之規定，亦即Omega公司首次於國外銷售該手錶之行為，已排除其對於散布、進口及未經授權之銷售等行為之侵權主張。

聯邦地方法院未為說明即判決Costco公司勝訴，並判決Omega公司應依著作權法第505條之規定，給付Costco公司美金373,003.80元之律師費。而後Omega公司提起上訴（見圖12-11）。

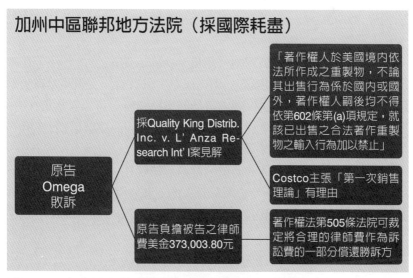

圖12-11　加州中區的聯邦地方法院法律見解示意圖

資料來源：作者繪製。

28　前揭註30，黃于珊，頁4。

（二）第二審第九巡迴法院判決原告Omega公司勝訴[29]

Omega公司的侵權主張，係涉及美國著作權法第106條第(3)項、第109條第(a)項及第602條第(a)項等規定間的關係。其中，第109條第(a)項之規定即為所謂的「第一次銷售原則」，係指一旦著作權人同意出售其著作的特定重製物，其後來即不得再對該特定重製物行使散布權。

Omega公司承認第109條第(a)項之規定，一般會限制第106條第(3)項及第602條第(a)項之適用，但主張第109條第(a)項之規定，不適用於本案的情形，因為雖然「歐米茄全球設計」的字樣是在美國受著作權法保護，但刻有該字樣之手錶係在國外製造並進行第一次銷售，所以Omega公司主張該設計之著作，並非「在第109條第(a)項之情況下，所合法作成」。

Costco公司則主張，雖然Omega公司的前揭論點依BMG Music v. Perez等判例或可成立，但聯邦最高法院在*Quality King Distributors, Inc. v. L'Anza Research International, Inc.*一案中，已推翻那些判決的見解，因此原告的主張不能成立[30]。

但上訴法院基於下列理由，認為：*Quality King*案的判決，並未使上訴法院對於「第109條第(a)項之規定，只有當該主張涉及在美國境內製造受美國著作權法保護之著作的重製物時，可以對抗第106條第(3)項及第602條第(a)項」之一般規定無效，因而認為第109條第(a)項之規定不適用於本案的情形。

上訴法院目前的規則，若依第九巡迴法院在Quality King案之前的判例，則Omega公司所持立場係正確的。該法院過去曾在兩件上訴案件中，判決第109條第(a)項無法用來對抗依第602條第(a)項所為之主張。

---

[29] 前揭註30，黃于珊，頁5。

[30] 前揭註1，曾勝珍，頁35。

在 *BMG Music* 案[31]中，被告所購買之重製物，係原告受美國著作權法保護但於國外製造的音樂唱片，該唱片未經原告同意即進口到美國，並公開販售。對此，上訴法院認為在此情形下，第109條第(a)項無法用來對抗依第602條第(a)項所為之主張，因為第109條第(a)項所謂「依本法合法作成」，僅在該重製物係在美國合法作成並銷售，始能獲得「第一次銷售理論」之保護。理由如下[32]：

1. 若採相反的解釋，將會不當的擴張著作權法，而使其具有治外法權。

2. 若在國外銷售後仍能適用第109條第(a)項之規定，將會使第602條作為對抗未經合法授權而進口之非盜版重製物之規定，實際上喪失意義，因為進口發生前通常會發生至少一次的合法國外銷售行為，如此一來即會將作為第602條第(a)項之基礎的散布權耗盡（圖12-12）。

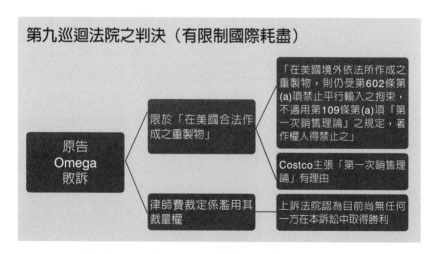

圖12-12　第九巡迴法院法律見解示意圖

資料來源：作者繪製。

---

[31] BMG Music v. Perez, 952 F.2d 318 (9th Cir. 1991).

[32] 前揭註30，黃于珊，頁6。

（三）第三審美國最高法院維持第二審判決原告Omega公司勝訴

美國最高法院係於西元2010年4月19日決定接受Costco公司之上訴，針對本案進行審查。並於西元2010年12月13日作成判決，以4：4平手的票數，維持第九巡迴法院關於「Costco公司未經Omega公司同意，銷售Omega公司所製造，刻有受著作權法保護之設計的手錶，已構成違反美國著作權法」的見解[33]。

聯邦最高法院在本案4：4之投票結果，意味著聯邦最高法院並未全面贊同第九上訴巡迴法院對於權利耗盡原則之解釋，故尚未建立全國性之判例。也因此第九巡迴上訴法院就本案所作的判決僅適用於其管轄區域之案件而有拘束力，在聯邦最高法院沒有針對是否禁止眞品平行輸入之議題做出原則性之判決前，其他區域之巡迴上訴法院，仍可作出不同結論之判決[34]。直到美國聯邦最高法院在2013年3月19日在*Kirtsaeng v. John Wiley& Sons, Inc.*一案才做出決定性判決，如下述。

二、2013年*Kirtsaeng v. John Wiley & Sons, Inc.*案[35]

本案被告Supap Kirtsaeng是從泰國到美國南加州大學（USC）求學的學生，他與泰國的家人和朋友合作，由他們從泰國當地的書店以較低廉的價格購買外國版的英文教科書，並寄到美國給Kirtsaeng，Kirtsaeng再將這些教科書拿到eBay上去販賣，以賺取差價[36]（見圖12-13）。

---

[33] 前揭註30，黃于珊，頁8。

[34] 章忠信，以著作權禁止原廠手錶平行輸入是否合理，智財交易加值服務網，2010年，http://www.uipex.com/monpub_show.aspx?ID=MP10123014295056（最後瀏覽日期：2017年3月10日）。

[35] *Kirtsaeng v. John Wiley & Sons, Inc.*,133 S. Ct. 1351, 1358, 185 L. Ed. 2d 392 (2013). Mark Jansen, *Applying Copyright Theory to Secondary Markets: An Analysis of the Future of 17 U.S.C. § 109(A) Pursuant to COSTCO Wholesale Corp. V. OMEGA S.A.*,28 Santa Clara Computer & High Tech. L.J. 149 (2011).

[36] 戴雅彣，美國最高法院首度判決承認境外產品可以適用「權利耗盡原

　　原告John Wiley & Sons是教科書出版商，在發現Kirtsaeng的行為後於2008年向紐約地方法院提告，聲明Kirtsaeng的行為侵害了著作權法第106條第(3)項著作權人專有的「公開散布權」（right of distribution to the public）[37]，而且違反同法第602條第(a)項「禁止他人未經授權輸入」（Infringing importation or exportation of copies or phonorecords）[38]的規定。

圖12-13　Kirtsaeng v. John Wiley & Sons, Inc.案法律關係圖

資料來源：作者繪製。

則」——Kirtsaeng v. John Wiley & Sons案，國際智財新知，2013年4月，http://archive.tiipm.nccu.edu.tw/inter3/news.php?Sn=367（最後瀏覽日期：2017年4月7日）。

[37] 17 USC § 106: Subject to sections 107 through 120, the owner of copyright under this title has the exclusive rights to do and to authorize any of the following: (3) to distribute copies or phonorecords of the copyrighted work to the public by sale or other transfer of ownership, or by rental, lease, or lending.

[38] 17 USC § 602 (a): Infringing Importation or Exportation.

(1) Importation.—Importation into the United States, without the authority of the owner of copyright under this title, of copies or phonorecords of a work that have been acquired outside the United States is an infringement of the exclusive right to distribute copies or phonorecords under section 106, actionable under section 501.

(2) Importation or exportation of infringing items.-Importation into the United States or exportation from the United States, without the authority of the owner of copyright under this title, of copies or phonorecords, the making of which either constituted an infringement of copyright, or which would have constituted

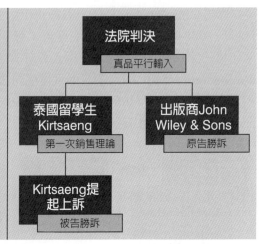

- 原告John Wiley & Sons是教科書出版商，在發現Kirtsaeng的行為後於2008年向紐約地方法院提告

- 聲明Kirtsaeng的行為侵害了著作權法§106(3)著作權人專有的「公開散布權」，而且違反同法§602(a)「禁止他人未經授權輸入」的規定

法院判決
　真品平行輸入

泰國留學生Kirtsaeng
　第一次銷售理論

出版商John Wiley & Sons
　原告勝訴

Kirtsaeng提起上訴
　被告勝訴

圖12-14　Kirtsaeng v. John Wiley & Sons, Inc. 案訴訟關係圖

資料來源：作者繪製。

　　被告Kirtsaeng則主張，由於他的書都是合法取得的正版書籍，所以可以適用著作權法第109條第(a)項「第一次銷售原則」（First Sale Doctrine），無須得到Wiley的授權就可以自行進口、販賣[39]（見圖12-14）。

（一）第一審紐約地方法院判決原告Wiley勝訴[40]

　　紐約地方法院判決Kirtsaeng敗訴，認為Kirtsaeng不得主張「權利耗盡原則」，因為只有「在美國本土製造的產品」才有權利耗盡原則的適用，並判決Kirtsaeng因故意侵權而須支付Wiley高達60萬美元的

---

an infringement of copyright if this title had been applicable, is an infringement of the exclusive right to distribute copies or phonorecords under section 106, actionable under sections 501 and 506.

[39] 前揭註1，曾勝珍，頁9。

[40] 前揭註1，曾勝珍，頁9。

賠償金（見圖12-15）。

（二）第二審聯邦第二上訴巡迴法院同意第一審判決[41]

聯邦上訴巡迴法院（United States Court of Appeals for the Federal Circuit）同意地方法院的判決，認為第109條第(a)項既列明本條適用對象是「依本法合法製造的物品」（lawfully made under this title），則法條文意即隱含有「不適用外國製造物品」之意。

（三）第三審最高法院推翻前面二審的見解判決原告Wiley敗訴[42]

最高法院推翻前面二審的見解，認為從第109條第(a)項的法條文意看不出任何地理上的限制（says nothing about geography），並進一步認為即使是在外國製造的產品，也有權利耗盡原則的適用，故判決Kirtsaeng可以主張權利耗盡原則（見圖12-16）。

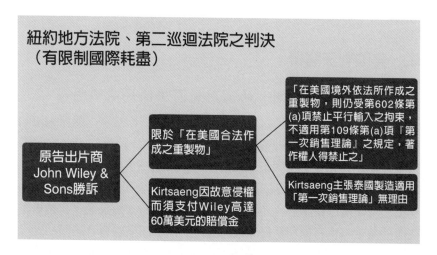

圖12-15　紐約地方法院、第二巡迴法院法律見解示意圖

資料來源：作者繪製。

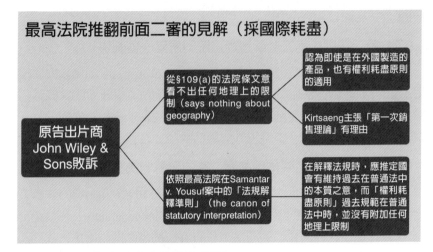

圖12-16　最高法院法律見解示意圖

資料來源：作者繪製。

貳、美國判決窒礙

一、「權利耗盡原則」的適用範圍法條規定不明確[43]

「權利耗盡原則」的適用範圍一直是美國著作權法上懸而未決的問題，由於法條規定不明確，使得不同案件在法院產生不同的解釋結果。早在1998年，美國最高法院就在*Quality King Distributors, Inc. v. L'anza Research Int'l, Inc.*一案中針對權利耗盡原則作出解釋，認為受美國著作權法保護並且在美國境內製造的產品，如果第一次銷售是在國外發生，也有權利耗盡原則的適用，而且如果購買者將商品進口美國，也不會侵害著作權人依照著作權法第602條第(a)項享有的輸入權，不過法院在此案中拒絕解釋「若是非在美國境內製造的產品是否

Lawrence Friedman, *Business and Legal Strategies For Combating Grey Market Imports*, 32 INT'L LAW. 27 (1998).

仍有權利耗盡原則的適用」。

　　一直到了2010年著名的*Costco v. Omega*案最高法院才再度正視此議題[44]，不過由於*Costco*案最後是達成了4：4的平分票數（tie vote），在美國最高法院，若形成了4：4平分，原案下級法院的判決效力就會立刻拘束當事人，當事人不得再上訴或爭執，不過最高法院的判決內容不會形成判例。因此也未能解決此問題。本案是最高法院第一次針對此問題作出具有判例拘束力的解釋。

二、是否附加任何地理上限制[45]

（一）國會立法時應該沒有想到地理區域的限制

　　最高法院在此判決中認為被告的抗辯有理由，判斷法條中「under」的字意解釋，回溯當時立法過程與背景，國會立法時應該沒有想到地理區域的限制，原告解釋該條文加上地域限制（geographical limitation），排除分公司Wiley Asia的書籍販售，被告則解釋該條文不應加上地域限制（non-geographical limitation）。從條文文義解釋，本案判決意見採取認為採取非地域限制的解釋。

（二）依「法規解釋準則」並未附加任何地理上限制

　　依照最高法院在*Samantar v. Yousuf*案中的「法規解釋準則」（the canon of statutory interpretation），如果一個法規是在規範過去受普通法規範的事項，在解釋法規時，應推定國會有維持過去在普通法中的本質之意[46]，而「權利耗盡原則」過去規範在普通法中時，並沒有附加任何地理上限制。

---

[44] Costco Wholesale Corp. v. Omega, S.A., 131 S. Ct. 565.

[45] 前揭註1，曾勝珍，頁20。

[46] 原文：「when a statute covers an issue previously governed by the common law,」it is presumed that「Congress intended to retain the substance of the common law.」。

（三）實證面考量不適合附加任何地理上限制

除此之外，法院更從實證面來考量法規解釋可能造成的影響，認為若將地理限制附加在「權利耗盡原則」上，會與著作權法「促進創新」的立法本意相悖，例如會造成博物館和圖書館需花費更多成本在確認書籍來源以及取得授權上，進階使一般民眾接觸這些著作的機會減少，損害公共利益[47]。

第四節　臺灣

壹、臺灣判決

一、京都念慈菴枇杷潤喉糖案

京都念慈菴枇杷潤喉糖產品包裝圖示外觀設計，為京都念慈菴總廠有限公司享有著作財產權之圖形著作，並專屬授權予告訴人京都念慈菴藥廠股份有限公司，在臺澎金馬等地區使用。

被告凱連公司於95年5月間，未經京都念慈菴總廠有限公司及告訴人之同意，自印尼製造商Ptcadbury Indonesia進口上開潤喉糖產品一批至臺灣，並批發由各經銷通路商販賣予不特定之消費者而散布之。

本案為我國著作權人利用著作權法第87條第1項第4款禁止平行輸入之規定，對於真品平行輸入行為人所提出之刑事告訴案件。原本，違者應依第93條第3項規定，處以2年以下有期徒刑，得併科新臺幣10萬元以下罰金。後來，在92年修正著作權法時，刪除了刑罰處罰規定[48]。不過，當時沒有一併修正輸入後轉售之處罰規定，導致輸入者

---

[47] 前揭註41，戴雅然。

[48] 修法背景係南部地區錄影帶租售業者透過立法委員強力遊說之結果，認為輸

雖是侵害著作權，但只有民事賠償責任而沒有刑責，反而是轉賣的行為，除了有民事賠償責任之外，仍然應依著作權法第91條之1處罰。本案被告同時為輸入者及轉賣者，故仍屬同法第91條之1第1項規定之刑事告訴案件，經檢察官偵查後提起公訴[49]。

（一）第一審臺灣高雄地方法院刑事判決被告無罪[50]

所謂「真品平行輸入」係指在未取得正式區域授權之狀況下，以私人或公司名義自國外輸入商品而言，其所涉法律層面遍及著作權法、商標法、專利法、公平交易法等，不同法規範對於「真品平行輸入」之評價亦有不同。

1. 圖案等著作，實係喉糖之包裝或廣告性質之標記，並非貨物本身之喉糖

「禁止真品平行輸入」，目的在於賦予著作權人「市場區隔」的權利，使在他國之著作財產權人授權在外國製造之著作權商品，不問在國內有無代理商，任何人要大量輸入國內，均要經過我著作財產權人同意[51]。

惟著作權之保護目的仍應兼顧公共利益之考量，故著作權法第87條第1項第4款對於著作權人輸入權之保護，當著重於「著作」內涵之保護，即著作權法對於「真品平行輸入」之限制，應限於「著作權商品」。如音樂CD、視聽DVD、書籍、電腦程式等之輸入行為，因著作權商品著重內容物，即內涵之銷售，與產品外觀或日常生活實用性關聯不大，如輸入之商品雖含有著作（例如床單、被套可能含有美術或圖形著作），但此著作並非該商品之主要用途、價值所在，即非

入的客體既然是正版，不應處罰，刪除了刑罰處罰規定。

[49] 臺灣高雄地方法院檢察署95年度偵字第28207號。

[50] 臺灣高雄地方法院刑事判決96年度易字第478號。

[51] 經濟部智慧財產局92年8月12日電子郵件字第920812號函。

「著作權商品」，應不受著作權法第87條第1項第4款規定之限制[52]。

2. 被告是合法輸入，並無違法之認識，亦無犯罪之故意

再者，著作權法第87條之1第1項第5款規定，附含於貨物、機器或設備之著作原件或其重製物，隨同貨物、機器或設備之合法輸入而輸入者，該著作原件或其重製物於使用或操作貨物、機器或設備時不得重製，不適用同法第87條第1項第4款之規定，此即為兼顧保護著作財產權人及減少對文教利用之影響，以達到同法第1條明定之「保障著作權人著作權益，調和公共利益」之立法意旨，而明定除外規定[53]。

告訴代理人亦表示被告進口之本案潤喉糖與告訴人進口之潤喉糖為同一製造商，被告進口之貨物為真品等語，則本案潤喉糖係經合法製作之真品當屬無誤。被告進口之本案潤喉糖本身，既為真品，且屬食品而非表彰創作內涵之著作權商品，即非著作權法第87條第1項第4款規定之規範客體，被告進口本案潤喉糖，並加以販賣，即未侵害告訴人之著作財產權，應無著作權法第91條第1項之適用。

3. 被告所輸入者屬合法重製物

惟消費者購買本案潤喉糖產品，其主要目的在於食用該潤喉糖產品，非為購買該鐵盒外包裝之圖案。告訴代理人爭執之含有圖形著作之鐵盒外包裝，其作用僅在於表彰商品來源、內容及盛裝潤喉糖與防止受潮，增加美觀或使用上之功能，消費者或許可能因本案潤喉糖之鐵盒外包裝而增加購買意願，但此情形非可與購買單純表現著作內涵之著作物比擬。本案潤喉糖除去該外包裝圖案後，仍不失為獨立之貨物主體得為交易標的，應認本案潤喉糖之鐵盒外包裝上之圖形著作，乃附含於貨物之著作原件或其重製物，被告既未違法加工重製，則依上開著作權法第87條之1第1項第5款規定，不適用同法第87條，即被

---

[52] 經濟部智慧財產局92年11月18日電子郵件字第921118號函。

[53] 立法院著作權法第87條之1立法說明。

告之輸入行為,不視為侵害著作權,自應為無罪之諭知,原告不服提起上訴。

(二)第二審臺灣高等法院高雄分院判決上訴人(原告)上訴駁回[54](被告無罪確定)

1.圖案等著作,實係喉糖之包裝或廣告性質之標記,並非貨物本身之喉糖

本案潤喉糖除去該外包裝圖案後,仍不失為獨立之貨物主體得為交易標的,應認本案潤喉糖之鐵盒外包裝上之圖形著作,乃附含於貨物之著作原件或其重製物,被告進口之本案潤喉糖本身,既為真品,且屬食品,而非表彰創作內涵之著作權商品,即非著作權法第87條第1項第4款規定之規範客體,進口本案潤喉糖,並加以販賣,即未侵害告訴人之著作財產權,應無著作權法第91條第1項之適用。

2.輸入附有商標圖樣之真正商品,逕以原裝銷售不違反商標法之規定

真正商品平行輸入之進口商,對其輸入之附有商標圖樣之真正商品,苟未為任何加工、改造或變更,逕以原裝銷售時,因其商品來源正當,不致使商標專用權人或其授權使用者之信譽發生損害,復因可防止市場之獨占、壟斷,促使同一商品價格之自由競爭,消費者亦可蒙受以合理價格選購之利益,在未違背商標法之立法目的範圍內,應認平行輸入商可為單純商品之說明,適當附加同一商標圖樣於該商品之廣告等同類文書上。

反之,倘非原裝銷售,擅予加工、改造或變更,而仍表彰同一商標圖樣於該商品,或附加該商標圖樣於商品之廣告等同類文書加以陳列或散布之結果,足以使消費者發生混淆、誤認其為商標專用權人或其授權之使用者、指定之代理商、經銷商時,自屬惡意使用他人商標之行為,顯有侵害他人商標專用權之犯意,應依其情節,適用商標法

---

[54] 臺灣高等法院高雄分院刑事判決96年度上易字第1063號。

之刑罰規定論處[55]。

二、*Jetoy*甜蜜貓案

大韓民國商捷拓伊社（Jetoy Inc.，下稱韓商捷拓伊社）為Choo choo、Snow White、Blue Bird、Gamy、Pink Rose、Cookie、Jewelry、Red Hood等系列圖樣（統稱「Jetoy 甜蜜貓」）之著作權人，「Jetoy甜蜜貓」係以自然動物貓型態予以擬人化，強調貓咪清透無辜眼神，與貓自然動物型態顯然不同，具有原創者獨特思想、感情及意境之表現。

原告粉絲谷資訊股份有限公司（下稱粉絲谷公司）為韓商捷拓伊社於中華民國之專屬被授權人，於民國99年5月1日取得臺灣地區之專屬授權，是原告享有「Jetoy 甜蜜貓」圖樣商品之專有輸入進口、販賣等散布之權利。

被告未經原告或韓商捷拓伊社之授權同意，自行於國外進口由韓商捷拓伊社所有著作權之商品原件及重製物，並將自行拍攝之系爭商品照片刊登、陳列於露天拍賣網站及雅虎拍賣網站上，以站名韓國創意館、帳號asura1008散布及販賣「Jetoy 甜蜜貓」之相關商品（含皮包皮件、茶杯、吊環、筆記本、T-shirt，下稱系爭商品），但並未販賣「Jetoy 甜蜜貓」之繪本及貼紙。

原告依著作權法第84條、第87條第1項第4款、第88條及第89條等規定，提起民事告訴，向被告請求損害賠償、排除侵害，並請求將判決書內容登載於報紙。

---

[55] 最高法院82年度台上字第5380號判決意旨參照。

（一）第一審智慧財產法院民事判決均駁回原告之訴[56]（原告敗訴）

1. 系爭商品非屬於著重創作內涵之「著作權商品」

系爭商品經臺灣高雄地方法院檢察署檢察官以系爭商品係屬眞品，然屬文具、皮件、服飾或電腦週邊設備用品，系爭著作或可提高商品之經濟價值，然並非商品之主要用途、價值、目的所在，即非屬於著重創作內涵銷售之「著作權商品」。苟去除系爭著作後，系爭商品仍不失爲可獨立交易之貨物主體，與音樂CD、視聽DVD、書籍、電腦程式等去除其上著作後，僅剩單獨空白之光碟或白紙，全然喪失其交易價值，僅屬其上著作之媒介物者，迥不相同，

2. 若去除其上著作，一般消費者仍會購買，僅商品價值可能大爲減低

著作原件或其重製物附含於貨物，該貨物究竟僅係媒介物，或爲一獨立貨物主體，應依著作權法之立法目的，並參考社會一般通念判斷。系爭著作固可增加系爭商品之價值，加強消費者購買意願，甚或某些消費者購買目的就是爲蒐集收藏附含系爭著作之商品，然與購買單純表現著作內涵之著作物相較，仍有差異。蓋依社會一般通念，一般消費者購買通常價格附含美術著作之皮件、茶杯、吊環、筆記本或服飾，通常仍係作爲皮件、茶杯、吊環、筆記本或服飾之正常使用，尚非僅爲單純欣賞美術著作，若去除其上著作，一般消費者仍會購買，僅商品價值可能大爲減低，與原告所提美國法上所謂「分離特性與獨立存在原則」之案例事實並無相關。

3. 原告請求無理由

被告將系爭商品以眞品平行方式輸入臺灣並加以販售，因符合著作權法第87條之1第1項第5款附含於貨物之著作原件或其重製物，隨同貨物之合法輸入而輸入之規定，不適用著作權法第87條第1項第4

---

[56] 智慧財產法院民事判決100年度民著訴字第56號。

款規定，自無從視為侵害系爭著作，原告請求無理由。

（二）第二審智慧財產法院民事判決駁回上訴[57]（原告敗訴）

被上訴人將系爭「Jetoy 甜蜜貓」商品以真品平行方式輸入臺灣，並加以販售，有無違反著作權法第87條第1項第4款侵害輸入權及散布權之規定，而成立侵害著作財產權之行為？

智慧財產法院認為被上訴人之系爭商品未侵害系爭著作之著作財產權[58]：

1. 我國著作權法適用國內耗盡原則

按未經著作財產權人同意而輸入著作原件或其重製物者，視為侵害著作權，著作權法第87條第1項第4款定有明文。故著作權法適用國內耗盡原則，其禁止真品平行輸入，其真正目的在賦予著作權人市場區隔之權利，使得在他國之著作財產權人授權在外國製造之著作權商品，無論在國內有無代理商，任何人欲大量輸入至國內，均應經過本國之著作財產權人同意。

---

[57] 智慧財產法院民事判決101年度民著上字第7號。

[58] 侵害著作財產權之損害賠償請求權之成立要件：

依著作權法第84條與第88條第1項之規定，侵害著作財產權之損害賠償請求權之成立要件：

(1)須有侵害著作財產權或製版權之行為。

(2)須侵害有違法性。

(3)須有侵害著作財產權或製版權。

(4)須有損害發生。

(5)行為與損害間具有相當因果關係。

(6)須有責任能力。

(7)無阻卻違法事由存在。

(8)須有故意或過失。

(9)須因侵害人之行為而發生損害。

而平行輸入之免責事由為阻卻違法事由。

故本款所規定之著作原件或其重製物限於真品，即指在我國領域外，經製造地著作財產權人或其授權之人所完成之著作重製物。申言之，真品平行輸入之法律議題，涉及著作權法、商標法、專利法、公平交易法等規範，不同法規範對於真品平行輸入之評價有所不同。因著作物重製之便利性及數量龐大，世界各國有關著作物之重製授權，原則會規定授予地區性與時間性之授權範圍，並限制銷售及出口區域，因應區域性質不同而有不同之授權方式，亦會禁止各區域間著作物之大量流通，以達市場區隔之目的。

準此，倘被上訴人販賣之系爭商品，為系爭著作之平行輸入真品者，應視為侵害系爭著作之著作財產權。

2. 被上訴人販賣者為平行輸入真品

依臺灣高雄地方法院檢察署檢察官100年度偵字第5345號不起訴處分書、臺灣高等法院檢察署智慧財產分署100年度上聲議字第153號處分書等件附卷可稽，被上訴人販賣之系爭商品為平行輸入真品。

3. 系爭商品有平行輸入之免責事由

(1) 系爭著作非系爭商品之主要用途或功能：

輸入之商品雖含有著作，如床單、被套可能含有美術或圖形著作。然此著作並非該商品之主要用途者，如床單、被套主要用途為供作臥室寢具。則此等商品並非著作權商品，不受著作權法第87條第1項第4款規定之限制，此有智慧財產局92年11月18日、99年7月22日函釋在卷足憑。

上訴人主張系爭商品雖有皮包皮件、茶杯、吊環、筆記本、日記本、化妝包、手機吊飾、手機鍊、護照套、行李吊牌、T-shirt等項目，然被上訴人未販賣繪本或貼紙，可認定系爭著作並非系爭商品之主要用途或功能。

(2) 系爭商品適用著作權法第87條之1第1項第5款：

本院參諸系爭商品雖有系爭著作，惟除去系爭著作後，系爭商品亦可為獨立交易之貨物主體，其未喪失其交易價值，並非僅為著作之媒介物者。系爭著作為附含於系爭商品之著作原件或其重製物，並隨

同系爭商品之合法輸入而進入臺灣地區，其符合著作權法第87條之1第1項第5款之免責規定，排除同法第87條第1項第4款規定之適用。

(3) 相關消費者認知系爭商品非單純欣賞系爭著作：

著作原件或其重製物附含於貨物，該貨物究竟僅為媒介物，或為一獨立貨物主體，應依著作權法之立法目的，並參考社會一般通念判斷。

申言之，依社會一般通念，相關消費者購買通常價格附含美術著作之皮件、茶杯、吊環、筆記本、護套或服飾，通常係作為皮件、茶杯、吊環、護套、筆記本或服飾之正常使用，並非僅為單純欣賞美術著作，故除去商品表面之著作，商品價值雖可能減低，相關消費者依據系爭商品之主要用途或功能，亦會購買，而其商品價格相對較為低廉。反觀音樂CD、視聽DVD、書籍、畫冊、電腦程式等單純表現著作內涵之著作物，藉由光碟或紙張作為閱覽音樂、視聽、語文、美術、電腦程式著作之媒介，其上著作可視為貨物之主要部分。

(4) 上訴人主張系爭商品為系爭著作商品無理由：

系爭商品為一般皮件、茶杯、吊環、筆記本、護套或服飾等貨物，雖因附含系爭著作，致價格較其他相同或類似商品為高，然相關消費者仍為該等商品之正常使用，不因有無系爭著作而有差別，系爭商品應符合著作權第87條之1第1項第5款之免責事由。

因本件主要爭點在探討系爭商品以真品平行輸入方式輸入，是否符合著作權第87條第1項第4款之規定，其與上訴人所提美國法之分離特性與獨立存在原則之案例事實，兩者無關，故上訴人此部分主張，即無可採。

（三）第三審最高法院民事判決駁回上訴[59]（原告敗訴）

按取捨證據及認定事實屬於事實審法院之職權，若其取捨證據或認定事實並不違背法令，即不許任意指摘其採證或認定不當，援以為

---

[59] 最高法院民事判決102年度台上字第2437號。

上訴第三審之理由。

上訴人上訴論旨以原審漏未斟酌被上訴人網頁廣告及其所登載之銷貨資料，及其於100年9月26日第一審準備庭所提出乙份清單，其上明確列有所販售之商品，其中就有數筆「貼紙大集合」、「貓咪第二代貼紙」等商品之事實，且均爲被上訴人所自認，原審取捨證據、認定事實有重大明顯之謬誤爲上訴理由。

然查，被上訴人於原審並無自認其販賣貼紙，而係稱：「上訴人提出之證據中繪本、貼紙我都沒有販賣，我只是賣日記本、筆記本等商品」等語。且原審已敘明兩造其他證據，經斟酌後，認爲於判決之結果無影響，毋庸逐一論述等語，已說明上訴人所指上述證據不採之理由，其就取捨證據之職權行使，尚難謂有重大違誤，本件上訴爲無理由。

貳、臺灣判決窒礙

一、「著作權商品」之判斷

（一）原告主張系爭商品屬「美術著作」不符合著作權法第87條之1第1項第5款之例外規定

1. 各式甜蜜貓造型之美術著作爲商品主要價值所在

T-shirt上印製各式甜蜜貓圖案造型之美術著作，爲消費者選購該T-shirt之主因，且印有各該甜蜜貓造型之美術著作T-shirt之售價高達新臺幣（下同）1,300餘元，相較於未印製任何圖案之素面T-shirt售價至多僅爲2、300元，二者相距甚大，因此各式甜蜜貓造型之美術著作，爲商品主要價值所在，當屬美術著作權商品。

2. 各式甜蜜貓造型「美術著作」自屬以「美術著作之內涵」爲銷售重點之「美術著作商品」

「美術著作」之內涵在以所創作之繪畫、圖畫等提供美感，因此，各式甜蜜貓造型「美術著作」自屬以「美術著作之內涵」爲銷售

重點之「美術著作商品」。而「著作權商品」之種類繁多，舉凡明信片、各式文具、T-shirt等商品均可作為以甜蜜貓造型之「美術著作」提供美感之「美術著作權商品」販售，蓋消費者決定選擇此商品，均係因該等商品上所繪製「美術著作」之美感而為其選購原因（猶如空白書本有文字附著，其上之文字著作內容為消費者購買之主因），自屬以「美術著作之內涵」為銷售重點之「美術著作商品」。

3. 系爭商品屬「美術著作」不符合著作權法第87條之1第1項第5款例外

系爭商品因甜蜜貓圖案之附著／結合，屬以「美術著作之內涵」為銷售重點之「美術著作商品」，且所有「Jetoy 甜蜜貓」造型之「美術著作」具有特定之風格，不論其附著／結合於何等商品之上，消費者均能明確辨識該商品之特質、來源及風格，消費者之所以選擇購買系爭商品，亦係以觀賞美術圖案為主，甚至還有消費者以之為收藏標的物，放置於收藏櫃中為觀賞、鑑賞之用。甜蜜貓造型「美術著作」已非僅有加強消費者購買之誘因，誠為消費者購買之主因，自得為貨物之「主體」，不符著作權法第87條之1第1項第5款之情形，不應排除適用著作權法第87條第1項第4款規定。

（二）被告主張系爭商品非屬著作權商品排除作權法第87條第1項第4款之禁止規定

1. 系爭商品非屬著作權商品

智慧財產局及刑案部分之不起訴處分書、再議駁回處分書對系爭商品均認定「非著作權商品」。真品平行進口之眾多競爭者（如被告），並未妨害原告銷售產品，只是單純在市場上為正當買賣而已；倘原告本案勝訴，未來所有商品不分著作權商品或一般商品，只要上面有著作圖案，不論其主要功能是否為承載著作，均一律須經著作權人同意始得輸入、散布，則著作權人在所有市場為提高其私益，必援引本案判決對所有真品平行進口商家興訟，禁絕競爭對手以達其最大獲利。

2. 眞品平行輸入臺灣並販售，並無違反著作權法88條規定

被告自行自韓國進口之系爭商品，係屬著作權法第87條之1第1項第5款規定，排除作權法第87條第1項第4款之禁止規定，不得視爲侵害著作權之商品。且進口方式是被告在國內下單，在國內取得物品、在國內完成物品交付行爲，在國內取得物品所有權，散布方式是銷售，並未違反著作權法第59條之1規定。

二、是否應區分純美術著作與應用美術著作

「Jetoy 甜蜜貓」著重其美術著作之表現，藉由著作與其他商品結合，而展現其美術著作之精神，美術著作之內涵，在於所創作之繪畫、圖畫等提供美感。

美術工藝品包含於美術之領域內，應用美術技巧以手工製作與實用物品結合而具有裝飾性價值，爲表現思想感情之單一物品之創作，例如手工捏製之陶瓷作品、手工染織、竹編、草編等均屬之[60]。

美術著作分爲純美術著作與應用美術著作，前者本身並無美術以外之物質功能需求，後者將純粹美術與實用物品相結合；應用美術著作之保護要件，著作權法並無明確規定，相較於其他種類著作而言，應用美術著作應具備較高之創作高度或已明顯超越一般平均創作水準，雖不以手工製造與具備美感爲限，惟應基本之可鑑賞性，足使一般人自美術觀點予以鑑賞[61]。

原告主張各式甜蜜貓造型之美術著作與商品結合，係以商品爲畫板媒介以表達出美術著作本身之精神內涵，在分類上屬於美術著作中之應用美術著作，應受著作權法之保護。

---

[60] 內政部（81）台內著字第8124412號函。

[61] 最高法院93年台上字第13號民事判決。

三、「美術著作」與「圖形著作」

不起訴處分書理由將韓商捷拓伊社所有「Jetoy 甜蜜貓」造型圖樣之「美術著作」誤認爲「圖形著作」，援引與本件情形迥異之判決，認定印有甜蜜貓美術著作T-shirt非屬著作權商品，自有違誤。

而美術著作，依法應當受保護，不得因該著作物經附著、結合於其他物品上，致使其保護受有差別待遇，或喪失著作權法之保護，亦不得僅視爲「附含物」。倘除去該美術著作後之素面而無圖樣之商品，則非相關消費者所欲採購之貨物標的。

四、美術著作與其他物品相結合是否受著作權法保護

我國著作權法雖未明確定義重製物，然可解釋爲著作所附著之原件，經以印刷、複印、錄音、錄影、攝影、筆錄或其他方法直接、間接、永久或暫時之重複製作之物。則原件及重製物上均爲著作所附著，倘未有著作所附著，則非本法所規定之著作物，故將原件或重製物由國外輸入至國內，同時即將該著作輸入至國內乃是必然。

智慧財產局函釋僅就著作權法第87條之1第1項第5款之規定以論，而未依個案分析探討，則智慧財產局函釋所列舉之音樂CD、視聽DVD、書籍、電腦程式等，均可將之解釋爲附含於貨物、機器或設備之著作原件或其重製物，隨同貨物、機器或設備之合法輸入而輸入者，則上開條款將形同具文。

原審將著作權之保護一分爲二，僅保護音樂CD、視聽DVD、書籍、電腦程式等著作，認美術著作僅要與其他物品相結合，則不受保護，致使著作權之保護產生差別待遇。原審判決與智慧財產局92年11月18日電子郵件字第92118號函釋，是否違反平等原則、明確性原則、比例原則、法律優位原則及法律保留原則，而違反著作權法第1條之立法意旨，原審判決是否背離現實狀況仍有待商權。

五、系爭商品之美術著作是否僅是附含之物

著作權法第87條之1第1項第5款規定之附含，係指附隨之物，而非交易之主要標的。系爭商品之美術著作，似非僅單純附隨印製於上，而係大面積，甚至全面性地使用在商品外觀，其明顯可見系爭美術著作，而足以表彰系爭美術著作之價值，非僅是附含之物。

倘將系爭美術著作之價值與被媒介之商品價值相互權衡，可知系爭美術著作之價值，顯然高於被媒介之商品本身價值。衡諸常情，所謂附合者，係指價值低者添加於價值高者上而言，系爭美術著作係價值高者與價值低之空白載體之結合，基此判斷似非附含之物。

第五節　結論

壹、美國

美國最高法院對於「權利耗盡原則」的見解，從1998年*Quality King Distributors, Inc. v. L'anza Research Int'l, Inc.*案採第一次銷售行為無論發生於國內或國外，著作權人的權利均已耗盡的國際耗盡原則；然於2010年*Costco Wholesale Corp. v. Omega, S.A.*案中，增加了系爭商品必須限於「美國境內製造」始適用第109條第(a)項的「權利耗盡原則」，意即商品若非於美國境內製造，則無論第一次銷售行為發生於國內或國外，均不適用第109條第(a)項的「權利耗盡原則」，增加了僅適用於美國境內製造之條件限制，造成適用關鍵係商品製造地，而非商品第一次銷售地，與保護著作權人的市場區隔權之目的無太大關聯之現象；於2013年*Kirtsaeng v. John Wiley & Sons, Inc.*案中，最終判決認為著作權人依照著作權法第602條第(a)項享有的輸入權仍要受第109條第(a)項的「權利耗盡原則」限制，且「權利耗盡原則」不只適用在「美國境內製造的產品」，即便是「非美國境內製造的產品」也有權利耗盡原則的適用。

　　意即，著作權人已於國外第一次銷售後，不論其所銷售的是不是美國境內製造的產品，都已經因爲第一次的銷售行爲而獲得預期的報酬，其著作財產權如散布權及輸入權等已經權利耗盡，購得產品之消費者可以在美國境內自由使用並處分所取得之產品，著作權人不得對其主張依第602條第(a)項禁止在國外購得該產品之人輸入該產品，也不得因爲消費者出租、再次銷售等利用或處分行爲，而依著作權法的其他規定主張利用人在美國的利用行爲侵害著作權。

　　美國最高法院於2013年*Kirtsaeng v. John Wiley & Sons, Inc.*案中，既已做出具有拘束力之代表性判決，得作爲美國各級法院實務上裁判之基準，使美國實務上長久以來陷於膠著的著作權眞品平行輸入，因第一次銷售理論之適用擴大而獲得解決（見圖12-17）。美國最高法院的開放見解，希望能改變美國政府對於我國著作權法之耗盡原則的態度，使我國智慧財產權之權利耗盡原則能有一致性的規定，使著作權法目前所採國內耗盡原則，能與專利法及商標法所採國際耗盡原則一致，以解決我國眞品平行輸入之問題，也可以避免著作權人爲了打擊水貨市場，而利用著作權法禁止眞品平行輸入的規定，限制非著作權保護客體輸入我國的著作權權利濫用現象。

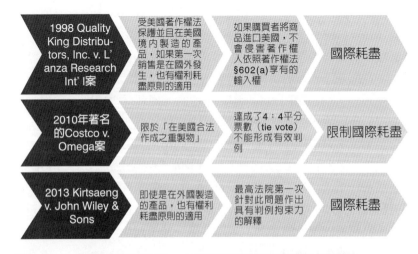

圖12-17　美國法院關於第一次銷售理論見解之演進示意圖

資料來源：作者繪製。

貳、臺灣

一、以例外規定遏止權利濫用

　　我國著作權法之耗盡原則，雖然受到來自美國方面的壓力，而採國內耗盡原則，即未經著作財產權人同意而輸入著作原件或其重製物者，視為侵害著作權，著作權法第87條第1項第4款定有明文。然禁止真品平行輸入，其真正目的在賦予著作權人市場區隔之權利，使得在他國之著作財產權人授權在外國製造之著作權商品，無論在國內有無代理商，任何人欲大量輸入至國內，均應經過本國之著作財產權人同意，故本款所規定之著作原件或其重製物限於真品，即指在我國領域外，經製造地著作財產權人或其授權之人所完成之著作重製物。

　　然，我國著作權法並非一概禁止真品平行輸入，若符合著作權法第87條之1第1項第5款規定之「附含」要件，即屬於附隨之物，而非交易之主要標的，則例外允許該附隨之真品著作物平行輸入。如京都念慈菴枇杷潤喉糖案中，其產品包裝圖示外觀設計，雖為京都念慈菴總廠有限公司享有著作財產權之圖形著作，因商品外包裝非交易之主要標的，因此，例外允許著作真品附隨於交易之主要標的即京都念慈菴枇杷潤喉糖而平行輸入，以避免著作權法禁止真品平行輸入之規定，淪為著作權人打擊貿易商輸入非著作權法保護客體之武器，形成著作權人假禁止真品平行輸入之名，行市場壟斷之實之權利濫用現象，藉以取得著作權人市場區隔之權利與公共利益間之平衡。

二、例外規定判斷之窒礙

　　著作權法第87條之1第1項第5款所規定「附含」一詞，判斷上即成為我國實務判決之窒礙。於京都念慈菴枇杷潤喉糖案中，係京都念慈菴總廠有限公司享有著作財產權之圖形著作與包裝外盒結合，而主要商品是包裝外盒內之枇杷潤喉糖，受著作權保護之包裝外盒與主要商品之內容物可明確分離，係二個動產所有權，符合「附含」係指附

隨之物，包裝外盒是「附含」於枇杷潤喉糖而輸入之判斷標準，受著作權保護之包裝外盒並非交易之主要標的。

　　以商標法之角度觀之，逕以原裝銷售時，因其商品來源正當，不致使商標專用權人或其授權使用者之信譽發生損害，復因可防止市場之獨占、壟斷，促使同一商品價格之自由競爭，消費者亦可蒙受以合理價格選購之利益，在未違背商標法之立法目的範圍內，應認平行輸入商可為單純商品之說明，適當附加同一商標圖樣於該商品之廣告等同類文書上之觀點並無不符。

　　但於Jetoy 甜蜜貓案中，受著作權保護之著作係與商品相結合而不可分離，即主要商品本身係價值較高之著作與價值較低之空白載體（商品）相結合而不可分離之物，類似民法第812條「動產附合」之概念，僅一動產所有權。且Jetoy 甜蜜貓案中之商品種類繁多，不同之商品有不同之功能與特色，如此情形是否均適用京都念慈菴枇杷潤喉糖案之判斷標準，即著作物係包裝外盒而非主要商品，得附含於主要商品平行輸入之判斷標準；亦或應依個別商品之不同特性而分別判斷。若不考慮商品性質及附含著作與主要商品之價值差益，則對於著作之保護似有欠缺，因此於學說及實務上未有共識前，本文建議，若個案中之商品種類並非單一，則應依個案中不同之商品種類，依其性質分別判斷為適當。

三、建議修法改採國際耗盡原則

　　如上述，我國著作權法之耗盡原則，受到來自美國方面的壓力，而採國內耗盡原則，著作權法第87條第1項第4款定有明文。然，我國著作權法為了避免著作權人權利濫用，於著作權法第87條之1第1項第5款設有例外規定，即符合「附含」之要件，即屬於附隨之物，而非交易之主要標的，則例外允許該附隨之真品著作物平行輸入。但此治標不治本的方式，反而造成實務上判斷之窒礙。

　　本文認為，根本的解決之道，乃是參考美國最高法院於2013年 *Kirtsaeng v. John Wiley & Sons, Inc.*案中所確立，無論商品第一次銷售

地或商品製造地，均「無地域限制」之國際耗盡原則，將我國之著作權法修法採國際耗盡原則。如此，著作權法將與商標法、專利法等智慧財產權法一致，均採國際耗盡原則；一方面可以解決複合性商品之灰色市場法律上爭議，如進口之商品為汽車或相機等，因此種商品除了品牌商標及專利技術分別為商標法及專利法之範疇外，其餘如外型設計、程式編寫、控制開關配置等種種問題皆屬著作權法之規範，依據智慧財產權法規該如何處理複合性商品真品平行輸入之灰色市場法律上爭議？另一方面，若採全面國際耗盡原則，即無須用例外允許附隨之真品著作物平行輸入之方式解決著作權濫用之問題，亦不會衍生出著作權法第87條之1第1項第5款「附含」之要件判斷上之窒礙。

四、建議設立公示制度利於舉證

我國為保障專利權人及著作權人權益，財政部關務署於2014年依據世界貿易組織「與貿易有關之智慧財產權協定」之意旨及我國相關法令，本於公平公正之原則，促進正常國際貿易，避免造成通關障礙，特訂定「海關配合執行專利及著作權益保護措施作業要點」[62]。該作業要點第3點指出，海關對於著作權，原則上採「檢舉保護方式」，由著作權人（含其專屬被授權人）（以下簡稱著作權人）向海關檢舉之。海關經著作權人檢舉、提示、其他機關通報或執行職務時，發現進出口貨物有侵害著作權之嫌者，應依本要點第7點作業程序，辦理暫不放行或執行查扣措施[63]。另依著作權法（以下簡稱

---

[62] 財政部關務署103年4月7日台關緝字第1031004458號令。

[63] 海關配合執行專利及著作權益保護措施作業要點第7點：「經著作權人依前點認定進出口貨物有侵害著作權情事，並提出侵權事證時，應依下列程序辦理：

　（一）進出口人未於前點第三項規定期限內提出授權資料者，海關依著作權法第九十條之一規定採行暫不放行措施，並通知著作權人。

　（二）海關採行暫不放行措施後，著作權人未於接獲通知之日起三個工作日內，依著作權法第九十條之一規定向海關申請查扣，或未採行保護權

本法）第90條之2規定訂定「海關查扣著作權或製版權侵害物實施辦法[64]」，其中第2條規定，著作權人或製版權人依本法第90條之1第1項規定對輸入或輸出侵害其著作權或製版權之物申請查扣者，對於享有著作權、製版權或侵害事實，著作權人應釋明之。

由上述規定觀之，著作權人欲主張權利，需於期限內提出授權資料及釋明，然著作權之取得係採創作保護主義，即創作完成時即受著作權法保護，無須經過登記，與專利法及商標法不同，但卻造成舉證不易之問題，如橙果金魚案。因此，如果著作權也有登記制度輔助，對於著作權人之舉證責任及案件偵辦、審理，將可節省訴訟成本及訴訟資源。

　　　利之民、刑事訴訟程序，若無違反其他通關規定，海關應即予放行。

（三）進出口人於前點第三項規定期限內提出授權資料，海關應即通知著作權人。著作權人得於接獲通知之日起三個工作日內，依著作權法第九十條之一規定申請海關先予查扣或向法院聲請保全程序，由海關配合執行查扣。逾期未辦理者，若無違反其他通關規定，海關應即予放行。

（四）著作權人向海關申請查扣後，海關於通知受理查扣之日起十二日內，未被告知就查扣物為侵害物之訴訟已提起者，海關應廢止查扣，依有關進出口貨物通關規定辦理。前開期限，海關得視需要延長十二日。」

財政部關務署網站（資料公布日期：2014年4月7日）。http://web.customs.gov.tw/ct.asp?xItem=22305&ctNode=13605（最後瀏覽日期：2017年3月24日）。

[64] 海關查扣著作權或製版權侵害物實施辦法第2條：「著作權人或製版權人依本法第九十條之一第一項規定對輸入或輸出侵害其著作權或製版權之物申請查扣者，應提供相當於海關核估該進口貨物完稅價格或出口貨物離岸價格之保證金，作為被查扣人因查扣所受損害之賠償擔保，並以書面敘明下列事項，向貨物輸入或輸出地海關申請之：

一、享有著作權或製版權。

二、足以辨認侵害物之描述。

三、侵害事實。

前項第一款及第三款事項應釋明之。」

　　可參考香港的「誓章形式」舉證規定，根據香港版權條例第121
之(16)條藉規例訂明的版權註冊紀錄冊中註冊，並附有由該版權註冊
紀錄冊主管當局發出的作品註冊證明書，經核證為真品副本，該誓章
便可獲接納為證據[65]。

　　我國著作權法目前僅對於製版權設有登記制度，著作權法第79條
定有明文，若主管機關能夠建立著作權人自願註冊制度，一方面維持
創作保護主義，另一方面著作權人可自由選擇是否註冊登記，意即將
著作權之歸屬明確化，以利日後舉證，對於著作權人主張著作權之程
序相信會有一定之助益，且有助於檢察官之偵查程及法院之審判程序
中對於著作權所有權人之判斷。

---

[65] 香港立法會工商事務委員會，香港設立版權註冊紀錄冊研究結果，http://www.
legco.gov.hk/yr05-06/chinese/panels/ci/papers/ci0718cb1-1976-1c.pdf（最後瀏覽
日期：2017年3月6日）。

表12-1 真品平行輸入案例比較表

案件	主要商品	著作權法保護客體	法院受理關鍵	判決結果	法院判斷關鍵	第一次銷售	第一次銷售理論	備註
1998年 Quality King Distributors, Inc. v. L'anza Research Int'l, Inc.案	美髮產品	否	包裝外盒	原告L'anza敗訴	美國製造	國內國外	適用（國際耗盡）	境外製造之商品的情形不在本案範疇中
2010年Costco Wholesale Corp. v. Omega, S.A.案	手錶	否	錶背「Omega Globe Design」的字樣	原告Omega勝訴	非美國製造（瑞士）	同上	不適用（限制國際耗盡）	境外製造不適用（4：4無拘束力）
2013年Kirtsaeng v. John Wiley & Sons, Inc.案	書籍	是	著作商品	原告Wiley敗訴	不限美國製造	同上	適用（國際耗盡）	有拘束力

表12-1　真品平行輸入案例比較表（續）

案件	主要商品	著作權法保護客體	法院受理關鍵	判決結果	法院判斷關鍵	第一次銷售	第一次銷售理論	備註
京都念慈菴電枇杷潤喉糖案	潤喉糖	否	包裝外盒	原告敗訴	附合進口	國外	國內耗盡	例外容許
Jetoy 甜蜜貓案	貼紙、繪本	是	著作商品	原告敗訴	被告未販賣	國外	國內耗盡	例外容許
	文具、皮件、服飾或電腦週邊設備用品	否：爭議			附合進口			

資料來源：作者繪製。

參考文獻

一、中文部分

1. 邱志平,真品平行輸入之解析,三民書局,1996年。
2. 羅昌發,國際貿易法,月旦出版社,1996年。
3. 王志誠,商標權「平行輸入」法理之探討,法律評論,第58卷第4期,1992年。
4. 林利芝,從著作權商品的認定解釋探討禁止真品平行輸入之除外規定——評析臺灣高等法院高雄分院九十六年度上易字第一○六三號判決,月旦法學雜誌,2011年。
5. 陳昭華,我國商標權之保護與真品平行輸入,植根雜誌,第13卷第11期,1997年11月。
6. 陳超雄,談國際貿易法中的貿易障礙,臺灣經濟金融月刊,第30卷第8期,1994年8月。
7. 曾勝珍,從KIRTSAENG案探討著作權法第一次銷售(first sale)原則,嶺東財經法學,第8期,2015年12月。
8. 黃于珊,由*Costco Wholesale Corporation v. Omega S.A*案看美國著作權法關於「第一次銷售理論」之規定。聖島智慧財產權報導,第12卷第12期,2010年12月。
9. 林孟仙,真正商品平行輸入法規之實證研究——以臺灣進口化妝品頁為例,東吳大學法律研究所碩士論文,1997年。
10. 陳美蓉,禁止真品平行輸入對貿易的衝擊——以WTO相關規定與我國及美國立法為例說明,東海大學法律學研究所碩士論文,1999年。
11. 廖傑彥,從垂直通路關係探討真品平行輸入現象——車用潤滑油市場之實證,臺灣大學國際企業研究所碩士論文,1997年。
12. 魏君儒,商標法耗盡原則之探討,嶺東科技大學財經法律研究所碩士論文,2015年。

13. 內政部台內著字第8124412號函，1992年。

14. 立法院著作權法第87條之1立法說明。

15. 海關查扣著作權或製版權侵害物實施辦法。

16. 海關配合執行專利及著作權益保護措施作業要點。

17. 財政部關務署103年4月7日台關緝字第1031004458號令。

18. 智慧財產法院民事判決100年度民著訴字第56號。

19. 智慧財產法院民事判決101年度民著上字第7號。

20. 最高法院102年度台上字第2437號民事判決。

21. 最高法院82年度台上字第5380號判決。

22. 最高法院89年度台上字第3431號刑事判決。

23. 最高法院93年度台上字第13號民事判決。

24. 經濟部智慧財產局92年11月18日電子郵件字第921118號函。

25. 經濟部智慧財產局92年8月12日電子郵件字第920812號函。

26. 臺灣臺北地方法院80年訴字803號判決。

27. 臺灣高等法院高雄分院刑事判決96年度上易字第1063號。

28. 臺灣高雄地方法院刑事判決96年度易字第478號。

29. 臺灣高雄地方法院檢察署95年度偵字第28207號。

30. 公平交易委員會1992年4月22日第27次委員會議討論案，公研釋003號：真品平行輸入是否違反公平交易法，http://www.ftc.gov.tw/Internet/main/doc/docDetail.aspx?uid=223&docid=410&arubalp=593a81a2-7c59-40e7-8447-cbaeb6fd62（最後瀏覽日期：2017年3月10日）。

31. 邱建勳，真品平行輸入是否侵害智慧財產權，臺灣法律網，http://www.lawtw.com/article.php?template=article_content&area=free_browse&parent_path=,1,188,&job_id=8219&article_category_id=240&article_id=7981（最後瀏覽日期：2017年3月10日）。

32. 香港立法會工商事務委員會，香港設立版權註冊紀錄冊研究結果，http://www.legco.gov.hk/yr05-06/chinese/panels/ci/papers/ci0718cb1-1976-1c.pdf（最後瀏覽日期：2017年3月6日）。

33. 章忠信，著作權法逐條釋譯第五十九條之一散布權之耗盡，著作權筆記，2009年，http://www.copyrightnote.org/ArticleContent.aspx?ID=11&aid=112（最後瀏覽日期：2017年3月10日）。

34. 章忠信，以著作權禁止原廠手錶平行輸入是否合理，智財交易加值服務網，2010年，http://www.uipex.com/monpub_show.aspx?ID=MP10123014295056（最後瀏覽日期：2017年3月10日）。

35. 經濟部智慧財產局，什麼是散布權，2014年。http://www.tipo.gov.tw/ct.asp?xItem=335502&ctNode=7012&mp=1（最後瀏覽日期：2017年3月10日）。

36. 齊曉峰，平行進口在中國著作權相關法文調整下的合法性判斷，知識產權律師網，2010年，http://www.law26.com/post/598.html（最後瀏覽日期：2017年1月25日）。

37. 戴雅彣，美國最高法院首度判決承認境外產品可以適用「權利耗盡原則」——*Kirtsaeng v. John Wiley & Sons*案，國際智財新知，2013年4月，http://archive.tiipm.nccu.edu.tw/inter3/news.php?Sn=367（最後瀏覽日期：2017年4月7日）。

二、英文部分

1. Lawrence Friedman, Business and Legal Strategies For Combating Grey Market Imports, 32 INT'L LAW. 27-50 (1998).

2. Mark Jansen, Applying Copyright Theory to Secondary Markets: An Analysis of the Future of 17 U.S.C. §109(A) Pursuant to COSTCO Wholesale Corp. V. OMEGA S.A., 28 Santa Clara Computer & High Tech. L.J. 143-167 (2011).

3. Raymond T. Nimmer, "First Sale, Online Resales, and the Like", LCOMTECH §5:25, 1 (2013), https://web2.westlaw.com/find/default.wl?cite=LCOMTECH+%C2%A7+5%3a25&rs=WLW13.10&vr=2.0&rp=%2ffind%2fdefault.wl&utid=2&fn=_

top&mt=LawSchool&sv=Split (last visited: 03/24/2015)。

4. William Richelieu, Gray Days Ahead?: The Impact of Quality King Distributors, Inc. v. L'Anza Research International, Inc., 27 Pepp. L. Rev. 827-859 (2000).

國家圖書館出版品預行編目資料

智慧財產權法專論——智慧財產權法與財經科
技的交錯／曾勝珍著--初版--.--臺北市：五
南,2018.05
　　面；　公分.

ISBN 978-957-11-9717-3（平裝）

1.智慧財產權 2.論述分析

553.433　　　　　　　　107006773

1UC6

智慧財產權法專論—
智慧財產權法與財經科技的交錯

作　　　者 — 曾勝珍(279.3)

發 行 人 — 楊榮川

總 經 理 — 楊士清

副總編輯 — 劉靜芬

責任編輯 — 高丞嫻　蔡琇雀

封面設計 — 姚孝慈

出 版 者 — 五南圖書出版股份有限公司

地　　　址：106台北市大安區和平東路二段339號4樓

電　　　話：(02)2705-5066　傳　　真：(02)2706-6100

網　　　址：http://www.wunan.com.tw

電子郵件：wunan@wunan.com.tw

劃撥帳號：01068953

戶　　　名：五南圖書出版股份有限公司

法律顧問　林勝安律師事務所　林勝安律師

出版日期　2018年 5 月初版一刷

定　　　價　新臺幣450元